高等学校信息安全专业“十四五”规划教材

（第四版）

信息安全标准与法律法规

主　编　陈忠文
副主编　蔡拔平

WUHAN UNIVERSITY PRESS
武汉大学出版社

图书在版编目(CIP)数据

信息安全标准与法律法规/陈忠文主编. —4版.—武汉:武汉大学出版社,2023.6(2025.6重印)

高等学校信息安全专业“十四五”规划教材

ISBN 978-7-307-23719-3

Ⅰ.信…　Ⅱ.陈…　Ⅲ.①信息安全—标准—高等学校—教材　②信息安全—科学技术管理法规—中国—高等学校—教材　Ⅳ.①G203-65 ②D922.17

中国国家版本馆CIP数据核字(2023)第067633号

责任编辑:林　莉　　　责任校对:李孟潇　　　版式设计:马　佳

出版发行:**武汉大学出版社**　(430072　武昌　珞珈山)

(电子邮箱:cbs22@ whu.edu.cn 网址:www.wdp.com.cn)

印刷:武汉中科兴业印务有限公司

开本:787×1092　1/16　印张:24.5　字数:578千字　插页:1

版次:2009年1月第1版　2011年10月第2版

2017年9月第3版　2023年6月第4版

2025年6月第4版第5次印刷

ISBN 978-7-307-23719-3　定价:68.00元

前　言

随着现代信息技术的发展，计算机和计算机网络作为信息收集、存储、加工、检索和传输的工具，得到了日益广泛的应用。但是，当我们在充分享受现代技术给我们的生产、工作、学习和生活带来的方便、快捷、高效的同时，也越来越深切地感受到网络有害信息、计算机病毒以及黑客攻击等带来的无尽烦恼和巨大损失。信息安全问题已日益引起个人、组织、政府乃至国际社会的高度重视。我国政府一方面注重开发各种先进的信息安全技术，另一方面努力加强信息安全立法工作，加大执法力度，同时积极稳步地推进与国际接轨的信息安全标准体系的建设，从而多方面指导组织和个人正确使用计算机信息系统，保障信息安全。

作为计算机信息系统现在或将来的建设者、使用者或管理者，除了开发和运用先进的信息安全技术外，还应认真学习和充分利用相关法律知识来保护信息的安全，学会依照信息安全标准来建立、实施和改进组织的信息安全管理。编写本书的目的就是要让读者充分了解我国的信息安全法律法规以及国际国内的信息安全标准，以便为未来的信息安全实践更好地服务。

本书包括三个部分共 9 章内容：

第一部分（第 1~3 章）：在介绍信息安全和法律相关基础知识的基础上，通过实例分析了信息安全涉及的法律问题，并介绍了国内外现行的法律体系和信息安全的法律规范。

第二部分（第 4~7 章）：分三大块比较全面地介绍了信息系统安全保护相关法律法规、互联网络安全管理相关法律法规和其他有关信息安全的法律法规。

第三部分（第 8~9 章）：比较详细地介绍了我国有关信息安全的标准和著名的信息安全管理国际标准 ISO/IEC 27002。

本书尽量结合现实中发生的具体案例对相关法律法规和标准进行介绍分析，以帮助读者对条文更好地深入理解。本书适合于高等学校相关专业（如信息安全专业、公安类专业和计算机专业等）的教学、培训使用。此外，本书对从事信息和网络安全方面的管理人员、技术人员和执法人员也有实际的参考价值。

由于编者水平有限，书中错漏之处在所难免，敬请读者批评指正。

作　者

2023 年 3 月

目　录

第一部分　总　论

第二部分　信息安全法律法规

第三部分　信息安全标准

第一部分 总 论

第1章 绪 论

1.1 信息安全概述

1.1.1 什么是信息?

ISO/IEC 的 IT 安全管理指南（GMITS，即 ISO/IEC TR 13335）对信息（Information）的解释是：信息是通过在数据上施加某些约定而赋予这些数据的特殊含义。一般意义上的信息概念是指事物运动的状态和方式，是事物的一种属性，在引入必要的约束条件后可以形成特定的概念体系。通常情况下，我们可以把信息理解为消息、信号、数据、情报和知识。

信息本身是无形的，借助于信息媒体以多种形式存在或传播，它可以存储在计算机、磁带、纸张等介质中，也可以记忆在人的大脑里，还可以通过网络、打印机、传真机等方式进行传播。

对于现代企业来说，信息是一种资产，包括计算机和网络中的数据，还包括专利、标准、商业机密、文件、图纸、管理规章等，就像其他重要的商业资产那样，信息资产具有重要的价值，因而需要进行妥善保护。

信息是有生命周期的，从其创建或诞生，到被使用或操作，到存储，再到被传递，直至其生命期结束而被销毁或丢弃，各个环节各个阶段都应该被考虑到，安全保护应该兼顾信息存在的各种状态，不能够有所遗漏。

1.1.2 什么是信息安全?

信息安全是一个广泛而抽象的概念，不同领域不同方面对其概念的阐述都会有所不同。建立在网络基础之上的现代信息系统，其安全定义较为明确，那就是：保护信息系统的硬件、软件及相关数据，使之不因为偶然或者恶意侵犯而遭受破坏、更改及泄露，保证信息系统能够连续、可靠、正常地运行。在商业和经济领域，信息安全主要强调的是削减并控制风险，保持业务操作的连续性，并将风险造成的损失和影响降低到最低程度。

信息作为一种资产，是企业或组织进行正常商务运作和管理不可或缺的资源。从最高层次来讲，信息安全关系到国家的安全；对组织机构来说，信息安全关系到正常运作和持续发展；就个人而言，信息安全是保护个人隐私和财产的必然要求。无论是个人、组织还是国家，保持关键信息资产的安全性都是非常重要的。

信息安全的任务，就是要采取措施（技术手段及有效管理）让这些信息资产免遭威胁，或者将威胁带来的后果降到最低程度，以此维护组织的正常运作。

1.1.3 信息安全的基本属性

不管信息入侵者怀有什么样的阴谋诡计，采用什么手段，他们都要通过攻击信息的以下几种安全属性来达到目的。所谓“信息安全”，在技术层面上的含义就是保证在客观上杜绝对信息安全属性的安全威胁从而使得信息的主人在主观上对信息的本源性放心。信息安全的基本属性有下述五个。

1. 完整性（integrity）

完整性是指信息在存储或传输过程中保持不被修改、不被破坏、不被插入、不延迟、不乱序和不丢失的特性。对于军用信息来讲，完整性被破坏可能就意味着延误战机、自相残杀或闲置战斗力。破坏信息的完整性是对信息安全发动攻击的最终目的。

2. 保密性（confidentiality）

保密性是指信息不泄露给非授权的个人和实体，或供其使用的特性。军用信息的安全尤其注重信息的保密性（相比较而言，商用信息则更注重于信息的完整性）。

3. 可用性（avaliability）

可用性是指信息可被合法用户访问并能按要求顺序使用的特性，即在需要时就可以取用所需的信息。对可用性的攻击就是阻断信息的可用性，例如破坏网络和有关系统的正常运行就属于这种类型的攻击。

4. 可控性（controllability）

可控性是指授权机构可以随时控制信息的机密性。美国政府所提倡的“密钥托管”“密钥恢复”等措施就是实现信息安全可控性的例子。

美国政府1993年颁布了EES标准（Escrow Encryption Standard），该标准体现了一种新思想，即对密钥实行法定托管代理的机制。如果向法院提供的证据表明，密码使用者是利用密码在进行危及国家安全和违反法律规定的事，经过法院许可，政府可以从托管代理机构取来密钥参数，经过合成运送，就可以直接侦听通信。其后，美国政府进一步改进并提出了密钥托管（Key Escrow）政策，希望用这种办法加强政府对密码使用的调控管理。

密钥托管技术又称为密钥恢复（Key Recovery），是一种能够在紧急情况下获取解密信息的技术。它用于保存用户的私钥备份，既可在必要时帮助国家司法或安全等部门获取原始明文信息，也可在用户丢失、损坏自己的密钥的情况下恢复明文。因此它不同于一般的加密和解密操作。现在美国和一些国家规定：必须在加密系统中加入能够保证法律执行部门可方便获得明文的密钥恢复机制，否则将不允许该加密系统推广使用。

执行密钥托管功能的机制是密钥托管代理（KEA：Key Escrow Agent）。密钥托管代理与证书授权认证中心是公钥基础设施的两个重要组成部分，分别管理用户的私钥与公钥。密钥托管代理对用户的私钥进行操作，负责政府职能部门对信息的强制访问，但不参与通信过程。证书授权认证中心作为电子商务交易中受信任和具有权威的第三方，为每个使用公开密钥的客户发放数字证书，并负责检验公钥体系中公钥的合法性；它参与每次通信过程，但不涉及具体的通信内容。认证中心可以不依赖于任何形式的密钥托管机制而独立存在；反过来，密钥恢复基础设施也可以独立于任何一个密钥认证机制。

5. 可靠性（reliability）

可靠性是指信息以用户认可的质量连续服务于用户的特性（包括信息的迅速、准确和连续地转移等）。

“信息安全”的内在含义就是指采取一切可能的方法和手段，来千方百计保住信息的上述“五性”的安全。

1.1.4 保障信息安全的三大支柱

保障信息安全无论对一个国家而言还是对一个组织而言都是一个复杂的系统工程，需要多管齐下，综合治理。目前普遍认为信息安全技术、法律法规和信息安全标准是保障信息安全的三大支柱。

1. 信息安全技术

各种信息安全技术的应用主要在技术层面上为信息安全提供具体的保障。目前主要采用的信息安全技术有：数据加密技术、防火墙技术、网络入侵检测技术、网络安全扫描技术、黑客诱骗技术、病毒诊断与防治技术等。值得一提的是，尽管信息安全技术的应用在一定程度上对信息的安全起了很好的保护作用，但它并不是万能的，由于疏于管理等原因而引起的安全事故仍然不断发生。

2. 信息安全法律法规

国家、地方以及相关部门针对信息安全的需求，制定与信息安全相关的法律法规，从法律层面上来规范人们的行为，使信息安全工作有法可依，使相关违法犯罪能得到处罚，促使组织和个人依法制作、发布、传播和使用信息，从而达到保障信息安全的目的。目前，我国已建立起了基本的信息安全法律法规体系，但随着信息安全形势的发展，信息安全立法的任务还非常艰巨，许多相关法规还有待建立或进一步完善。

3. 信息安全标准

建立统一的信息安全标准，其目的是为信息安全产品的制造、安全的信息系统的构建、企业或组织安全策略的制定、安全管理体系的构建以及安全工作评估等提供统一的科学依据。目前信息安全标准大致可分为信息安全产品标准、信息安全技术标准和信息安全管理标准三大类，国际标准的制定主要侧重于信息安全管理，而国内标准的制定则主要侧重于信息安全产品和信息安全技术。随着信息技术的不断发展和信息安全形势的变化，不但信息安全标准的数量在不断增加，而且许多标准的版本也在不断更新。

1.2 信息安全涉及的法律问题

1.2.1 犯罪

1. 犯罪的概念

《中华人民共和国刑法》第二章第13条对犯罪做了如下的定义：一切危害国家主权、领土完整和安全，分裂国家、颠覆人民民主专政的政权和推翻社会主义制度，破坏社会秩序和经济秩序，侵犯国有财产或者劳动群众集体所有的财产，侵犯公民私人所有的财产，侵犯公民的人身权利、民主权利和其他权利，以及其他危害社会的行为，依照法律应当受刑罚处罚的，都是犯罪，但是情节显著轻微危害不大的，不认为是犯罪。

此外，《刑法》对于罪与非罪以及是否负刑事责任的情形还做了如下的规定：

第十四条　【故意犯罪】明知自己的行为会发生危害社会的结果，并且希望或者放任这种结果发生，因而构成犯罪的，是故意犯罪。

故意犯罪，应当负刑事责任。

第十五条　【过失犯罪】应当预见自己的行为可能发生危害社会的结果，因为疏忽大意而没有预见，或者已经预见而轻信能够避免，以致发生这种结果的，是过失犯罪。

过失犯罪，法律有规定的才负刑事责任。

第十六条　【不可抗力和意外事件】行为在客观上虽然造成了损害结果，但是不是出于故意或者过失，而是由于不能抗拒或者不能预见的原因所引起的，不是犯罪。

第十七条　【刑事责任年龄】已满十六周岁的人犯罪，应当负刑事责任。

已满十四周岁不满十六周岁的人，犯故意杀人、故意伤害致人重伤或者死亡、强奸、抢劫、贩卖毒品、放火、爆炸、投放危险物质罪的，应当负刑事责任。

已满十二周岁不满十四周岁的人，犯故意杀人、故意伤害罪，致人死亡或者以特别残忍手段致人重伤造成严重残疾，情节恶劣，经最高人民检察院核准追诉的，应当负刑事责任。

对依照前三款规定追究刑事责任的不满十八周岁的人，应当从轻或者减轻处罚。

因不满十六周岁不予刑事处罚的，责令其父母或者其他监护人加以管教；在必要的时候，依法进行专门矫治教育。

第十七条之一　已满七十五周岁的人故意犯罪的，可以从轻或者减轻处罚；过失犯罪的，应当从轻或者减轻处罚。

第十八条　【特殊人员的刑事责任能力】精神病人在不能辨认或者不能控制自己行为的时候造成危害结果，经法定程序鉴定确认的，不负刑事责任，但是应当责令他的家属或者监护人严加看管和医疗；在必要的时候，由政府强制医疗。

间歇性的精神病人在精神正常的时候犯罪，应当负刑事责任。

尚未完全丧失辨认或者控制自己行为能力的精神病人犯罪的，应当负刑事责任，但是可以从轻或者减轻处罚。

醉酒的人犯罪，应当负刑事责任。

第十九条 【又聋又哑的人或盲人犯罪的刑事责任】又聋又哑的人或者盲人犯罪，可以从轻、减轻或者免除处罚。

第二十条 【正当防卫】为了使国家、公共利益、本人或者他人的人身、财产和其他权利免受正在进行的不法侵害，而采取的制止不法侵害的行为，对不法侵害人造成损害的，属于正当防卫，不负刑事责任。

正当防卫明显超过必要限度造成重大损害的，应当负刑事责任，但是应当减轻或者免除处罚。

对正在进行行凶、杀人、抢劫、强奸、绑架以及其他严重危及人身安全的暴力犯罪，采取防卫行为，造成不法侵害人伤亡的，不属于防卫过当，不负刑事责任。

第二十一条 【紧急避险】为了使国家、公共利益、本人或者他人的人身、财产和其他权利免受正在发生的危险，不得已采取的紧急避险行为，造成损害的，不负刑事责任。

紧急避险超过必要限度造成不应有的损害的，应当负刑事责任，但是应当减轻或者免除处罚。

第一款中关于避免本人危险的规定，不适用于职务上、业务上负有特定责任的人。

2. 犯罪的基本特征

犯罪具有以下三个基本特征：

（1）犯罪是危害社会的行为，即具有社会危害性，这是犯罪的本质特性。

（2）犯罪是触犯刑法的行为，即具有刑事违法性。

（3）犯罪是应当受刑罚处罚的行为，即具有应受刑罚处罚性。

3. 犯罪构成要件

根据刑法规定，犯罪构成应具备以下四个要件：

（1）犯罪客体，即指我国刑法所保护的而被犯罪侵犯的社会主义社会关系。

（2）犯罪客观方面，即指我国刑法规定的犯罪活动的客观外在表现，包括危害行为、危害结果、危害行为与危害结果之间的因果关系等，其中危害行为是一切犯罪不可缺少的要件。

（3）犯罪主体，即指达到法定刑事责任年龄、具有刑事责任能力、实施了犯罪行为的自然人和法律规定的犯罪单位。

（4）犯罪主观方面，即指犯罪主体对自己实施的犯罪行为造成危害社会结果所持的心理态度，如故意、过失。

4. 犯罪的分类

犯罪有故意犯罪和过失犯罪两种类型，另外，刑法分则根据犯罪的性质又将犯罪划分为十大类，它们是：

（1）危害国家安全罪；

（2）危害公共安全罪；

（3）破坏社会主义市场经济秩序罪；

（4）侵犯公民人身权利、民主权利罪；

（5）侵犯财产罪；

(6) 妨害社会管理秩序罪;

(7) 危害国防利益罪;

(8) 贪污贿赂罪;

(9) 渎职罪;

(10) 军人违反职责罪。

5. 计算机犯罪的概念

计算机犯罪（Computer Crime）是指行为人通过计算机及其网络操作所实施的危害计算机信息系统（包括内存数据及程序）和网络信息安全以及其他严重危害社会的并应当处以刑罚的行为。计算机犯罪产生于20世纪60年代，随着计算机技术的发展和计算机应用的日益普及，到21世纪初，计算机犯罪已呈猖獗之势，并越来越受到各国的重视。

6. 刑法中关于计算机犯罪的规定

《中华人民共和国刑法》中关于计算机犯罪的规定有三个条款：

第二百八十五条 【非法侵入计算机信息系统罪；非法获取计算机信息系统数据、非法控制计算机信息系统罪；提供侵入、非法控制计算机信息系统程序、工具罪】违反国家规定，侵入国家事务、国防建设、尖端科学技术领域的计算机信息系统的，处三年以下有期徒刑或者拘役。

违反国家规定，侵入前款规定以外的计算机信息系统或者采用其他技术手段，获取该计算机信息系统中存储、处理或者传输的数据，或者对该计算机信息系统实施非法控制，情节严重的，处三年以下有期徒刑或者拘役，并处或者单处罚金；情节特别严重的，处三年以上七年以下有期徒刑，并处罚金。

提供专门用于侵入、非法控制计算机信息系统的程序、工具，或者明知他人实施侵入、非法控制计算机信息系统的违法犯罪行为而为其提供程序、工具，情节严重的，依照前款的规定处罚。

单位犯前三款罪的，对单位判处罚金，并对其直接负责的主管人员和其他直接责任人员，依照各该款的规定处罚。

第二百八十六条 【破坏计算机信息系统罪】违反国家规定，对计算机信息系统功能进行删除、修改、增加、干扰，造成计算机信息系统不能正常运行，后果严重的，处五年以下有期徒刑或者拘役；后果特别严重的，处五年以上有期徒刑。

违反国家规定，对计算机信息系统中存储、处理或者传输的数据和应用程序进行删除、修改、增加的操作，后果严重的，依照前款的规定处罚。

故意制作、传播计算机病毒等破坏性程序，影响计算机系统正常运行，后果严重的，依照第一款的规定处罚。

单位犯前三款罪的，对单位判处罚金，并对其直接负责的主管人员和其他直接责任人员，依照第一款的规定处罚。

第二百八十六条之一 【拒不履行信息网络安全管理义务罪】网络服务提供者不履行法律、行政法规规定的信息网络安全管理义务，经监管部门责令采取改正措施而拒不改正，有下列情形之一的，处三年以下有期徒刑、拘役或者管制，并处或者单处罚金：

(一) 致使违法信息大量传播的；

（二）致使用户信息泄露，造成严重后果的；

（三）致使刑事案件证据灭失，情节严重的；

（四）有其他严重情节的。

单位犯前款罪的，对单位判处罚金，并对其直接负责的主管人员和其他直接责任人员，依照前款的规定处罚。

有前两款行为，同时构成其他犯罪的，依照处罚较重的规定定罪处罚。

第二百八十七条 【利用计算机实施犯罪的提示性规定】利用计算机实施金融诈骗、盗窃、贪污、挪用公款、窃取国家秘密或者其他犯罪的，依照本法有关规定定罪处罚。

第二百八十七条之一 【非法利用信息网络罪】利用信息网络实施下列行为之一，情节严重的，处三年以下有期徒刑或者拘役，并处或者单处罚金：

（一）设立用于实施诈骗、传授犯罪方法、制作或者销售违禁物品、管制物品等违法犯罪活动的网站、通讯群组的；

（二）发布有关制作或者销售毒品、枪支、淫秽物品等违禁物品、管制物品或者其他违法犯罪信息的；

（三）为实施诈骗等违法犯罪活动发布信息的。

单位犯前款罪的，对单位判处罚金，并对其直接负责的主管人员和其他直接责任人员，依照第一款的规定处罚。

有前两款行为，同时构成其他犯罪的，依照处罚较重的规定定罪处罚。

第二百八十七条之二 【帮助信息网络犯罪活动罪】明知他人利用信息网络实施犯罪，为其犯罪提供互联网接入、服务器托管、网络存储、通讯传输等技术支持，或者提供广告推广、支付结算等帮助，情节严重的，处三年以下有期徒刑或者拘役，并处或者单处罚金。

单位犯前款罪的，对单位判处罚金，并对其直接负责的主管人员和其他直接责任人员，依照第一款的规定处罚。

有前两款行为，同时构成其他犯罪的，依照处罚较重的规定定罪处罚。

计算机犯罪属于新型犯罪，随着计算机技术的不断发展和应用，《刑法》中关于计算机犯罪的规定也将越来越丰富。

从大的犯罪分类来看，计算机犯罪属于妨害社会管理秩序罪中的扰乱公共秩序罪。

7. 计算机犯罪的实质特征

从犯罪的实质含义上看，刑法第 285、286 条所规定的犯罪可以称为狭义的计算机犯罪或单纯的计算机犯罪，加上第 287 条则称为广义的计算机犯罪。

单纯的计算机犯罪区别于其他犯罪具有以下三个实质特征：

（1）计算机本身的不可或缺性和不可替代性。

（2）明确了计算机犯罪侵害的客体（即计算机信息系统及相关信息）。

（3）在某种意义上，计算机作为犯罪对象出现的特性。

8. 计算机犯罪的常用方法

计算机犯罪常用的方法主要有：

（1）以合法手段为掩护，查询信息系统中不允许访问的文件，或者侵入重要领域的计算机信息系统。

（2）利用技术手段（包括利用网页与邮件、破解账号和密码、设置木马程序、使用病毒程序、利用系统漏洞、程序缺陷和网络缺陷等），非法侵入重要的计算机信息系统，破坏或窃取计算机信息系统中的重要数据或程序文件，甚至删除数据文件或者破坏系统功能，直至使整个系统处于瘫痪。

（3）在数据传输或者输入过程中，对数据的内容进行修改，干扰计算机信息系统。

（4）未经计算机软件著作权人授权，复制、发行他人的软件作品，或制作、传播计算机病毒，或制作传播有害信息等。

【案例1】

我国第一例电脑黑客刑事案件

1998年6月16日，上海某信息网的工作人员在例行检查时，发现网络遭到不速之客的袭击。7月13日，犯罪嫌疑人杨某被逮捕。这是我国第一例电脑黑客事件。

经调查，此黑客先后侵入网络中的8台服务器，破译了网络大部分工作人员和500多个合法用户的账号和密码，其中包括两台服务器上超级用户的账号和密码。

杨某是国内一著名高校数学研究所计算数学专业的研究生，具有国家计算机软件高级程序员资格证书，具有相当高的计算机技术技能。据说，他进行电脑犯罪的历史可追溯到1996年。当时，杨某借助某高校校园网攻击了某科技网并获得成功。此后，杨某又利用为一家电脑公司工作的机会，进入上海某信息网络，期间仅非法使用时间就达2000多小时，造成这一网络直接经济损失高达1.6万元人民币。

据悉，杨某是以“破坏计算机信息系统”的罪名被逮捕的。据查证，这是修订后的刑法实施以来，我国第一起以该罪名侦查批捕的刑事犯罪案件。

【案例2】

朱××盗窃游戏充值卡案

2003年12月18日，北京某科贸公司发现公司的游戏充值卡被盗。2004年1月20—31日，该公司发现又被人用同样手段划走总价为50000元的游戏卡，并证实非法登录网站的IP地址不一样。2004年2月8日，有人企图侵入公司售卡电子商务系统未得逞。

2003年12月18日，一个网名为“祈祷至爱”的男子出现在网上，并通过网络销售游戏充值卡，广告上写明购买者把钱汇到招商银行一个叫“朱××”的账号内。

公安机关接到举报后，经过紧张的侦查，终于将被告人朱××抓获归案。据查，网名叫“祈祷至爱”的朱××一直热衷于网络游戏，并为购买游戏充值卡花费不菲。后经网友介绍，朱××得知用一个口令就可以获得超级管理员的权限，免费获取游戏充值卡。这一漏洞是微软公司于2002年向外界公布的，但一直没有引起众多网站的重视。朱××上网一试果然灵验，便萌生了盗取充值卡卖钱的想法。2003年12月18日至2004年1月31日，朱××在互联网上，利用北京某科贸公司网站的漏洞，非法进入该网络销售系统，并取得该网络销售系统超级管理员权限，盗取“传奇120小时秒互换”等多种网络游戏充值卡。他通过网络聊天，以“祈祷至爱”的网名把盗来的充值卡以60%~70%的面值卖给网名叫“寻觅至爱”的网友，共计售出4880张，并让网友将钱款通过招商银行汇到自己的信用卡上。

北京市海淀区人民法院认为，被告人朱××以非法占有为目的，利用计算机网络大肆盗窃北京某科贸公司网站的游戏充值卡共6166张，价值人民币175367.55元，数额特别巨大，其行为已构成盗窃罪，应予惩处。鉴于被告人认罪态度较好，可以酌情从轻处罚。最后判决：①被告人朱××犯盗窃罪，判处有期徒刑十二年，剥夺政治权利两年，罚金人民币两万元。②责令被告人朱××退赔人民币175367.55元，返还北京某科贸公司。

1.2.2 民事问题

在计算机及网络的使用等方面，不仅存在犯罪问题，也存在民事诉讼问题。人们在使用计算机和网络时有意或无意地侵权，都有可能被提起民事诉讼。下面通过两个简单的例子来说明有关民事问题。

【案例3】

我国第一例网上著作权案

1999年4月28日，北京市海淀区人民法院依法公开审理了我国第一起互联网著作权案。原告陈××以“无方”为笔名撰写了《戏说MAYA》一文于1998年5月10日刊载于原告个人网页《3D芝麻街》上。某报未经原告同意于1998年10月16日将该文转载。法院判决，被告停止侵权，并在其主办的报纸上刊登声明向原告公开致歉。被告向原告支付稿酬并赔偿经济损失共计924元。案件受理费2017元，由被告负担。

【案例4】

中宇建材集团有限公司诉吴××网络域名侵权案

1995年福建省中宇集团公司成立，2005年7月变更为中宇建材集团有限公司（中宇集团），企业注册资金为1亿180万元人民币。2000年10月21日，中宇集团经国家工商行政管理总局商标局核准，在第11类商品项目上注册了商标注册证号第

1463212号"中宇及图形"商标，有效期自2000年10月21日至2010年10月21日。2002年以来，中宇集团先后投入巨资在各大媒体（电视、报纸、杂志、网站等）发布广告及大型户外广告，广告费用达2345.244万元人民币。在全国各大省、自治区、市、县设立有96家专卖店，覆盖全国多个省、自治区、直辖市，建立了较为完善的销售网络。中宇商标先后被评为泉州市知名商标、福建省著名商标、中国卫浴产品行业知名品牌，成为驰名商标。

被告吴××于2005年在互联网上注册了"www. 中宇建筑材料网 .com"的中文域名，并以此网络销售与原告产品类似的商品。随后，原告中宇集团以侵权为由向被告提起民事诉讼。

法院经审理认为：

(1) 原告的"中宇及图形"（商标注册证1463212号）是合法注册商标，原告对其商标享有专有使用权。原告注册商标后不间断使用商标，使用时间长达5年。原告对上述商标品牌投入巨资，采取媒体广告、通过组织产品展会等方式进行大量、持续的品牌宣传，时间长，覆盖范围遍及全国各地，并在全国有关省、自治区、市等设立有96家专卖店，几年来销售利税位居全国同行业前列，市场占有率高，原告的"中宇及图形"在长期持续使用后，具有显著识别性，为相关公众所认知。原告还赢得全国、福建省颁发的多项荣誉，在市场上享有较高声誉。因此，原告的"中宇及图形"（商标注册证1463212号）符合我国《商标法》第14条、最高人民法院《关于审理商标民事纠纷案件适用法律若干问题的解释》第22条规定的认定条件，应依法认定为驰名商标。

(2) 由于域名具有识别性标记特征，被告未经原告许可，为商业目的在国际互联网上注册www. 中宇建筑材料网 .com，被告行为直接导致原告注册商标与被告域名相混淆，淡化了注册商标的显著性，足以引起公众的误认，侵犯原告的商标专有使用权，具有过错，应依法承担相应的法律责任。

最后法院判决：

(1) 被告吴××自判决生效之日起停止使用"www. 中宇建筑材料网 .com"域名；

(2) 被告吴××自判决生效之日起十日内赔偿原告中宇建材集团有限公司经济损失人民币910元；

(3) 驳回原告中宇建材集团有限公司其他诉讼请求；

(4) 本案案件受理费人民币2010元，由被告吴××负担。

1.2.3 隐私问题

隐私问题是信息安全和保密中所涉及的一个非常重要的问题，隐私问题在个人、组织中都存在。利用法律手段有效地保护组织和个人的隐私具有非常重要的意义。

【案例5】

女友提出分手，男友公布女友裸照被告上法庭

24岁的梁小姐和26岁的刘某在2005年11月经人介绍相识，两人确立了恋爱关系。2006年3月14日，梁小姐向刘某提出分手后，刘某搜集了梁小姐100多位同学的电子邮箱地址，将梁小姐的裸体照片及含有侮辱、诽谤文字的电子信件发送给梁小姐的100多位同学。

梁小姐认为，刘某的行为给自己造成了巨大的精神伤害，因此诉至法院要求对方书面道歉、消除影响，并给予精神赔偿5万元。

庭审中，刘某承认梁小姐所说的属实，但辩解说是在一时冲动之下做出的，对自己的行为感到后悔，愿意向梁小姐道歉并做出补偿。

法院审理认为，刘某出于报复心理，利用梁小姐的电子邮箱将其裸体照片以及私人信件发送给梁小姐同学的行为，侵犯了梁小姐的隐私权，情节严重，丑化了梁小姐的人格，客观上使梁小姐的社会评价降低。2007年9月29日，北京海淀法院判决刘某向梁小姐赔礼道歉，并赔偿精神抚慰金1万元。

1.3 习题

1. 简述信息安全的五个基本属性。
2. 简述刑法中有哪些对计算机犯罪的规定。
3. 简述单纯的计算机犯罪的实质特征。

第2章 立法、司法和执法组织

2.1 立法

2.1.1 立法权

立法权是一定的国家机关依法享有的制定、修改、废止法律等规范性文件的权力，是国家权力体系中最重要的核心的权力。

我国的立法权根据享有立法权主体和形式的不同，分为国家立法权、地方立法权、行政立法权和授权立法权等。

2.1.2 立法组织与立法程序

1. 立法组织

享有立法权的组织即立法组织。例如：在我国，国务院、全国和各地区人大是立法组织。其中，全国人大及其常委会是我国的最高立法组织。

2. 立法程序

目前，我国法律的制定程序主要有以下四个步骤：

(1) 法律方案的提出。

下列个人和组织享有向最高国家权力机关提出法律议案的提案权：

① 全国人大代表和全国人大常委会的组成人员；

② 全国人大主席团、全国人大常委会可以向全国人大提出法律议案；

③ 国务院、最高人民法院、最高人民检察院可以向全国人大或全国人大常委会提出法律议案。

(2) 法律草案的审议。

立法机关对已列入议事日程的法律草案正式进行审议和讨论。

(3) 法律草案的表决和通过。

立法机关以法定多数人对法律草案表示最终的赞同，从而使法律草案成为法律。

(4) 法律的公布。

立法机关或国家元首将已通过的法律以一定的形式予以公布，以便全社会遵守执行。

我国宪法规定，中华人民共和国国家主席根据全国人民代表大会的决定和全国人民代表大会常务委员会的决定，公布法律。

2.1.3 立法权等级

在我国，立法权是有级别的，不同级别立法的内容，立法的主体，所立法律的适用范围是不同的。

1. 国家立法权

国家立法权是由一定的国家权力机关行使，用以调整基本的、带全局性的社会关系，在立法体系中居于基础和主导地位的最高立法权。

国家立法权的立法主体是全国人民代表大会及其常务委员会、国务院。

如：1997 年 3 月 15 日，全国人民代表大会通过《中华人民共和国刑法》；1994 年 2 月 18 日国务院颁布的《中华人民共和国计算机信息系统安全保护条例》。

2. 行政立法权

行政立法权是源于宪法，由国家行政机关依法行使的，低于国家立法的一种独立的立法权，包括中央行政立法权和地方行政立法权。主要行使行政规章的立法权。

行政立法权的主体是国务院各部、委、中国人民银行、审计署和具有行政管理职能的直属机构，省、自治区、直辖市和较大市的人民政府。

如：1997 年 12 月 30 日公安部颁布的《计算机信息网络国际联网安全保护管理办法》、2000 年 4 月 26 日公安部颁布的《计算机病毒防治管理办法》。

3. 地方立法权

地方立法权是由有权的地方国家权力机关行使的立法权。主要行使地方性法规的立法权。地方立法权的主体一般是省、自治区、直辖市的人民代表大会及其常务委员会和较大市的地方人民代表大会及其常务委员会，另外还有民族自治地方的人民代表大会。

如：2003 年 6 月 1 日实施的《广东省计算机信息系统安全保护管理规定》、2004 年 8 月 1 日实施的《武汉市电子政务建设管理暂行办法》。

2.1.4 我国立法体制的特点

同当今世界普遍存在的单一的立法体制、复合的立法体制、制衡的立法体制相比，中国现行立法体制独具特色。

从立法权限划分的角度看：它是中央统一领导和一定程度分权的，多级并存、多类结合的立法权限划分体制。最高国家权力机关及其常设机关统一领导，国务院行使相当大的权力，地方行使一定权力，是中国现行立法权限划分体制突出的特征。

从立法层次看：全国人大及其常委会制定国家法律，国务院及其所属部门分别制定行政法规和部门规章，一般地方的有关国家权力机关和政府制定地方性法规和地方政府规章。全国人大及其常委会、国务院及其所属部门、一般地方的有关国家权力机关和政府，在立法上以及在它们所立的规范性文件的效力上有着级别之差，但这些不同级别的立法和规范性文件并存于现行中国立法体制中。

从立法体制内部的从属关系、统一关系、监督关系看：国家主席和政府总理都产生于全国人大，国家主席是根据人大的决定公布法律，总理不存在批准或否决人大立法的权力，行政法规不得与人大法律相抵触，地方性法规不得与法律和行政法规相抵触，人大有权撤销与其所制定的法律相抵触的行政法规和地方性法规。

2.1.5 有关国家的立法组织与立法程序

1. 美国的立法组织和立法程序

美国是联邦制国家，政权组织形式为总统制，实行三权分立与制衡相结合的政治制度和两党制的政党制度。

美国政治制度的基本内涵是：立法、行政、司法三种权力分别由国会、总统、法院掌管，三个部门行使权力时，彼此相互牵制，以达到权力平衡。国会有立法权，总统对国会通过的法案有权否决，国会又有权在一定的条件下推翻总统的否决。总统有权任命高级官员，但必须经国会认可，国会有权弹劾总统和高级文官。最高法院法官由总统任命并经国会认可，最高法院又可对国会通过的法律以违宪为由宣布无效。

美国的国家结构形式为联邦制。在建立统一的联邦政权的基础上，各州仍保留有相当广泛的自主权。联邦设有最高的立法、行政和司法机关，有统一的宪法和法律，是国际交往的主体。各州有自己的宪法、法律和政府机构。若各州的宪法和法律与联邦宪法和法律发生冲突，联邦宪法和法律优于州的宪法和法律。美国宪法列举了联邦政府享有的权力，如征税、举债、铸币、维持军队、主持外交、管理州际和国际贸易等。不经宪法列举的其他权力，除非宪法明文禁止各州行使者外，一概为州政府保留。州的权力主要是处理本州范围内的事务，如以地方名义征税，管理州内工商业和劳工，组织警卫力量和维持治安等。联邦中央和地方的具体权限，200年来不断有所变化。

美国国会由参议院和众议院组成，是美国最高立法机关，行使联邦立法权。议案一般经过提出、委员会审议、全院大会审议等程序。一院通过后，送交另一院，依次经过同样的程序。法案经两院通过后交总统签署，若总统不否决，或虽否决但经两院2/3议员重新通过，即正式成为法律。国会还拥有宪法所规定的其他权力。如对外宣战权、修改宪法权等。国会两院均设有许多委员会，还设有由两院议员共同组成的联席委员会，国会工作大多在各委员会中进行。

美国各州中，除了内布拉斯加州只有单一的州立法机关外，其他的州都有两院制（众议院和参议院）的州立法机关，在大部分的州里，州立法程序与国会极其相似。

2000年11月13日，美国众议院以299对121票通过“国土安全部”（Department of Homeland Security）法案。该法案的目的在于把一部分联邦政府组织整合成一个新的部，内含现有的22个联邦机构，包括情报局、海岸警卫队以及联邦调查局（FBI）的国家基础设施保护中心。在展开辩论的闭门政党协商中，众议院共和党领袖在国土安全部法案中插入了16页长的“网络安全加强法案”（Cyber Security Enhancement Act，简称CSEA）。

CSEA的主要内容有：让“鲁莽地”置他人性命于险境的计算机闯入者终身监禁。法案上的委员会报告指出：恐怖分子或网络攻击罪犯可能进一步伤害国家经济和重要基础设施，所以有必要从严惩罚，加以防范。还应允许警方在未取得法院命令的情况下有限度地监视，适用情况包括发现针对联网计算机“进行中的攻击”活动，或“对国家安全利益立即的威胁”。但监视范围局限于嫌犯的电话号码、因特网地址（IP）、网址（URL）或电子邮件信息，而非在线通信或电话交谈内容。

倡议 CSEA 的众议员拉马拉·史密斯说：预防恐怖分子可能随时以任何方式发动袭击，我们处理问题的方法需要改变。我们需要一个焦点清晰、任务明确的新政府组织架构，来保卫美国人民并加强公共安全。成立新的国土安全部，可履行那个重大责任。史密斯以前还曾表示："在我们确保因特网基础设施的安全无虞之前，只要按几个键和连上网络，就足以瘫痪经济并危及生命。鼠标可能像子弹和炸弹一样危险。"

2. 英国的立法程序

（1）政府提案。

在一部议会法案成为法律之前，它被称为议案，而一部议案往往经过无数的程序才能被通过，最终成为法律。大多数议案是由现任内阁提交国会审议的，因此由有关内阁大臣呈交给国会。一部议案在下院的通过要经过这样一些程序：一读——二读——委员会讨论阶段——报告阶段——三读。

随后，在上院也会经过同样的这些程序，而且，上院还可能对议案提出修正。如果作出了任何修正，这部议案又会被重新送回下院再次接受审议。一旦整个议案由国会两院通过，它将被呈送给女王陛下御准，这是一个自动的程序。

（2）私人提案。

私人提案不是由政府机构提出的，这种议案通常先在上院经过一读和二读。如果它通过了二读，就会被提交给一个由五位上院议员组成的选择委员会审阅。随后就会进入报告阶段，紧接着是三读。然后它将送到下院，同样经过上述程序。如果该提案通过了所有这些程序，它将被呈送御准。

根据惯例，君主一般不会拒绝批准一份已经由国会两院通过的议案。最近的一次君主否决议案事件发生在 1707 年，在那一年，安妮女王拒绝批准一份《国民军议案》。

（3）上院的权力。

上院的议员不是选举产生的，他们或者是世袭贵族，来自英国贵族中的爵位享有者阶层；或者是新一代贵族，即因为自己的社会成就而被授予上院议员（爵士）资格。这个非民选机构的权力已经逐步受到一系列议会法案的限制，其中最重要的一部法案是在 1911 年通过的。现在，即使一部议案没有获得上院通过，只要它在连续两次下院会议上得到通过，就可以呈送君主御准。如果一部财政议案在国会接受审议的时间已经达到一个月，它就可以被呈交给君主。

（4）判例法。

判例法是英国法律制度中的第二种法律渊源。法院可以适用来源于普通法和衡平法的一般法律原则，这些原则是法院在长期的实践过程中积累下来的古老规则。法官也可以援引先例原则，也就是在已经定案的判例中寻找法律依据。这种创造法律的方式为法律的演进和发展提供了机会，受其更为正式的程序的制约，议会往往无法提供这样的机会。法院可以比较容易地确立新的原则，或是赋予旧原则以新的含义，使之能够适用于一个具体个案。因此，可以说法官造法比议会立法具有更大的灵活性。但是，需要注意的是，法官也不能不受限制地随意创造法律规则。

3. 其他国家的立法组织和立法程序

(1) 日本。

现行《日本国宪法》于1947年5月3日实施。宪法规定：

① 实行以立法、司法、行政三权分立为基础的议会内阁制；

② 天皇为日本国和日本国民总体的象征，无权参与国政。

议会泛称国会，由众、参两院组成，为最高权力机关和唯一立法机关。1993年起，众议院选举制度由中选区制改为小选区和比例选区并列制。众议院定员500人，任期4年。首相有权提前解散众议院重新选举。参议院定员252人，任期6年，每3年改选半数，不得中途解散。

(2) 德国。

德国是联邦制国家，由16个州组成。联邦和各州的立法权力由《基本法》（即宪法）来明确。通常，联邦的立法权限制在国防、外交、海关、邮政以及税收等涉及整个联邦利益的领域，而文化教育事业的立法和行政权限归各州，即所谓各州享有“文化主权”。

联邦议院和参议院是最高的立法机关。最高行政机关是联邦政府，其最高行政长官是联邦总理，由每4年一次的全国大选中获胜的政党或政党联盟推选，经议会确认，由联邦总统任命。

2.2 司法组织

司法组织是对案件依法进行审理和评判的组织。

2.2.1 我国的司法组织

1. 我国司法组织中的两大系统

我国的司法组织主要包括以下两大系统：

(1) 人民法院，其中，最高人民法院是最高审判机关；

(2) 人民检察院，其中，最高人民检察院是最高检察机关。

2. 司法机关的职能和组成

(1) 人民检察院是国家法律监督机关。它独立行使公诉权、同时行使批准逮捕权、逮捕权、抗诉权，对涉及贪污、玩忽职守、侵犯人民选举权等特定犯罪有自行侦查权。检察院实行同级人民代表大会、上级检察院双重领导制度。有县（市）、市（地）、省（自治区、直辖市）、最高四级。

(2) 人民法院是国家的审判机关，全国法院系统包括三大部分：

① 地方人民法院。又分为三级：

a. 基层人民法院。包括县人民法院、市人民法院、自治县人民法院、市辖区人民法院。

b. 中级人民法院。包括：在省、自治区和直辖市内按地区设立的中级人民法院；省、自治区辖市的中级人民法院；自治州中级人民法院。

c. 高级人民法院。省、自治区和直辖市设高级人民法院。

② 专门法院。包括军事法院、铁路运输法院、海事法院等。

③ 最高人民法院是国家最高审判机关，监督地方各级人民法院和专门人民法院的审判工作。

2.2.2 美国的司法组织

1. 美国的检察机关

美国的检察体制具有“三级双轨、相互独立”的特点。所谓“三级”，是指美国的检察机关建立在联邦、州和市镇这三个政府“级别”上。所谓“双轨”，是指美国的检察职能分别由联邦检察系统和地方检察系统行使，二者平行，互不干扰。美国的检察机关无论“级别”高低和规模大小，都是相互独立的。

美国检察机关的职权主要包括：刑事起诉权、支持民事案件的起诉和对刑事案件的侦查权。

美国的检察机关和司法行政机构是不分的，联邦总检察长就是司法部长，也是联邦政府的法律事务首脑。美国的联邦检察系统由联邦司法部中具有检察职能的部门和联邦地区检察官办事处组成，其职能主要是调查、起诉违反联邦法律的行为，并在联邦作为当事人的民事案件中代表联邦政府参与诉讼。美国共有95个联邦司法管辖区，每区设一个联邦检察官办事处，由一名联邦检察官和若干名助理检察官组成。他们是联邦检察工作的主要力量。

美国的地方检察系统以州检察机关为主，一般由州检察长和州检察官组成。州检察长名义上是一州的首席检察官，但他们多不承担公诉职能，也很少干涉各检察官办事处的具体事务。在大多数州中，州检察长与州检察官之间都保持着一种顾问指导性关系。州检察官的司法管辖区一般以县为单位，他们是各州刑事案件的主要公诉人，通常也被视为所在县区的执法行政长官。一般来说，各地警察机关在刑事案件的调查中都会接受检察官的指导乃至指挥。

市镇检察机关是独立于州检察系统的地方检察机关，但并非美国的所有市镇都有自己的检察机关。在有些州，市镇没有检察官员，全部检察工作都属于州检察官的职权。在那些有自己检察机关的市镇，检察官员无权起诉违反联邦或州法律的行为，只能调查和起诉那些违反市镇法令的行为。这些违法行为被称为“微罪”，多与赌博、酗酒、交通、公共卫生等有关。

2. 美国的法院组织

美国是英美法系国家。美国司法制度的主要特点有：贯彻三权分立的原则，实行司法独立；法院组织分为联邦和州两大系统；联邦最高法院享有特殊的司法审查权等。联邦法院和州法院两大系统，分别适用各自的宪法和法律，管辖不同的案件和地域。州法院和联邦法院之间没有隶属关系，两套法院系统相互平行、相互独立。

（1）美国联邦法院系统。

美国联邦法院系统管辖的案件主要为：涉及联邦宪法、法律或国际条约的案件，一方当事人为联邦政府的案件，涉及外国政府代理人的案件，公海上或国境内供对外贸易和州际贸易之用的通航水域案件，不同州之间、不同州的公民之间的争议以及州政府向他州公民提起的诉讼。

联邦法院系统主要包括：

① 联邦地方法院。是普通民事、刑事案件的初审法院，设在各州的联邦地方法院只审理属于联邦管辖的案件，设在首都哥伦比亚特区和领地的联邦地方法院，则兼理联邦管辖和地方管辖的案件。一般为独任审理，重大案件由 3 名法官组成合议庭并召集陪审团进行审理。

② 联邦上诉法院。分设在全国 11 个司法巡回区，受理本巡回区内对联邦地方法院判决不服的上诉案件，以及对联邦系统的专门法院的判决和某些具有部分司法权的行政机构的裁决不服而上诉的案件。案件一般由 3 名法官合议审理。

③ 联邦专门法院。包括联邦税务法院、联邦破产法院、联邦军事法院、联邦关税和权利上诉法院等，处理特殊类型的案件。

④ 联邦最高法院。是美国联邦法院系统的最高审级和最高审判机关，于 1790 年根据《美利坚合众国宪法》成立，设于首都华盛顿，由首席法官 1 人和法官 8 人组成。法官均由总统征得参议院同意后任命，只要忠于职守，可终身任职，非经国会弹劾不得免职。但年满 70 岁、任职满 10 年或年满 65 岁、任职满 15 年者，可自动提出退休。美国宪法规定，联邦最高法院对涉及大使、其他使节和领事以及一州为诉讼一方的案件有初审权；对州最高法院或联邦上诉法院审理的案件，有权就法律问题进行复审；有权颁发“调审令”，调审下级联邦法院或州法院审理的案件。联邦最高法院还拥有司法审查权，审查联邦或州的立法或行政行为是否违宪。不论是初审案件，还是复审案件，都是终审判决。开庭时间为每年 10 月的第 1 个星期一到翌年 6 月中旬。判决以法官投票的简单多数为准，判决书写下各方意见。1882 年开始发行官方汇编的《美国最高法院判例汇编》，其中的判例对法庭有约束力，为审理同类案件的依据。

（2）州法院系统。

美国州法院是美国州政府的司法机构，从司法管辖权来看，约有一半的州设立三级法院：

① 州最高法院（又称最高审判法院、违法行为处理法院）；

② 州上诉法院（中级上诉法院）；

③ 州初审法院（又称州地方法院、州巡回法院、州高等法院、州普通诉讼法院）。

另一半较小的州只设立两级法院：最高法院和初审法院。

2.2.3　日本的司法机构

在日本，司法权属于最高法院及下属各级法院。采用“四级三审制”。最高法院为终审法院，审理“违宪”和其他重大案件。高等法院负责二审，全国共设四所。各都、道、府、县均设地方法院一所（北海道设四所），负责一审。全国各地还设有家庭法院和简易法院，负责民事及不超过罚款刑罚的刑事诉讼。

最高法院长官（院长）由内阁提名，天皇任命，14 名判事（法官）由内阁任命，需接受国民投票审查，其他各级法院法官由最高法院提名，内阁任命，任期 10 年，可连任，各级法官非经弹劾，不得罢免。

日本的检察机构分为最高检察厅、高等检察厅、地方检察厅。检察官分为检事总长(总检察长)、次长、检事长、检事等。检事长以上官员由内阁任命。法务大臣对检事总长有指挥权。

2.3 执法组织

执行法律的机关或组织是执法组织。

2.3.1 我国的执法组织

我国的执法组织包括：人民法院、人民检察院、公安部、安全部、工商行政管理局、税务局等。不同的执法组织在不同的职权范围内行使职权。

（1）对刑事案件的侦查、拘留、执行逮捕、预审，由公安机关负责。

（2）检察、批准逮捕、检察机关直接受理的案件的侦查、提起公诉，由人民检察院负责。

（3）审判由人民法院负责。

（4）国家安全机关依照国家法律规定，办理危害国家安全的刑事案件，行使与公安机关相同的职权。

2.3.2 美国的执法组织

美国联邦的执法机构主要包括：联邦调查局、中央情报局和美国国家安全局等。

联邦调查局局长由总统任命，并经参议院批准，任期 10 年。联邦调查局主要职责包括：同犯罪团伙、恐怖活动和外国间谍作斗争；协助各州和地方警察确认和追踪州与州之间的逃犯，发布有关最严重的通缉犯的消息，并提供寻找罪犯方面的训练和研究。该局总部设在华盛顿，下设 10 个由助理局长担任领导的职能部门，分管鉴定、训练、刑事调查、技术服务等工作，并在全国 59 个城市设立外勤办事处及从属于它们的 400 多个“地方分局”，还有分布在世界 22 个国家的驻外机构，执行总部分配的任务。该局有工作人员 2 万多名，其中 8600 多人是外勤人员。每年的预算为 23 亿美元。该局建有刑事犯罪“科学实验室”“中央指纹档案馆”和专门训练高级特工人员和警察的“学院”。

美国司法部于 2002 年 1 月 17 日在北维吉尼亚成立了一支新的专门打击网络犯罪的反黑小组，用以追踪日益猖獗的黑客活动、网络恐怖及软件盗版。这是美国政府成立的第十支类似的打击网络犯罪的组织。该小组由 6 名全职的联邦检察官组成，其中三名检察官的薪金由美国国会专门用以应付电脑犯罪的基金支付。

新成立的反黑小组不仅追踪网络犯罪，同时还打击网络恐怖主义。律师 PaulMcNulty 称，医院、公用设施、银行、政府及其他重要机构的电子系统正日益受到恐怖分子的威胁，对这些重要的电子设施要给予强有力的保护。他强调说，司法部决定在北维吉尼亚成立这个新的反黑小组，是因为这个地区是五角大楼、国防机构、美国商标专利局、众多的 Internet 提供商及大量高科技公司所在地。

2.4 习题

1. 在我国根据享有立法权主体和形式的不同，立法权可以划分为哪几个等级？
2. 简述全国人大的立法程序。
3. 我国的执法组织主要包括哪些部门？它们各自行使哪些方面的职权？

第3章　信息安全法律规范

3.1　概述

3.1.1　法律规范

法律规范是指通过国家的立法机关制定的或者认可的，用以指导、约束人们行为的行为规范的一种。法律规范具有如下三个实质特征：

（1）法律规范是由国家制定或认可，并由国家强制力保证实施的规范，因而具有国家意志和国家权力的属性。

（2）法律规范是以规定法律权利和法律义务为内容，是具有完整逻辑结构的特殊行为规范。

（3）法律规范具有普遍约束力，并且对任何在其效力范围内的主体的行为指导和评价，使用同一标准。

因此，法律规范是由国家强制力来保证实施的，对我国所有公民都具有约束力，任何人都需遵守。

信息安全法律规范是指与信息安全有关的法律规范的总和。它主要包含命令性规范和禁止性规范两种。命令性规范要求法律关系的主体应当或必须从事一定的行为；禁止性规范则要求法律的主体不得从事指定的行为，否则就要受到一定的法律制裁。

3.1.2　法律关系

1. 法律关系

法律关系是法律在调整人们行为的过程中形成的权利、义务关系。法律关系具有如下三个特征：

（1）法律关系是根据法律规范建立的一种合法的社会关系。

（2）法律关系是体现意志性的特种社会关系。

（3）法律关系是特定法律主体之间的权利义务关系。

2. 法律关系的主体

（1）公民（自然人），即本国公民。

（2）各种机构和组织。国家机关、各种企业事业组织、各政党和社会团体。

（3）国家。在特殊情况下，国家可以作为一个整体成为法律关系主体。

3.2　我国信息安全法律规范

3.2.1　我国信息安全法律规范的体系

我国对信息安全的保护主要通过以下三大体系予以保障。

1. 基本法律体系

国家在许多基本法律中都设计了用于保护信息安全的条款，如《宪法》第 40 条、《刑法》第 285、286、287 条都做出了相关规定。近年来国家又相继出台了《中华人民共和国电子签名法》《中华人民共和国网络安全法》《中华人民共和国电子商务法》《中华人民共和国密码法》《中华人民共和国数据安全法》《中华人民共和国个人信息保护法》等法律。

2. 政策法规体系

政府制定的一系列法规、规章，具体强化了对信息安全保护的力度。如《中华人民共和国计算机信息系统安全保护条例》《计算机病毒防治管理办法》《互联网信息服务管理办法》《关键信息基础设施安全保护条例》等。

3. 强制性技术标准体系

国家颁布了一系列技术标准，并且是强制性地执行，如《计算机信息系统安全保护等级划分准则》《计算机信息系统安全专用产品分类原则》《计算机场地安全要求》等，从技术上规范了对信息安全的保护。

3.2.2　信息安全法律规范的基本原则

1. 谁主管谁负责的原则

例如《互联网上网服务营业场所管理条例》第 4 条规定：

县级以上人民政府文化行政部门负责互联网上网服务营业场所经营单位的设立审批，并负责对依法设立的互联网上网服务营业场所经营单位经营活动的监督管理；

公安机关负责对互联网上网服务营业场所经营单位的信息网络安全、治安及消防安全的监督管理；

工商行政管理部门负责对互联网上网服务营业场所经营单位登记注册和营业执照的管理，并依法查处无照经营活动；

电信管理等其他有关部门在各自职责范围内，依照本条例和有关法律、行政法规的规定，对互联网上网服务营业场所经营单位分别实施有关监督管理。

2. 突出重点的原则

例如《中华人民共和国计算机信息系统安全保护条例》第 4 条规定：计算机信息系统的安全保护工作，重点维护国家事务、经济建设、国防建设、尖端科学技术等重要领域的计算机信息系统的安全。

3. 预防为主的原则

如对计算机病毒的预防，对非法入侵的防范（使用防火墙）等。

4. 安全审计的原则

例如，在《计算机信息系统安全保护等级划分准则》的第4.4.6款中，有关审计的说明如下：

计算机信息系统可信计算基能创建和维护受保护客体的访问审计跟踪记录，并能阻止非授权的用户对它访问或破坏。

计算机信息系统可信计算基能记录下述事件：使用身份鉴别机制；将客体引入用户地址空间（例如：打开文件、程序初始化）；删除客体；由操作员、系统管理员或（和）系统安全管理员实施的动作，以及其他与系统安全有关的事件。

对于每一事件，其审计记录包括：事件的日期和时间、用户、事件类型、事件是否成功。对于身份鉴别事件，审计记录包含请求的来源（例如：终端标识符）；对于客体引入用户地址空间的事件及客体删除事件，审计记录包含客体及客体的安全级别。此外，计算机信息系统可信计算基具有审计更改可读输出记号的能力。

对不能由计算机信息系统可信计算基独立分辨的审计事件，审计机制提供审计记录接口，可由授权主体调用。这些审计记录区别于计算机信息系统可信计算基独立分辨的审计记录。

计算机信息系统可信计算基能够审计利用隐蔽存储信道时可能被使用的事件。

5. 风险管理的原则

事物的运动发展过程中都存在风险，它是一种潜在的危险或损害。风险具有客观可能性、偶然性（风险损害的发生有不确定性）、可测性（有规律，风险发生可以用概率加以测度）和可规避性（加强认识，积极防范，可降低风险损害发生的概率）。

信息安全工作的风险主要来自信息系统中存在的脆弱点（漏洞和缺陷），这种脆弱点可能存在于计算机系统和网络中或者管理过程中。脆弱点可以利用它的技术难度和级别来表征。脆弱点也很容易受到威胁或攻击。

解决问题的最好办法是进行风险管理。风险管理又名危机管理，是指如何在一个肯定有风险的环境里把风险减至最低的管理过程。

对于信息系统的安全，风险管理主要内容包括：

（1）主动寻找系统的脆弱点，识别出威胁，采取有效的防范措施，化解风险于萌芽状态。

（2）当威胁出现后或攻击成功时，对系统所遭受的损失及时进行评估，制定防范措施，避免风险的再次出现。

（3）研究制定风险应变策略，从容应对各种可能的风险的发生。

3.2.3　信息安全法律规范的法律地位

1. 信息安全立法的必要性和紧迫性

（1）没有信息安全，就没有完全意义上的国家安全。

（2）国家对信息资源的支配和控制能力，将决定国家的主权和命运。

（3）对信息的强有力控制是打赢未来信息战的保证。

（4）信息安全保障能力是21世纪综合国力、经济竞争力和生成发展能力的重要组成部分。

2. 信息安全法律规范的作用

（1）指引作用：是指法律作为一种行为规范，为人们提供了某种行为模式，指引人们可以这样行为，必须这样行为或不得这样行为。

（2）评价作用：是指法律具有判断、衡量他人行为是否合法或违法以及违法性质和程序的作用。

（3）预测作用：是指当事人可以根据法律预先估计到他们相互将如何行为以及某行为在法律上的后果。

（4）教育作用：是指通过法律的实施对一般人今后的行为所产生的影响。

（5）强制作用：是指法律对违法行为具有制裁、惩罚的作用。

3.3　习题

1. 简述信息安全法律规范的基本原则。

2. 我国信息安全法律规范的体系主要包括哪几个方面？

第二部分　信息安全法律法规

第4章　信息系统安全保护相关法律法规

4.1　中华人民共和国计算机信息系统安全保护条例

《中华人民共和国计算机信息系统安全保护条例》（以下简称《条例》）于1994年2月18日由中华人民共和国国务院第147号令发布，共五章三十一条，自发布之日起施行。

4.1.1　《条例》的宗旨和法律地位

1.《条例》的宗旨

《条例》的宗旨是保护计算机信息系统的安全，促进计算机的应用和发展，保障社会主义现代化建设的顺利进行。（第一条）

2.《条例》的法律地位

《中华人民共和国计算机信息系统安全保护条例》是我国在信息系统安全保护方面最早制定的一部法规，也是我国信息系统安全保护最基本的一部法规，它确立了我国信息系统安全保护的基本原则，为以后相关法规的制定奠定了基础。在《条例》颁布之后，我国陆续颁布了《计算机信息网络国际联网安全保护管理办法》《计算机病毒防治管理办法》《互联网信息服务管理办法》《信息安全等级保护管理办法》《计算机信息系统安全专用产品检测和销售许可证管理办法》等一系列信息安全法规，形成了一个保护信息安全的较完善的法规体系。

4.1.2　《条例》的适用范围

（1）任何组织或个人，不得利用计算机信息系统从事危害国家利益、集体利益和公民合法利益的活动，不得危害计算机信息系统的安全。《条例》适用于任何组织和个人。（第七条）

（2）中华人民共和国境内的计算机信息系统的安全保护适用本条例。（第五条）

（3）未联网的微型计算机的安全保护办法，另行制定，不适用本条例。（第五条）

（4）军队的计算机信息系统安全保护工作，按照军队的有关法规执行。（第二十九条）

4.1.3　《条例》的主要内容

1. 科学界定了“计算机信息系统”的概念

第二条　本条例所称的计算机信息系统，是指由计算机及其相关的和配套的设备、设施（含网络）构成的，按照一定的应用目标和规则对信息进行采集、加工、存储、传输、检索等处理的人机系统。

2. 明确了安全保护工作的性质

第三条　计算机信息系统的安全保护，应当保障计算机及其相关的和配套的设备、设施（含网络）的安全，运行环境的安全，保障信息的安全，保障计算机功能的正常发挥，以维护计算机信息系统的安全运行。

3. 明确了计算机信息系统安全保护工作的重点

第四条　计算机信息系统的安全保护工作，重点维护国家事务、经济建设、国防建设、尖端科学技术等重要领域的计算机信息系统的安全。

4. 系统设置了安全保护的制度

《条例》主要设置了以下八个方面的安全保护制度：

（1）安全等级保护制度。

第九条　计算机信息系统实行安全等级保护。安全等级的划分标准和安全等级保护的具体办法，由公安部会同有关部门制定。

（2）计算机机房安全保护制度。

第十条　计算机机房应当符合国家标准和国家有关规定。在计算机机房附近施工，不得危害计算机信息系统的安全。

（3）国际联网备案制度。

第十一条　进行国际联网的计算机信息系统，由计算机信息系统的使用单位报省级以上人民政府公安机关备案。

（4）信息媒体进出境申报制度。

第十二条　运输、携带、邮寄计算机信息媒体进出境的，应当如实向海关申报。

（5）信息安全管理负责制。

第十三条　计算机信息系统的使用单位应当建立健全安全管理制度，负责本单位计算机信息系统的安全保护工作。

（6）发案报告制度。

第十四条　对计算机信息系统中发生的案件，有关使用单位应当在 24 小时内向当地县级以上人民政府公安机关报告。

（7）安全研究制度。

第十五条　对计算机病毒和危害社会公共安全的其他有害数据的防治研究工作，由公安部归口管理。

（8）安全产品销售许可证制度。

第十六条　国家对计算机信息系统安全专用产品的销售实行许可证制度。具体办法由公安部会同有关部门制定。

5. 明确确定了安全监督的职权和义务

第六条　公安部主管全国计算机信息系统安全保护工作。国家安全部、国家保密局和国务院其他有关部门，在国务院规定的职责范围内做好计算机信息系统安全保护的有关工作。

第十七条 公安机关对计算机信息系统保护工作行使下列监督职权：

① 监督、检查、指导计算机信息系统安全保护工作；

② 查处危害计算机信息系统安全的违法犯罪案件；

③ 履行计算机信息系统安全保护工作的其他监督职责。

第十八条 公安机关发现影响计算机信息系统安全的隐患时，应当及时通知使用单位采取安全保护措施。

第十九条 公安部在紧急情况下，可以就涉及计算机信息系统安全的特定事项发布专项通令。

6. 全面规定了违法者的法律责任

《条例》全面规定了违法者的法律责任及处罚规范，主要体现在以下条款：

第二十条 违反本条例的规定，有下列行为之一的，由公安机关处以警告或者停机整顿：

（一）违反计算机信息系统安全等级保护制度，危害计算机信息系统安全的；

（二）违反计算机信息系统国际联网备案制度的；

（三）不按照规定时间报告计算机信息系统中发生的案件的；

（四）接到公安机关要求改进安全状况的通知后，在限期内拒不改进的；

（五）有危害计算机信息系统安全的其他行为的。

第二十一条 计算机机房不符合国家标准和国家其他有关规定的，或者在计算机机房附近施工危害计算机信息系统安全的，由公安机关会同有关单位进行处理。

第二十二条 运输、携带、邮寄计算机信息媒体进出境，不如实向海关申报的，由海关依照《中华人民共和国海关法》和本条例以及其他有关法律、法规的规定处理。

第二十三条 故意输入计算机病毒以及其他有害数据危害计算机信息系统安全的，或者未经许可出售计算机信息系统安全专用产品的，由公安机关处以警告或者对个人处以5000元以下的罚款、对单位处以15000元以下的罚款；有违法所得的，除予以没收外，可以处以违法所得1至3倍的罚款。

第二十四条 违反本条例的规定，构成违反治安管理行为的，依照《中华人民共和国治安管理处罚法》的有关规定处罚；构成犯罪的，依法追究刑事责任。

第二十五条 任何组织或者个人违反本条例的规定，给国家、集体或者他人财产造成损失的，应当依法承担民事责任。

第二十七条 执行本条例的国家公务员利用职权，索取、收受贿赂或者有其他违法、失职行为，构成犯罪的，依法追究刑事责任；尚不构成犯罪的，给予行政处分。

7. 定义了计算机病毒及专用安全产品（第二十八条）

（1）计算机病毒，是指编制或者在计算机程序中插入的破坏计算机功能或者毁坏数据，影响计算机使用，并能自我复制的一组计算机指令或者程序代码。

（2）计算机信息系统安全专用产品，是指用于保护计算机信息系统安全的专用硬件和软件产品。

【案例6】

倪××破坏计算机信息系统案

被告人：倪××，男，39岁，汉族，江苏省吴江县人，大学文化，原系无锡某公司总工程师。2001年3月21日因本案被刑事拘留，同年4月27日被逮捕。

被告人倪××在担任无锡某公司副总工程师期间，于1997年5月至6月间，在为公司3台"惠普"牌HPE5100A网络分析仪编制测试软件的过程中，相继在该3台网络分析仪的内存中设置了正常工作不需要、执行后会使系统屏幕成为"黑屏"的FILE-1程序，在存储于软盘的AUTOST测试软件中修改、增加了时间条件语句及执行上述FILE-1程序的Sta子程序，并设置了时间条件（简称时间陷阱）。后被告人倪××为了提高自己在公司中的地位，于1997年至1999年间，曾数次操作上述程序使网络分析仪屏幕成为"黑屏"，在公司其他技术人员无法排除的情况下，被告人倪××将"黑屏"解除，再重新设置新的时间条件。2000年7月，被告人倪××在自动离职时，未将上述程序删除，亦未向公司汇报，导致HPE5100A网络分析仪按被告人倪××预设的时间条件自动执行了上述FILE-1程序而出现"黑屏"现象，引起公司生产停顿，造成经济损失人民币131.52万元。

无锡市滨湖区人民检察院以被告人倪××犯破坏计算机信息系统罪，向无锡市滨湖区人民法院提起公诉。

无锡市滨湖区人民法院经公开审理认为，被告人倪××违反《中华人民共和国计算机信息系统安全保护条例》关于任何个人不得利用计算机信息系统从事危害集体利益的活动等有关规定，对计算机信息系统中的应用程序进行修改、增加，严重破坏计算机信息系统的有效运行，影响其正常的工作，给集体经济造成重大损失，后果严重，其行为已构成破坏计算机信息系统罪。据此，该院依照《中华人民共和国刑法》第二百八十六条第一款、第二款之规定，于2001年10月25日判决如下：

被告人倪××犯破坏计算机信息系统罪，判处有期徒刑三年。

宣判后，被告人倪××不服，提出上诉。无锡市中级人民法院经过二审审理认为：原审判决认定事实清楚，适用法律正确，量刑适当，审判程序合法，应当予以维持。

4.2　中华人民共和国网络安全法

《中华人民共和国网络安全法》（以下简称《网络安全法》）由第十二届全国人民代表大会常务委员会第二十四次会议于2016年11月7日通过，由中华人民共和国第五十三号主席令颁布，共七章七十九条，自2017年6月1日起施行。

4.2.1 《网络安全法》的宗旨和法律地位

1.《网络安全法》的宗旨

《网络安全法》的宗旨是为了保障网络安全，维护网络空间主权和国家安全、社会公共利益，保护公民、法人和其他组织的合法权益，促进经济社会信息化健康发展。(第一条)

2.《网络安全法》的法律地位

《网络安全法》是我国第一部全面规范网络空间安全管理方面问题的基础性法律，是我国网络空间法治建设的重要里程碑，是依法治网、化解网络风险的法律重器，是让互联网在法治轨道上健康运行的重要保障。《网络安全法》将近年来一些成熟的好做法制度化，并为将来可能的制度创新做了原则性规定，为网络安全工作提供了切实的法律保障。

4.2.2 《网络安全法》的适用范围

第二条 在中华人民共和国境内建设、运营、维护和使用网络，以及网络安全的监督管理，适用本法。

第七十七条 存储、处理涉及国家秘密信息的网络的运行安全保护，除应当遵守本法外，还应当遵守保密法律、行政法规的规定。

第七十八条 军事网络的安全保护，由中央军事委员会另行规定。

4.2.3 相关术语及含义

(1) 网络，是指由计算机或者其他信息终端及相关设备组成的按照一定的规则和程序对信息进行收集、存储、传输、交换、处理的系统。

(2) 网络安全，是指通过采取必要措施，防范对网络的攻击、侵入、干扰、破坏和非法使用以及意外事故，使网络处于稳定可靠运行的状态，以及保障网络数据的完整性、保密性、可用性的能力。

(3) 网络运营者，是指网络的所有者、管理者和网络服务提供者。

(4) 网络数据，是指通过网络收集、存储、传输、处理和产生的各种电子数据。

(5) 个人信息，是指以电子或者其他方式记录的能够单独或者与其他信息结合识别自然人个人身份的各种信息，包括但不限于自然人的姓名、出生日期、身份证件号码、个人生物识别信息、住址、电话号码等。

4.2.4 《网络安全法》的框架

第一章　总则（第一条至第十四条）

第二章　网络安全支持与促进（第十五条至第二十条）

第三章　网络运行安全

　　第一节　一般规定（第二十一条至第三十条）

　　第二节　关键信息基础设施的运行安全（第三十一条至第三十九条）

第四章　网络信息安全（第四十条至第五十条）

第五章　监测预警与应急处置（第五十一条至第五十八条）

第六章　法律责任（第五十九条至第七十五条）

第七章　附则（第七十六条至第七十九条）

4.2.5　《网络安全法》的主要内容

1. 确立了网络安全的基本原则

（1）网络空间主权原则。

第一条　为了保障网络安全，维护网络空间主权和国家安全、社会公共利益，保护公民、法人和其他组织的合法权益，促进经济社会信息化健康发展。

（2）网络安全与信息化发展并重原则。

第三条　国家坚持网络安全与信息化发展并重，遵循积极利用、科学发展、依法管理、确保安全的方针，推进网络基础设施建设和互联互通，鼓励网络技术创新和应用，支持培养网络安全人才，建立健全网络安全保障体系，提高网络安全保护能力。

（3）突出重点原则。

在运行安全保护方面，重点保护关键信息基础设施（见《网络安全法》第三章）；在信息安全保护方面，重点保护个人信息的安全（见《网络安全法》第四章）。

（4）政府统筹与共同治理原则。

第四条　国家制定并不断完善网络安全战略，明确保障网络安全的基本要求和主要目标，提出重点领域的网络安全政策、工作任务和措施。

第五条　国家采取措施，监测、防御、处置来源于中华人民共和国境内外的网络安全风险和威胁，保护关键信息基础设施免受攻击、侵入、干扰和破坏，依法惩治网络违法犯罪活动，维护网络空间安全和秩序。

第六条　国家倡导诚实守信、健康文明的网络行为，推动传播社会主义核心价值观，采取措施提高全社会的网络安全意识和水平，形成全社会共同参与促进网络安全的良好环境。

第七条　国家积极开展网络空间治理、网络技术研发和标准制定、打击网络违法犯罪等方面的国际交流与合作，推动构建和平、安全、开放、合作的网络空间，建立多边、民主、透明的网络治理体系。

第十二条　国家保护公民、法人和其他组织依法使用网络的权利，促进网络接入普及，提升网络服务水平，为社会提供安全、便利的网络服务，保障网络信息依法有序自由流动。

任何个人和组织使用网络应当遵守宪法法律，遵守公共秩序，尊重社会公德，不得危害网络安全，不得利用网络从事危害国家安全、荣誉和利益，煽动颠覆国家政权、推翻社会主义制度，煽动分裂国家、破坏国家统一，宣扬恐怖主义、极端主义，宣扬民族仇恨、民族歧视，传播暴力、淫秽色情信息，编造、传播虚假信息扰乱经济秩序和社会秩序，以及侵害他人名誉、隐私、知识产权和其他合法权益等活动。

第十三条　国家支持研究开发有利于未成年人健康成长的网络产品和服务，依法惩治利用网络从事危害未成年人身心健康的活动，为未成年人提供安全、健康的网络环境。

第十四条 任何个人和组织有权对危害网络安全的行为向网信、电信、公安等部门举报。收到举报的部门应当及时依法作出处理；不属于本部门职责的，应当及时移送有权处理的部门。

有关部门应当对举报人的相关信息予以保密，保护举报人的合法权益。

第十五条 国家建立和完善网络安全标准体系。国务院标准化行政主管部门和国务院其他有关部门根据各自的职责，组织制定并适时修订有关网络安全管理以及网络产品、服务和运行安全的国家标准、行业标准。

国家支持企业、研究机构、高等学校、网络相关行业组织参与网络安全国家标准、行业标准的制定。

第十六条 国务院和省、自治区、直辖市人民政府应当统筹规划，加大投入，扶持重点网络安全技术产业和项目，支持网络安全技术的研究开发和应用，推广安全可信的网络产品和服务，保护网络技术知识产权，支持企业、研究机构和高等学校等参与国家网络安全技术创新项目。

第十七条 国家推进网络安全社会化服务体系建设，鼓励有关企业、机构开展网络安全认证、检测和风险评估等安全服务。

第十八条 国家鼓励开发网络数据安全保护和利用技术，促进公共数据资源开放，推动技术创新和经济社会发展。

国家支持创新网络安全管理方式，运用网络新技术，提升网络安全保护水平。

第十九条 各级人民政府及其有关部门应当组织开展经常性的网络安全宣传教育，并指导、督促有关单位做好网络安全宣传教育工作。

大众传播媒介应当有针对性地面向社会进行网络安全宣传教育。

第二十条 国家支持企业和高等学校、职业学校等教育培训机构开展网络安全相关教育与培训，采取多种方式培养网络安全人才，促进网络安全人才交流。

2. 明确了监管部门的职能

第八条 国家网信部门负责统筹协调网络安全工作和相关监督管理工作。国务院电信主管部门、公安部门和其他有关机关依照本法和有关法律、行政法规的规定，在各自职责范围内负责网络安全保护和监督管理工作。

县级以上地方人民政府有关部门的网络安全保护和监督管理职责，按照国家有关规定确定。

3. 明确了网络运营者、网络产品和服务提供者的安全义务

第九条 网络运营者开展经营和服务活动，必须遵守法律、行政法规，尊重社会公德，遵守商业道德，诚实信用，履行网络安全保护义务，接受政府和社会的监督，承担社会责任。

第十条 建设、运营网络或者通过网络提供服务，应当依照法律、行政法规的规定和国家标准的强制性要求，采取技术措施和其他必要措施，保障网络安全、稳定运行，有效应对网络安全事件，防范网络违法犯罪活动，维护网络数据的完整性、保密性和可用性。

第十一条 网络相关行业组织按照章程，加强行业自律，制定网络安全行为规范，指导会员加强网络安全保护，提高网络安全保护水平，促进行业健康发展。

第二十一条 国家实行网络安全等级保护制度。网络运营者应当按照网络安全等级保护制度的要求，履行下列安全保护义务，保障网络免受干扰、破坏或者未经授权的访问，防止网络数据泄露或者被窃取、篡改：

（一）制定内部安全管理制度和操作规程，确定网络安全负责人，落实网络安全保护责任；

（二）采取防范计算机病毒和网络攻击、网络侵入等危害网络安全行为的技术措施；

（三）采取监测、记录网络运行状态、网络安全事件的技术措施，并按照规定留存相关的网络日志不少于六个月；

（四）采取数据分类、重要数据备份和加密等措施；

（五）法律、行政法规规定的其他义务。

第二十二条 网络产品、服务应当符合相关国家标准的强制性要求。网络产品、服务的提供者不得设置恶意程序；发现其网络产品、服务存在安全缺陷、漏洞等风险时，应当立即采取补救措施，按照规定及时告知用户并向有关主管部门报告。

网络产品、服务的提供者应当为其产品、服务持续提供安全维护；在规定或者当事人约定的期限内，不得终止提供安全维护。

网络产品、服务具有收集用户信息功能的，其提供者应当向用户明示并取得同意；涉及用户个人信息的，还应当遵守本法和有关法律、行政法规关于个人信息保护的规定。

第二十三条 网络关键设备和网络安全专用产品应当按照相关国家标准的强制性要求，由具备资格的机构安全认证合格或者安全检测符合要求后，方可销售或者提供。国家网信部门会同国务院有关部门制定、公布网络关键设备和网络安全专用产品目录，并推动安全认证和安全检测结果互认，避免重复认证、检测。

第二十四条 网络运营者为用户办理网络接入、域名注册服务，办理固定电话、移动电话等入网手续，或者为用户提供信息发布、即时通讯等服务，在与用户签订协议或者确认提供服务时，应当要求用户提供真实身份信息。用户不提供真实身份信息的，网络运营者不得为其提供相关服务。

国家实施网络可信身份战略，支持研究开发安全、方便的电子身份认证技术，推动不同电子身份认证之间的互认。

第二十五条 网络运营者应当制定网络安全事件应急预案，及时处置系统漏洞、计算机病毒、网络攻击、网络侵入等安全风险；在发生危害网络安全的事件时，立即启动应急预案，采取相应的补救措施，并按照规定向有关主管部门报告。

第二十六条 开展网络安全认证、检测、风险评估等活动，向社会发布系统漏洞、计算机病毒、网络攻击、网络侵入等网络安全信息，应当遵守国家有关规定。

第二十七条 任何个人和组织不得从事非法侵入他人网络、干扰他人网络正常功能、窃取网络数据等危害网络安全的活动；不得提供专门用于从事侵入网络、干扰网络正常功能及防护措施、窃取网络数据等危害网络安全活动的程序、工具；明知他人从事危害网络安全的活动的，不得为其提供技术支持、广告推广、支付结算等帮助。

第二十八条 网络运营者应当为公安机关、国家安全机关依法维护国家安全和侦查犯罪的活动提供技术支持和协助。

第二十九条 国家支持网络运营者之间在网络安全信息收集、分析、通报和应急处置等方面进行合作，提高网络运营者的安全保障能力。

有关行业组织建立健全本行业的网络安全保护规范和协作机制，加强对网络安全风险的分析评估，定期向会员进行风险警示，支持、协助会员应对网络安全风险。

4. 建立了关键信息基础设施安全保护制度

第三十一条 国家对公共通信和信息服务、能源、交通、水利、金融、公共服务、电子政务等重要行业和领域，以及其他一旦遭到破坏、丧失功能或者数据泄露，可能严重危害国家安全、国计民生、公共利益的关键信息基础设施，在网络安全等级保护制度的基础上，实行重点保护。关键信息基础设施的具体范围和安全保护办法由国务院制定。

国家鼓励关键信息基础设施以外的网络运营者自愿参与关键信息基础设施保护体系。

第三十二条 按照国务院规定的职责分工，负责关键信息基础设施安全保护工作的部门分别编制并组织实施本行业、本领域的关键信息基础设施安全规划，指导和监督关键信息基础设施运行安全保护工作。

第三十三条 建设关键信息基础设施应当确保其具有支持业务稳定、持续运行的性能，并保证安全技术措施同步规划、同步建设、同步使用。

第三十四条 除本法第二十一条的规定外，关键信息基础设施的运营者还应当履行下列安全保护义务：

（一）设置专门安全管理机构和安全管理负责人，并对该负责人和关键岗位的人员进行安全背景审查；

（二）定期对从业人员进行网络安全教育、技术培训和技能考核；

（三）对重要系统和数据库进行容灾备份；

（四）制定网络安全事件应急预案，并定期进行演练；

（五）法律、行政法规规定的其他义务。

第三十五条 关键信息基础设施的运营者采购网络产品和服务，可能影响国家安全的，应当通过国家网信部门会同国务院有关部门组织的国家安全审查。

第三十六条 关键信息基础设施的运营者采购网络产品和服务，应当按照规定与提供者签订安全保密协议，明确安全和保密义务与责任。

第三十七条 关键信息基础设施的运营者在中华人民共和国境内运营中收集和产生的个人信息和重要数据应当在境内存储。因业务需要，确需向境外提供的，应当按照国家网信部门会同国务院有关部门制定的办法进行安全评估；法律、行政法规另有规定的，依照其规定。

第三十八条 关键信息基础设施的运营者应当自行或者委托网络安全服务机构对其网络的安全性和可能存在的风险每年至少进行一次检测评估，并将检测评估情况和改进措施报送相关负责关键信息基础设施安全保护工作的部门。

第三十九条 国家网信部门应当统筹协调有关部门对关键信息基础设施的安全保护采取下列措施：

（一）对关键信息基础设施的安全风险进行抽查检测，提出改进措施，必要时可以委托网络安全服务机构对网络存在的安全风险进行检测评估；

(二) 定期组织关键信息基础设施的运营者进行网络安全应急演练，提高应对网络安全事件的水平和协同配合能力；

(三) 促进有关部门、关键信息基础设施的运营者以及有关研究机构、网络安全服务机构等之间的网络安全信息共享；

(四) 对网络安全事件的应急处置与网络功能的恢复等，提供技术支持和协助。

5. 进一步完善了个人信息保护及网络信息发布规则

第三十条　网信部门和有关部门在履行网络安全保护职责中获取的信息，只能用于维护网络安全的需要，不得用于其他用途。

第四十条　网络运营者应当对其收集的用户信息严格保密，并建立健全用户信息保护制度。

第四十一条　网络运营者收集、使用个人信息，应当遵循合法、正当、必要的原则，公开收集、使用规则，明示收集、使用信息的目的、方式和范围，并经被收集者同意。

网络运营者不得收集与其提供的服务无关的个人信息，不得违反法律、行政法规的规定和双方的约定收集、使用个人信息，并应当依照法律、行政法规的规定和与用户的约定，处理其保存的个人信息。

第四十二条　网络运营者不得泄露、篡改、毁损其收集的个人信息；未经被收集者同意，不得向他人提供个人信息。但是，经过处理无法识别特定个人且不能复原的除外。

网络运营者应当采取技术措施和其他必要措施，确保其收集的个人信息安全，防止信息泄露、毁损、丢失。在发生或者可能发生个人信息泄露、毁损、丢失的情况时，应当立即采取补救措施，按照规定及时告知用户并向有关主管部门报告。

第四十三条　个人发现网络运营者违反法律、行政法规的规定或者双方的约定收集、使用其个人信息的，有权要求网络运营者删除其个人信息；发现网络运营者收集、存储的其个人信息有错误的，有权要求网络运营者予以更正。网络运营者应当采取措施予以删除或者更正。

第四十四条　任何个人和组织不得窃取或者以其他非法方式获取个人信息，不得非法出售或者非法向他人提供个人信息。

第四十五条　依法负有网络安全监督管理职责的部门及其工作人员，必须对在履行职责中知悉的个人信息、隐私和商业秘密严格保密，不得泄露、出售或者非法向他人提供。

第四十六条　任何个人和组织应当对其使用网络的行为负责，不得设立用于实施诈骗，传授犯罪方法，制作或者销售违禁物品、管制物品等违法犯罪活动的网站、通讯群组，不得利用网络发布涉及实施诈骗，制作或者销售违禁物品、管制物品以及其他违法犯罪活动的信息。

第四十七条　网络运营者应当加强对其用户发布的信息的管理，发现法律、行政法规禁止发布或者传输的信息的，应当立即停止传输该信息，采取消除等处置措施，防止信息扩散，保存有关记录，并向有关主管部门报告。

第四十八条　任何个人和组织发送的电子信息、提供的应用软件，不得设置恶意程序，不得含有法律、行政法规禁止发布或者传输的信息。

电子信息发送服务提供者和应用软件下载服务提供者，应当履行安全管理义务，知道其用户有前款规定行为的，应当停止提供服务，采取消除等处置措施，保存有关记录，并向有关主管部门报告。

第四十九条 网络运营者应当建立网络信息安全投诉、举报制度，公布投诉、举报方式等信息，及时受理并处理有关网络信息安全的投诉和举报。

网络运营者对网信部门和有关部门依法实施的监督检查，应当予以配合。

第五十条 国家网信部门和有关部门依法履行网络信息安全监督管理职责，发现法律、行政法规禁止发布或者传输的信息的，应当要求网络运营者停止传输，采取消除等处置措施，保存有关记录；对来源于中华人民共和国境外的上述信息，应当通知有关机构采取技术措施和其他必要措施阻断传播。

6. 建立了较为完备统一的网络安全监测预警、信息通报和应急处置工作机制

第五十一条 国家建立网络安全监测预警和信息通报制度。国家网信部门应当统筹协调有关部门加强网络安全信息收集、分析和通报工作，按照规定统一发布网络安全监测预警信息。

第五十二条 负责关键信息基础设施安全保护工作的部门，应当建立健全本行业、本领域的网络安全监测预警和信息通报制度，并按照规定报送网络安全监测预警信息。

第五十三条 国家网信部门协调有关部门建立健全网络安全风险评估和应急工作机制，制定网络安全事件应急预案，并定期组织演练。

负责关键信息基础设施安全保护工作的部门应当制定本行业、本领域的网络安全事件应急预案，并定期组织演练。

网络安全事件应急预案应当按照事件发生后的危害程度、影响范围等因素对网络安全事件进行分级，并规定相应的应急处置措施。

第五十四条 网络安全事件发生的风险增大时，省级以上人民政府有关部门应当按照规定的权限和程序，并根据网络安全风险的特点和可能造成的危害，采取下列措施：

（一）要求有关部门、机构和人员及时收集、报告有关信息，加强对网络安全风险的监测；

（二）组织有关部门、机构和专业人员，对网络安全风险信息进行分析评估，预测事件发生的可能性、影响范围和危害程度；

（三）向社会发布网络安全风险预警，发布避免、减轻危害的措施。

第五十五条 发生网络安全事件，应当立即启动网络安全事件应急预案，对网络安全事件进行调查和评估，要求网络运营者采取技术措施和其他必要措施，消除安全隐患，防止危害扩大，并及时向社会发布与公众有关的警示信息。

第五十六条 省级以上人民政府有关部门在履行网络安全监督管理职责中，发现网络存在较大安全风险或者发生安全事件的，可以按照规定的权限和程序对该网络的运营者的法定代表人或者主要负责人进行约谈。网络运营者应当按照要求采取措施，进行整改，消除隐患。

第五十七条 因网络安全事件，发生突发事件或者生产安全事故的，应当依照《中华人民共和国突发事件应对法》《中华人民共和国安全生产法》等有关法律、行政法规的规定处置。

第五十八条　因维护国家安全和社会公共秩序，处置重大突发社会安全事件的需要，经国务院决定或者批准，可以在特定区域对网络通信采取限制等临时措施。

7. 明确了法律责任，加大了违法惩处力度

第五十九条　网络运营者不履行本法第二十一条、第二十五条规定的网络安全保护义务的，由有关主管部门责令改正，给予警告；拒不改正或者导致危害网络安全等后果的，处一万元以上十万元以下罚款，对直接负责的主管人员处五千元以上五万元以下罚款。

关键信息基础设施的运营者不履行本法第三十三条、第三十四条、第三十六条、第三十八条规定的网络安全保护义务的，由有关主管部门责令改正，给予警告；拒不改正或者导致危害网络安全等后果的，处十万元以上一百万元以下罚款，对直接负责的主管人员处一万元以上十万元以下罚款。

第六十条　违反本法第二十二条第一款、第二款和第四十八条第一款规定，有下列行为之一的，由有关主管部门责令改正，给予警告；拒不改正或者导致危害网络安全等后果的，处五万元以上五十万元以下罚款，对直接负责的主管人员处一万元以上十万元以下罚款：

（一）设置恶意程序的；

（二）对其产品、服务存在的安全缺陷、漏洞等风险未立即采取补救措施，或者未按照规定及时告知用户并向有关主管部门报告的；

（三）擅自终止为其产品、服务提供安全维护的。

第六十一条　网络运营者违反本法第二十四条第一款规定，未要求用户提供真实身份信息，或者对不提供真实身份信息的用户提供相关服务的，由有关主管部门责令改正；拒不改正或者情节严重的，处五万元以上五十万元以下罚款，并可以由有关主管部门责令暂停相关业务、停业整顿、关闭网站、吊销相关业务许可证或者吊销营业执照，对直接负责的主管人员和其他直接责任人员处一万元以上十万元以下罚款。

第六十二条　违反本法第二十六条规定，开展网络安全认证、检测、风险评估等活动，或者向社会发布系统漏洞、计算机病毒、网络攻击、网络侵入等网络安全信息的，由有关主管部门责令改正，给予警告；拒不改正或者情节严重的，处一万元以上十万元以下罚款，并可以由有关主管部门责令暂停相关业务、停业整顿、关闭网站、吊销相关业务许可证或者吊销营业执照，对直接负责的主管人员和其他直接责任人员处五千元以上五万元以下罚款。

第六十三条　违反本法第二十七条规定，从事危害网络安全的活动，或者提供专门用于从事危害网络安全活动的程序、工具，或者为他人从事危害网络安全的活动提供技术支持、广告推广、支付结算等帮助，尚不构成犯罪的，由公安机关没收违法所得，处五日以下拘留，可以并处五万元以上五十万元以下罚款；情节较重的，处五日以上十五日以下拘留，可以并处十万元以上一百万元以下罚款。

单位有前款行为的，由公安机关没收违法所得，处十万元以上一百万元以下罚款，并对直接负责的主管人员和其他直接责任人员依照前款规定处罚。

违反本法第二十七条规定，受到治安管理处罚的人员，五年内不得从事网络安全管理和网络运营关键岗位的工作；受到刑事处罚的人员，终身不得从事网络安全管理和网络运营关键岗位的工作。

第六十四条　网络运营者、网络产品或者服务的提供者违反本法第二十二条第三款、第四十一条至第四十三条规定，侵害个人信息依法得到保护的权利的，由有关主管部门责令改正，可以根据情节单处或者并处警告、没收违法所得、处违法所得一倍以上十倍以下罚款，没有违法所得的，处一百万元以下罚款，对直接负责的主管人员和其他直接责任人员处一万元以上十万元以下罚款；情节严重的，并可以责令暂停相关业务、停业整顿、关闭网站、吊销相关业务许可证或者吊销营业执照。

违反本法第四十四条规定，窃取或者以其他非法方式获取、非法出售或者非法向他人提供个人信息，尚不构成犯罪的，由公安机关没收违法所得，并处违法所得一倍以上十倍以下罚款，没有违法所得的，处一百万元以下罚款。

第六十五条　关键信息基础设施的运营者违反本法第三十五条规定，使用未经安全审查或者安全审查未通过的网络产品或者服务的，由有关主管部门责令停止使用，处采购金额一倍以上十倍以下罚款；对直接负责的主管人员和其他直接责任人员处一万元以上十万元以下罚款。

第六十六条　关键信息基础设施的运营者违反本法第三十七条规定，在境外存储网络数据，或者向境外提供网络数据的，由有关主管部门责令改正，给予警告，没收违法所得，处五万元以上五十万元以下罚款，并可以责令暂停相关业务、停业整顿、关闭网站、吊销相关业务许可证或者吊销营业执照；对直接负责的主管人员和其他直接责任人员处一万元以上十万元以下罚款。

第六十七条　违反本法第四十六条规定，设立用于实施违法犯罪活动的网站、通讯群组，或者利用网络发布涉及实施违法犯罪活动的信息，尚不构成犯罪的，由公安机关处五日以下拘留，可以并处一万元以上十万元以下罚款；情节较重的，处五日以上十五日以下拘留，可以并处五万元以上五十万元以下罚款。关闭用于实施违法犯罪活动的网站、通讯群组。

单位有前款行为的，由公安机关处十万元以上五十万元以下罚款，并对直接负责的主管人员和其他直接责任人员依照前款规定处罚。

第六十八条　网络运营者违反本法第四十七条规定，对法律、行政法规禁止发布或者传输的信息未停止传输、采取消除等处置措施、保存有关记录的，由有关主管部门责令改正，给予警告，没收违法所得；拒不改正或者情节严重的，处十万元以上五十万元以下罚款，并可以责令暂停相关业务、停业整顿、关闭网站、吊销相关业务许可证或者吊销营业执照，对直接负责的主管人员和其他直接责任人员处一万元以上十万元以下罚款。

电子信息发送服务提供者、应用软件下载服务提供者，不履行本法第四十八条第二款规定的安全管理义务的，依照前款规定处罚。

第六十九条　网络运营者违反本法规定，有下列行为之一的，由有关主管部门责令改正；拒不改正或者情节严重的，处五万元以上五十万元以下罚款，对直接负责的主管人员和其他直接责任人员，处一万元以上十万元以下罚款：

（一）不按照有关部门的要求对法律、行政法规禁止发布或者传输的信息，采取停止传输、消除等处置措施的；

（二）拒绝、阻碍有关部门依法实施的监督检查的；

（三）拒不向公安机关、国家安全机关提供技术支持和协助的。

第七十条　发布或者传输本法第十二条第二款和其他法律、行政法规禁止发布或者传输的信息的，依照有关法律、行政法规的规定处罚。

第七十一条　有本法规定的违法行为的，依照有关法律、行政法规的规定记入信用档案，并予以公示。

第七十二条　国家机关政务网络的运营者不履行本法规定的网络安全保护义务的，由其上级机关或者有关机关责令改正；对直接负责的主管人员和其他直接责任人员依法给予处分。

第七十三条　网信部门和有关部门违反本法第三十条规定，将在履行网络安全保护职责中获取的信息用于其他用途的，对直接负责的主管人员和其他直接责任人员依法给予处分。

网信部门和有关部门的工作人员玩忽职守、滥用职权、徇私舞弊，尚不构成犯罪的，依法给予处分。

第七十四条　违反本法规定，给他人造成损害的，依法承担民事责任。

违反本法规定，构成违反治安管理行为的，依法给予治安管理处罚；构成犯罪的，依法追究刑事责任。

第七十五条　境外的机构、组织、个人从事攻击、侵入、干扰、破坏等危害中华人民共和国的关键信息基础设施的活动，造成严重后果的，依法追究法律责任；国务院公安部门和有关部门并可以决定对该机构、组织、个人采取冻结财产或者其他必要的制裁措施。

4.3　关键信息基础设施安全保护条例

《关键信息基础设施安全保护条例》于 2021 年 4 月 27 日由国务院第 133 次常务会议通过，共六章五十一条，自 2021 年 9 月 1 日起施行。

4.3.1　制定《关键信息基础设施安全保护条例》的宗旨

制定《关键信息基础设施安全保护条例》的宗旨是：为了保障关键信息基础设施安全，维护网络安全。(第一条)

4.3.2　关键信息基础设施的定义

第二条　本条例所称关键信息基础设施，是指公共通信和信息服务、能源、交通、水利、金融、公共服务、电子政务、国防科技工业等重要行业和领域的，以及其他一旦遭到破坏、丧失功能或者数据泄露，可能严重危害国家安全、国计民生、公共利益的重要网络设施、信息系统等。

4.3.3　职责分工与总体要求

第三条　在国家网信部门统筹协调下，国务院公安部门负责指导监督关键信息基础设施安全保护工作。国务院电信主管部门和其他有关部门依照本条例和有关法律、行政法规的规定，在各自职责范围内负责关键信息基础设施安全保护和监督管理工作。

省级人民政府有关部门依据各自职责对关键信息基础设施实施安全保护和监督管理。

第四条 关键信息基础设施安全保护坚持综合协调、分工负责、依法保护，强化和落实关键信息基础设施运营者（以下简称运营者）主体责任，充分发挥政府及社会各方面的作用，共同保护关键信息基础设施安全。

第五条 国家对关键信息基础设施实行重点保护，采取措施，监测、防御、处置来源于中华人民共和国境内外的网络安全风险和威胁，保护关键信息基础设施免受攻击、侵入、干扰和破坏，依法惩治危害关键信息基础设施安全的违法犯罪活动。

任何个人和组织不得实施非法侵入、干扰、破坏关键信息基础设施的活动，不得危害关键信息基础设施安全。

第六条 运营者依照本条例和有关法律、行政法规的规定以及国家标准的强制性要求，在网络安全等级保护的基础上，采取技术保护措施和其他必要措施，应对网络安全事件，防范网络攻击和违法犯罪活动，保障关键信息基础设施安全稳定运行，维护数据的完整性、保密性和可用性。

第七条 对在关键信息基础设施安全保护工作中取得显著成绩或者作出突出贡献的单位和个人，按照国家有关规定给予表彰。

4.3.4 关键信息基础设施的认定

第八条 本条例第二条涉及的重要行业和领域的主管部门、监督管理部门是负责关键信息基础设施安全保护工作的部门（以下简称保护工作部门）。

第九条 保护工作部门结合本行业、本领域实际，制定关键信息基础设施认定规则，并报国务院公安部门备案。

制定认定规则应当主要考虑下列因素：

（一）网络设施、信息系统等对于本行业、本领域关键核心业务的重要程度；

（二）网络设施、信息系统等一旦遭到破坏、丧失功能或者数据泄露可能带来的危害程度；

（三）对其他行业和领域的关联性影响。

第十条 保护工作部门根据认定规则负责组织认定本行业、本领域的关键信息基础设施，及时将认定结果通知运营者，并通报国务院公安部门。

第十一条 关键信息基础设施发生较大变化，可能影响其认定结果的，运营者应当及时将相关情况报告保护工作部门。保护工作部门自收到报告之日起 3 个月内完成重新认定，将认定结果通知运营者，并通报国务院公安部门。

4.3.5 运营者的责任和义务

第十二条 安全保护措施应当与关键信息基础设施同步规划、同步建设、同步使用。

第十三条 运营者应当建立健全网络安全保护制度和责任制，保障人力、财力、物力投入。运营者的主要负责人对关键信息基础设施安全保护负总责，领导关键信息基础设施安全保护和重大网络安全事件处置工作，组织研究解决重大网络安全问题。

第十四条 运营者应当设置专门安全管理机构，并对专门安全管理机构负责人和关键岗位人员进行安全背景审查。审查时，公安机关、国家安全机关应当予以协助。

第十五条 专门安全管理机构具体负责本单位的关键信息基础设施安全保护工作，履行下列职责：

（一）建立健全网络安全管理、评价考核制度，拟订关键信息基础设施安全保护计划；

（二）组织推动网络安全防护能力建设，开展网络安全监测、检测和风险评估；

（三）按照国家及行业网络安全事件应急预案，制定本单位应急预案，定期开展应急演练，处置网络安全事件；

（四）认定网络安全关键岗位，组织开展网络安全工作考核，提出奖励和惩处建议；

（五）组织网络安全教育、培训；

（六）履行个人信息和数据安全保护责任，建立健全个人信息和数据安全保护制度；

（七）对关键信息基础设施设计、建设、运行、维护等服务实施安全管理；

（八）按照规定报告网络安全事件和重要事项。

第十六条 运营者应当保障专门安全管理机构的运行经费、配备相应的人员，开展与网络安全和信息化有关的决策应当有专门安全管理机构人员参与。

第十七条 运营者应当自行或者委托网络安全服务机构对关键信息基础设施每年至少进行一次网络安全检测和风险评估，对发现的安全问题及时整改，并按照保护工作部门要求报送情况。

第十八条 关键信息基础设施发生重大网络安全事件或者发现重大网络安全威胁时，运营者应当按照有关规定向保护工作部门、公安机关报告。

发生关键信息基础设施整体中断运行或者主要功能故障、国家基础信息以及其他重要数据泄露、较大规模个人信息泄露、造成较大经济损失、违法信息较大范围传播等特别重大网络安全事件或者发现特别重大网络安全威胁时，保护工作部门应当在收到报告后，及时向国家网信部门、国务院公安部门报告。

第十九条 运营者应当优先采购安全可信的网络产品和服务；采购网络产品和服务可能影响国家安全的，应当按照国家网络安全规定通过安全审查。

第二十条 运营者采购网络产品和服务，应当按照国家有关规定与网络产品和服务提供者签订安全保密协议，明确提供者的技术支持和安全保密义务与责任，并对义务与责任履行情况进行监督。

第二十一条 运营者发生合并、分立、解散等情况，应当及时报告保护工作部门，并按照保护工作部门的要求对关键信息基础设施进行处置，确保安全。

4.3.6 保障和促进

第二十二条 保护工作部门应当制定本行业、本领域关键信息基础设施安全规划，明确保护目标、基本要求、工作任务、具体措施。

第二十三条 国家网信部门统筹协调有关部门建立网络安全信息共享机制，及时汇总、研判、共享、发布网络安全威胁、漏洞、事件等信息，促进有关部门、保护工作部门、运营者以及网络安全服务机构等之间的网络安全信息共享。

第二十四条 保护工作部门应当建立健全本行业、本领域的关键信息基础设施网络安全监测预警制度，及时掌握本行业、本领域关键信息基础设施运行状况、安全态势，预警通报网络安全威胁和隐患，指导做好安全防范工作。

第二十五条 保护工作部门应当按照国家网络安全事件应急预案的要求，建立健全本行业、本领域的网络安全事件应急预案，定期组织应急演练；指导运营者做好网络安全事件应对处置，并根据需要组织提供技术支持与协助。

第二十六条 保护工作部门应当定期组织开展本行业、本领域关键信息基础设施网络安全检查检测，指导监督运营者及时整改安全隐患、完善安全措施。

第二十七条 国家网信部门统筹协调国务院公安部门、保护工作部门对关键信息基础设施进行网络安全检查检测，提出改进措施。

有关部门在开展关键信息基础设施网络安全检查时，应当加强协同配合、信息沟通，避免不必要的检查和交叉重复检查。检查工作不得收取费用，不得要求被检查单位购买指定品牌或者指定生产、销售单位的产品和服务。

第二十八条 运营者对保护工作部门开展的关键信息基础设施网络安全检查检测工作，以及公安、国家安全、保密行政管理、密码管理等有关部门依法开展的关键信息基础设施网络安全检查工作应当予以配合。

第二十九条 在关键信息基础设施安全保护工作中，国家网信部门和国务院电信主管部门、国务院公安部门等应当根据保护工作部门的需要，及时提供技术支持和协助。

第三十条 网信部门、公安机关、保护工作部门等有关部门，网络安全服务机构及其工作人员对于在关键信息基础设施安全保护工作中获取的信息，只能用于维护网络安全，并严格按照有关法律、行政法规的要求确保信息安全，不得泄露、出售或者非法向他人提供。

第三十一条 未经国家网信部门、国务院公安部门批准或者保护工作部门、运营者授权，任何个人和组织不得对关键信息基础设施实施漏洞探测、渗透性测试等可能影响或者危害关键信息基础设施安全的活动。对基础电信网络实施漏洞探测、渗透性测试等活动，应当事先向国务院电信主管部门报告。

第三十二条 国家采取措施，优先保障能源、电信等关键信息基础设施安全运行。

能源、电信行业应当采取措施，为其他行业和领域的关键信息基础设施安全运行提供重点保障。

第三十三条 公安机关、国家安全机关依据各自职责依法加强关键信息基础设施安全保卫，防范打击针对和利用关键信息基础设施实施的违法犯罪活动。

第三十四条 国家制定和完善关键信息基础设施安全标准，指导、规范关键信息基础设施安全保护工作。

第三十五条 国家采取措施，鼓励网络安全专门人才从事关键信息基础设施安全保护工作；将运营者安全管理人员、安全技术人员培训纳入国家继续教育体系。

第三十六条 国家支持关键信息基础设施安全防护技术创新和产业发展，组织力量实施关键信息基础设施安全技术攻关。

第三十七条　国家加强网络安全服务机构建设和管理，制定管理要求并加强监督指导，不断提升服务机构能力水平，充分发挥其在关键信息基础设施安全保护中的作用。

第三十八条　国家加强网络安全军民融合，军地协同保护关键信息基础设施安全。

4.3.7　法律责任

第三十九条　运营者有下列情形之一的，由有关主管部门依据职责责令改正，给予警告；拒不改正或者导致危害网络安全等后果的，处 10 万元以上 100 万元以下罚款，对直接负责的主管人员处 1 万元以上 10 万元以下罚款：

（一）在关键信息基础设施发生较大变化，可能影响其认定结果时未及时将相关情况报告保护工作部门的；

（二）安全保护措施未与关键信息基础设施同步规划、同步建设、同步使用的；

（三）未建立健全网络安全保护制度和责任制的；

（四）未设置专门安全管理机构的；

（五）未对专门安全管理机构负责人和关键岗位人员进行安全背景审查的；

（六）开展与网络安全和信息化有关的决策没有专门安全管理机构人员参与的；

（七）专门安全管理机构未履行本条例第十五条规定的职责的；

（八）未对关键信息基础设施每年至少进行一次网络安全检测和风险评估，未对发现的安全问题及时整改，或者未按照保护工作部门要求报送情况的；

（九）采购网络产品和服务，未按照国家有关规定与网络产品和服务提供者签订安全保密协议的；

（十）发生合并、分立、解散等情况，未及时报告保护工作部门，或者未按照保护工作部门的要求对关键信息基础设施进行处置的。

第四十条　运营者在关键信息基础设施发生重大网络安全事件或者发现重大网络安全威胁时，未按照有关规定向保护工作部门、公安机关报告的，由保护工作部门、公安机关依据职责责令改正，给予警告；拒不改正或者导致危害网络安全等后果的，处 10 万元以上 100 万元以下罚款，对直接负责的主管人员处 1 万元以上 10 万元以下罚款。

第四十一条　运营者采购可能影响国家安全的网络产品和服务，未按照国家网络安全规定进行安全审查的，由国家网信部门等有关主管部门依据职责责令改正，处采购金额 1 倍以上 10 倍以下罚款，对直接负责的主管人员和其他直接责任人员处 1 万元以上 10 万元以下罚款。

第四十二条　运营者对保护工作部门开展的关键信息基础设施网络安全检查检测工作，以及公安、国家安全、保密行政管理、密码管理等有关部门依法开展的关键信息基础设施网络安全检查工作不予配合的，由有关主管部门责令改正；拒不改正的，处 5 万元以上 50 万元以下罚款，对直接负责的主管人员和其他直接责任人员处 1 万元以上 10 万元以下罚款；情节严重的，依法追究相应法律责任。

第四十三条　实施非法侵入、干扰、破坏关键信息基础设施，危害其安全的活动尚不构成犯罪的，依照《中华人民共和国网络安全法》有关规定，由公安机关没收违法所得，处 5 日以下拘留，可以并处 5 万元以上 50 万元以下罚款；情节较重的，处 5 日以上 15 日以下拘留，可以并处10万元以上100万元以下罚款。

单位有前款行为的，由公安机关没收违法所得，处10万元以上100万元以下罚款，并对直接负责的主管人员和其他直接责任人员依照前款规定处罚。

违反本条例第五条第二款和第三十一条规定，受到治安管理处罚的人员，5年内不得从事网络安全管理和网络运营关键岗位的工作；受到刑事处罚的人员，终身不得从事网络安全管理和网络运营关键岗位的工作。

第四十四条 网信部门、公安机关、保护工作部门和其他有关部门及其工作人员未履行关键信息基础设施安全保护和监督管理职责或者玩忽职守、滥用职权、徇私舞弊的，依法对直接负责的主管人员和其他直接责任人员给予处分。

第四十五条 公安机关、保护工作部门和其他有关部门在开展关键信息基础设施网络安全检查工作中收取费用，或者要求被检查单位购买指定品牌或者指定生产、销售单位的产品和服务的，由其上级机关责令改正，退还收取的费用；情节严重的，依法对直接负责的主管人员和其他直接责任人员给予处分。

第四十六条 网信部门、公安机关、保护工作部门等有关部门、网络安全服务机构及其工作人员将在关键信息基础设施安全保护工作中获取的信息用于其他用途，或者泄露、出售、非法向他人提供的，依法对直接负责的主管人员和其他直接责任人员给予处分。

第四十七条 关键信息基础设施发生重大和特别重大网络安全事件，经调查确定为责任事故的，除应当查明运营者责任并依法予以追究外，还应查明相关网络安全服务机构及有关部门的责任，对有失职、渎职及其他违法行为的，依法追究责任。

第四十八条 电子政务关键信息基础设施的运营者不履行本条例规定的网络安全保护义务的，依照《中华人民共和国网络安全法》有关规定予以处理。

第四十九条 违反本条例规定，给他人造成损害的，依法承担民事责任。

违反本条例规定，构成违反治安管理行为的，依法给予治安管理处罚；构成犯罪的，依法追究州事责任。

4.4 计算机信息网络国际联网安全保护管理办法

《计算机信息网络国际联网安全保护管理办法》（以下简称《办法》）于1997年12月11日由国务院批准，1997年12月30日由公安部发布，共五章二十五条，自发布之日起施行。

4.4.1 制定《办法》的目的

制定《办法》的目的是：为了加强对计算机信息网络国际联网的安全保护，维护公共秩序和社会稳定。(第一条)

4.4.2 《办法》的适用范围和调整对象

1.《办法》的适用范围

中华人民共和国境内的计算机信息网络国际联网安全保护管理。(第二条)

2.《办法》的调整对象

从事国际联网业务的单位和个人，以及计算机信息网络的使用者。

4.4.3　《办法》的主要内容

1. 规定了相关部门、单位和个人在计算机信息网络国际联网安全保护方面的责任

第四条　任何单位和个人不得利用国际联网危害国家安全、泄露国家秘密，不得侵犯国家的、社会的、集体的利益和公民的合法权益，不得从事违法犯罪活动。

第五条　任何单位和个人不得利用国际联网制作、复制、查阅和传播下列信息：

（一）煽动抗拒、破坏宪法和法律、行政法规实施的；

（二）煽动颠覆国家政权，推翻社会主义制度的；

（三）煽动分裂国家、破坏国家统一的；

（四）煽动民族仇恨、民族歧视，破坏民族团结的；

（五）捏造或者歪曲事实，散布谣言，扰乱社会秩序的；

（六）宣扬封建迷信、淫秽、色情、赌博、暴力、凶杀、恐怖，教唆犯罪的；

（七）公然侮辱他人或者捏造事实诽谤他人的；

（八）损害国家机关信誉的；

（九）其他违反宪法和法律、行政法规的。

第六条　任何单位和个人不得从事下列危害计算机信息网络安全的活动：

（一）未经允许，进入计算机信息网络或者使用计算机信息网络资源的；

（二）未经允许，对计算机信息网络功能进行删除、修改或者增加的；

（三）未经允许，对计算机信息网络中存储、处理或者传输的数据和应用程序进行删除、修改或者增加的；

（四）故意制作、传播计算机病毒等破坏性程序的；

（五）其他危害计算机信息网络安全的。

第七条　用户的通信自由和通信秘密受法律保护。任何单位和个人不得违反法律规定，利用国际联网侵犯用户的通信自由和通信秘密。

第八条　从事国际联网业务的单位和个人应当接受公安机关的安全监督、检查和指导，如实向公安机关提供有关安全保护的信息、资料及数据文件，协助公安机关查处通过国际联网的计算机信息网络的违法犯罪行为。

第十条　互联单位、接入单位及使用计算机信息网络国际联网的法人和其他组织应当履行下列安全保护职责：

（一）负责本网络的安全保护管理工作，建立健全安全保护管理制度；

（二）落实安全保护技术措施，保障本网络的运行安全和信息安全；

（三）负责对本网络用户的安全教育和培训；

（四）对委托发布信息的单位和个人进行登记，并对所提供的信息内容按照本办法第五条进行审核；

（五）建立计算机信息网络电子公告系统的用户登记和信息管理制度；

（六）发现有本办法第四条、第五条、第六条、第七条所列情形之一的，应当保留有关原始记录，并在二十四小时内向当地公安机关报告；

（七）按照国家有关规定，删除本网络中含有本办法第五条内容的地址、目录或者关闭服务器。

2. 明确了公安机关的职责和义务

主要体现在以下各条：

第三条 公安部计算机管理监察机构负责计算机信息网络国际联网的安全保护管理工作。公安机关计算机管理监察机构应当保护计算机信息网络国际联网的公共安全，维护从事国际联网业务的单位和个人的合法权益和公众利益。

第十七条 公安机关计算机管理监察机构应当督促互联单位、接入单位及有关用户建立健全安全保护管理制度。监督、检查网络安全保护管理以及技术措施的落实情况。公安机关计算机管理监察机构在组织安全检查时，有关单位应当派人参加。公安机关计算机管理监察机构对安全检查发现的问题，应当提出改进意见，作出详细记录，存档备查。

第十九条 公安机关计算机管理监察机构应当负责追踪和查处通过计算机信息网络的违法行为和针对计算机信息网络的犯罪案件，对违反本办法第四条、第七条规定的违法犯罪行为，应当按照国家有关规定移送有关部门或者司法机关。

3. 规定了在计算机信息网络国际联网安全保护方面违法的法律责任

主要体现在第二十条至第二十三条。如：

第二十条 违反法律、行政法规，有本办法第五条、第六条所列行为之一的，由公安机关给予警告，有违法所得的，没收违法所得，对个人可以并处五千元以下的罚款，对单位可以并处一万五千元以下的罚款，情节严重的，并可以给予六个月以内停止联网、停机整顿的处罚，必要时可以建议原发证、审批机构吊销经营许可证或者取消联网资格；构成违反治安管理行为的，依照治安管理处罚法的规定处罚；构成犯罪的，依法追究刑事责任。

第二十一条 有下列行为之一的，由公安机关责令限期改正，给予警告，有违法所得的，没收违法所得；在规定的限期内未改正的，对单位的主管负责人员和其他直接责任人员可以并处五千元以下的罚款，对单位可以并处一万五千元以下的罚款；情节严重的，并可以给予六个月以内的停止联网、停机整顿的处罚，必要时可以建议原发证、审批机构吊销经营许可证或者取消联网资格。

（一）未建立安全保护管理制度的；

（二）未采取安全技术保护措施的；

（三）未对网络用户进行安全教育和培训的；

（四）未提供安全保护管理所需信息、资料及数据文件，或者所提供内容不真实的；

（五）对委托其发布的信息内容未进行审核或者对委托单位和个人未进行登记的；

（六）未建立电子公告系统的用户登记和信息管理制度的；

（七）未按照国家有关规定，删除网络地址、目录或者关闭服务器的；

（八）未建立公用账号使用登记制度的；

（九）转借、转让用户账号的。

第二十二条 违反本办法第四条、第七条规定的，依照有关法律、法规予以处罚。

【案例 7】

福建首例“黑客”入侵破坏交警网信息案

2002 年 12 月 4 日，泉州市公安局公共信息网络安全监察科接到泉州交警部门报案：近一段时间以来，交警部门计算机信息系统屡屡受到“黑客”非法入侵，计算机内的部分数据和应用程序被多次删除、修改。

监察科立即组成专案组展开侦查，发现非法侵入交警计算机网络系统的犯罪对象为署名“FJJZD”和“CXH”的两个用户，这两个用户的地理位置均位于泉州市丰泽区。

12 月 9 日深夜，“黑客”再次入侵交警计算机网络系统。在福建省公安厅的指导下，泉州警方立即出击，将丰泽区普明村一民宅包围，当办案民警破门而入时，犯罪嫌疑人陈某尚未停止手中的操作。

经审讯，陈某交代，他是丰泽区某交通设施公司的职员，另有一名同伙是该公司的办公室主任章某。办案民警随后将章某抓获。次日凌晨，陈某和章某又“抖”出了另外 4 名犯罪同伙，泉州警方兵分数路，先后将林某等 4 名涉案的泉州交警直属大队协管员抓捕归案。

警方查明：章某和陈某所在单位曾接受福建省公安交警总队委托，负责制作福建省驾驶证副证。2002 年 7 月，陈某破解交警部门计算机网络系统密码之后，先后在家中和公司办公室拨号进入公安交警部门计算机系统，对驾驶员违章记录进行修改，同时修改其他交警驾管业务记录等。

据介绍，泉州市交警部门对违章驾驶员采取扣分制，一年内累计违章被扣满 12 分者且在 3 个月内未接受处理的，将被交警部门依法吊销驾驶证。在日常的交通管理中，驾驶员如被发现有违章行为，执勤的交警人员会依法开具违章处罚单给违章驾驶员，同时将违章情况记录入交警计算机网络系统。林某等 4 名交警协管员利用工作之便，将违章驾驶员手中的违章处罚单收集后交给陈某、章某，然后再由陈某通过远程拨号连接到交警计算机信息系统，进行修改或删除违章信息。同时，林某等 4 名交警协管员还充当着“业务员”的角色，并立下“规矩”：每销掉 6 分以上，违章驾驶员必须“交费”850 元。在短短的 4 个多月的时间里，这个犯罪团伙就牟取暴利 10 多万元。

章某和陈某的行为违反了《办法》第六条的规定。

4.5　信息安全等级保护管理办法

《信息安全等级保护管理办法》（以下简称《等级保护管理办法》）于 2007 年 6 月 22 日由公安部、国家保密局、国家密码管理局和国务院信息化工作办公室联合发布，共七章四十四条，自发布之日起实行。2006 年颁布的《信息安全等级保护管理办法（试行）》（公通字［2006］7号）同时废止。

4.5.1 制定《等级保护管理办法》的目的

制定《等级保护管理办法》的目的是：规范信息安全等级保护管理，提高信息安全保障能力和水平，维护国家安全、社会稳定和公共利益，保障和促进信息化建设。（第一条）

4.5.2 职责与分工

第二条 国家通过制定统一的信息安全等级保护管理规范和技术标准，组织公民、法人和其他组织对信息系统分等级实行安全保护，对等级保护工作的实施进行监督、管理。

第三条 公安机关负责信息安全等级保护工作的监督、检查、指导。国家保密工作部门负责等级保护工作中有关保密工作的监督、检查、指导。国家密码管理部门负责等级保护工作中有关密码工作的监督、检查、指导。涉及其他职能部门管辖范围的事项，由有关职能部门依照国家法律法规的规定进行管理。国务院信息化工作办公室及地方信息化领导小组办事机构负责等级保护工作的部门间协调。

第四条 信息系统主管部门应当依照本办法及相关标准规范，督促、检查、指导本行业、本部门或者本地区信息系统运营、使用单位的信息安全等级保护工作。

第五条 信息系统的运营、使用单位应当依照本办法及其相关标准规范，履行信息安全等级保护的义务和责任。

从上可以看出：实施信息系统等级保护工作的主体是信息系统运营、使用单位，公安机关是主要的监管部门。

4.5.3 《等级保护管理办法》的主要内容

1. 明确了信息系统安全保护等级的划分原则及划分标准

第六条 国家信息安全等级保护坚持自主定级、自主保护的原则。信息系统的安全保护等级应当根据信息系统在国家安全、经济建设、社会生活中的重要程度，信息系统遭到破坏后对国家安全、社会秩序、公共利益以及公民、法人和其他组织的合法权益的危害程度等因素确定。

第七条 信息系统的安全保护等级分为以下五级：

第一级，信息系统受到破坏后，会对公民、法人和其他组织的合法权益造成损害，但不损害国家安全、社会秩序和公共利益。

第二级，信息系统受到破坏后，会对公民、法人和其他组织的合法权益产生严重损害，或者对社会秩序和公共利益造成损害，但不损害国家安全。

第三级，信息系统受到破坏后，会对社会秩序和公共利益造成严重损害，或者对国家安全造成损害。

第四级，信息系统受到破坏后，会对社会秩序和公共利益造成特别严重损害，或者对国家安全造成严重损害。

第五级，信息系统受到破坏后，会对国家安全造成特别严重损害。

2. 明确了不同等级信息系统的监管规格的区别

第八条 信息系统运营、使用单位依据本办法和相关技术标准对信息系统进行保护，国家有关信息安全监管部门对其信息安全等级保护工作进行监督管理。

第一级信息系统运营、使用单位应当依据国家有关管理规范和技术标准进行保护。

第二级信息系统运营、使用单位应当依据国家有关管理规范和技术标准进行保护。国家信息安全监管部门对该级信息系统信息安全等级保护工作进行指导。

第三级信息系统运营、使用单位应当依据国家有关管理规范和技术标准进行保护。国家信息安全监管部门对该级信息系统信息安全等级保护工作进行监督、检查。

第四级信息系统运营、使用单位应当依据国家有关管理规范、技术标准和业务专门需求进行保护。国家信息安全监管部门对该级信息系统信息安全等级保护工作进行强制监督、检查。

第五级信息系统运营、使用单位应当依据国家管理规范、技术标准和业务特殊安全需求进行保护。国家指定专门部门对该级信息系统信息安全等级保护工作进行专门监督、检查。

3. 明确了信息系统运营、使用单位进行信息安全等级保护工作的管理程序、管理内容和管理要求

第九条 信息系统运营、使用单位应当按照《信息系统安全等级保护实施指南》具体实施等级保护工作。

第十条 信息系统运营、使用单位应当依据本办法和《信息系统安全等级保护定级指南》确定信息系统的安全保护等级。有主管部门的，应当经主管部门审核批准。

跨省或者全国统一联网运行的信息系统可以由主管部门统一确定安全保护等级。

对拟确定为第四级以上信息系统的，运营、使用单位或者主管部门应当请国家信息安全保护等级专家评审委员会评审。

第十一条 信息系统的安全保护等级确定后，运营、使用单位应当按照国家信息安全等级保护管理规范和技术标准，使用符合国家有关规定，满足信息系统安全保护等级需求的信息技术产品，开展信息系统安全建设或者改建工作。

第十二条 在信息系统建设过程中，运营、使用单位应当按照《计算机信息系统安全保护等级划分准则》（GB17859—1999）、《信息系统安全等级保护基本要求》等技术标准，参照《信息安全技术信息系统通用安全技术要求》（GB/T20271—2006）、《信息安全技术网络基础安全技术要求》（GB/T20270—2006）、《信息安全技术操作系统安全技术要求》（GB/T20272—2006）、《信息安全技术数据库管理系统安全技术要求》（GB/T20273—2006）、《信息安全技术服务器技术要求》《信息安全技术终端计算机系统安全等级技术要求》（GA/T671—2006）等技术标准同步建设符合该等级要求的信息安全设施。

第十三条 运营、使用单位应当参照《信息安全技术信息系统安全管理要求》（GB/T20269—2006）、《信息安全技术信息系统安全工程管理要求》（GB/T20282—2006）、《信息系统安全等级保护基本要求》等管理规范，制定并落实符合本系统安全保护等级要求的安全管理制度。

第十四条 信息系统建设完成后，运营、使用单位或者其主管部门应当选择符合本办法规定条件的测评机构，依据《信息系统安全等级保护测评要求》等技术标准，定期对信息系统安全等级状况开展等级测评。第三级信息系统应当每年至少进行一次等级测评，第四级信息系统应当每半年至少进行一次等级测评，第五级信息系统应当依据特殊安全需求进行等级测评。

信息系统运营、使用单位及其主管部门应当定期对信息系统安全状况、安全保护制度及措施的落实情况进行自查。第三级信息系统应当每年至少进行一次自查，第四级信息系统应当每半年至少进行一次自查，第五级信息系统应当依据特殊安全需求进行自查。

经测评或者自查，信息系统安全状况未达到安全保护等级要求的，运营、使用单位应当制定方案进行整改。

第十五条 已运营（运行）的第二级以上信息系统，应当在安全保护等级确定后30日内，由其运营、使用单位到所在地设区的市级以上公安机关办理备案手续。

新建第二级以上信息系统，应当在投入运行后30日内，由其运营、使用单位到所在地设区的市级以上公安机关办理备案手续。

隶属于中央的在京单位，其跨省或者全国统一联网运行并由主管部门统一定级的信息系统，由主管部门向公安部办理备案手续。跨省或者全国统一联网运行的信息系统在各地运行、应用的分支系统，应当向当地设区的市级以上公安机关备案。

第十六条 办理信息系统安全保护等级备案手续时，应当填写《信息系统安全等级保护备案表》，第三级以上信息系统应当同时提供以下材料：

（一）系统拓扑结构及说明；

（二）系统安全组织机构和管理制度；

（三）系统安全保护设施设计实施方案或者改建实施方案；

（四）系统使用的信息安全产品清单及其认证、销售许可证明；

（五）测评后符合系统安全保护等级的技术检测评估报告；

（六）信息系统安全保护等级专家评审意见；

（七）主管部门审核批准信息系统安全保护等级的意见。

第十九条 信息系统运营、使用单位应当接受公安机关、国家指定的专门部门的安全监督、检查、指导，如实向公安机关、国家指定的专门部门提供下列有关信息安全保护的信息资料及数据文件：

（一）信息系统备案事项变更情况；

（二）安全组织、人员的变动情况；

（三）信息安全管理制度、措施变更情况；

（四）信息系统运行状况记录；

（五）运营、使用单位及主管部门定期对信息系统安全状况的检查记录；

（六）对信息系统开展等级测评的技术测评报告；

（七）信息安全产品使用的变更情况；

（八）信息安全事件应急预案，信息安全事件应急处置结果报告；

（九）信息系统安全建设、整改结果报告。

第二十一条 第三级以上信息系统应当选择使用符合以下条件的信息安全产品：

（一）产品研制、生产单位是由中国公民、法人投资或者国家投资或者控股的，在中华人民共和国境内具有独立的法人资格；

（二）产品的核心技术、关键部件具有我国自主知识产权；

（三）产品研制、生产单位及其主要业务、技术人员无犯罪记录；

（四）产品研制、生产单位声明没有故意留有或者设置漏洞、后门、木马等程序和功能；

（五）对国家安全、社会秩序、公共利益不构成危害；

（六）对已列入信息安全产品认证目录的，应当取得国家信息安全产品认证机构颁发的认证证书。

4. 明确了公安机关在信息安全等级保护工作中的职责

第十七条　信息系统备案后，公安机关应当对信息系统的备案情况进行审核，对符合等级保护要求的，应当在收到备案材料之日起的 10 个工作日内颁发信息系统安全等级保护备案证明；发现不符合本办法及有关标准的，应当在收到备案材料之日起的 10 个工作日内通知备案单位予以纠正；发现定级不准的，应当在收到备案材料之日起的 10 个工作日内通知备案单位重新审核确定。

运营、使用单位或者主管部门重新确定信息系统等级后，应当按照本办法向公安机关重新备案。

第十八条　受理备案的公安机关应当对第三级、第四级信息系统的运营、使用单位的信息安全等级保护工作情况进行检查。对第三级信息系统每年至少检查一次，对第四级信息系统每半年至少检查一次。对跨省或者全国统一联网运行的信息系统的检查，应当会同其主管部门进行。

对第五级信息系统，应当由国家指定的专门部门进行检查。

公安机关、国家指定的专门部门应当对下列事项进行检查：

（一）信息系统安全需求是否发生变化，原定保护等级是否准确；

（二）运营、使用单位安全管理制度、措施的落实情况；

（三）运营、使用单位及其主管部门对信息系统安全状况的检查情况；

（四）系统安全等级测评是否符合要求；

（五）信息安全产品使用是否符合要求；

（六）信息系统安全整改情况；

（七）备案材料与运营、使用单位、信息系统的符合情况；

（八）其他应当进行监督检查的事项。

第二十条　公安机关检查发现信息系统安全保护状况不符合信息安全等级保护有关管理规范和技术标准的，应当向运营、使用单位发出整改通知。运营、使用单位应当根据整改通知要求，按照管理规范和技术标准进行整改。整改完成后，应当将整改报告向公安机关备案。必要时，公安机关可以对整改情况组织检查。

5. 明确了等级保护测评机构的条件和职责

第二十二条　第三级以上信息系统应当选择符合下列条件的等级保护测评机构进行测评：

（一）在中华人民共和国境内注册成立（港澳台地区除外）；

（二）由中国公民投资、中国法人投资或者国家投资的企事业单位（港澳台地区除外）；

（三）从事相关检测评估工作两年以上，无违法记录；

（四）工作人员仅限于中国公民；

（五）法人及主要业务、技术人员无犯罪记录；

（六）使用的技术装备、设施应当符合本办法对信息安全产品的要求；

（七）具有完备的保密管理、项目管理、质量管理、人员管理和培训教育等安全管理制度；

（八）对国家安全、社会秩序、公共利益不构成威胁。

第二十三条　从事信息系统安全等级测评的机构，应当履行下列义务：

（一）遵守国家有关法律法规和技术标准，提供安全、客观、公正的检测评估服务，保证测评的质量和效果；

（二）保守在测评活动中知悉的国家秘密、商业秘密和个人隐私，防范测评风险；

（三）对测评人员进行安全保密教育，与其签订安全保密责任书，规定应当履行的安全保密义务和承担的法律责任，并负责检查落实。

6. 明确了对于涉及国家秘密的信息系统的保密管理要求

这些要求主要体现在第二十四条到第三十三条的规定中。如：

第二十四条　涉密信息系统应当依据国家信息安全等级保护的基本要求，按照国家保密工作部门有关涉密信息系统分级保护的管理规定和技术标准，结合系统实际情况进行保护。非涉密信息系统不得处理国家秘密信息。

第二十七条　涉密信息系统建设使用单位应当选择具有涉密集成资质的单位承担或者参与涉密信息系统的设计与实施。

涉密信息系统建设使用单位应当依据涉密信息系统分级保护管理规范和技术标准，按照秘密、机密、绝密三级的不同要求，结合系统实际进行方案设计，实施分级保护，其保护水平总体上不低于国家信息安全等级保护第三级、第四级、第五级的水平。

7. 明确了信息安全等级保护的密码管理要求

这些要求主要体现在第四十四条到第三十九条的规定中。如：

第三十四条　国家密码管理部门对信息安全等级保护的密码实行分类分级管理。根据被保护对象在国家安全、社会稳定、经济建设中的作用和重要程度，被保护对象的安全防护要求和涉密程度，被保护对象被破坏后的危害程度以及密码使用部门的性质等，确定密码的等级保护准则。

信息系统运营、使用单位采用密码进行等级保护的，应当遵照《信息安全等级保护密码管理办法》《信息安全等级保护商用密码技术要求》等密码管理规定和相关标准。

第三十六条　信息系统运营、使用单位应当充分运用密码技术对信息系统进行保护。采用密码对涉及国家秘密的信息和信息系统进行保护的，应报经国家密码管理局审批，密码的设计、实施、使用、运行维护和日常管理等，应当按照国家密码管理有关规定和相关标准执行；采用密码对不涉及国家秘密的信息和信息系统进行保护的，须遵守《商用密码管理条例》和密码分类分级保护有关规定与相关标准，其密码的配备使用情况应当向国家密码管理机构备案。

第三十七条　运用密码技术对信息系统进行系统等级保护建设和整改的，必须采用经国家密码管理部门批准使用或者准于销售的密码产品进行安全保护，不得采用国外引进或者擅自研制的密码产品；未经批准不得采用含有加密功能的进口信息技术产品。

第三十八条　信息系统中的密码及密码设备的测评工作由国家密码管理局认可的测评机构承担，其他任何部门、单位和个人不得对密码进行评测和监控。

8. 明确了信息安全等级保护工作的相关法律责任

第四十条　第三级以上信息系统运营、使用单位违反本办法规定，有下列行为之一的，由公安机关、国家保密工作部门和国家密码工作管理部门按照职责分工责令其限期改正；逾期不改正的，给予警告，并向其上级主管部门通报情况，建议对其直接负责的主管人员和其他直接责任人员予以处理，并及时反馈处理结果：

（一）未按本办法规定备案、审批的；

（二）未按本办法规定落实安全管理制度、措施的；

（三）未按本办法规定开展系统安全状况检查的；

（四）未按本办法规定开展系统安全技术测评的；

（五）接到整改通知后，拒不整改的；

（六）未按本办法规定选择使用信息安全产品和测评机构的；

（七）未按本办法规定如实提供有关文件和证明材料的；

（八）违反保密管理规定的；

（九）违反密码管理规定的；

（十）违反本办法其他规定的。

违反前款规定，造成严重损害的，由相关部门依照有关法律、法规予以处理。

第四十一条　信息安全监管部门及其工作人员在履行监督管理职责中，玩忽职守、滥用职权、徇私舞弊的，依法给予行政处分；构成犯罪的，依法追究刑事责任。

4.6　习题

1. 什么是计算机信息系统？

2. 简述颁布《中华人民共和国计算机信息系统安全保护条例》的宗旨。

3. 简述《中华人民共和国计算机信息系统安全保护条例》设立了哪几个方面的安全保护制度。

4. 简述公安机关在计算机信息系统安全保护方面的监督职权。

5. 简述《网络安全法》的法律地位。

6.《网络安全法》确立了网络安全的哪几个基本原则？

7.《网络安全法》重点突出了对哪两个方面的保护？

8. 简述关键信息基础设施安全保护的监管主体和责任主体分别是谁。

9. 简述在关键信息基础设施安全保护中，保护工作部门的职责有哪些。

10. 关键信息基础设施运营者设立的专门安全管理机构应履行哪些职责?

11. 根据《计算机信息网络国际联网安全保护管理办法》,从事国际联网业务的单位和个人应该履行哪些安全责任和义务?

12.《信息安全等级保护管理办法》确定了信息系统安全保护的哪五个等级?划分标准是什么?

13. 公安机关主要对哪些等级的信息系统进行监督检查?对监督检查的力度有什么规定?

第 5 章　互联网络安全管理相关法律法规

5.1　计算机信息网络国际联网管理暂行规定实施办法

《中华人民共和国计算机信息网络国际联网管理暂行规定实施办法》（以下简称《实施办法》）于 1997 年 12 月 8 日由国务院信息化工作领导小组颁布，共二十五条，自颁布之日起施行。

之前的 1997 年 5 月 20 日国务院颁布了《中华人民共和国计算机信息网络国际联网管理暂行规定》（以下简称《暂行规定》）。《实施办法》就是这个《暂行规定》的实施办法。

5.1.1　制定《实施办法》的目的和意义

制定《实施办法》的目的是：加强对计算机信息网络国际联网的管理，保障国际计算机信息交流的健康发展。（第一条）

其意义在于：《实施办法》对我国互联网的规划、建设以及运营管理等方面进行了规范，明确了与互联网相关的管理机构以及互联网建设与运营管理中需解决的具体问题，为我国互联网的健康发展奠定了基础。

5.1.2　国际联网的相关定义

（1）国际联网，是指中华人民共和国境内的计算机互联网络、专业计算机信息网络、企业计算机信息网络，以及其他通过专线进行国际联网的计算机信息网络同外国的计算机信息网络相连接。

（2）接入网络，是指通过接入互联网络进行国际联网的计算机信息网络；接入网络可以是多级连接的网络。

（3）国际出入口信道，是指国际联网所使用的物理信道。

（4）用户，是指通过接入网络进行国际联网的个人、法人和其他组织；个人用户是指具有联网账号的个人。

（5）专业计算机信息网络，是指为行业服务的专用计算机信息网络。

（6）企业计算机信息网络，是指企业内部自用的计算机信息网络。

5.1.3　《实施办法》的主要内容

1. 明确了互联网的宏观管理主体和政策

第四条　国家对国际联网的建设布局、资源利用进行统筹规划。国际联网采用国家统一制定的技术标准、安全标准、资费政策，以利于提高服务质量和水平。国际联网实行分级管理，即：对互联单位、接入单位、用户实行逐级管理；对国际出入口信道统一管理。国家鼓励在国际联网服务中公平、有序地竞争，提倡资源共享，促进健康发展。

第五条 国务院信息化工作领导小组办公室负责组织、协调有关部门制定国际联网的安全、经营、资费、服务等规定和标准的工作，并对执行情况进行检查监督。

2. 明确了域名管理机构

第六条 中国互联网络信息中心（CNNIC）提供互联网络地址、域名、网络资源目录管理和有关的信息服务。

3. 对国际出入口信道进行了明确规定

第七条 我国境内的计算机信息网络直接进行国际联网，必须使用邮电部国家公用电信网提供的国际出入口信道。任何单位和个人不得自行建立或者使用其他信道进行国际联网。

4. 明确了现有互联网的性质和管理单位

第八条 已经建立的中国公用计算机互联网、中国金桥信息网、中国教育和科研计算机网、中国科学技术网等四个互联网络，分别由邮电部、电子工业部、国家教育委员会（现为教育部）和中国科学院管理。中国公用计算机互联网、中国金桥信息网为经营性互联网络；中国教育和科研计算机网、中国科学技术网为公益性互联网络。

经营性互联网络应当享受同等的资费政策和技术支撑条件。

公益性互联网络是指为社会提供公益服务的，不以盈利为目的的互联网络。

公益性互联网络所使用信道的资费应当享受优惠政策。

5. 明确了新建互联网的审批程序

第九条 新建互联网络，必须经部（委）级行政主管部门批准后，向国务院信息化工作领导小组提交互联单位申请书和互联网络可行性报告，由国务院信息化工作领导小组审议提出意见并报国务院批准。

互联网络可行性报告的主要内容应当包括：网络服务性质和范围、网络技术方案、经济分析、管理办法和安全措施等。

6. 明确了互联网的经营及使用应履行的手续和程序

第十条 接入网络必须通过互联网络进行国际联网，不得以其他方式进行国际联网。接入单位必须具备《暂行规定》第九条规定的条件，并向互联单位主管部门或者主管单位提交接入单位申请书和接入网络可行性报告。互联单位主管部门或者主管单位应当在收到接入单位申请书后20个工作日内，将审批意见以书面形式通知申请单位。接入网络可行性报告的主要内容应当包括：网络服务性质和范围、网络技术方案、经济分析、管理制度和安全措施等。

第十一条 对从事国际联网经营活动的接入单位（以下简称经营性接入单位）实行国际联网经营许可证（以下简称经营许可证）制度。经营许可证的格式由国务院信息化工作领导小组统一制定。经营许可证由经营性互联单位主管部门颁发，报国务院信息化工作领导小组办公室备案。互联单位主管部门对经营性接入单位实行年检制度。跨省（区）、市经营的接入单位应当向经营性互联单位主管部门申请领取国际联网经营许可证。

在本省（区）、市内经营的接入单位应当向经营性互联单位主管部门或者经其授权的省级主管部门申请领取国际联网经营许可证。经营性接入单位凭经营许可证到国家工商行政管理机关办理登记注册手续，向提供电信服务的企业办理所需通信线路手续。提供电信服务的企业应当在 30 个工作日内为接入单位提供通信线路和相关服务。

第十二条　个人、法人和其他组织用户使用的计算机或者计算机信息网络必须通过接入网络进行国际联网，不得以其他方式进行国际联网。

第十三条　用户向接入单位申请国际联网时，应当提供有效身份证明或者其他证明文件，并填写用户登记表。接入单位应当在收到用户申请后 5 个工作日内，以书面形式答复用户。

第十四条　邮电部根据《暂行规定》和本办法制定国际联网出入口信道管理办法，报国务院信息化工作领导小组备案。各互联单位主管部门或者主管单位根据《暂行规定》和本办法制定互联网络管理办法，报国务院信息化工作领导小组备案。

第十五条　接入单位申请书、用户登记表的格式由互联单位主管部门按照本办法的要求统一制定。

第十六条　国际出入口信道提供单位有责任向互联单位提供所需的国际出入口信道和公平、优质、安全的服务，并定期收取信道使用费。互联单位开通或扩充国际出入口信道，应当到国际出入口信道提供单位办理有关信道开通或扩充手续，并报国务院信息化工作领导小组办公室备案。国际出入口信道提供单位在接到互联单位的申请后，应当在 100 个工作日内为互联单位开通所需的国际出入口信道。国际出入口信道提供单位与互联单位应当签定相应的协议，严格履行各自的责任和义务。

7. 明确了互联网的经营者及使用者的权利、义务和责任

第十七条　国际出入口信道提供单位、互联单位和接入单位必须建立网络管理中心，健全管理制度，做好网络信息安全管理工作。

互联单位应当与接入单位签订协议，加强对本网络和接入网络的管理；负责接入单位有关国际联网的技术培训和管理教育工作；为接入单位提供公平、优质、安全的服务；按照国家有关规定向接入单位收取联网接入费用。

接入单位应当服从互联单位和上级接入单位的管理；与下级接入单位签订协议，与用户签订用户守则，加强对下级接入单位和用户的管理；负责下级接入单位和用户的管理教育、技术咨询和培训工作；为下级接入单位和用户提供公平、优质、安全的服务；按照国家有关规定向下级接入单位和用户收取费用。

第十八条　用户应当服从接入单位的管理，遵守用户守则；不得擅自进入未经许可的计算机系统，篡改他人信息；不得在网络上散发恶意信息，冒用他人名义发出信息，侵犯他人隐私；不得制造、传播计算机病毒及从事其他侵犯网络和他人合法权益的活动。

用户有权获得接入单位提供的各项服务；有义务交纳费用。

第十九条　国际出入口信道提供单位、互联单位和接入单位应当保存与其服务相关的所有信息资料；在国务院信息化工作领导小组办公室和有关主管部门进行检查时，应当及时提供有关信息资料。

国际出入口信道提供单位、互联单位每年二月份向国务院信息化工作领导小组办公室提交上一年度有关网络运行、业务发展、组织管理的报告。

第二十条　互联单位、接入单位和用户应当遵守国家有关法律、行政法规，严格执行国家安全保密制度；不得利用国际联网从事危害国家安全、泄露国家秘密等违法犯罪活动，不得制作、查阅、复制和传播妨碍社会治安和淫秽色情等有害信息；发现有害信息应当及时向有关主管部门报告，并采取有效措施，不得使其扩散。

第二十一条　进行国际联网的专业计算机信息网络不得经营国际互联网络业务。企业计算机信息网络和其他通过专线进行国际联网的计算机信息网络，只限于内部使用。负责专业计算机信息网络、企业计算机信息网络和其他通过专线进行国际联网的计算机信息网络运行的单位，应当参照本办法建立网络管理中心，健全管理制度，做好网络信息安全管理工作。

8. 明确了相关违法责任

第二十二条　违反本办法第七条和第十条第一款规定的，由公安机关责令停止联网，可以并处15000元以下罚款；有违法所得的，没收违法所得。

违反本办法第十一条规定的，未领取国际联网经营许可证从事国际联网经营活动的，由公安机关给予警告，限期办理经营许可证；在限期内不办理经营许可证的，责令停止联网；有违法所得的，没收违法所得。

违反本办法第十二条规定的，对个人由公安机关处5000元以下的罚款；对法人和其他组织用户由公安机关给予警告，可以并处15000元以下的罚款。

违反本办法第十八条第一款规定的，由公安机关根据有关法规予以处罚。

违反本办法第二十一条第一款或第二款规定的，由公安机关给予警告，可以并处15000元以下的罚款；有违法所得的，没收违法所得。

第二十三条　违反《暂行规定》及本办法，同时触犯其他有关法律、行政法规的，依照有关法律、行政法规的规定予以处罚；构成犯罪的，依法追究刑事责任。

5.2　关于维护互联网安全的决定

2000年12月28日，第九届全国人民代表大会常务委员会第十九次会议通过《全国人民代表大会常务委员会关于维护互联网安全的决定》（以下简称《决定》）。《决定》共七条。

5.2.1　《决定》的目的

我国的互联网，在国家大力倡导和积极推动下，在经济建设和各项事业中得到日益广泛的应用，使人们的生产、工作、学习和生活方式已经开始并将继续发生深刻的变化，对于加快我国国民经济、科学技术的发展和社会服务信息化进程具有重要作用。同时，如何保障互联网的运行安全和信息安全问题已经引起全社会的普遍关注。所以，《决定》的目的是兴利除弊，促进我国互联网的健康发展，维护国家安全和社会公共利益，保护个人、法人和其他组织的合法权益。

5.2.2　界定违法犯罪行为

《决定》的第一至第四条分别从以下四个方面界定了基于互联网的违法犯罪行为：

（1）为了保障互联网的运行安全，对有下列行为之一，构成犯罪的，依照刑法有关规定追究刑事责任：

① 侵入国家事务、国防建设、尖端科学技术领域的计算机信息系统；

② 故意制作、传播计算机病毒等破坏性程序，攻击计算机系统及通信网络，致使计算机系统及通信网络遭受损害；

③ 违反国家规定，擅自中断计算机网络或者通信服务，造成计算机网络或者通信系统不能正常运行。

（2）为了维护国家安全和社会稳定，对有下列行为之一，构成犯罪的，依照刑法有关规定追究刑事责任：

① 利用互联网造谣、诽谤或者发表、传播其他有害信息，煽动颠覆国家政权、推翻社会主义制度，或者煽动分裂国家、破坏国家统一；

② 通过互联网窃取、泄露国家秘密、情报或者军事秘密；

③ 利用互联网煽动民族仇恨、民族歧视，破坏民族团结；

④ 利用互联网组织邪教组织、联络邪教组织成员，破坏国家法律、行政法规实施。

（3）为了维护社会主义市场经济秩序和社会管理秩序，对有下列行为之一，构成犯罪的，依照刑法有关规定追究刑事责任：

① 利用互联网销售伪劣产品或者对商品、服务作虚假宣传；

② 利用互联网损坏他人商业信誉和商品声誉；

③ 利用互联网侵犯他人知识产权；

④ 利用互联网编造并传播影响证券、期货交易或者其他扰乱金融秩序的虚假信息；

⑤ 在互联网上建立淫秽网站、网页，提供淫秽站点链接服务，或者传播淫秽书刊、影片、音像、图片。

（4）为了保护个人、法人和其他组织的人身、财产等合法权利，对有下列行为之一，构成犯罪的，依照刑法有关规定追究刑事责任：

① 利用互联网侮辱他人或者捏造事实诽谤他人；

② 非法截获、篡改、删除他人电子邮件或者其他数据资料，侵犯公民通信自由和通信秘密；

③ 利用互联网进行盗窃、诈骗、敲诈勒索。

5.2.3　行动指南

《决定》的第五至第七条明确提出针对利用互联网违法犯罪的行动指南：

（1）利用互联网实施本决定第一条、第二条、第三条、第四条所列行为以外的其他行为，构成犯罪的，依照刑法有关规定追究刑事责任。

（2）利用互联网实施违法行为，违反社会治安管理，尚不构成犯罪的，由公安机关依照《治安管理处罚法》予以处罚；违反其他法律、行政法规，尚不构成犯罪的，由有关行政管理部门依法给予行政处罚；对直接负责的主管人员和其他直接责任人员，依法给予行政处分或者纪律处分。利用互联网侵犯他人合法权益，构成民事侵权的，依法承担民事责任。

（3）各级人民政府及有关部门要采取积极措施，在促进互联网的应用和网络技术的普及过程中，重视和支持对网络安全技术的研究和开发，增强网络的安全防护能力。有关主管部门要加强对互联网的运行安全和信息安全的宣传教育，依法实施有效的监督管理，防范和制止利用互联网进行的各种违法活动，为互联网的健康发展创造良好的社会环境。从事互联网业务的单位要依法开展活动，发现互联网上出现违法犯罪行为和有害信息时，要采取措施，停止传输有害信息，并及时向有关机关报告。任何单位和个人在利用互联网时，都要遵纪守法，抵制各种违法犯罪行为和有害信息。人民法院、人民检察院、公安机关、国家安全机关要各司其职，密切配合，依法严厉打击利用互联网实施的各种犯罪活动。要动员全社会的力量，依靠全社会的共同努力，保障互联网的运行安全与信息安全，促进社会主义精神文明和物质文明建设。

【案例 8】

黑客偷裸照敲诈 14 万被判有期徒刑 6 年

利用黑客软件进入他人电脑，盗取裸体照片并向对方以公布裸照相要挟，意图敲诈人民币 14 万元。2007 年 1 月 31 日，被告人李××被海淀法院以敲诈勒索罪判处有期徒刑 6 年。

经法院审理查明，被告人李××家住江西，经营监控及防盗设备，痴迷网络，对网上黑客软件的使用比较熟悉。其使用黑客软件侵入了北京市海淀区某小区被害人陈先生的电脑系统，窃取了陈先生存放于电脑内的芮女士（陈先生之妻）的裸体照片。2006 年 3 月 27 日至 29 日，被告人李××以要公开芮女士的裸体照片相要挟，多次使用电话、电脑等工具或发送手机短信向陈先生及芮女士进行威胁（电话语音已被陈先生录音），意图敲诈人民币 14 万元，并让被害人陈先生、芮女士将钱存入其指定的银行账户。同年 3 月 29 日，被害人芮女士将人民币 7 万元存入该账户，李××从该账户取走 4 万元。后李××又多次使用上述手段向芮女士催要剩余的 7 万元，但没有得逞。同年 4 月 8 日，被告人李××在其江西的家中被抓获归案。民警在其家中取获了其上网所用的电脑，电脑内存有被害人芮女士的裸体照片。陈先生所录的电话录音经鉴定与李××的声音相同。李××虽然对整个事实予以否认，但多项证据均证实是其所为，因此法院作出上述判决。

5.3 互联网上网服务营业场所管理条例

《互联网上网服务营业场所管理条例》于 2002 年 9 月 29 日由国务院颁布，分别于

2011 年、2016 年、2019 年和 2022 年进行了四次修订，共五章三十七条。本条例自 2002 年 11 月 15 日起施行。2001 年 4 月 3 日由信息产业部、公安部、文化部、国家工商行政管理局发布的《互联网上网服务营业场所管理办法》同时废止。

5.3.1　制定本条例的目的

制定本条例的目的是为了加强对互联网上网服务营业场所的管理，规范经营者的经营行为，维护公众和经营者的合法权益，保障互联网上网服务经营活动健康发展，促进社会主义精神文明建设。(第一条)

5.3.2　本条例的适用范围

在中华人民共和国境内开办、经营、使用互联网上网服务营业场所及对其实施监督管理，适用本条例。

第二条　本条例所称互联网上网服务营业场所，是指通过计算机等装置向公众提供互联网上网服务的网吧、电脑休闲室等营业性场所。

学校、图书馆等单位内部附设的为特定对象获取资料、信息提供上网服务的场所，应当遵守有关法律、法规，不适用本条例。

第三条　互联网上网服务营业场所经营单位应当遵守有关法律、法规的规定，加强行业自律，自觉接受政府有关部门依法实施的监督管理，为上网消费者提供良好的服务。

互联网上网服务营业场所的上网消费者，应当遵守有关法律、法规的规定，遵守社会公德，开展文明、健康的上网活动。

5.3.3　管理职权

本条例第四条明确规定了相关职能部门对互联网上网服务营业场所的管理职权：

(1) 县级以上人民政府文化行政部门负责互联网上网服务营业场所经营单位的设立审批，并负责对依法设立的互联网上网服务营业场所经营单位经营活动的监督管理；

(2) 公安机关负责对互联网上网服务营业场所经营单位的信息网络安全、治安及消防安全的监督管理；

(3) 工商行政管理部门负责对互联网上网服务营业场所经营单位登记注册和营业执照的管理，并依法查处无照经营活动；

(4) 电信管理等其他有关部门在各自职责范围内，依照本条例和有关法律、行政法规的规定，对互联网上网服务营业场所经营单位分别实施有关监督管理。

5.3.4　申办条件和程序

1. 申请开办互联网上网服务营业场所的条件

第七条　国家对互联网上网服务营业场所经营单位的经营活动实行许可制度。未经许可，任何组织和个人不得从事互联网上网服务经营活动。

第八条　互联网上网服务营业场所经营单位从事互联网上网服务经营活动，应当具备下列条件：

（一）有企业的名称、住所、组织机构和章程；

（二）有与其经营活动相适应的资金；

（三）有与其经营活动相适应并符合国家规定的消防安全条件的营业场所；

（四）有健全、完善的信息网络安全管理制度和安全技术措施；

（五）有固定的网络地址和与其经营活动相适应的计算机等装置及附属设备；

（六）有与其经营活动相适应并取得从业资格的安全管理人员、经营管理人员、专业技术人员；

（七）法律、行政法规和国务院有关部门规定的其他条件。

互联网上网服务营业场所的最低营业面积、计算机等装置及附属设备数量、单机面积的标准，由国务院文化行政部门规定。

审批从事互联网上网服务经营活动，除依照本条第一款、第二款规定的条件外，还应当符合国务院文化行政部门和省、自治区、直辖市人民政府文化行政部门规定的互联网上网服务营业场所经营单位的总量和布局要求。

根据《文化部工商总局公安部工业和信息化部关于加强执法监督完善管理政策促进互联网上网服务行业健康有序发展的通知》（文市发〔2014〕41号）、《文化部关于推动互联网上网服务行业转型升级的意见》（文市发〔2014〕42号）精神，取消总量限制，取消对上网服务场所计算机数量的限制，场所最低营业面积调整为不低于20平方米，计算机单机面积不低于2平方米；取消各级文化行政部门对连锁企业设立的认定，连锁规模、连锁方式由上网服务场所自主决定，鼓励多元化和连锁经营。

第九条 中学、小学校园周围200米范围内和居民住宅楼（院）内不得设立互联网上网服务营业场所。（41号文件规定：允许试点地区将上网服务场所不得在居民住宅楼（院）内设立，调整为不得在居民住宅楼内设立。农村地区依法取得消防安全手续的合法用房可以设立。）

2. 申请开办互联网上网服务营业场所的程序

第十条 互联网上网服务营业场所经营单位申请从事互联网上网服务经营活动，应当向县级以上地方人民政府文化行政部门提出申请，并提交下列文件：

（一）企业营业执照和章程；

（二）法定代表人或者主要负责人的身份证明材料；

（三）资金信用证明；

（四）营业场所产权证明或者租赁意向书；

（五）依法需要提交的其他文件。

第十一条 文化行政部门应当自收到申请之日起20个工作日内作出决定；经审查，符合条件的，发给同意筹建的批准文件。

申请人完成筹建后，应当向同级公安机关承诺符合信息网络安全审核条件，并经公安机关确认当场签署承诺书。申请人还应当依照有关消防管理法律法规的规定办理审批手续。

申请人执信息网络安全承诺书并取得消防安全批准文件后，向文化行政部门申请最终审核。文化行政部门应当自收到申请之日起 15 个工作日内依据本条例第八条的规定作出决定；经实地检查并审核合格的，发给《网络文化经营许可证》。

对申请人的申请，有关部门经审查不符合条件的，或者经审核不合格的，应当分别向申请人书面说明理由

文化行政部门发放《网络文化经营许可证》的情况或互联网上网服务营业场所经营单位拟开展经营活动的情况，应当向同级公安机关通报或报备。

第十二条　互联网上网服务营业场所经营单位不得涂改、出租、出借或者以其他方式转让《网络文化经营许可证》。

第十三条　互联网上网服务营业场所经营单位变更营业场所地址或者对营业场所进行改建、扩建，变更计算机数量或者其他重要事项的，应当经原审核机关同意。

互联网上网服务营业场所经营单位变更名称、住所、法定代表人或者主要负责人、注册资本、网络地址或者终止经营活动的，应当依法到工商行政管理部门办理变更登记或者注销登记，并到文化行政部门、公安机关办理有关手续或者备案。

5.3.5　对经营过程的规范

1. 对上网内容的规范

第十四条　互联网上网服务营业场所经营单位和上网消费者不得利用互联网上网服务营业场所制作、下载、复制、查阅、发布、传播或者以其他方式使用含有下列内容的信息：

（一）反对宪法确定的基本原则的；

（二）危害国家统一、主权和领土完整的；

（三）泄露国家秘密，危害国家安全或者损害国家荣誉和利益的；

（四）煽动民族仇恨、民族歧视，破坏民族团结，或者侵害民族风俗、习惯的；

（五）破坏国家宗教政策，宣扬邪教、迷信的；

（六）散布谣言，扰乱社会秩序，破坏社会稳定的；

（七）宣传淫秽、赌博、暴力或者教唆犯罪的；

（八）侮辱或者诽谤他人，侵害他人合法权益的；

（九）危害社会公德或者民族优秀文化传统的；

（十）含有法律、行政法规禁止的其他内容的。

2. 对上网行为的规范

第十五条　互联网上网服务营业场所经营单位和上网消费者不得进行下列危害信息网络安全的活动：

（一）故意制作或者传播计算机病毒以及其他破坏性程序的；

（二）非法侵入计算机信息系统或者破坏计算机信息系统功能、数据和应用程序的；

（三）进行法律、行政法规禁止的其他活动的。

第十八条　互联网上网服务营业场所经营单位和上网消费者不得利用网络游戏或者其他方式进行赌博或者变相赌博活动。

3. 对网络接入的要求

第十六条　互联网上网服务营业场所经营单位应当通过依法取得经营许可证的互联网接入服务提供者接入互联网，不得采取其他方式接入互联网。

互联网上网服务营业场所经营单位提供上网消费者使用的计算机必须通过局域网的方式接入互联网，不得直接接入互联网。

4. 对经营行为的规范

第十七条　互联网上网服务营业场所经营单位不得经营非网络游戏。（41 号文件规定：允许试点地区上网服务场所经营非网络游戏。)

第二十条　互联网上网服务营业场所经营单位应当在营业场所的显著位置悬挂《网络文化经营许可证》和营业执照。

第二十一条　互联网上网服务营业场所经营单位不得接纳未成年人进入营业场所。

互联网上网服务营业场所经营单位应当在营业场所入口处的显著位置悬挂未成年人禁入标志。

第二十二条　互联网上网服务营业场所每日营业时间限于 8 时至 24 时。（41 号文件规定：试点地区可不对上网服务场所营业时间做统一规定。)

第二十三条　互联网上网服务营业场所经营单位应当对上网消费者的身份证等有效证件进行核对、登记，并记录有关上网信息。登记内容和记录备份保存时间不得少于 60 日，并在文化行政部门、公安机关依法查询时予以提供。登记内容和记录备份在保存期内不得修改或者删除。

5. 对安全的要求

第十九条　互联网上网服务营业场所经营单位应当实施经营管理技术措施，建立场内巡查制度，发现上网消费者有本条例第十四条、第十五条、第十八条所列行为或者有其他违法行为的，应当立即予以制止并向文化行政部门、公安机关举报。

第二十四条　互联网上网服务营业场所经营单位应当依法履行信息网络安全、治安和消防安全职责，并遵守下列规定：

（一）禁止明火照明和吸烟并悬挂禁止吸烟标志；

（二）禁止带入和存放易燃、易爆物品；

（三）不得安装固定的封闭门窗栅栏；

（四）营业期间禁止封堵或者锁闭门窗、安全疏散通道和安全出口；

（五）不得擅自停止实施安全技术措施。

5.3.6　处罚条款

第二十五条　文化行政部门、公安机关、工商行政管理部门或者其他有关部门及其工作人员，利用职务上的便利收受他人财物或者其他好处，违法批准不符合法定设立条件的互联网上网服务营业场所经营单位，或者不依法履行监督职责，或者发现违法行为不予依法查处，触犯刑律的，对直接负责的主管人员和其他直接责任人员依照刑法关于受贿罪、滥用职权罪、玩忽职守罪或者其他罪的规定，依法追究刑事责任；尚不够刑事处罚的，依法给予降级、撤职或者开除的行政处分。

第二十六条　文化行政部门、公安机关、工商行政管理部门或者其他有关部门的工作人员，从事或者变相从事互联网上网服务经营活动的，参与或者变相参与互联网上网服务营业场所经营单位的经营活动的，依法给予降级、撤职或者开除的行政处分。

文化行政部门、公安机关、工商行政管理部门或者其他有关部门有前款所列行为的，对直接负责的主管人员和其他直接责任人员依照前款规定依法给予行政处分。

第二十七条　违反本条例的规定，擅自从事互联网上网服务经营活动的，由文化行政部门或者由文化行政部门会同公安机关依法予以取缔，查封其从事违法经营活动的场所，扣押从事违法经营活动的专用工具、设备；触犯刑律的，依照刑法关于非法经营罪的规定，依法追究刑事责任；尚不够刑事处罚的，由文化行政部门没收违法所得及其从事违法经营活动的专用工具、设备；违法经营额 1 万元以上的，并处违法经营额 5 倍以上 10 倍以下的罚款；违法经营额不足 1 万元的，并处 1 万元以上 5 万元以下的罚款。

第二十八条　文化行政部门应当建立互联网上网服务营业场所经营单位的经营活动信用监管制度，建立健全信用约束机制，并及时公布行政处罚信息。

第二十九条　互联网上网服务营业场所经营单位违反本条例的规定，涂改、出租、出借或者以其他方式转让《网络文化经营许可证》，触犯刑律的，依照刑法关于伪造、变造、买卖国家机关公文、证件、印章罪的规定，依法追究刑事责任；尚不够刑事处罚的，由文化行政部门吊销《网络文化经营许可证》，没收违法所得；违法经营额 5000 元以上的，并处违法经营额 2 倍以上 5 倍以下的罚款；违法经营额不足 5000 元的，并处 5000 元以上 1 万元以下的罚款。

第三十条　互联网上网服务营业场所经营单位违反本条例的规定，利用营业场所制作、下载、复制、查阅、发布、传播或者以其他方式使用含有本条例第十四条规定禁止含有的内容的信息，触犯刑律的，依法追究刑事责任；尚不够刑事处罚的，由公安机关给予警告，没收违法所得；违法经营额 1 万元以上的，并处违法经营额 2 倍以上 5 倍以下的罚款；违法经营额不足 1 万元的，并处 1 万元以上 2 万元以下的罚款；情节严重的，责令停业整顿，直至由文化行政部门吊销《网络文化经营许可证》。

上网消费者有前款违法行为，触犯刑律的，依法追究刑事责任；尚不够刑事处罚的，由公安机关依照治安管理处罚法的规定给予处罚。

第三十一条　互联网上网服务营业场所经营单位违反本条例的规定，有下列行为之一的，由文化行政部门给予警告，可以并处 15000 元以下的罚款；情节严重的，责令停业整顿，直至吊销《网络文化经营许可证》：

（一）在规定的营业时间以外营业的；

（二）接纳未成年人进入营业场所的；

（三）经营非网络游戏的；

（四）擅自停止实施经营管理技术措施的；

（五）未悬挂《网络文化经营许可证》或者未成年人禁入标志的。

第三十二条 公安机关应当自互联网上网服务营业场所经营单位正式开展经营活动20个工作日内，对其依法履行信息网络安全职责情况进行实地检查。检查发现互联网上网服务营业场所经营单位未履行承诺的信息网络安全责任的，由公安机关给予警告，可以并处15000元以下罚款；情节严重的，责令停业整顿，直至由文化行政部门吊销《网络文化经营许可证》。

第三十三条 互联网上网服务营业场所经营单位违反本条例的规定，有下列行为之一的，由文化行政部门、公安机关依据各自职权给予警告，可以并处15000元以下的罚款；情节严重的，责令停业整顿，直至由文化行政部门吊销《网络文化经营许可证》：

（一）向上网消费者提供的计算机未通过局域网的方式接入互联网的；

（二）未建立场内巡查制度，或者发现上网消费者的违法行为未予制止并向文化行政部门、公安机关举报的；

（三）未按规定核对、登记上网消费者的有效身份证件或者记录有关上网信息的；

（四）未按规定时间保存登记内容、记录备份，或者在保存期内修改、删除登记内容、记录备份的；

（五）变更名称、住所、法定代表人或者主要负责人、注册资本、网络地址或者终止经营活动，未向文化行政部门、公安机关办理有关手续或者备案的。

第三十四条 互联网上网服务营业场所经营单位违反本条例的规定，有下列行为之一的，由公安机关给予警告，可以并处15000元以下的罚款；情节严重的，责令停业整顿，直至由文化行政部门吊销《网络文化经营许可证》：

（一）利用明火照明或者发现吸烟不予制止，或者未悬挂禁止吸烟标志的；

（二）允许带入或者存放易燃、易爆物品的；

（三）在营业场所安装固定的封闭门窗栅栏的；

（四）营业期间封堵或者锁闭门窗、安全疏散通道或者安全出口的；

（五）擅自停止实施安全技术措施的。

第三十五条 违反国家有关信息网络安全、治安管理、消防管理、工商行政管理、电信管理等规定，触犯刑律的，依法追究刑事责任；尚不够刑事处罚的，由公安机关、工商行政管理部门、电信管理机构依法给予处罚；情节严重的，由原发证机关吊销许可证件。

第三十六条 互联网上网服务营业场所经营单位违反本条例的规定，被吊销《网络文化经营许可证》的，自被吊销《网络文化经营许可证》之日起5年内，其法定代表人或者主要负责人不得担任互联网上网服务营业场所经营单位的法定代表人或者主要负责人。

擅自设立的互联网上网服务营业场所经营单位被依法取缔的，自被取缔之日起5年内，其主要负责人不得担任互联网上网服务营业场所经营单位的法定代表人或者主要负责人。

第三十七条 依照本条例的规定实施罚款的行政处罚，应当依照有关法律、行政法规的规定，实行罚款决定与罚款收缴分离；收缴的罚款和违法所得必须全部上缴国库。

【案例 9】

北京“蓝极速”网吧违规经营发生特大火灾事故

2002 年 6 月 16 日凌晨 2 时 40 分左右，北京海淀区学院路 20 号院内的一家名为“蓝极速”的网吧发生火灾，造成 24 人死亡（其中有北京某大学学生 21 人），13 人受伤。

据查，该网吧只有一个门，着火时网吧的门锁着，窗户也都被铁护栏封住，起火后网吧里的人没有逃生通道。另外，这间网吧开张不到一个月，没有营业证照，也没有任何安全防火设施。

正是这次震惊全国的特大网吧火灾，导致了《互联网上网服务营业场所管理条例》的诞生。比起之前的《互联网上网服务营业场所管理办法》，《互联网上网服务营业场所管理条例》对网吧各个方面的管理更加严格。

此次火灾后半年里，全国各地对 4.5 万多家网吧进行了检查，依法责令停业整改 1.2 万多家，依法取缔 3300 多家。

5.4　互联网信息服务管理办法

《互联网信息服务管理办法》于 2000 年 9 月 25 日由国务院颁布实施，共二十七条，自公布之日起施行。

5.4.1　制定本办法的目的

制定本办法的目的是为了规范互联网信息服务活动，促进互联网信息服务健康有序发展。

5.4.2　互联网信息服务的含义与分类

互联网信息服务，是指通过互联网向上网用户提供信息的服务活动。

互联网信息服务分为经营性和非经营性两类。

（1）经营性互联网信息服务，是指通过互联网向上网用户有偿提供信息或者网页制作等服务活动。

（2）非经营性互联网信息服务，是指通过互联网向上网用户无偿提供具有公开性、共享性信息的服务活动。

5.4.3　不同信息服务的不同管理办法

第四条　国家对经营性互联网信息服务实行许可制度；对非经营性互联网信息服务实行备案制度。未取得许可或者未履行备案手续的，不得从事互联网信息服务。

第五条　从事新闻、出版、教育、医疗保健、药品和医疗器械等互联网信息服务，依照法律、行政法规以及国家有关规定须经有关主管部门审核同意的，在申请经营许可或者履行备案手续前，应当依法经有关主管部门审核同意。

第七条 从事经营性互联网信息服务，应当向省、自治区、直辖市电信管理机构或者国务院信息产业主管部门申请办理互联网信息服务增值电信业务经营许可证（以下简称经营许可证）。

第八条 从事非经营性互联网信息服务，应当向省、自治区、直辖市电信管理机构或者国务院信息产业主管部门办理备案手续。

第九条 从事互联网信息服务，拟开办电子公告服务（电子布告牌、电子白板、电子论坛、网络聊天室、留言板等）的，应当在申请经营性互联网信息服务许可或者办理非经营性互联网信息服务备案时，按照国家有关规定提出专项申请或者专项备案。

5.4.4 互联网信息服务应具备的条件

1. 经营性互联网信息服务应具备的条件

第六条 从事经营性互联网信息服务，除应当符合《中华人民共和国电信条例》规定的要求外，还应当具备下列条件：

（一）有业务发展计划及相关技术方案；

（二）有健全的网络与信息安全保障措施，包括网站安全保障措施、信息安全保密管理制度、用户信息安全管理制度；

（三）服务项目属于本办法第五条规定范围的，已取得有关主管部门同意的文件。

《中华人民共和国电信条例》第十三条规定，经营增值电信业务，应当具备下列条件：

（一）营者为依法设立的公司；

（二）有与开展经营活动相适应的资金和专业人员；

（三）有为用户提供长期服务的信誉或者能力；

（四）国家规定的其他条件。

2. 非经营性互联网信息服务应具备的条件

第八条 从事非经营性互联网信息服务，应当向省、自治区、直辖市电信管理机构或者国务院信息产业主管部门办理备案手续。办理备案时，应当提交下列材料：

（一）主办单位和网站负责人的基本情况；

（二）网站网址和服务项目；

（三）服务项目属于本办法第五条规定范围的，已取得有关主管部门的同意文件。省、自治区、直辖市电信管理机构对备案材料齐全的，应当予以备案并编号。

5.4.5 经营者的义务和责任

第十一条 互联网信息服务提供者应当按照经许可或者备案的项目提供服务，不得超出经许可或者备案的项目提供服务。

非经营性互联网信息服务提供者不得从事有偿服务。

互联网信息服务提供者变更服务项目、网站网址等事项的，应当提前 30 日向原审核、发证或者备案机关办理变更手续。

第十二条　互联网信息服务提供者应当在其网站主页的显著位置标明其经营许可证编号或者备案编号。

第十三条　互联网信息服务提供者应当向上网用户提供良好的服务，并保证所提供的信息内容合法。

第十四条　从事新闻、出版以及电子公告等服务项目的互联网信息服务提供者，应当记录提供的信息内容及其发布时间、互联网地址或者域名；互联网接入服务提供者应当记录上网用户的上网时间、用户账号、互联网地址或者域名、主叫电话号码等信息。

互联网信息服务提供者和互联网接入服务提供者的记录备份应当保存 60 日，并在国家有关机关依法查询时，予以提供。

第十五条　互联网信息服务提供者不得制作、复制、发布、传播含有下列内容的信息：

（一）反对宪法所确定的基本原则的；

（二）危害国家安全，泄露国家秘密，颠覆国家政权，破坏国家统一的；

（三）损害国家荣誉和利益的；

（四）煽动民族仇恨、民族歧视，破坏民族团结的；

（五）破坏国家宗教政策，宣扬邪教和封建迷信的；

（六）散布谣言，扰乱社会秩序，破坏社会稳定的；

（七）散布淫秽、色情、赌博、暴力、凶杀、恐怖或者教唆犯罪的；

（八）侮辱或者诽谤他人，侵害他人合法权益的；

（九）含有法律、行政法规禁止的其他内容的。

第十六条　互联网信息服务提供者发现其网站传输的信息明显属于本办法第十五条所列内容之一的，应当立即停止传输，保存有关记录，并向国家有关机关报告。

第十七条　经营性互联网信息服务提供者申请在境内境外上市或者同外商合资、合作，应当事先经国务院信息产业主管部门审查同意；其中，外商投资的比例应当符合有关法律、行政法规的规定。

5.4.6　监督管理

第十八条　国务院信息产业主管部门和省、自治区、直辖市电信管理机构，依法对互联网信息服务实施监督管理。

新闻、出版、教育、卫生、药品监督管理、工商行政管理和公安、国家安全等有关主管部门，在各自职责范围内依法对互联网信息内容实施监督管理。

5.4.7　处罚条款

第十九条　违反本办法的规定，未取得经营许可证，擅自从事经营性互联网信息服务，或者超出许可的项目提供服务的，由省、自治区、直辖市电信管理机构责令限期改正，有违法所得的，没收违法所得，处违法所得 3 倍以上 5 倍以下的罚款；没有违法所得或者违法所得不足 5 万元的，处 10 万元以上 100 万元以下的罚款；情节严重的，责令关闭网站。

违反本办法的规定，未履行备案手续，擅自从事非经营性互联网信息服务，或者超出备案的项目提供服务的，由省、自治区、直辖市电信管理机构责令限期改正；拒不改正的，责令关闭网站。

第二十条 制作、复制、发布、传播本办法第十五条所列内容之一的信息，构成犯罪的，依法追究刑事责任；尚不构成犯罪的，由公安机关、国家安全机关依照《中华人民共和国治安管理处罚法》《计算机信息网络国际联网安全保护管理办法》等有关法律、行政法规的规定予以处罚；对经营性互联网信息服务提供者，并由发证机关责令停业整顿直至吊销经营许可证，通知企业登记机关；对非经营性互联网信息服务提供者，并由备案机关责令暂时关闭网站直至关闭网站。

第二十一条 未履行本办法第十四条规定的义务的，由省、自治区、直辖市电信管理机构责令改正；情节严重的，责令停业整顿或者暂时关闭网站。

第二十二条 违反本办法的规定，未在其网站主页上标明其经营许可证编号或者备案编号的，由省、自治区、直辖市电信管理机构责令改正，处5000元以上5万元以下的罚款。

第二十三条 违反本办法第十六条规定的义务的，由省、自治区、直辖市电信管理机构责令改正；情节严重的，对经营性互联网信息服务提供者，并由发证机关吊销经营许可证，对非经营性互联网信息服务提供者，并由备案机关责令关闭网站。

第二十四条 互联网信息服务提供者在其业务活动中，违反其他法律、法规的，由新闻、出版、教育、卫生、药品监督管理和工商行政管理等有关主管部门依照有关法律、法规的规定处罚。

第二十五条 电信管理机构和其他有关主管部门及其工作人员，玩忽职守、滥用职权、徇私舞弊，疏于对互联网信息服务的监督管理，造成严重后果，构成犯罪的，依法追究刑事责任；尚不构成犯罪的，对直接负责的主管人员和其他直接责任人员依法给予降级、撤职直至开除的行政处分。

5.5 互联网安全保护技术措施规定

《互联网安全保护技术措施规定》于2005年11月23日由公安部部长办公会议通过，公安部第82号令发布，共十九条，自2006年3月1日起施行。

5.5.1 制定本规定的目的

制定《互联网安全保护技术措施规定》的目的是为了加强和规范互联网安全技术防范工作，保障互联网网络安全和信息安全，促进互联网健康、有序发展，维护国家安全、社会秩序和公共利益。(第一条)

5.5.2 相关概念的定义

本规定第二条和第十八条分别对相关概念进行了定义：

第二条　本规定所称互联网安全保护技术措施，是指保障互联网网络安全和信息安全、防范违法犯罪的技术设施和技术方法。

第十八条　本规定所称互联网服务提供者，是指向用户提供互联网接入服务、互联网数据中心服务、互联网信息服务和互联网上网服务的单位。

本规定所称联网使用单位，是指为本单位应用需要连接并使用互联网的单位。

本规定所称提供互联网数据中心服务的单位，是指提供主机托管、租赁和虚拟空间租用等服务的单位。

5.5.3　总体要求

第三条　互联网服务提供者、联网使用单位负责落实互联网安全保护技术措施，并保障互联网安全保护技术措施功能的正常发挥。

第四条　互联网服务提供者、联网使用单位应当建立相应的管理制度。未经用户同意不得公开、泄露用户注册信息，但法律、行政法规另有规定的除外。

互联网服务提供者、联网使用单位应当依法使用互联网安全保护技术措施，不得利用互联网安全保护技术措施侵犯用户的通信自由和通信秘密。

第六条　互联网安全保护技术措施应当符合国家标准。没有国家标准的，应当符合公共安全行业技术标准。

5.5.4　具体保护技术措施和要求

第七条　互联网服务提供者和联网使用单位应当落实以下互联网安全保护技术措施：

（一）防范计算机病毒、网络入侵和攻击破坏等危害网络安全事项或者行为的技术措施；

（二）重要数据库和系统主要设备的冗灾备份措施；

（三）记录并留存用户登录和退出时间、主叫号码、账号、互联网地址或域名、系统维护日志的技术措施；

（四）法律、法规和规章规定应当落实的其他安全保护技术措施。

第八条　提供互联网接入服务的单位除落实本规定第七条规定的互联网安全保护技术措施外，还应当落实具有以下功能的安全保护技术措施：

（一）记录并留存用户注册信息；

（二）使用内部网络地址与互联网网络地址转换方式为用户提供接入服务的，能够记录并留存用户使用的互联网网络地址和内部网络地址对应关系；

（三）记录、跟踪网络运行状态，监测、记录网络安全事件等安全审计功能。

第九条　提供互联网信息服务的单位除落实本规定第七条规定的互联网安全保护技术措施外，还应当落实具有以下功能的安全保护技术措施：

（一）在公共信息服务中发现、停止传输违法信息，并保留相关记录；

（二）提供新闻、出版以及电子公告等服务的，能够记录并留存发布的信息内容及发布时间；

（三）开办门户网站、新闻网站、电子商务网站的，能够防范网站、网页被篡改，被篡改后能够自动恢复；

（四）开办电子公告服务的，具有用户注册信息和发布信息审计功能；

（五）开办电子邮件和网上短信息服务的，能够防范、清除以群发方式发送伪造、隐匿信息发送者真实标记的电子邮件或者短信息。

第十条　提供互联网数据中心服务的单位和联网使用单位除落实本规定第七条规定的互联网安全保护技术措施外，还应当落实具有以下功能的安全保护技术措施：

（一）记录并留存用户注册信息；

（二）在公共信息服务中发现、停止传输违法信息，并保留相关记录；

（三）联网使用单位使用内部网络地址与互联网网络地址转换方式向用户提供接入服务的，能够记录并留存用户使用的互联网网络地址和内部网络地址对应关系。

第十一条　提供互联网上网服务的单位，除落实本规定第七条规定的互联网安全保护技术措施外，还应当安装并运行互联网公共上网服务场所安全管理系统。

第十二条　互联网服务提供者依照本规定采取的互联网安全保护技术措施应当具有符合公共安全行业技术标准的联网接口。

第十三条　互联网服务提供者和联网使用单位依照本规定落实的记录留存技术措施，应当具有至少保存六十天记录备份的功能。

第十四条　互联网服务提供者和联网使用单位不得实施下列破坏互联网安全保护技术措施的行为：

（一）擅自停止或者部分停止安全保护技术设施、技术手段运行；

（二）故意破坏安全保护技术设施；

（三）擅自删除、篡改安全保护技术设施、技术手段运行程序和记录；

（四）擅自改变安全保护技术措施的用途和范围；

（五）其他故意破坏安全保护技术措施或者妨碍其功能正常发挥的行为。

5.5.5　公安机关的职责与义务

第五条　公安机关公共信息网络安全监察部门负责对互联网安全保护技术措施的落实情况依法实施监督管理。

第十五条　违反本规定第七条至第十四条规定的，由公安机关依照《计算机信息网络国际联网安全保护管理办法》第二十一条的规定予以处罚。

第十六条　公安机关应当依法对辖区内互联网服务提供者和联网使用单位安全保护技术措施的落实情况进行指导、监督和检查。

公安机关在依法监督检查时，互联网服务提供者、联网使用单位应当派人参加。公安机关对监督检查发现的问题，应当提出改进意见，通知互联网服务提供者、联网使用单位及时整改。

公安机关在监督检查时，监督检查人员不得少于二人，并应当出示执法身份证件。

第十七条　公安机关及其工作人员违反本规定，有滥用职权，徇私舞弊行为的，对直接负责的主管人员和其他直接责任人员依法给予行政处分；构成犯罪的，依法追究刑事责任。

5.6 习题

1.《中华人民共和国计算机信息网络国际联网管理暂行规定实施办法》中关于互联网的宏观管理政策有哪些？

2. 简述作为一个用户在使用互联网时应注意的事项。

3.《关于维护互联网安全的决定》的目的是什么？

4.《关于维护互联网安全的决定》从哪几个方面界定了基于互联网的违法犯罪行为？

5. 简述各行政监管部门对“网吧”的管理职权。

6. 开办“网吧”所需的条件是什么？

7. 简述申办“网吧”的程序。

8.“网吧”在经营过程中应该履行哪些安全责任？

9. 互联网信息服务通常是指什么？可分为哪两类？国家分别实行什么不同的管理政策？

10. 简述从事电子公告服务项目的互联网信息服务提供者所应承担的义务。

11. 互联网安全保护技术措施是指什么？

12. 互联网服务提供者和联网使用单位应当落实哪些最基本的互联网安全保护技术措施？

第 6 章　其他有关信息安全的法律法规

6.1　计算机信息系统安全专用产品检测和销售许可证管理办法

《计算机信息系统安全专用产品检测和销售许可证管理办法》于 1997 年 6 月 28 日由公安部部长办公会议通过，共五章二十六条，自 1997 年 12 月 12 日起施行。

6.1.1　目的与定义

第一条　为了加强计算机信息系统安全专用产品（以下简称安全专用产品）的管理，保证安全专用产品的安全功能，维护计算机信息系统的安全，根据《中华人民共和国计算机信息系统安全保护条例》第十六条的规定，制定本办法。

第二条　本办法所称计算机信息系统安全专用产品，是指用于保护计算机信息系统安全的专用硬件和软件产品。

6.1.2　销售许可证制度

第三条　中华人民共和国境内的安全专用产品进入市场销售，实行销售许可证制度。安全专用产品的生产者在其产品进入市场销售之前，必须申领《计算机信息系统安全专用产品销售许可证》（以下简称销售许可证）。

第四条　安全专用产品的生产者申领销售许可证，必须对其产品进行安全功能检测和认定。

第五条　公安部计算机管理监察部门负责销售许可证的审批颁发工作和安全专用产品安全功能检测机构（以下简称检测机构）的审批工作。地（市）级以上人民政府公安机关负责销售许可证的监督检查工作。

6.1.3　检测机构的申请与批准

第六条　经省级以上技术监督行政主管部门或者其授权的部门考核合格的检测机构，可以向公安部计算机管理监察部门提出承担安全专用产品检测任务的申请。

第七条　公安部计算机管理监察部门对提出申请的检测机构的检测条件和能力进行审查，经审查合格的，批准其承担安全专用产品检测任务。

第八条　检测机构应当履行下列职责：

（一）严格执行公安部计算机管理监察部门下达的检测任务；

（二）按照标准格式填写安全专用产品检测报告；

（三）出具检测结果报告；

（四）接受公安部计算机管理监察部门对检测过程的监督及查阅检测机构内部验证和审核试验的原始测试记录；

（五）保守检测产品的技术秘密，并不得非法占有他人科技成果；

（六）不得从事与检测产品有关的开发和对外咨询业务。

第九条　公安部计算机管理监察部门对承担检测任务的检测机构每年至少进行一次监督检查。

第十条　被取消检测资格的检测机构，两年后方准许重新申请承担安全专用产品的检测任务。

6.1.4　安全专用产品的检测

第十一条　安全专用产品的生产者应当向经公安部计算机管理监察部门批准的检测机构申请安全功能检测。对在国内生产的安全专用产品，由其生产者负责送交检测；对境外生产在国内销售的安全专用产品，由国外生产者指定的国内具有法人资格的企业或单位负责送交检测。当安全专用产品的安全功能发生改变时，安全专用产品应当进行重新检测。

第十二条　送交安全专用产品检测时，应当向检测机构提交以下材料：

（一）安全专用产品的安全功能检测申请；

（二）营业执照（复印件）；

（三）样品；

（四）产品功能及性能的中文说明；

（五）证明产品功能及性能的有关材料；

（六）采用密码技术的安全专用产品必须提交国家密码管理部门的审批文件；

（七）根据有关规定需要提交的其他材料。

第十三条　检测机构收到检测申请、样品及其他有关材料后，应当按照安全专用产品的功能说明，检测其是否具有计算机信息系统安全保护功能。

第十四条　检测机构应当及时检测，并将检测报告报送公安部计算机管理监察部门备案。

6.1.5　销售许可证的审批与颁发

第十五条　安全专用产品的生产者申领销售许可证，应当向公安部计算机管理监察部门提交以下材料：

（一）营业执照（复印件）；

（二）安全专用产品检测结果报告；

（三）防治计算机病毒的安全专用产品须提交公安机关颁发的计算机病毒防治研究的备案证明。

第十六条　公安部计算机管理监察部门自接到申请之日起，应当在十五日内对安全专用产品作出审核结果，特殊情况可延至三十日；经审核合格的，颁发销售许可证和安全专用产品“销售许可”标记；不合格的，书面通知申领者，并说明理由。

第十七条 已取得销售许可证的安全专用产品，生产者应当在固定位置标明“销售许可”标记。任何单位和个人不得销售无“销售许可”标记的安全专用产品。

第十八条 销售许可证只对所申请销售的安全专用产品有效。当安全专用产品的功能发生改变时，必须重新申领销售许可证。

第十九条 销售许可证自批准之日起两年内有效。期满需要延期的，应当于期满前三十日内向公安部计算机管理监察部门申请办理延期手续。

第二十四条 安全专用产品的检测通告和经安全功能检测确认的安全专用产品目录，由公安部计算机管理监察部门发布。

第二十五条 检测机构申请书、检测机构批准书、《计算机信息系统安全专用产品销售许可证》、“销售许可”标记，由公安部制定式样，统一监制。

6.1.6 罚则

第二十条 生产企业违反本办法的规定，有下列情形之一的，视为未经许可出售安全专用产品，由公安机关根据《中华人民共和国计算机信息系统安全保护条例》的规定予以处罚：

（一）没有申领销售许可证而将生产的安全专用产品进入市场销售的；

（二）安全专用产品的功能发生改变，而没有重新申领销售许可证进行销售的；

（三）销售许可证有效期满，未办理延期申领手续而继续销售的；

（四）提供虚假的安全专用产品检测报告或者虚假的计算机病毒防治研究的备案证明，骗取销售许可证的；

（五）销售的安全专用产品与送检样品安全功能不一致的；

（六）未在安全专用产品上标明“销售许可”标记而销售的；

（七）伪造、变造销售许可证和“销售许可”标记的。

第二十一条 检测机构违反本办法的规定，情节严重的，取消检测资格。

第二十二条 安全专用产品中含有有害数据危害计算机信息系统安全的，依据《中华人民共和国计算机信息系统安全保护条例》第二十三条的规定处罚；构成犯罪的，依法追究刑事责任。

第二十三条 依照本办法作出的行政处罚，应当由县级以上（含县级）公安机关决定，并填写行政处罚决定书，向被处罚人宣布。

6.2 有害数据及计算机病毒防治管理

6.2.1 有害数据的定义

公安部在 1996 年关于对《中华人民共和国计算机信息系统安全保护条例》中涉及的“有害数据”问题的批复（中华人民共和国公安部（批复）公复字［1996］8 号）中对“计算机有害数据”的定义作了如下批复：

“有害数据”是指计算机信息系统及其存储介质中存在、出现的，以计算机程序、图像、文字、声音等多种形式表示的，含有攻击人民民主专政、社会主义制度，攻击党和国家领导人，破坏民族团结等危害国家安全内容的信息；含有宣扬封建迷信、淫秽色情、凶杀、教唆犯罪等危害社会治安秩序内容的信息，以及危害计算机信息系统运行和功能发挥，应用软件、数据可靠性、完整性和保密性，用于违法活动的计算机程序（含计算机病毒）。

有害数据与计算机病毒的区别在于前者比后者所涉及的内容更广泛。

6.2.2　计算机病毒防治管理办法

为了加强对计算机病毒的预防和治理，保护计算机信息系统安全，保障计算机的应用与发展，根据《中华人民共和国计算机信息系统安全保护条例》的规定，公安部于 2000 年 4 月 26 日以公安部第 51 号令发布了《计算机病毒防治管理办法》。

《计算机病毒防治管理办法》的基本内容主要包括以下七个方面。

1. 对计算机病毒进行了准确定义

第二条　本办法所称的计算机病毒，是指编制或者在计算机程序中插入的破坏计算机功能或者毁坏数据，影响计算机使用，并能自我复制的一组计算机指令或者程序代码。

2. 为了远离计算机病毒的危害，规范了人们的行为

第五条　任何单位和个人不得制作计算机病毒。

第六条　任何单位和个人不得有下列传播计算机病毒的行为：

（一）故意输入计算机病毒，危害计算机信息系统安全；

（二）向他人提供含有计算机病毒的文件、软件、媒体；

（三）销售、出租、附赠含有计算机病毒的媒体；

（四）其他传播计算机病毒的行为。

第十二条　任何单位和个人在从计算机信息网络上下载程序、数据或者购置、维修、借入计算机设备时，应当进行计算机病毒检测。

3. 明确了计算机信息系统使用单位在计算机病毒防治工作中应当履行的职责

第十一条　计算机信息系统的使用单位在计算机病毒防治工作中应当履行下列职责：

（一）建立本单位的计算机病毒防治管理制度；

（二）采取计算机病毒安全技术防治措施；

（三）对本单位计算机信息系统使用人员进行计算机病毒防治教育和培训；

（四）及时检测、清除计算机信息系统中的计算机病毒，并备有检测、清除的记录；

（五）使用具有计算机信息系统安全专用产品销售许可证的计算机病毒防治产品；

（六）对因计算机病毒引起的计算机信息系统瘫痪、程序和数据严重破坏等重大事故及时向公安机关报告，并保护现场。

4. 明确了对从事计算机病毒防治产品生产单位的要求

第八条　从事计算机病毒防治产品生产的单位，应当及时向公安部公共信息网络安全监察部门批准的计算机病毒防治产品检测机构提交病毒样本。

第十三条　任何单位和个人销售、附赠的计算机病毒防治产品，应当具有计算机信息系统安全专用产品销售许可证，并贴有“销售许可”标记。

第十四条 从事计算机设备或者媒体生产、销售、出租、维修行业的单位和个人，应当对计算机设备或者媒体进行计算机病毒检测、清除工作，并备有检测、清除的记录。

5. 明确了公安机关在计算机病毒防治工作中的相关职权

第四条 公安部公共信息网络安全监察部门主管全国的计算机病毒防治管理工作。地方各级公安机关具体负责本行政区域内的计算机病毒防治管理工作。

第十五条 任何单位和个人应当接受公安机关对计算机病毒防治工作的监督、检查和指导。

6. 对计算机病毒的认定和疫情发布进行了规范

第二十一条 本办法所称计算机病毒疫情，是指某种计算机病毒爆发、流行的时间、范围、破坏特点、破坏后果等情况的报告或者预报。

第七条 任何单位和个人不得向社会发布虚假的计算机病毒疫情。

第十条 对计算机病毒的认定工作，由公安部公共信息网络安全监察部门批准的机构承担。

7. 明确了对计算机病毒相关违法的处罚

第十五条 任何单位和个人应当接受公安机关对计算机病毒防治工作的监督、检查和指导。

第十六条 在非经营活动中有违反本办法第五条、第六条第二、三、四项规定行为之一的，由公安机关处以一千元以下罚款。

在经营活动中有违反本办法第五条、第六条第二、三、四项规定行为之一，没有违法所得的，由公安机关对单位处以一万元以下罚款，对个人处以五千元以下罚款；有违法所得的，处以违法所得三倍以下罚款，但是最高不得超过三万元。

违反本办法第六条第一项规定的，依照《中华人民共和国计算机信息系统安全保护条例》第二十三条的规定处罚。

第十七条 违反本办法第七条、第八条规定行为之一的，由公安机关对单位处以一千元以下罚款，对单位直接负责的主管人员和直接责任人员处以五百元以下罚款；对个人处以五百元以下罚款。

第十八条 违反本办法第九条规定的，由公安机关处以警告，并责令其限期改正；逾期不改正的，取消其计算机病毒防治产品检测机构的检测资格。

第十九条 计算机信息系统的使用单位有下列行为之一的，由公安机关处以警告，并根据情况责令其限期改正；逾期不改正的，对单位处以一千元以下罚款，对单位直接负责的主管人员和直接责任人员处以五百元以下罚款：

（一）未建立本单位计算机病毒防治管理制度的；

（二）未采取计算机病毒安全技术防治措施的；

（三）未对本单位计算机信息系统使用人员进行计算机病毒防治教育和培训的；

（四）未及时检测、清除计算机信息系统中的计算机病毒，对计算机信息系统造成危害的；

（五）未使用具有计算机信息系统安全专用产品销售许可证的计算机病毒防治产品，对计算机信息系统造成危害的。

第二十条　违反本办法第十四条规定，没有违法所得的，由公安机关对单位处以一万元以下罚款，对个人处以五千元以下罚款；有违法所得的，处以违法所得三倍以下罚款，但是最高不得超过三万元。

6.2.3　传播、制造有害数据及病毒违法行为的查处

【案例 10】

17 岁少年炮制“混客”网站炸弹，击中 10 万电脑

2001 年 12 月中旬至 2002 年 1 月末的短短 40 多天时间里，全国有 10 万余台电脑遭受到一种名为“混客绝情炸弹”的攻击，引发了网民恐慌。2002 年 2 月黑龙江省公安厅和七台河市公安局的网络安全人员成功破获了这起互联网犯罪案件，然而令人惊讶的是，“黑客”竟然是一位年仅 17 岁的重点学校的高一学生。

“混客炸弹”伏击网民

2002 年 1 月上旬，山东滕州市新兴网吧。一位网友在 OICQ 收到了一个陌生人留下的网址：www. cnhunk. com，附后说明告诉他这是一个酷站。出于好奇，他登录这个被称为“混客帝国”的网站，结果计算机当场死机。重新启动后却发现，电脑的注册表被修改，窗口无法关闭，控制面板中的各部名称均被改为“混客的玩笑”。更为严重的是，主机的连接被破坏，整个网吧不能接入互联网。

大批电脑遭到“混客炸弹”的攻击

从 2001 年 8 月开始，黑龙江省公安厅计算机网络安全监察处和七台河市公安局指挥中心不断接到网民报案，称因登录“混客帝国”网站时遭到“混客”炸弹攻击，造成电脑不同程度损坏，部分网吧已因此停业。某公司的 27 台电脑全部遭到炸弹袭击，影响了公司的正常经营。

网络安全人员通过技术手段跟踪发现，“混客帝国”网站维护人员使用电脑的 IP 地址隶属于七台河市。该网站本身就是一枚“炸弹”，只要网民登录就会自动链接为一段破坏性代码程序，此时计算机的主页图片开始晃动，并且失去控制。该网站的有害代码修改计算机的注册表，在启动组、桌面、程序组、收藏夹都增加了破坏性代码，用鼠标点击后就会发生死机现象，其中“我的文档”中的文件只要鼠标停在上面就会死机，同时禁止运行程序，根据系统的不同还可能出现 A 盘不能使用，C 盘和桌面隐藏的现象。

这起罕见的“黑客”案件，引起了黑龙江省公安厅的高度重视，七台河市公安局指挥中心成立了专案组。2001 年底，专案组的民警在网上巡逻时发现并跟踪“黑客”，可是当民警迅速赶到七台河市一家网吧时，“黑客”却在两分钟前离去。第二天，“混客帝国”网站的部分内容被删除，注册表被更改，而且“黑客”留言：混客从此绝迹网络！

警方的侦查工作一时陷入僵局，但经过艰苦的调查和网上取证，2002 年 1 月 27

日，神秘“黑客”在自己的家中被警方抓获。警方在“黑客”家中发现笔记本和台式电脑各一台，但笔记本电脑已瘫痪，“黑客”说，这是因为无数次被自己制作的“混客炸弹”击中的后果。最让警方没想到的是，神秘“黑客”苏勇（化名）竟是一名年仅17岁的学生，正在当地一所重点中学读高一。

视“黑客”为网络英雄

2000年暑期，初中毕业的苏勇迷恋上了电脑。一个黑客网站引起了他的兴趣。“‘黑客’是网上自由人，具有高智商和计算机专业水准及一定的职业道德。更确切地说，‘黑客’是一个优秀的网络安全人员。”最初，苏勇是这样评价“黑客”的。苏勇想做这样的人。但他深知自己的水平算不上“黑客”，于是他给自己起了一个网名：“混客”。

此后，他用7天7夜的时间，创建了一个叫“混客帝国”的黑客网站，内容涉及黑客软件、教程等，还开设了一个免费论坛。一个星期后，网友达到1000多人。苏勇自称“站长”，还请了国内一些知名的“黑客”做版主。

2001年9月，他把从网上搜集到的“万花谷”病毒的代码进行更改和加密，将“混客帝国”升级为“混客绝情炸弹”。这并不是通常的借文件传播的病毒，只是做在网页内的一段恶意脚本，当用户在不知情的情况下打开该网页时，病毒就发作了。

然而，苏勇并没有想到“混客绝情炸弹”的影响力如此之大。做完网站，有一段时间他不管不问。可有一天他去“看望”自己的网站时，发现访问量已大得惊人。再看看网上，到处是有关“混客炸弹”的消息。

2001年12月新浪网载文《浏览网页就会感染，“混客绝情炸弹”毁你没商量》，称“混客绝情炸弹”是一种危害极大的新型病毒，其爆发现象有多种：如修改IE默认主页、修改注册表、关机甚至破坏系统环境、格式化硬盘等，造成电脑瘫痪，数据丢失。其外在表现就是被攻击的电脑出现蓝屏、死机现象。防火墙和杀毒软件很难对它进行有效的防范。《电脑爱好者》杂志2002年第2期将“混客炸弹”的杀伤力排在五星级病毒的位置。

酝酿中国最大的黑客笔友会

在这之后，苏勇又制作了“混客绝情炸弹解药篇”，告诉中了“绝情炸弹”的网友，可以通过其获救。此时的苏勇又有了新的想法：通过网站赚钱，在高三毕业时至少挣10万元，供自己上大学！

赚钱的方法是这样的：网友进入“混客绝情炸弹解药篇”后，会发现一个图片，上面的文字提示说是网主的照片，而实际上这是一个“木马程序”，进入该网页的网友电脑端口即向苏勇开放，可以窃取该用户的OICQ口令、IP地址等。至案发时止，他已将从网上窃取来的联众财富积分（一种虚拟的致富分，积攒越多在网上越富有）卖了2950元。

这些钱都被他挥霍一空。2002年1月上旬，他代表学校到哈尔滨参加全省中学生主页设计大赛时，住一天200多元的宾馆，买了500元的打火机和200元的布娃娃。

苏勇对破解密码很有自信，在看守所里他告诉记者，他曾在一个小时内破解过

10 个信箱的密码。据警方查证，他共盗取联众会员的用户名和密码 50 余个，OICQ 号码 5000 个。

他还想了一个赚钱的方法：进入“混客绝情炸弹解药篇”的计算机会再次受到炸弹袭击，只不过此网友中的炸弹不是“绝情炸弹”而是“友情炸弹”。他认为，经过两次“交火”的网友是可以成为朋友的，因此苏勇在此处给网友留下了真实的地址、姓名，还有一封信：“我喜欢交朋友、写信，酷爱电脑、足球、武术。如果你想和我做朋友，那么请你寄来 5 元钱，作为通信费用。”

按苏勇的设想，通过写信就可以赚上一笔，然后把这些网友组织起来成立中国最大的“黑客”笔友会，再收取会费。

其间，他还收了一个 14 岁的“黑客”小徒弟。

网络自由人也不能为所欲为

据警方介绍，“混客炸弹”大面积爆发集中在 2002 年 1 月，自 2001 年 12 月 27 日至 2002 年 1 月 29 日，共有 109623 名用户访问该网站，最高日访问量 8212 人，日平均 3350 人。

黑龙江省公安厅和七台河市公安局指挥中心在因特网上发出寻找受害者公告，在短时间内，收到了来自美国、加拿大、新西兰及香港、广东、山东、辽宁、云南、河北、吉林等地网民发来的 100 多份电子邮件。吉林桦甸市夹皮沟镇一位开网吧的农民说，网吧所有电脑都“中弹”了，镇上没人会修理，只好关门停业了。听说抓到了“黑客”，他提出了赔偿要求。“我原来想做一个优秀的网络安全人员，也曾为一些网站找出漏洞，并发去补丁程序。可终因为逞强和个人英雄主义，成了危害社会的‘黑客’，希望其他的人不要步我后尘。”在看守所里，苏勇痛心地对记者说：“我现在终于明白了一个道理：网络并不是完全自由的。”

【案例 11】

“熊猫烧香”病毒大案

2007 年 2 月 12 日，湖北省公安厅宣布，根据统一部署，湖北网监在浙江、山东、广西、天津、广东、四川、江西、云南、新疆、河南等地公安机关的配合下，一举侦破了制作传播“熊猫烧香”病毒案，抓获李某（男，25 岁，武汉新洲区人）、雷某（男，25 岁，武汉新洲区人）等多名犯罪嫌疑人。这是我国破获的国内首例制作计算机病毒的大案。

据查，李某于 2006 年 10 月开始制作计算机病毒“熊猫烧香”，并请雷某对该病毒提修改建议。雷某认为，该病毒会修改被感染文件的图标，且没有隐藏病毒进程，容易被发现，建议李某从这两个方面对该病毒程序进行修改。李某按照雷某的建议修改了“熊猫烧香”病毒程序，由于其技术原因，修改后的病毒虽然不改变别人的图标，但还是出现图标变花，隐藏病毒进程问题也没有解决。2007 年 1 月，雷某自己对该病毒源代码进行修改，仍未解决上述两个问题。

2006年12月初，李某在互联网上叫卖该病毒，同时也请王某及其他网友帮助出售该病毒。随着病毒的出售和赠送给网友，“熊猫烧香”病毒迅速在互联网上传播，由此使得自动链接李某个人网站 www.krvkr.com 的流量大幅上升。王某得知此情形后，主动提出为李某卖“流量”，并联系张某购买李某网站的“流量”，所得收入由其和李某平分。为了提高访问李某网站的速度，减少网络拥堵，王某和李某商量后，由王某化名董某为李某的网站在南昌某公司租用了一个2G内存、百兆独享线路的服务器，租金由李某、王某每月各负担800元。张某购买李某网站的流量后，先后将九个游戏木马挂在李某的网站上，盗取自动链接李某网站游戏玩家的“游戏信封”，并将盗取的“游戏信封”进行拆封、转卖，从而获取利益。

从2006年12月至2007年2月，李某共获利145149元，王某共获利8万元，张某共获利1.2万元。由于“熊猫烧香”病毒的传播感染，影响了山西、河北、辽宁、广东、湖北、北京、上海、天津等省市的众多单位和个人的计算机系统的正常运行。2007年2月2日，李某将其网站关闭，之后再未开启该网站。2007年2月4日、5日、7日被告人李某、王某、张某、雷某分别被仙桃市公安局抓获归案。李某、王某、张某归案后退出所得全部赃款。李某交出“熊猫烧香”病毒专杀工具。

2007年9月24日，湖北省仙桃市人民法院公开开庭审理了此案。被告人李某犯破坏计算机信息系统罪，判处有期徒刑四年；被告人王某犯破坏计算机信息系统罪，判处有期徒刑二年六个月；被告人张某犯破坏计算机信息系统罪，判处有期徒刑二年；被告人雷某犯破坏计算机信息系统罪，判处有期徒刑一年。

仙桃市人民法院审理后认为，被告人李某、雷某故意制作计算机病毒，被告人李某、王某、张某故意传播计算机病毒，影响了众多计算机系统正常运行，后果严重，其行为均已构成破坏计算机信息系统罪，应负刑事责任。被告人李某在共同犯罪中起主要作用，是本案主犯，应当按照其所参与的全部犯罪处罚，同时，被告人李某有立功表现，依法可以从轻处罚。被告人王某、张某、雷某在共同犯罪中起次要作用，是本案从犯，应当从轻处罚。四被告人认罪态度较好，有悔罪表现，且被告人李某、王某、张某能退出所得全部赃款，依法可以酌情从轻处罚。

6.3　全国人大常委会关于加强网络信息保护的决定

《全国人大常委会关于加强网络信息保护的决定》（以下简称《决定》）于2012年12月28日由第十一届全国人民代表大会常务委员会第三十次会议通过，自公布之日起施行。

6.3.1　《决定》的宗旨

为了保护网络信息安全，保障公民、法人和其他组织的合法权益，维护国家安全和社会公共利益。

6.3.2　《决定》的内容

《决定》的主要内容是就公民个人信息的收集、使用和保护进行了规范，具体包括以下十一条规定：

（一）国家保护能够识别公民个人身份和涉及公民个人隐私的电子信息。

任何组织和个人不得窃取或者以其他非法方式获取公民个人电子信息，不得出售或者非法向他人提供公民个人电子信息。

（二）网络服务提供者和其他企业事业单位在业务活动中收集、使用公民个人电子信息，应当遵循合法、正当、必要的原则，明示收集、使用信息的目的、方式和范围，并经被收集者同意，不得违反法律、法规的规定和双方的约定收集、使用信息。

网络服务提供者和其他企业事业单位收集、使用公民个人电子信息，应当公开其收集、使用规则。

（三）网络服务提供者和其他企业事业单位及其工作人员对在业务活动中收集的公民个人电子信息必须严格保密，不得泄露、篡改、毁损，不得出售或者非法向他人提供。

（四）网络服务提供者和其他企业事业单位应当采取技术措施和其他必要措施，确保信息安全，防止在业务活动中收集的公民个人电子信息泄露、毁损、丢失。在发生或者可能发生信息泄露、毁损、丢失的情况时，应当立即采取补救措施。

（五）网络服务提供者应当加强对其用户发布的信息的管理，发现法律、法规禁止发布或者传输的信息的，应当立即停止传输该信息，采取消除等处置措施，保存有关记录，并向有关主管部门报告。

（六）网络服务提供者为用户办理网站接入服务，办理固定电话、移动电话等入网手续，或者为用户提供信息发布服务，应当在与用户签订协议或者确认提供服务时，要求用户提供真实身份信息。

（七）任何组织和个人未经电子信息接收者同意或者请求，或者电子信息接收者明确表示拒绝的，不得向其固定电话、移动电话或者个人电子邮箱发送商业性电子信息。

（八）公民发现泄露个人身份、散布个人隐私等侵害其合法权益的网络信息，或者受到商业性电子信息侵扰的，有权要求网络服务提供者删除有关信息或者采取其他必要措施予以制止。

（九）任何组织和个人对窃取或者以其他非法方式获取、出售或者非法向他人提供公民个人电子信息的违法犯罪行为以及其他网络信息违法犯罪行为，有权向有关主管部门举报、控告；接到举报、控告的部门应当依法及时处理。被侵权人可以依法提起诉讼。

（十）有关主管部门应当在各自职权范围内依法履行职责，采取技术措施和其他必要措施，防范、制止和查处窃取或者以其他非法方式获取、出售或者非法向他人提供公民个人电子信息的违法犯罪行为以及其他网络信息违法犯罪行为。有关主管部门依法履行职责时，网络服务提供者应当予以配合，提供技术支持。

国家机关及其工作人员对在履行职责中知悉的公民个人电子信息应当予以保密，不得泄露、篡改、毁损，不得出售或者非法向他人提供。

（十一）对有违反本决定行为的，依法给予警告、罚款、没收违法所得、吊销许可证或者取消备案、关闭网站、禁止有关责任人员从事网络服务业务等处罚，记入社会信用档案并予以公布；构成违反治安管理行为的，依法给予治安管理处罚。构成犯罪的，依法追究刑事责任。侵害他人民事权益的，依法承担民事责任。

6.4　中华人民共和国个人信息保护法

《中华人民共和国个人信息保护法》（以下简称《个人信息保护法》）于2021年8月20日由第十三届全国人民代表大会常务委员会第三十次会议通过，共八章七十四条，自2021年11月1日起施行。

6.4.1　《个人信息保护法》的宗旨

第一条　为了保护个人信息权益，规范个人信息处理活动，促进个人信息合理利用，根据宪法，制定本法。

6.4.2　《个人信息保护法》的适用范围

第二条　自然人的个人信息受法律保护，任何组织、个人不得侵害自然人的个人信息权益。

第三条　在中华人民共和国境内处理自然人个人信息的活动，适用本法。

在中华人民共和国境外处理中华人民共和国境内自然人个人信息的活动，有下列情形之一的，也适用本法：

（一）以向境内自然人提供产品或者服务为目的；

（二）分析、评估境内自然人的行为；

（三）法律、行政法规规定的其他情形。

第七十二条　自然人因个人或者家庭事务处理个人信息的，不适用本法。

法律对各级人民政府及其有关部门组织实施的统计、档案管理活动中的个人信息处理有规定的，适用其规定。

6.4.3　相关术语及含义

（1）个人信息，是以电子或者其他方式记录的与已识别或者可识别的自然人有关的各种信息，不包括匿名化处理后的信息。

（2）个人信息的处理，包括个人信息的收集、存储、使用、加工、传输、提供、公开、删除等。

（3）个人信息处理者，是指在个人信息处理活动中自主决定处理目的、处理方式的组织、个人。

（4）自动化决策，是指通过计算机程序自动分析、评估个人的行为习惯、兴趣爱好或者经济、健康、信用状况等，并进行决策的活动。

（5）去标识化，是指个人信息经过处理，使其在不借助额外信息的情况下无法识别特定自然人的过程。

(6) 匿名化，是指个人信息经过处理无法识别特定自然人且不能复原的过程。

6.4.4 基本原则

处理个人信息，应遵循以下几个基本原则：

(1) 合法、正当、必要和诚信原则。

第五条　处理个人信息应当遵循合法、正当、必要和诚信原则，不得通过误导、欺诈、胁迫等方式处理个人信息。

第十条　任何组织、个人不得非法收集、使用、加工、传输他人个人信息，不得非法买卖、提供或者公开他人个人信息；不得从事危害国家安全、公共利益的个人信息处理活动。

(2) 最小影响最小范围原则。

第六条　处理个人信息应当具有明确、合理的目的，并应当与处理目的直接相关，采取对个人权益影响最小的方式。

收集个人信息，应当限于实现处理目的的最小范围，不得过度收集个人信息。

(3) 公开透明原则。

第七条　处理个人信息应当遵循公开、透明原则，公开个人信息处理规则，明示处理的目的、方式和范围。

(4) 保证质量原则。

第八条　处理个人信息应当保证个人信息的质量，避免因个人信息不准确、不完整对个人权益造成不利影响。

(5) 保障安全原则。

第九条　个人信息处理者应当对其个人信息处理活动负责，并采取必要措施保障所处理的个人信息的安全。

(6) 共同参与原则。

第十一条　国家建立健全个人信息保护制度，预防和惩治侵害个人信息权益的行为，加强个人信息保护宣传教育，推动形成政府、企业、相关社会组织、公众共同参与个人信息保护的良好环境。

(7) 国际合作原则。

第十二条　国家积极参与个人信息保护国际规则的制定，促进个人信息保护方面的国际交流与合作，推动与其他国家、地区、国际组织之间的个人信息保护规则、标准等互认。

6.4.5 个人信息处理规则

1. 一般规定

第十三条　符合下列情形之一的，个人信息处理者方可处理个人信息：

(一) 取得个人的同意；

(二) 为订立、履行个人作为一方当事人的合同所必需，或者按照依法制定的劳动规章制度和依法签订的集体合同实施人力资源管理所必需；

（三）为履行法定职责或者法定义务所必需；

（四）为应对突发公共卫生事件，或者紧急情况下为保护自然人的生命健康和财产安全所必需；

（五）为公共利益实施新闻报道、舆论监督等行为，在合理的范围内处理个人信息；

（六）依照本法规定在合理的范围内处理个人自行公开或者其他已经合法公开的个人信息；

（七）法律、行政法规规定的其他情形。

依照本法其他有关规定，处理个人信息应当取得个人同意，但是有前款第二项至第七项规定情形的，不需取得个人同意。

第十四条　基于个人同意处理个人信息的，该同意应当由个人在充分知情的前提下自愿、明确作出。法律、行政法规规定处理个人信息应当取得个人单独同意或者书面同意的，从其规定。

个人信息的处理目的、处理方式和处理的个人信息种类发生变更的，应当重新取得个人同意。

第十五条　基于个人同意处理个人信息的，个人有权撤回其同意。个人信息处理者应当提供便捷的撤回同意的方式。

个人撤回同意，不影响撤回前基于个人同意已进行的个人信息处理活动的效力。

第十六条　个人信息处理者不得以个人不同意处理其个人信息或者撤回同意为由，拒绝提供产品或者服务；处理个人信息属于提供产品或者服务所必需的除外。

第十七条　个人信息处理者在处理个人信息前，应当以显著方式、清晰易懂的语言真实、准确、完整地向个人告知下列事项：

（一）个人信息处理者的名称或者姓名和联系方式；

（二）个人信息的处理目的、处理方式，处理的个人信息种类、保存期限；

（三）个人行使本法规定权利的方式和程序；

（四）法律、行政法规规定应当告知的其他事项。

前款规定事项发生变更的，应当将变更部分告知个人。

个人信息处理者通过制定个人信息处理规则的方式告知第一款规定事项的，处理规则应当公开，并且便于查阅和保存。

第十八条　个人信息处理者处理个人信息，有法律、行政法规规定应当保密或者不需要告知的情形的，可以不向个人告知前条第一款规定的事项。

紧急情况下为保护自然人的生命健康和财产安全无法及时向个人告知的，个人信息处理者应当在紧急情况消除后及时告知。

第十九条　除法律、行政法规另有规定外，个人信息的保存期限应当为实现处理目的所必要的最短时间。

第二十条　两个以上的个人信息处理者共同决定个人信息的处理目的和处理方式的，应当约定各自的权利和义务。但是，该约定不影响个人向其中任何一个个人信息处理者要求行使本法规定的权利。

个人信息处理者共同处理个人信息，侵害个人信息权益造成损害的，应当依法承担连带责任。

第二十一条　个人信息处理者委托处理个人信息的，应当与受托人约定委托处理的目的、期限、处理方式、个人信息的种类、保护措施以及双方的权利和义务等，并对受托人的个人信息处理活动进行监督。

受托人应当按照约定处理个人信息，不得超出约定的处理目的、处理方式等处理个人信息；委托合同不生效、无效、被撤销或者终止的，受托人应当将个人信息返还个人信息处理者或者予以删除，不得保留。

未经个人信息处理者同意，受托人不得转委托他人处理个人信息。

第二十二条　个人信息处理者因合并、分立、解散、被宣告破产等原因需要转移个人信息的，应当向个人告知接收方的名称或者姓名和联系方式。接收方应当继续履行个人信息处理者的义务。接收方变更原先的处理目的、处理方式的，应当依照本法规定重新取得个人同意。

第二十三条　个人信息处理者向其他个人信息处理者提供其处理的个人信息的，应当向个人告知接收方的名称或者姓名、联系方式、处理目的、处理方式和个人信息的种类，并取得个人的单独同意。接收方应当在上述处理目的、处理方式和个人信息的种类等范围内处理个人信息。接收方变更原先的处理目的、处理方式的，应当依照本法规定重新取得个人同意。

第二十四条　个人信息处理者利用个人信息进行自动化决策，应当保证决策的透明度和结果公平、公正，不得对个人在交易价格等交易条件上实行不合理的差别待遇。

通过自动化决策方式向个人进行信息推送、商业营销，应当同时提供不针对其个人特征的选项，或者向个人提供便捷的拒绝方式。

通过自动化决策方式作出对个人权益有重大影响的决定，个人有权要求个人信息处理者予以说明，并有权拒绝个人信息处理者仅通过自动化决策的方式作出决定。

第二十五条　个人信息处理者不得公开其处理的个人信息，取得个人单独同意的除外。

第二十六条　在公共场所安装图像采集、个人身份识别设备，应当为维护公共安全所必需，遵守国家有关规定，并设置显著的提示标识。所收集的个人图像、身份识别信息只能用于维护公共安全的目的，不得用于其他目的；取得个人单独同意的除外。

第二十七条　个人信息处理者可以在合理的范围内处理个人自行公开或者其他已经合法公开的个人信息；个人明确拒绝的除外。个人信息处理者处理已公开的个人信息，对个人权益有重大影响的，应当依照本法规定取得个人同意。

2. 敏感个人信息的处理规则

第二十八条　敏感个人信息是一旦泄露或者非法使用，容易导致自然人的人格尊严受到侵害或者人身、财产安全受到危害的个人信息，包括生物识别、宗教信仰、特定身份、医疗健康、金融账户、行踪轨迹等信息，以及不满十四周岁未成年人的个人信息。

只有在具有特定的目的和充分的必要性，并采取严格保护措施的情形下，个人信息处理者方可处理敏感个人信息。

第二十九条　处理敏感个人信息应当取得个人的单独同意；法律、行政法规规定处理敏感个人信息应当取得书面同意的，从其规定。

第三十条 个人信息处理者处理敏感个人信息的，除本法第十七条第一款规定的事项外，还应当向个人告知处理敏感个人信息的必要性以及对个人权益的影响；依照本法规定可以不向个人告知的除外。

第三十一条 个人信息处理者处理不满十四周岁未成年人个人信息的，应当取得未成年人的父母或者其他监护人的同意。

个人信息处理者处理不满十四周岁未成年人个人信息的，应当制定专门的个人信息处理规则。

第三十二条 法律、行政法规对处理敏感个人信息规定应当取得相关行政许可或者作出其他限制的，从其规定。

3. 国家机关处理个人信息的特别规定

第三十三条 国家机关处理个人信息的活动，适用本法；本节有特别规定的，适用本节规定。

第三十四条 国家机关为履行法定职责处理个人信息，应当依照法律、行政法规规定的权限、程序进行，不得超出履行法定职责所必需的范围和限度。

第三十五条 国家机关为履行法定职责处理个人信息，应当依照本法规定履行告知义务；有本法第十八条第一款规定的情形，或者告知将妨碍国家机关履行法定职责的除外。

第三十六条 国家机关处理的个人信息应当在中华人民共和国境内存储；确需向境外提供的，应当进行安全评估。安全评估可以要求有关部门提供支持与协助。

第三十七条 法律、法规授权的具有管理公共事务职能的组织为履行法定职责处理个人信息，适用本法关于国家机关处理个人信息的规定。

6.4.6 个人信息跨境提供的规则

第三十八条 个人信息处理者因业务等需要，确需向中华人民共和国境外提供个人信息的，应当具备下列条件之一：

（一）依照本法第四十条的规定通过国家网信部门组织的安全评估；

（二）按照国家网信部门的规定经专业机构进行个人信息保护认证；

（三）按照国家网信部门制定的标准合同与境外接收方订立合同，约定双方的权利和义务；

（四）法律、行政法规或者国家网信部门规定的其他条件。

中华人民共和国缔结或者参加的国际条约、协定对向中华人民共和国境外提供个人信息的条件等有规定的，可以按照其规定执行。

个人信息处理者应当采取必要措施，保障境外接收方处理个人信息的活动达到本法规定的个人信息保护标准。

第三十九条 个人信息处理者向中华人民共和国境外提供个人信息的，应当向个人告知境外接收方的名称或者姓名、联系方式、处理目的、处理方式、个人信息的种类以及个人向境外接收方行使本法规定权利的方式和程序等事项，并取得个人的单独同意。

第四十条 关键信息基础设施运营者和处理个人信息达到国家网信部门规定数量的个

人信息处理者，应当将在中华人民共和国境内收集和产生的个人信息存储在境内。确需向境外提供的，应当通过国家网信部门组织的安全评估；法律、行政法规和国家网信部门规定可以不进行安全评估的，从其规定。

第四十一条　中华人民共和国主管机关根据有关法律和中华人民共和国缔结或者参加的国际条约、协定，或者按照平等互惠原则，处理外国司法或者执法机构关于提供存储于境内个人信息的请求。非经中华人民共和国主管机关批准，个人信息处理者不得向外国司法或者执法机构提供存储于中华人民共和国境内的个人信息。

第四十二条　境外的组织、个人从事侵害中华人民共和国公民的个人信息权益，或者危害中华人民共和国国家安全、公共利益的个人信息处理活动的，国家网信部门可以将其列入限制或者禁止个人信息提供清单，予以公告，并采取限制或者禁止向其提供个人信息等措施。

第四十三条　任何国家或者地区在个人信息保护方面对中华人民共和国采取歧视性的禁止、限制或者其他类似措施的，中华人民共和国可以根据实际情况对该国家或者地区对等采取措施。

6.4.7　个人在个人信息处理活动中的权利

第四十四条　个人对其个人信息的处理享有知情权、决定权，有权限制或者拒绝他人对其个人信息进行处理；法律、行政法规另有规定的除外。

第四十五条　个人有权向个人信息处理者查阅、复制其个人信息；有本法第十八条第一款、第三十五条规定情形的除外。

个人请求查阅、复制其个人信息的，个人信息处理者应当及时提供。

个人请求将个人信息转移至其指定的个人信息处理者，符合国家网信部门规定条件的，个人信息处理者应当提供转移的途径。

第四十六条　个人发现其个人信息不准确或者不完整的，有权请求个人信息处理者更正、补充。

个人请求更正、补充其个人信息的，个人信息处理者应当对其个人信息予以核实，并及时更正、补充。

第四十七条　有下列情形之一的，个人信息处理者应当主动删除个人信息；个人信息处理者未删除的，个人有权请求删除：

（一）处理目的已实现、无法实现或者为实现处理目的不再必要；

（二）个人信息处理者停止提供产品或者服务，或者保存期限已届满；

（三）个人撤回同意；

（四）个人信息处理者违反法律、行政法规或者违反约定处理个人信息；

（五）法律、行政法规规定的其他情形。

法律、行政法规规定的保存期限未届满，或者删除个人信息从技术上难以实现的，个人信息处理者应当停止除存储和采取必要的安全保护措施之外的处理。

第四十八条　个人有权要求个人信息处理者对其个人信息处理规则进行解释说明。

第四十九条　自然人死亡的，其近亲属为了自身的合法、正当利益，可以对死者的相关个人信息行使本章规定的查阅、复制、更正、删除等权利；死者生前另有安排的除外。

第五十条 个人信息处理者应当建立便捷的个人行使权利的申请受理和处理机制。拒绝个人行使权利的请求的，应当说明理由。

个人信息处理者拒绝个人行使权利的请求的，个人可以依法向人民法院提起诉讼。

6.4.8 个人信息处理者的义务

第五十一条 个人信息处理者应当根据个人信息的处理目的、处理方式、个人信息的种类以及对个人权益的影响、可能存在的安全风险等，采取下列措施确保个人信息处理活动符合法律、行政法规的规定，并防止未经授权的访问以及个人信息泄露、篡改、丢失：

（一）制定内部管理制度和操作规程；

（二）对个人信息实行分类管理；

（三）采取相应的加密、去标识化等安全技术措施；

（四）合理确定个人信息处理的操作权限，并定期对从业人员进行安全教育和培训；

（五）制定并组织实施个人信息安全事件应急预案；

（六）法律、行政法规规定的其他措施。

第五十二条 处理个人信息达到国家网信部门规定数量的个人信息处理者应当指定个人信息保护负责人，负责对个人信息处理活动以及采取的保护措施等进行监督。

个人信息处理者应当公开个人信息保护负责人的联系方式，并将个人信息保护负责人的姓名、联系方式等报送履行个人信息保护职责的部门。

第五十三条 本法第三条第二款规定的中华人民共和国境外的个人信息处理者，应当在中华人民共和国境内设立专门机构或者指定代表，负责处理个人信息保护相关事务，并将有关机构的名称或者代表的姓名、联系方式等报送履行个人信息保护职责的部门。

第五十四条 个人信息处理者应当定期对其处理个人信息遵守法律、行政法规的情况进行合规审计。

第五十五条 有下列情形之一的，个人信息处理者应当事前进行个人信息保护影响评估，并对处理情况进行记录：

（一）处理敏感个人信息；

（二）利用个人信息进行自动化决策；

（三）委托处理个人信息、向其他个人信息处理者提供个人信息、公开个人信息；

（四）向境外提供个人信息；

（五）其他对个人权益有重大影响的个人信息处理活动。

第五十六条 个人信息保护影响评估应当包括下列内容：

（一）个人信息的处理目的、处理方式等是否合法、正当、必要；

（二）对个人权益的影响及安全风险；

（三）所采取的保护措施是否合法、有效并与风险程度相适应。

个人信息保护影响评估报告和处理情况记录应当至少保存三年。

第五十七条 发生或者可能发生个人信息泄露、篡改、丢失的，个人信息处理者应当立即采取补救措施，并通知履行个人信息保护职责的部门和个人。通知应当包括下列事项：

（一）发生或者可能发生个人信息泄露、篡改、丢失的信息种类、原因和可能造成的危害；

（二）个人信息处理者采取的补救措施和个人可以采取的减轻危害的措施；

（三）个人信息处理者的联系方式。

个人信息处理者采取措施能够有效避免信息泄露、篡改、丢失造成危害的，个人信息处理者可以不通知个人；履行个人信息保护职责的部门认为可能造成危害的，有权要求个人信息处理者通知个人。

第五十八条　提供重要互联网平台服务、用户数量巨大、业务类型复杂的个人信息处理者，应当履行下列义务：

（一）按照国家规定建立健全个人信息保护合规制度体系，成立主要由外部成员组成的独立机构对个人信息保护情况进行监督；

（二）遵循公开、公平、公正的原则，制定平台规则，明确平台内产品或者服务提供者处理个人信息的规范和保护个人信息的义务；

（三）对严重违反法律、行政法规处理个人信息的平台内的产品或者服务提供者，停止提供服务；

（四）定期发布个人信息保护社会责任报告，接受社会监督。

第五十九条　接受委托处理个人信息的受托人，应当依照本法和有关法律、行政法规的规定，采取必要措施保障所处理的个人信息的安全，并协助个人信息处理者履行本法规定的义务。

6.4.9　履行个人信息保护职责的部门

第六十条　国家网信部门负责统筹协调个人信息保护工作和相关监督管理工作。国务院有关部门依照本法和有关法律、行政法规的规定，在各自职责范围内负责个人信息保护和监督管理工作。

县级以上地方人民政府有关部门的个人信息保护和监督管理职责，按照国家有关规定确定。

前两款规定的部门统称为履行个人信息保护职责的部门。

第六十一条　履行个人信息保护职责的部门履行下列个人信息保护职责：

（一）开展个人信息保护宣传教育，指导、监督个人信息处理者开展个人信息保护工作；

（二）接受、处理与个人信息保护有关的投诉、举报；

（三）组织对应用程序等个人信息保护情况进行测评，并公布测评结果；

（四）调查、处理违法个人信息处理活动；

（五）法律、行政法规规定的其他职责。

第六十二条　国家网信部门统筹协调有关部门依据本法推进下列个人信息保护工作：

（一）制定个人信息保护具体规则、标准；

（二）针对小型个人信息处理者、处理敏感个人信息以及人脸识别、人工智能等新技术、新应用，制定专门的个人信息保护规则、标准；

（三）支持研究开发和推广应用安全、方便的电子身份认证技术，推进网络身份认证公共服务建设；

（四）推进个人信息保护社会化服务体系建设，支持有关机构开展个人信息保护评估、认证服务；

（五）完善个人信息保护投诉、举报工作机制。

第六十三条 履行个人信息保护职责的部门履行个人信息保护职责，可以采取下列措施：

（一）询问有关当事人，调查与个人信息处理活动有关的情况；

（二）查阅、复制当事人与个人信息处理活动有关的合同、记录、账簿以及其他有关资料；

（三）实施现场检查，对涉嫌违法的个人信息处理活动进行调查；

（四）检查与个人信息处理活动有关的设备、物品；对有证据证明是用于违法个人信息处理活动的设备、物品，向本部门主要负责人书面报告并经批准，可以查封或者扣押。

履行个人信息保护职责的部门依法履行职责，当事人应当予以协助、配合，不得拒绝、阻挠。

第六十四条 履行个人信息保护职责的部门在履行职责中，发现个人信息处理活动存在较大风险或者发生个人信息安全事件的，可以按照规定的权限和程序对该个人信息处理者的法定代表人或者主要负责人进行约谈，或者要求个人信息处理者委托专业机构对其个人信息处理活动进行合规审计。个人信息处理者应当按照要求采取措施，进行整改，消除隐患。

履行个人信息保护职责的部门在履行职责中，发现违法处理个人信息涉嫌犯罪的，应当及时移送公安机关依法处理。

第六十五条 任何组织、个人有权对违法个人信息处理活动向履行个人信息保护职责的部门进行投诉、举报。收到投诉、举报的部门应当依法及时处理，并将处理结果告知投诉、举报人。

履行个人信息保护职责的部门应当公布接受投诉、举报的联系方式。

6.4.10 法律责任

第六十六条 违反本法规定处理个人信息，或者处理个人信息未履行本法规定的个人信息保护义务的，由履行个人信息保护职责的部门责令改正，给予警告，没收违法所得，对违法处理个人信息的应用程序，责令暂停或者终止提供服务；拒不改正的，并处一百万元以下罚款；对直接负责的主管人员和其他直接责任人员处一万元以上十万元以下罚款。

有前款规定的违法行为，情节严重的，由省级以上履行个人信息保护职责的部门责令改正，没收违法所得，并处五千万元以下或者上一年度营业额百分之五以下罚款，并可以责令暂停相关业务或者停业整顿、通报有关主管部门吊销相关业务许可或者吊销营业执照；对直接负责的主管人员和其他直接责任人员处十万元以上一百万元以下罚款，并可以决定禁止其在一定期限内担任相关企业的董事、监事、高级管理人员和个人信息保护负责人。

第六十七条 有本法规定的违法行为的，依照有关法律、行政法规的规定记入信用档案，并予以公示。

第六十八条　国家机关不履行本法规定的个人信息保护义务的，由其上级机关或者履行个人信息保护职责的部门责令改正；对直接负责的主管人员和其他直接责任人员依法给予处分。

履行个人信息保护职责的部门的工作人员玩忽职守、滥用职权、徇私舞弊，尚不构成犯罪的，依法给予处分。

第六十九条　处理个人信息侵害个人信息权益造成损害，个人信息处理者不能证明自己没有过错的，应当承担损害赔偿等侵权责任。

前款规定的损害赔偿责任按照个人因此受到的损失或者个人信息处理者因此获得的利益确定；个人因此受到的损失和个人信息处理者因此获得的利益难以确定的，根据实际情况确定赔偿数额。

第七十条　个人信息处理者违反本法规定处理个人信息，侵害众多个人的权益的，人民检察院、法律规定的消费者组织和由国家网信部门确定的组织可以依法向人民法院提起诉讼。

第七十一条　违反本法规定，构成违反治安管理行为的，依法给予治安管理处罚；构成犯罪的，依法追究刑事责任。

6.5　中华人民共和国数据安全法

《中华人民共和国数据安全法》（以下简称《数据安全法》）于 2021 年 6 月 10 日由第十三届全国人民代表大会常务委员会第二十九次会议通过，共七章五十五条，自 2021 年 9 月 1 日起施行。

6.5.1　《数据安全法》的宗旨

第一条　为了规范数据处理活动，保障数据安全，促进数据开发利用，保护个人、组织的合法权益，维护国家主权、安全和发展利益，制定本法。

6.5.2　《数据安全法》的适用范围

第二条　在中华人民共和国境内开展数据处理活动及其安全监管，适用本法。

在中华人民共和国境外开展数据处理活动，损害中华人民共和国国家安全、公共利益或者公民、组织合法权益的，依法追究法律责任。

第五十三条　开展涉及国家秘密的数据处理活动，适用《中华人民共和国保守国家秘密法》等法律、行政法规的规定。

在统计、档案工作中开展数据处理活动，开展涉及个人信息的数据处理活动，还应当遵守有关法律、行政法规的规定。

第五十四条　军事数据安全保护的办法，由中央军事委员会依据本法另行制定。

6.5.3　相关术语及含义

（1）数据，是指任何以电子或者其他方式对信息的记录。

（2）数据处理，包括数据的收集、存储、使用、加工、传输、提供、公开等。

（3）数据安全，是指通过采取必要措施，确保数据处于有效保护和合法利用的状态，以及具备保障持续安全状态的能力。

6.5.4 职责与分工

第五条 中央国家安全领导机构负责国家数据安全工作的决策和议事协调，研究制定、指导实施国家数据安全战略和有关重大方针政策，统筹协调国家数据安全的重大事项和重要工作，建立国家数据安全工作协调机制。

第六条 各地区、各部门对本地区、本部门工作中收集和产生的数据及数据安全负责。

工业、电信、交通、金融、自然资源、卫生健康、教育、科技等主管部门承担本行业、本领域数据安全监管职责。

公安机关、国家安全机关等依照本法和有关法律、行政法规的规定，在各自职责范围内承担数据安全监管职责。

国家网信部门依照本法和有关法律、行政法规的规定，负责统筹协调网络数据安全和相关监管工作。

6.5.5 总体要求

第四条 维护数据安全，应当坚持总体国家安全观，建立健全数据安全治理体系，提高数据安全保障能力。

第七条 国家保护个人、组织与数据有关的权益，鼓励数据依法合理有效利用，保障数据依法有序自由流动，促进以数据为关键要素的数字经济发展。

第八条 开展数据处理活动，应当遵守法律、法规，尊重社会公德和伦理，遵守商业道德和职业道德，诚实守信，履行数据安全保护义务，承担社会责任，不得危害国家安全、公共利益，不得损害个人、组织的合法权益。

第九条 国家支持开展数据安全知识宣传普及，提高全社会的数据安全保护意识和水平，推动有关部门、行业组织、科研机构、企业、个人等共同参与数据安全保护工作，形成全社会共同维护数据安全和促进发展的良好环境。

第十条 相关行业组织按照章程，依法制定数据安全行为规范和团体标准，加强行业自律，指导会员加强数据安全保护，提高数据安全保护水平，促进行业健康发展。

第十一条 国家积极开展数据安全治理、数据开发利用等领域的国际交流与合作，参与数据安全相关国际规则和标准的制定，促进数据跨境安全、自由流动。

第十二条 任何个人、组织都有权对违反本法规定的行为向有关主管部门投诉、举报。收到投诉、举报的部门应当及时依法处理。

有关主管部门应当对投诉、举报人的相关信息予以保密，保护投诉、举报人的合法权益。

6.5.6 数据安全与发展

第十三条　国家统筹发展和安全，坚持以数据开发利用和产业发展促进数据安全，以数据安全保障数据开发利用和产业发展。

第十四条　国家实施大数据战略，推进数据基础设施建设，鼓励和支持数据在各行业、各领域的创新应用。

省级以上人民政府应当将数字经济发展纳入本级国民经济和社会发展规划，并根据需要制定数字经济发展规划。

第十五条　国家支持开发利用数据提升公共服务的智能化水平。提供智能化公共服务，应当充分考虑老年人、残疾人的需求，避免对老年人、残疾人的日常生活造成障碍。

第十六条　国家支持数据开发利用和数据安全技术研究，鼓励数据开发利用和数据安全等领域的技术推广和商业创新，培育、发展数据开发利用和数据安全产品、产业体系。

第十七条　国家推进数据开发利用技术和数据安全标准体系建设。国务院标准化行政主管部门和国务院有关部门根据各自的职责，组织制定并适时修订有关数据开发利用技术、产品和数据安全相关标准。国家支持企业、社会团体和教育、科研机构等参与标准制定。

第十八条　国家促进数据安全检测评估、认证等服务的发展，支持数据安全检测评估、认证等专业机构依法开展服务活动。

国家支持有关部门、行业组织、企业、教育和科研机构、有关专业机构等在数据安全风险评估、防范、处置等方面开展协作。

第十九条　国家建立健全数据交易管理制度，规范数据交易行为，培育数据交易市场。

第二十条　国家支持教育、科研机构和企业等开展数据开发利用技术和数据安全相关教育和培训，采取多种方式培养数据开发利用技术和数据安全专业人才，促进人才交流。

6.5.7 数据安全制度

对于数据安全，国家建立以下制度和机制：

(1) 数据分类分级保护制度。

第二十一条　国家建立数据分类分级保护制度，根据数据在经济社会发展中的重要程度，以及一旦遭到篡改、破坏、泄露或者非法获取、非法利用，对国家安全、公共利益或者个人、组织合法权益造成的危害程度，对数据实行分类分级保护。国家数据安全工作协调机制统筹协调有关部门制定重要数据目录，加强对重要数据的保护。

关系国家安全、国民经济命脉、重要民生、重大公共利益等数据属于国家核心数据，实行更加严格的管理制度。

各地区、各部门应当按照数据分类分级保护制度，确定本地区、本部门以及相关行业、领域的重要数据具体目录，对列入目录的数据进行重点保护。

(2) 数据安全预警机制。

第二十二条　国家建立集中统一、高效权威的数据安全风险评估、报告、信息共享、监测预警机制。国家数据安全工作协调机制统筹协调有关部门加强数据安全风险信息的获取、分析、研判、预警工作。

(3) 数据安全应急处置机制。

第二十三条 国家建立数据安全应急处置机制。发生数据安全事件，有关主管部门应当依法启动应急预案，采取相应的应急处置措施，防止危害扩大，消除安全隐患，并及时向社会发布与公众有关的警示信息。

(4) 数据安全审查制度。

第二十四条 国家建立数据安全审查制度，对影响或者可能影响国家安全的数据处理活动进行国家安全审查。

依法作出的安全审查决定为最终决定。

(5) 数据出口管制制度。

第二十五条 国家对与维护国家安全和利益、履行国际义务相关的属于管制物项的数据依法实施出口管制。

(6) 国际交往对等制度。

第二十六条 任何国家或者地区在与数据和数据开发利用技术等有关的投资、贸易等方面对中华人民共和国采取歧视性的禁止、限制或者其他类似措施的，中华人民共和国可以根据实际情况对该国家或者地区对等采取措施。

6.5.8 数据安全保护义务

第二十七条 开展数据处理活动应当依照法律、法规的规定，建立健全全流程数据安全管理制度，组织开展数据安全教育培训，采取相应的技术措施和其他必要措施，保障数据安全。利用互联网等信息网络开展数据处理活动，应当在网络安全等级保护制度的基础上，履行上述数据安全保护义务。

重要数据的处理者应当明确数据安全负责人和管理机构，落实数据安全保护责任。

第二十八条 开展数据处理活动以及研究开发数据新技术，应当有利于促进经济社会发展，增进人民福祉，符合社会公德和伦理。

第二十九条 开展数据处理活动应当加强风险监测，发现数据安全缺陷、漏洞等风险时，应当立即采取补救措施；发生数据安全事件时，应当立即采取处置措施，按照规定及时告知用户并向有关主管部门报告。

第三十条 重要数据的处理者应当按照规定对其数据处理活动定期开展风险评估，并向有关主管部门报送风险评估报告。

风险评估报告应当包括处理的重要数据的种类、数量，开展数据处理活动的情况，面临的数据安全风险及其应对措施等。

第三十一条 关键信息基础设施的运营者在中华人民共和国境内运营中收集和产生的重要数据的出境安全管理，适用《中华人民共和国网络安全法》的规定；其他数据处理者在中华人民共和国境内运营中收集和产生的重要数据的出境安全管理办法，由国家网信部门会同国务院有关部门制定。

第三十二条 任何组织、个人收集数据，应当采取合法、正当的方式，不得窃取或者以其他非法方式获取数据。

法律、行政法规对收集、使用数据的目的、范围有规定的，应当在法律、行政法规规定的目的和范围内收集、使用数据。

第三十三条　从事数据交易中介服务的机构提供服务，应当要求数据提供方说明数据来源，审核交易双方的身份，并留存审核、交易记录。

第三十四条　法律、行政法规规定提供数据处理相关服务应当取得行政许可的，服务提供者应当依法取得许可。

第三十五条　公安机关、国家安全机关因依法维护国家安全或者侦查犯罪的需要调取数据，应当按照国家有关规定，经过严格的批准手续，依法进行，有关组织、个人应当予以配合。

第三十六条　中华人民共和国主管机关根据有关法律和中华人民共和国缔结或者参加的国际条约、协定，或者按照平等互惠原则，处理外国司法或者执法机构关于提供数据的请求。非经中华人民共和国主管机关批准，境内的组织、个人不得向外国司法或者执法机构提供存储于中华人民共和国境内的数据。

6.5.9　政务数据安全与开放

第三十七条　国家大力推进电子政务建设，提高政务数据的科学性、准确性、时效性，提升运用数据服务经济社会发展的能力。

第三十八条　国家机关为履行法定职责的需要收集、使用数据，应当在其履行法定职责的范围内依照法律、行政法规规定的条件和程序进行；对在履行职责中知悉的个人隐私、个人信息、商业秘密、保密商务信息等数据应当依法予以保密，不得泄露或者非法向他人提供。

第三十九条　国家机关应当依照法律、行政法规的规定，建立健全数据安全管理制度，落实数据安全保护责任，保障政务数据安全。

第四十条　国家机关委托他人建设、维护电子政务系统，存储、加工政务数据，应当经过严格的批准程序，并应当监督受托方履行相应的数据安全保护义务。受托方应当依照法律、法规的规定和合同约定履行数据安全保护义务，不得擅自留存、使用、泄露或者向他人提供政务数据。

第四十一条　国家机关应当遵循公正、公平、便民的原则，按照规定及时、准确地公开政务数据。依法不予公开的除外。

第四十二条　国家制定政务数据开放目录，构建统一规范、互联互通、安全可控的政务数据开放平台，推动政务数据开放利用。

第四十三条　法律、法规授权的具有管理公共事务职能的组织为履行法定职责开展数据处理活动，适用本章规定。

6.5.10　法律责任

第四十四条　有关主管部门在履行数据安全监管职责中，发现数据处理活动存在较大安全风险的，可以按照规定的权限和程序对有关组织、个人进行约谈，并要求有关组织、个人采取措施进行整改，消除隐患。

第四十五条 开展数据处理活动的组织、个人不履行本法第二十七条、第二十九条、第三十条规定的数据安全保护义务的，由有关主管部门责令改正，给予警告，可以并处五万元以上五十万元以下罚款，对直接负责的主管人员和其他直接责任人员可以处一万元以上十万元以下罚款；拒不改正或者造成大量数据泄露等严重后果的，处五十万元以上二百万元以下罚款，并可以责令暂停相关业务、停业整顿、吊销相关业务许可证或者吊销营业执照，对直接负责的主管人员和其他直接责任人员处五万元以上二十万元以下罚款。

违反国家核心数据管理制度，危害国家主权、安全和发展利益的，由有关主管部门处二百万元以上一千万元以下罚款，并根据情况责令暂停相关业务、停业整顿、吊销相关业务许可证或者吊销营业执照；构成犯罪的，依法追究刑事责任。

第四十六条 违反本法第三十一条规定，向境外提供重要数据的，由有关主管部门责令改正，给予警告，可以并处十万元以上一百万元以下罚款，对直接负责的主管人员和其他直接责任人员可以处一万元以上十万元以下罚款；情节严重的，处一百万元以上一千万元以下罚款，并可以责令暂停相关业务、停业整顿、吊销相关业务许可证或者吊销营业执照，对直接负责的主管人员和其他直接责任人员处十万元以上一百万元以下罚款。

第四十七条 从事数据交易中介服务的机构未履行本法第三十三条规定的义务的，由有关主管部门责令改正，没收违法所得，处违法所得一倍以上十倍以下罚款，没有违法所得或者违法所得不足十万元的，处十万元以上一百万元以下罚款，并可以责令暂停相关业务、停业整顿、吊销相关业务许可证或者吊销营业执照；对直接负责的主管人员和其他直接责任人员处一万元以上十万元以下罚款。

第四十八条 违反本法第三十五条规定，拒不配合数据调取的，由有关主管部门责令改正，给予警告，并处五万元以上五十万元以下罚款，对直接负责的主管人员和其他直接责任人员处一万元以上十万元以下罚款。

违反本法第三十六条规定，未经主管机关批准向外国司法或者执法机构提供数据的，由有关主管部门给予警告，可以并处十万元以上一百万元以下罚款，对直接负责的主管人员和其他直接责任人员可以处一万元以上十万元以下罚款；造成严重后果的，处一百万元以上五百万元以下罚款，并可以责令暂停相关业务、停业整顿、吊销相关业务许可证或者吊销营业执照，对直接负责的主管人员和其他直接责任人员处五万元以上五十万元以下罚款。

第四十九条 国家机关不履行本法规定的数据安全保护义务的，对直接负责的主管人员和其他直接责任人员依法给予处分。

第五十条 履行数据安全监管职责的国家工作人员玩忽职守、滥用职权、徇私舞弊的，依法给予处分。

第五十一条 窃取或者以其他非法方式获取数据，开展数据处理活动排除、限制竞争，或者损害个人、组织合法权益的，依照有关法律、行政法规的规定处罚。

第五十二条 违反本法规定，给他人造成损害的，依法承担民事责任。

违反本法规定，构成违反治安管理行为的，依法给予治安管理处罚；构成犯罪的，依法追究刑事责任。

6.6 中华人民共和国电子签名法

《中华人民共和国电子签名法》（以下简称《电子签名法》）于 2004 年 8 月 28 日由第十届全国人民代表大会常务委员会第十一次会议通过，2004 年 8 月 28 日中华人民共和国主席令第 18 号公布，共五章三十六条，自 2005 年 4 月 1 日起施行。

6.6.1 《电子签名法》的宗旨

第一条　为了规范电子签名行为，确立电子签名的法律效力，维护有关各方的合法权益，制定本法。

6.6.2 相关概念的定义

第二条　本法所称电子签名，是指数据电文中以电子形式所含、所附用于识别签名人身份并表明签名人认可其中内容的数据。

本法所称数据电文，是指以电子、光学、磁或者类似手段生成、发送、接收或者储存的信息。

第三十四条　本法中下列用语的含义：

（一）电子签名人，是指持有电子签名制作数据并以本人身份或者以其所代表的人的名义实施电子签名的人；

（二）电子签名依赖方，是指基于对电子签名认证证书或者电子签名的信赖从事有关活动的人；

（三）电子签名认证证书，是指可证实电子签名人与电子签名制作数据有联系的数据电文或者其他电子记录；

（四）电子签名制作数据，是指在电子签名过程中使用的，将电子签名与电子签名人可靠地联系起来的字符、编码等数据；

（五）电子签名验证数据，是指用于验证电子签名的数据，包括代码、口令、算法或者公钥等。

6.6.3 适用范围

第三条　民事活动中的合同或者其他文件、单证等文书，当事人可以约定使用或者不使用电子签名、数据电文。

当事人约定使用电子签名、数据电文的文书，不得仅因为其采用电子签名、数据电文的形式而否定其法律效力。

前款规定不适用下列文书：

（一）涉及婚姻、收养、继承等人身关系的；

（二）涉及土地、房屋等不动产权益转让的；

（三）涉及停止供水、供热、供气、供电等公用事业服务的；

（四）法律、行政法规规定的不适用电子文书的其他情形。

第三十五条 国务院或者国务院规定的部门可以依据本法制定政务活动和其他社会活动中使用电子签名、数据电文的具体办法。

6.6.4 数据电文的法律效力

第四条 能够有形地表现所载内容，并可以随时调取查用的数据电文，视为符合法律、法规要求的书面形式。

第五条 符合下列条件的数据电文，视为满足法律、法规规定的原件形式要求：

（一）能够有效地表现所载内容并可供随时调取查用；

（二）能够可靠地保证自最终形成时起，内容保持完整、未被更改。但是，在数据电文上增加背书以及数据交换、储存和显示过程中发生的形式变化不影响数据电文的完整性。

第六条 符合下列条件的数据电文，视为满足法律、法规规定的文件保存要求：

（一）能够有效地表现所载内容并可供随时调取查用；

（二）数据电文的格式与其生成、发送或者接收时的格式相同，或者格式不相同但是能够准确表现原来生成、发送或者接收的内容；

（三）能够识别数据电文的发件人、收件人以及发送、接收的时间。

第七条 数据电文不得仅因为其是以电子、光学、磁或者类似手段生成、发送、接收或者储存的而被拒绝作为证据使用。

第八条 审查数据电文作为证据的真实性，应当考虑以下因素：

（一）生成、储存或者传递数据电文方法的可靠性；

（二）保持内容完整性方法的可靠性；

（三）用以鉴别发件人方法的可靠性；

（四）其他相关因素。

第九条 数据电文有下列情形之一的，视为发件人发送：

（一）经发件人授权发送的；

（二）发件人的信息系统自动发送的；

（三）收件人按照发件人认可的方法对数据电文进行验证后结果相符的。

当事人对前款规定的事项另有约定的，从其约定。

第十条 法律、行政法规规定或者当事人约定数据电文需要确认收讫的，应当确认收讫。发件人收到收件人的收讫确认时，数据电文视为已经收到。

第十一条 数据电文进入发件人控制之外的某个信息系统的时间，视为该数据电文的发送时间。

收件人指定特定系统接收数据电文的，数据电文进入该特定系统的时间，视为该数据电文的接收时间；未指定特定系统的，数据电文进入收件人的任何系统的首次时间，视为该数据电文的接收时间。

当事人对数据电文的发送时间、接收时间另有约定的，从其约定。

第十二条 发件人的主营业地为数据电文的发送地点，收件人的主营业地为数据电文的接收地点。没有主营业地的，其经常居住地为发送或者接收地点。

当事人对数据电文的发送地点、接收地点另有约定的，从其约定。

6.6.5 电子签名的法律效力

第十三条 电子签名同时符合下列条件的，视为可靠的电子签名：

（一）电子签名制作数据用于电子签名时，属于电子签名人专有；

（二）签署时电子签名制作数据仅由电子签名人控制；

（三）签署后对电子签名的任何改动能够被发现；

（四）签署后对数据电文内容和形式的任何改动能够被发现。

当事人也可以选择使用符合其约定的可靠条件的电子签名。

第十四条 可靠的电子签名与手写签名或者盖章具有同等的法律效力。

第十五条 电子签名人应当妥善保管电子签名制作数据。电子签名人知悉电子签名制作数据已经失密或者可能已经失密时，应当及时告知有关各方，并终止使用该电子签名制作数据。

6.6.6 电子签名的认证

第十六条 电子签名需要第三方认证的，由依法设立的电子认证服务提供者提供认证服务。

第十七条 提供电子认证服务，应当具备下列条件：

（一）具有与提供电子认证服务相适应的专业技术人员和管理人员；

（二）具有与提供电子认证服务相适应的资金和经营场所；

（三）具有符合国家安全标准的技术和设备；

（四）具有国家密码管理机构同意使用密码的证明文件；

（五）法律、行政法规规定的其他条件。

第十八条 从事电子认证服务，应当向国务院信息产业主管部门提出申请，并提交符合本法第十七条规定条件的相关材料。国务院信息产业主管部门接到申请后经依法审查，征求国务院商务主管部门等有关部门的意见后，自接到申请之日起四十五日内作出许可或者不予许可的决定。予以许可的，颁发电子认证许可证书；不予许可的，应当书面通知申请人并告知理由。

申请人应当持电子认证许可证书依法向工商行政管理部门办理企业登记手续。

取得认证资格的电子认证服务提供者，应当按照国务院信息产业主管部门的规定在互联网上公布其名称、许可证号等信息。

第十九条 电子认证服务提供者应当制定、公布符合国家有关规定的电子认证业务规则，并向国务院信息产业主管部门备案。

电子认证业务规则应当包括责任范围、作业操作规范、信息安全保障措施等事项。

第二十条 电子签名人向电子认证服务提供者申请电子签名认证证书，应当提供真实、完整和准确的信息。

电子认证服务提供者收到电子签名认证证书申请后，应当对申请人的身份进行查验，并对有关材料进行审查。

第二十一条 电子认证服务提供者签发的电子签名认证证书应当准确无误，并应当载明下列内容：

（一）电子认证服务提供者名称；

（二）证书持有人名称；

（三）证书序列号；

（四）证书有效期；

（五）证书持有人的电子签名验证数据；

（六）电子认证服务提供者的电子签名；

（七）国务院信息产业主管部门规定的其他内容。

第二十二条 电子认证服务提供者应当保证电子签名认证证书内容在有效期内完整、准确，并保证电子签名依赖方能够证实或者了解电子签名认证证书所载内容及其他有关事项。

第二十三条 电子认证服务提供者拟暂停或者终止电子认证服务的，应当在暂停或者终止服务九十日前，就业务承接及其他有关事项通知有关各方。

电子认证服务提供者拟暂停或者终止电子认证服务的，应当在暂停或者终止服务六十日前向国务院信息产业主管部门报告，并与其他电子认证服务提供者就业务承接进行协商，作出妥善安排。

电子认证服务提供者未能就业务承接事项与其他电子认证服务提供者达成协议的，应当申请国务院信息产业主管部门安排其他电子认证服务提供者承接其业务。

电子认证服务提供者被依法吊销电子认证许可证书的，其业务承接事项的处理按照国务院信息产业主管部门的规定执行。

第二十四条 电子认证服务提供者应当妥善保存与认证相关的信息，信息保存期限至少为电子签名认证证书失效后五年。

第二十五条 国务院信息产业主管部门依照本法制定电子认证服务业的具体管理办法，对电子认证服务提供者依法实施监督管理。

第二十六条 经国务院信息产业主管部门根据有关协议或者对等原则核准后，中华人民共和国境外的电子认证服务提供者在境外签发的电子签名认证证书与依照本法设立的电子认证服务提供者签发的电子签名认证证书具有同等的法律效力。

6.6.7 法律责任

第二十七条 电子签名人知悉电子签名制作数据已经失密或者可能已经失密未及时告知有关各方、并终止使用电子签名制作数据，未向电子认证服务提供者提供真实、完整和准确的信息，或者有其他过错，给电子签名依赖方、电子认证服务提供者造成损失的，承担赔偿责任。

第二十八条 电子签名人或者电子签名依赖方因依据电子认证服务提供者提供的电子签名认证服务从事民事活动遭受损失，电子认证服务提供者不能证明自己无过错的，承担赔偿责任。

第二十九条 未经许可提供电子认证服务的，由国务院信息产业主管部门责令停止违法行为；有违法所得的，没收违法所得；违法所得三十万元以上的，处违法所得一倍以上三倍以下的罚款；没有违法所得或者违法所得不足三十万元的，处十万元以上三十万元以下的罚款。

第三十条　电子认证服务提供者暂停或者终止电子认证服务，未在暂停或者终止服务六十日前向国务院信息产业主管部门报告的，由国务院信息产业主管部门对其直接负责的主管人员处一万元以上五万元以下的罚款。

第三十一条　电子认证服务提供者不遵守认证业务规则、未妥善保存与认证相关的信息，或者有其他违法行为的，由国务院信息产业主管部门责令限期改正；逾期未改正的，吊销电子认证许可证书，其直接负责的主管人员和其他直接责任人员十年内不得从事电子认证服务。吊销电子认证许可证书的，应当予以公告并通知工商行政管理部门。

第三十二条　伪造、冒用、盗用他人的电子签名，构成犯罪的，依法追究刑事责任；给他人造成损失的，依法承担民事责任。

第三十三条　依照本法负责电子认证服务业监督管理工作的部门的工作人员，不依法履行行政许可、监督管理职责的，依法给予行政处分；构成犯罪的，依法追究刑事责任。

6.7　计算机软件保护条例

《计算机软件保护条例》于 2001 年 12 月 20 日由中华人民共和国国务院令第 339 号公布，共五章三十三条，自 2002 年 1 月 1 日起施行。1991 年 6 月 4 日国务院发布的《计算机软件保护条例》同时废止。

6.7.1　制定《计算机软件保护条例》的目的

第一条　为了保护计算机软件著作权人的权益，调整计算机软件在开发、传播和使用中发生的利益关系，鼓励计算机软件的开发与应用，促进软件产业和国民经济信息化的发展，根据《中华人民共和国著作权法》，制定本条例。

6.7.2　相关概念的定义

第二条　本条例所称计算机软件（以下简称软件），是指计算机程序及其有关文档。

第三条　本条例下列用语的含义：

（一）计算机程序，是指为了得到某种结果而可以由计算机等具有信息处理能力的装置执行的代码化指令序列，或者可以被自动转换成代码化指令序列的符号化指令序列或者符号化语句序列。同一计算机程序的源程序和目标程序为同一作品。

（二）文档，是指用来描述程序的内容、组成、设计、功能规格、开发情况、测试结果及使用方法的文字资料和图表等，如程序设计说明书、流程图、用户手册等。

（三）软件开发者，是指实际组织开发、直接进行开发，并对开发完成的软件承担责任的法人或者其他组织；或者依靠自己具有的条件独立完成软件开发，并对软件承担责任的自然人。

（四）软件著作权人，是指依照本条例的规定，对软件享有著作权的自然人、法人或者其他组织。

6.7.3 适用范围

第四条 受本条例保护的软件必须由开发者独立开发，并已固定在某种有形物体上。

第五条 中国公民、法人或者其他组织对其所开发的软件，不论是否发表，依照本条例享有著作权。

外国人、无国籍人的软件首先在中国境内发行的，依照本条例享有著作权。

外国人、无国籍人的软件，依照其开发者所属国或者经常居住地国同中国签订的协议或者依照中国参加的国际条约享有的著作权，受本条例保护。

第六条 本条例对软件著作权的保护不延及开发软件所用的思想、处理过程、操作方法或者数学概念等。

6.7.4 软件著作权登记

第七条 软件著作权人可以向国务院著作权行政管理部门认定的软件登记机构办理登记。软件登记机构发放的登记证明文件是登记事项的初步证明。

办理软件登记应当缴纳费用。软件登记的收费标准由国务院著作权行政管理部门会同国务院价格主管部门规定。

6.7.5 软件著作权及权利归属

第八条 软件著作权人享有下列各项权利：

（一）发表权，即决定软件是否公之于众的权利；

（二）署名权，即表明开发者身份，在软件上署名的权利；

（三）修改权，即对软件进行增补、删节，或者改变指令、语句顺序的权利；

（四）复制权，即将软件制作一份或者多份的权利；

（五）发行权，即以出售或者赠与方式向公众提供软件的原件或者复制件的权利；

（六）出租权，即有偿许可他人临时使用软件的权利，但是软件不是出租的主要标的的除外；

（七）信息网络传播权，即以有线或者无线方式向公众提供软件，使公众可以在其个人选定的时间和地点获得软件的权利；

（八）翻译权，即将原软件从一种自然语言文字转换成另一种自然语言文字的权利；

（九）应当由软件著作权人享有的其他权利。

软件著作权人可以许可他人行使其软件著作权，并有权获得报酬。

软件著作权人可以全部或者部分转让其软件著作权，并有权获得报酬。

第九条 软件著作权属于软件开发者，本条例另有规定的除外。

如无相反证明，在软件上署名的自然人、法人或者其他组织为开发者。

第十条 由两个以上的自然人、法人或者其他组织合作开发的软件，其著作权的归属由合作开发者签订书面合同约定。无书面合同或者合同未作明确约定，合作开发的软件可以分割使用的，开发者对各自开发的部分可以单独享有著作权；但是，行使著作权时，不得扩展到合作开发的软件整体的著作权。合作开发的软件不能分割使用的，其著作权由各合作开发者共同享有，通过协商一致行使；不能协商一致，又无正当理由的，任何一方不得阻止他方行使除转让权以外的其他权利，但是所得收益应当合理分配给所有合作开发者。

第十一条　接受他人委托开发的软件，其著作权的归属由委托人与受托人签订书面合同约定；无书面合同或者合同未作明确约定的，其著作权由受托人享有。

第十二条　由国家机关下达任务开发的软件，著作权的归属与行使由项目任务书或者合同规定；项目任务书或者合同中未作明确规定的，软件著作权由接受任务的法人或者其他组织享有。

第十三条　自然人在法人或者其他组织中任职期间所开发的软件有下列情形之一的，该软件著作权由该法人或者其他组织享有，该法人或者其他组织可以对开发软件的自然人进行奖励：

（一）针对本职工作中明确指定的开发目标所开发的软件；

（二）开发的软件是从事本职工作活动所预见的结果或者自然的结果；

（三）主要使用了法人或者其他组织的资金、专用设备、未公开的专门信息等物质技术条件所开发并由法人或者其他组织承担责任的软件。

6.7.6　软件著作权保护期

第十四条　软件著作权自软件开发完成之日起产生。

自然人的软件著作权，保护期为自然人终生及其死亡后50年，截止于自然人死亡后第50年的12月31日；软件是合作开发的，截止于最后死亡的自然人死亡后第50年的12月31日。

法人或者其他组织的软件著作权，保护期为50年，截止于软件首次发表后第50年的12月31日，但软件自开发完成之日起50年内未发表的，本条例不再保护。

第十五条　软件著作权属于自然人的，该自然人死亡后，在软件著作权的保护期内，软件著作权的继承人可以依照《中华人民共和国继承法》的有关规定，继承本条例第八条规定的除署名权以外的其他权利。

软件著作权属于法人或者其他组织的，法人或者其他组织变更、终止后，其著作权在本条例规定的保护期内由承受其权利义务的法人或者其他组织享有；没有承受其权利义务的法人或者其他组织的，由国家享有。

6.7.7　软件的合法复制与使用

第十六条　软件的合法复制品所有人享有下列权利：

（一）根据使用的需要把该软件装入计算机等具有信息处理能力的装置内；

（二）为了防止复制品损坏而制作备份复制品。这些备份复制品不得通过任何方式提供给他人使用，并在所有人丧失该合法复制品的所有权时，负责将备份复制品销毁；

（三）为了把该软件用于实际的计算机应用环境或者改进其功能、性能而进行必要的修改；但是，除合同另有约定外，未经该软件著作权人许可，不得向任何第三方提供修改后的软件。

第十七条 为了学习和研究软件内含的设计思想和原理，通过安装、显示、传输或者存储软件等方式使用软件的，可以不经软件著作权人许可，不向其支付报酬。

6.7.8 软件著作权的许可使用和转让

第十八条 许可他人行使软件著作权的，应当订立许可使用合同。

许可使用合同中软件著作权人未明确许可的权利，被许可人不得行使。

第十九条 许可他人专有行使软件著作权的，当事人应当订立书面合同。

没有订立书面合同或者合同中未明确约定为专有许可的，被许可行使的权利应当视为非专有权利。

第二十条 转让软件著作权的，当事人应当订立书面合同。

第二十一条 订立许可他人专有行使软件著作权的许可合同，或者订立转让软件著作权合同，可以向国务院著作权行政管理部门认定的软件登记机构登记。

第二十二条 中国公民、法人或者其他组织向外国人许可或者转让软件著作权的，应当遵守《中华人民共和国技术进出口管理条例》的有关规定。

6.7.9 法律责任

第二十三条 除《中华人民共和国著作权法》或者本条例另有规定外，有下列侵权行为的，应当根据情况，承担停止侵害、消除影响、赔礼道歉、赔偿损失等民事责任：

（一）未经软件著作权人许可，发表或者登记其软件的；

（二）将他人软件作为自己的软件发表或者登记的；

（三）未经合作者许可，将与他人合作开发的软件作为自己单独完成的软件发表或者登记的；

（四）在他人软件上署名或者更改他人软件上的署名的；

（五）未经软件著作权人许可，修改、翻译其软件的；

（六）其他侵犯软件著作权的行为。

第二十四条 除《中华人民共和国著作权法》、本条例或者其他法律、行政法规另有规定外，未经软件著作权人许可，有下列侵权行为的，应当根据情况，承担停止侵害、消除影响、赔礼道歉、赔偿损失等民事责任；同时损害社会公共利益的，由著作权行政管理部门责令停止侵权行为，没收违法所得，没收、销毁侵权复制品，可以并处罚款；情节严重的，著作权行政管理部门并可以没收主要用于制作侵权复制品的材料、工具、设备等；触犯刑律的，依照刑法关于侵犯著作权罪、销售侵权复制品罪的规定，依法追究刑事责任：

（一）复制或者部分复制著作权人的软件的；

（二）向公众发行、出租、通过信息网络传播著作权人的软件的；

（三）故意避开或者破坏著作权人为保护其软件著作权而采取的技术措施的；

（四）故意删除或者改变软件权利管理电子信息的；

（五）转让或者许可他人行使著作权人的软件著作权的。

有前款第一项或者第二项行为的，可以并处每件100元或者货值金额1倍以上5倍以下的罚款；有前款第三项、第四项或者第五项行为的，可以并处20万元以下的罚款。

第二十五条　侵犯软件著作权的赔偿数额，依照《中华人民共和国著作权法》第四十九条的规定确定。

第二十六条　软件著作权人有证据证明他人正在实施或者即将实施侵犯其权利的行为，如不及时制止，将会使其合法权益受到难以弥补的损害的，可以依照《中华人民共和国著作权法》第五十条的规定，在提起诉讼前向人民法院申请采取责令停止有关行为和财产保全的措施。

第二十七条　为了制止侵权行为，在证据可能灭失或者以后难以取得的情况下，软件著作权人可以依照《中华人民共和国著作权法》第五十一条的规定，在提起诉讼前向人民法院申请保全证据。

第二十八条　软件复制品的出版者、制作者不能证明其出版、制作有合法授权的，或者软件复制品的发行者、出租者不能证明其发行、出租的复制品有合法来源的，应当承担法律责任。

第二十九条　软件开发者开发的软件，由于可供选用的表达方式有限而与已经存在的软件相似的，不构成对已经存在的软件的著作权的侵犯。

第三十条　软件的复制品持有人不知道也没有合理理由应当知道该软件是侵权复制品的，不承担赔偿责任；但是，应当停止使用、销毁该侵权复制品。如果停止使用并销毁该侵权复制品将给复制品使用人造成重大损失的，复制品使用人可以在向软件著作权人支付合理费用后继续使用。

第三十一条　软件著作权侵权纠纷可以调解。

软件著作权合同纠纷可以依据合同中的仲裁条款或者事后达成的书面仲裁协议，向仲裁机构申请仲裁。

当事人没有在合同中订立仲裁条款，事后又没有书面仲裁协议的，可以直接向人民法院提起诉讼。

6.8　中华人民共和国保守国家秘密法

《中华人民共和国保守国家秘密法》（以下简称《保守国家秘密法》）于1988年9月5日第七届全国人民代表大会常务委员会第三次会议通过，2010年4月29日第十一届全国人民代表大会常务委员会第十四次会议修订，自2010年10月1日起施行，共六章五十三条。

6.8.1　目的、定义和适用范围

第一条　为了保守国家秘密，维护国家安全和利益，保障改革开放和社会主义建设事业的顺利进行，制定本法。

第二条　国家秘密是关系国家安全和利益，依照法定程序确定，在一定时间内只限一定范围的人员知悉的事项。

第五十二条 中央军事委员会根据本法制定中国人民解放军保密条例。

6.8.2 总体要求

第三条 国家秘密受法律保护。

一切国家机关、武装力量、政党、社会团体、企业事业单位和公民都有保守国家秘密的义务。

任何危害国家秘密安全的行为，都必须受到法律追究。

第四条 保守国家秘密的工作（以下简称保密工作），实行积极防范、突出重点、依法管理的方针，既确保国家秘密安全，又便利信息资源合理利用。

法律、行政法规规定公开的事项，应当依法公开。

第五条 国家保密行政管理部门主管全国的保密工作。县级以上地方各级保密行政管理部门主管本行政区域的保密工作。

第六条 国家机关和涉及国家秘密的单位（以下简称机关、单位）管理本机关和本单位的保密工作。

中央国家机关在其职权范围内，管理或者指导本系统的保密工作。

第七条 机关、单位应当实行保密工作责任制，健全保密管理制度，完善保密防护措施，开展保密宣传教育，加强保密检查。

第八条 国家对在保守、保护国家秘密以及改进保密技术、措施等方面成绩显著的单位或者个人给予奖励。

6.8.3 国家秘密的范围和密级

第九条 下列涉及国家安全和利益的事项，泄露后可能损害国家在政治、经济、国防、外交等领域的安全和利益的，应当确定为国家秘密：

（一）国家事务重大决策中的秘密事项；

（二）国防建设和武装力量活动中的秘密事项；

（三）外交和外事活动中的秘密事项以及对外承担保密义务的秘密事项；

（四）国民经济和社会发展中的秘密事项；

（五）科学技术中的秘密事项；

（六）维护国家安全活动和追查刑事犯罪中的秘密事项；

（七）经国家保密行政管理部门确定的其他秘密事项。

政党的秘密事项中符合前款规定的，属于国家秘密。

第十条 国家秘密的密级分为绝密、机密、秘密三级。

绝密级国家秘密是最重要的国家秘密，泄露会使国家安全和利益遭受特别严重的损害；机密级国家秘密是重要的国家秘密，泄露会使国家安全和利益遭受严重的损害；秘密级国家秘密是一般的国家秘密，泄露会使国家安全和利益遭受损害。

第十一条 国家秘密及其密级的具体范围，由国家保密行政管理部门分别会同外交、公安、国家安全和其他中央有关机关规定。

军事方面的国家秘密及其密级的具体范围，由中央军事委员会规定。

国家秘密及其密级的具体范围的规定，应当在有关范围内公布，并根据情况变化及时调整。

第十二条 机关、单位负责人及其指定的人员为定密责任人，负责本机关、本单位的国家秘密确定、变更和解除工作。

机关、单位确定、变更和解除本机关、本单位的国家秘密，应当由承办人提出具体意见，经定密责任人审核批准。

第十三条 确定国家秘密的密级，应当遵守定密权限。

中央国家机关、省级机关及其授权的机关、单位可以确定绝密级、机密级和秘密级国家秘密；设区的市、自治州一级的机关及其授权的机关、单位可以确定机密级和秘密级国家秘密。具体的定密权限、授权范围由国家保密行政管理部门规定。

机关、单位执行上级确定的国家秘密事项，需要定密的，根据所执行的国家秘密事项的密级确定。下级机关、单位认为本机关、本单位产生的有关定密事项属于上级机关、单位的定密权限，应当先行采取保密措施，并立即报请上级机关、单位确定；没有上级机关、单位的，应当立即提请有相应定密权限的业务主管部门或者保密行政管理部门确定。

公安、国家安全机关在其工作范围内按照规定的权限确定国家秘密的密级。

第十四条 机关、单位对所产生的国家秘密事项，应当按照国家秘密及其密级的具体范围的规定确定密级，同时确定保密期限和知悉范围。

第十五条 国家秘密的保密期限，应当根据事项的性质和特点，按照维护国家安全和利益的需要，限定在必要的期限内；不能确定期限的，应当确定解密的条件。

国家秘密的保密期限，除另有规定外，绝密级不超过三十年，机密级不超过二十年，秘密级不超过十年。

机关、单位应当根据工作需要，确定具体的保密期限、解密时间或者解密条件。

机关、单位对在决定和处理有关事项工作过程中确定需要保密的事项，根据工作需要决定公开的，正式公布时即视为解密。

第十六条 国家秘密的知悉范围，应当根据工作需要限定在最小范围。

国家秘密的知悉范围能够限定到具体人员的，限定到具体人员；不能限定到具体人员的，限定到机关、单位，由机关、单位限定到具体人员。

国家秘密的知悉范围以外的人员，因工作需要知悉国家秘密的，应当经过机关、单位负责人批准。

第十七条 机关、单位对承载国家秘密的纸介质、光介质、电磁介质等载体（以下简称国家秘密载体）以及属于国家秘密的设备、产品，应当做出国家秘密标志。

不属于国家秘密的，不应当做出国家秘密标志。

第十八条 国家秘密的密级、保密期限和知悉范围，应当根据情况变化及时变更。国家秘密的密级、保密期限和知悉范围的变更，由原定密机关、单位决定，也可以由其上级机关决定。

国家秘密的密级、保密期限和知悉范围变更的，应当及时书面通知知悉范围内的机关、单位或者人员。

第十九条 国家秘密的保密期限已满的，自行解密。

机关、单位应当定期审核所确定的国家秘密。对在保密期限内因保密事项范围调整不再作为国家秘密事项，或者公开后不会损害国家安全和利益，不需要继续保密的，应当及时解密；对需要延长保密期限的，应当在原保密期限届满前重新确定保密期限。提前解密或者延长保密期限的，由原定密机关、单位决定，也可以由其上级机关决定。

第二十条 机关、单位对是否属于国家秘密或者属于何种密级不明确或者有争议的，由国家保密行政管理部门或者省、自治区、直辖市保密行政管理部门确定。

6.8.4 保密制度

第二十一条 国家秘密载体的制作、收发、传递、使用、复制、保存、维修和销毁，应当符合国家保密规定。

绝密级国家秘密载体应当在符合国家保密标准的设施、设备中保存，并指定专人管理；未经原定密机关、单位或者其上级机关批准，不得复制和摘抄；收发、传递和外出携带，应当指定人员负责，并采取必要的安全措施。

第二十二条 属于国家秘密的设备、产品的研制、生产、运输、使用、保存、维修和销毁，应当符合国家保密规定。

第二十三条 存储、处理国家秘密的计算机信息系统（以下简称涉密信息系统）按照涉密程度实行分级保护。

涉密信息系统应当按照国家保密标准配备保密设施、设备。保密设施、设备应当与涉密信息系统同步规划，同步建设，同步运行。

涉密信息系统应当按照规定，经检查合格后，方可投入使用。

第二十四条 机关、单位应当加强对涉密信息系统的管理，任何组织和个人不得有下列行为：

（一）将涉密计算机、涉密存储设备接入互联网及其他公共信息网络；

（二）在未采取防护措施的情况下，在涉密信息系统与互联网及其他公共信息网络之间进行信息交换；

（三）使用非涉密计算机、非涉密存储设备存储、处理国家秘密信息；

（四）擅自卸载、修改涉密信息系统的安全技术程序、管理程序；

（五）将未经安全技术处理的退出使用的涉密计算机、涉密存储设备赠送、出售、丢弃或者改作其他用途。

第二十五条 机关、单位应当加强对国家秘密载体的管理，任何组织和个人不得有下列行为：

（一）非法获取、持有国家秘密载体；

（二）买卖、转送或者私自销毁国家秘密载体；

（三）通过普通邮政、快递等无保密措施的渠道传递国家秘密载体；

（四）邮寄、托运国家秘密载体出境；

（五）未经有关主管部门批准，携带、传递国家秘密载体出境。

第二十六条 禁止非法复制、记录、存储国家秘密。

禁止在互联网及其他公共信息网络或者未采取保密措施的有线和无线通信中传递国家秘密。

禁止在私人交往和通信中涉及国家秘密。

第二十七条　报刊、图书、音像制品、电子出版物的编辑、出版、印制、发行，广播节目、电视节目、电影的制作和播放，互联网、移动通信网等公共信息网络及其他传媒的信息编辑、发布，应当遵守有关保密规定。

第二十八条　互联网及其他公共信息网络运营商、服务商应当配合公安机关、国家安全机关、检察机关对泄密案件进行调查；发现利用互联网及其他公共信息网络发布的信息涉及泄露国家秘密的，应当立即停止传输，保存有关记录，向公安机关、国家安全机关或者保密行政管理部门报告；应当根据公安机关、国家安全机关或者保密行政管理部门的要求，删除涉及泄露国家秘密的信息。

第二十九条　机关、单位公开发布信息以及对涉及国家秘密的工程、货物、服务进行采购时，应当遵守保密规定。

第三十条　机关、单位对外交往与合作中需要提供国家秘密事项，或者任用、聘用的境外人员因工作需要知悉国家秘密的，应当报国务院有关主管部门或者省、自治区、直辖市人民政府有关主管部门批准，并与对方签订保密协议。

第三十一条　举办会议或者其他活动涉及国家秘密的，主办单位应当采取保密措施，并对参加人员进行保密教育，提出具体保密要求。

第三十二条　机关、单位应当将涉及绝密级或者较多机密级、秘密级国家秘密的机构确定为保密要害部门，将集中制作、存放、保管国家秘密载体的专门场所确定为保密要害部位，按照国家保密规定和标准配备、使用必要的技术防护设施、设备。

第三十三条　军事禁区和属于国家秘密不对外开放的其他场所、部位，应当采取保密措施，未经有关部门批准，不得擅自决定对外开放或者扩大开放范围。

第三十四条　从事国家秘密载体制作、复制、维修、销毁，涉密信息系统集成，或者武器装备科研生产等涉及国家秘密业务的企业事业单位，应当经过保密审查，具体办法由国务院规定。

机关、单位委托企业事业单位从事前款规定的业务，应当与其签订保密协议，提出保密要求，采取保密措施。

第三十五条　在涉密岗位工作的人员（以下简称涉密人员），按照涉密程度分为核心涉密人员、重要涉密人员和一般涉密人员，实行分类管理。

任用、聘用涉密人员应当按照有关规定进行审查。

涉密人员应当具有良好的政治素质和品行，具有胜任涉密岗位所要求的工作能力。

涉密人员的合法权益受法律保护。

第三十六条　涉密人员上岗应当经过保密教育培训，掌握保密知识技能，签订保密承诺书，严格遵守保密规章制度，不得以任何方式泄露国家秘密。

第三十七条　涉密人员出境应当经有关部门批准，有关机关认为涉密人员出境将对国家安全造成危害或者对国家利益造成重大损失的，不得批准出境。

第三十八条 涉密人员离岗离职实行脱密期管理。涉密人员在脱密期内，应当按照规定履行保密义务，不得违反规定就业，不得以任何方式泄露国家秘密。

第三十九条 机关、单位应当建立健全涉密人员管理制度，明确涉密人员的权利、岗位责任和要求，对涉密人员履行职责情况开展经常性的监督检查。

第四十条 国家工作人员或者其他公民发现国家秘密已经泄露或者可能泄露时，应当立即采取补救措施并及时报告有关机关、单位。机关、单位接到报告后，应当立即作出处理，并及时向保密行政管理部门报告。

6.8.5 监督管理

第四十一条 国家保密行政管理部门依照法律、行政法规的规定，制定保密规章和国家保密标准。

第四十二条 保密行政管理部门依法组织开展保密宣传教育、保密检查、保密技术防护和泄密案件查处工作，对机关、单位的保密工作进行指导和监督。

第四十三条 保密行政管理部门发现国家秘密确定、变更或者解除不当的，应当及时通知有关机关、单位予以纠正。

第四十四条 保密行政管理部门对机关、单位遵守保密制度的情况进行检查，有关机关、单位应当配合。保密行政管理部门发现机关、单位存在泄密隐患的，应当要求其采取措施，限期整改；对存在泄密隐患的设施、设备、场所，应当责令停止使用；对严重违反保密规定的涉密人员，应当建议有关机关、单位给予处分并调离涉密岗位；发现涉嫌泄露国家秘密的，应当督促、指导有关机关、单位进行调查处理。涉嫌犯罪的，移送司法机关处理。

第四十五条 保密行政管理部门对保密检查中发现的非法获取、持有的国家秘密载体，应当予以收缴。

第四十六条 办理涉嫌泄露国家秘密案件的机关，需要对有关事项是否属于国家秘密以及属于何种密级进行鉴定的，由国家保密行政管理部门或者省、自治区、直辖市保密行政管理部门鉴定。

第四十七条 机关、单位对违反保密规定的人员不依法给予处分的，保密行政管理部门应当建议纠正，对拒不纠正的，提请其上一级机关或者监察机关对该机关、单位负有责任的领导人员和直接责任人员依法予以处理。

6.8.6 法律责任

第四十八条 违反本法规定，有下列行为之一的，依法给予处分；构成犯罪的，依法追究刑事责任：

（一）非法获取、持有国家秘密载体的；

（二）买卖、转送或者私自销毁国家秘密载体的；

（三）通过普通邮政、快递等无保密措施的渠道传递国家秘密载体的；

（四）邮寄、托运国家秘密载体出境，或者未经有关主管部门批准，携带、传递国家秘密载体出境的；

（五）非法复制、记录、存储国家秘密的；

（六）在私人交往和通信中涉及国家秘密的；

（七）在互联网及其他公共信息网络或者未采取保密措施的有线和无线通信中传递国家秘密的；

（八）将涉密计算机、涉密存储设备接入互联网及其他公共信息网络的；

（九）在未采取防护措施的情况下，在涉密信息系统与互联网及其他公共信息网络之间进行信息交换的；

（十）使用非涉密计算机、非涉密存储设备存储、处理国家秘密信息的；

（十一）擅自卸载、修改涉密信息系统的安全技术程序、管理程序的；

（十二）将未经安全技术处理的退出使用的涉密计算机、涉密存储设备赠送、出售、丢弃或者改作其他用途的。

有前款行为尚不构成犯罪，且不适用处分的人员，由保密行政管理部门督促其所在机关、单位予以处理。

第四十九条　机关、单位违反本法规定，发生重大泄密案件的，由有关机关、单位依法对直接负责的主管人员和其他直接责任人员给予处分；不适用处分的人员，由保密行政管理部门督促其主管部门予以处理。

机关、单位违反本法规定，对应当定密的事项不定密，或者对不应当定密的事项定密，造成严重后果的，由有关机关、单位依法对直接负责的主管人员和其他直接责任人员给予处分。

第五十条　互联网及其他公共信息网络运营商、服务商违反本法第二十八条规定的，由公安机关或者国家安全机关、信息产业主管部门按照各自职责分工依法予以处罚。

第五十一条　保密行政管理部门的工作人员在履行保密管理职责中滥用职权、玩忽职守、徇私舞弊的，依法给予处分；构成犯罪的，依法追究刑事责任。

6.9　习题

1. 安全专用产品在我国境内上市前应履行哪些手续？
2. 什么是有害数据？它与计算机病毒有什么区别？
3. 根据你身边曾发生的事情，简述计算机信息系统一般可能受到哪些损害。
4. 《全国人大常委会关于加强网络信息保护的决定》的宗旨是什么？
5. 《个人信息保护法》规定，处理个人信息应当遵循哪些基本原则？
6. 根据《个人信息保护法》规定，符合哪些情形个人信息处理者方可处理个人信息？
7. 出现哪些情形，个人信息处理者应当主动删除个人信息，否则，个人有权请求删除？
8. 《数据安全法》中国家建立了哪几项数据安全制度和机制？
9. 《电子签名法》中规定电子签名、数据电文不适用哪些文书？

10. 软件著作权人享有哪些权利?
11. 软件著作权的保护期是如何确定的?
12. 什么叫国家秘密?哪些事项应当确定为国家秘密?
13. 国家秘密的密级分为哪几级?不同密级的保密期限又是如何规定的?

第7章　依法实践 保障信息安全

7.1　重点单位和要害部位信息系统安全管理

7.1.1　概述

1. 重点单位和要害部位的概念

任何一个组织，只要拥有计算机信息系统，就存在重点单位和要害部位。对于一个组织来说，如果拥有信息系统，就有管理和控制信息系统的单位，掌管信息系统的单位或部门就是重点单位。在重点单位中通常存在核心部分，这个核心部分对系统的控制和管理起决定性的作用，这个核心部分就是所谓的要害部位。

对于一个组织而言，重点单位和要害部位之间，存在如下关系：

（1）重点单位是组织中的一部分；

（2）要害部位又属于重点单位的一部分；

（3）一个组织中的重点单位可以是一个，也可以是多个，这取决于信息系统的规模、性质、管理方式和管理结构；

（4）同样，在重点单位中，要害部位的多少也是不确定的。

2. 重点单位和要害部位的确定

重点单位和要害部位的确定对组织中信息的安全和保密具有重要的意义。一般情况下，满足下列条件之一的单位或部位可以确定为重点单位或要害部位：

（1）信息系统控制管理中心；

（2）数据存储中心；

（3）系统连接、转接点；

（4）系统运行主机；

（5）电源等部位。

7.1.2　安全管理

重点单位计算机信息系统的安全管理主要应从以下两个方面做好工作。

1. 建立健全信息系统安全管理制度

重点单位应当建立和完善各种信息系统安全管理制度。主要包括：

（1）防火安全责任制；

（2）值班人员管理制度；

(3) 岗位工作职责;

(4) 设备运行记录规范;

(5) 设备管理制度;

(6) 违规惩罚办法。

2. 落实安全管理的各项具体工作

信息系统的安全管理，主要应从以下几个方面落实好具体工作:

(1) 人员配备。重点单位的计算机信息系统应配备一支数量适当、素质较高的管理人员和技术人员队伍，只有这样，才能确保信息系统安全管理工作的实施。

(2) 安全技术。没有安全技术就没有真正的安全管理。因此，根据信息系统的安全保护要求，科学、合理采用适当的安全技术手段是安全管理工作的关键。

(3) 资金保障。安全管理工作需要有资金投入。有了充足的资金投入，加上合理地分配和使用资金，安全管理就有了坚实的基础保障。

(4) 安全教育。安全教育的组织和实施应该是面向全体的，安全教育工作的好坏将对安全管理工作能否正常进行以及安全管理的质量产生重大的影响。

7.2 信息安全管理制度

7.2.1 制定信息安全管理制度的原则

制定信息安全相关制度应遵循以下几个原则:

(1) 符合法律原则。所有条款的规定不能违反宪法和超出国家现行法律法规的框架。

(2) 体现特色原则。应结合本单位实际情况制定相关条款，体现本单位特色。

(3) 突出重点原则。应突出重点，具有针对性，不要面面俱到，旨在解决主要问题。

(4) 与时俱进原则。并不是制度一旦制定就一成不变，应根据国家法律法规的完善、信息技术的更新、实际形势的变化而进行必要的修订。

7.2.2 企事业单位信息安全管理制度

企事业单位一般都有自己的内部网络，在信息安全管理制度的制定方面，主要应考虑两个方面：一是保证本单位网络的正常运行；二是加强信息保密工作。一般来讲，制度应包含以下几个方面的内容:

(1) 明确本制度制定的目的;

(2) 保证计算机网络的正常运行和安全;

(3) 保密条款;

(4) 确定专门人员的职责及安全教育条款;

(5) 明确对信息发布、审核等的要求。

下面以某单位的“计算机网络及信息安全管理制度”为例加以说明。

(1) 严格遵守法律、行政法规和国家其他有关规定，确保计算机信息系统的安全。

(2) 加强局域网的安全管理，保障计算机网络设备和配套设施的安全，保障信息的安全，保障运行环境的安全。

(3) 局域网由信息中心统一规划、建设并负责运行、维护。未经许可，不得私自将计算机接入局域网。计算机入网前必须到信息中心办理登记手续方可接入。

(4) 禁止非工作人员操纵网络服务器系统。遇到安全问题及时向信息中心报告，并采取措施及时解决。

(5) 接入局域网的用户允许访问国际互联网，下属各单位上网查询信息，允许访问与工作相关的网站。非本单位工作人员不允许上网查询信息。严禁访问宣扬封建迷信、淫秽、色情、赌博、暴力、凶杀、恐怖、教唆犯罪等违法网站。禁止在网络上玩游戏。

(6) 使用拨号上网的计算机在拨号上网时，必须中断与局域网的连接，以防止内部数据的外泄和遭受恶意攻击。

(7) 不得向其他非我局工作人员透露内部网登录用户名和密码，做好各个应用系统的用户名和密码的保密工作。

(8) 涉密计算机严禁访问互联网。

(9) 安全专管员要加强网络信息监测，定期检查安全情况，检查计算机是否感染病毒并及时清除，同时应配合网络管理员对各开通服务器的系统日志进行不定期检查，发现隐患及时汇报与处理。

(10) 信息中心采取安全技术措施，落实安全管理责任，加强对电子公告系统等交互式栏目信息发布的审核和网络运行日志的管理，并将系统运行日志完整保存 3 个月以上，以备公安机关的监督检查。

(11) 负责对本网络用户进行安全教育和培训，使用户自觉遵守和维护《计算机信息网络国际联网安全保护管理办法》，使他们具备基本的网络安全知识。

(12) 加强信息发布审核管理工作。发布网络信息不得有危害国家安全、泄露国家秘密、侵犯国家、社会、集体的利益和公民的合法权益的内容出现。

(13) 不得利用局域网络从事危害本单位利益、集体利益和发表不适当的言论，不得危害计算机网络及信息系统的安全。在局域网上不允许进行任何干扰网络用户、破坏网络服务和破坏网络设备的活动。

(14) 加强对信息源单位的信息发布和电子公告系统的信息发布的审核管理工作，杜绝违法《计算机信息网络国际联网安全保护管理办法》的内容出现。

(15) 一旦发现有从事下列危害计算机信息网络安全的活动，应做好记录并立即向当地公安机关报告：

① 未经允许进入计算机信息网络或者使用计算机信息网络资源；

② 未经允许对计算机信息网络功能进行删除、修改或者增加；

③ 未经允许对计算机信息网络中存储、处理或者传输的数据和应用程序进行删除、修改或者增加；

④ 故意制作、传播计算机病毒等破坏性程序的；

⑤ 其他危害计算机信息网络安全的活动。

(16) 在信息发布的审核过程中，如果发现有以下内容，将一律不予以发布，并保留有关原始记录，在 24 小时内向当地公安机关报告：

① 煽动抗拒、破坏宪法和法律、行政法规实施的；
② 煽动颠覆国家政权，推翻社会主义制度的；
③ 煽动分裂国家、破坏国家统一的；
④ 煽动民族仇恨、民族歧视，破坏民族团结的；
⑤ 捏造或者歪曲事实，散布谣言，扰乱社会秩序的；
⑥ 宣扬封建迷信、淫秽、色情、赌博、暴力、凶杀、恐怖，教唆犯罪的；
⑦ 公然侮辱他人或者捏造事实诽谤他人的；
⑧ 损害国家机关信誉的；
⑨ 其他违反宪法和法律、行政法规的。

（17）接受并配合公安机关的安全监督、检查和指导，如实向公安机关提供有关安全保护的信息、资料及数据文件，协助公安机关查处通过国际联网的计算机信息网络的违法犯罪行为。

7.2.3 学校的计算机网络安全制度

学校校园网是为帮助学生学习知识而构建的现代化信息平台，其安全管理应侧重以下两个方面：

（1）保障计算机网络的安全可靠运行。

（2）加强对用户在利用校园网时遵纪守法的管理（信息的发布、审核、传播等）。

下面以某学校“计算机网络安全管理办法”为例加以说明。

为保障校园网络的正常运行和健康发展，根据《中华人民共和国计算机信息网络国际联网管理暂行规定》《中国教育和科研计算机网管理办法》和国家有关法律法规，结合本校实际情况，特制定本办法。

（1）校园网的工作人员和连入校园网的所有用户必须遵守《中华人民共和国计算机信息系统安全保护条例》《中华人民共和国计算机信息网络国际联网管理暂行规定》和国家有关法律法规，严格执行本办法。

（2）本校校园网的所有工作人员和用户必须接受学校有关部门依法进行的监督和检查，并对学校采取的必要措施给予配合。

（3）在校园网上不允许进行任何干扰网络用户、破坏网络服务和网络设备的活动；不允许在网络上发布不真实的信息或散布计算机病毒；不允许通过网络进入未经授权使用的计算机系统；不得以不真实身份使用网络资源；不得窃取他人账号、口令使用网络资源；不得盗用未经合法申请的 IP 地址入网。

（4）校园网所有工作人员及用户必须对所提供的信息负责；不得利用计算机网络从事危害国家安全、泄露国家秘密的活动；不得查阅、复制和传播有碍社会治安和淫秽、色情的信息。

（5）严格执行国家保密法律法规和计算机信息系统保密管理的有关规定，坚持“谁上网谁负责”的原则，认真落实上网信息保密审批领导责任制。

（6）违反本办法规定，有下列行为之一者，学校可提出警告，停止其网络使用：

① 复制、查阅和传播下列信息：

a）煽动抗拒、破坏宪法和法律、行政法规实施的；

b）煽动分裂国家、破坏国家统一和民族团结、推翻社会主义制度的；

c）捏造或者歪曲事实，散布谣言，扰乱社会秩序的；

d）宣扬封建迷信、淫秽、色情、暴力、凶杀、恐怖的；

e）侮辱他人或者捏造事实诽谤他人的。

② 破坏、盗用计算机网络中的信息资源和危害计算机网络安全的活动。

③ 盗用他人账号。

④ 故意制作、传播计算机病毒等破坏性程序。

⑤ 不按国家和学校有关规定擅自接纳网络用户。

上述情节严重、涉及国家相关法律的交由公安机关查处。

（7）校园网及其子网上必须使用具有合法版权的软件，严禁使用来历不明、引发病毒传染的软件。杀灭计算机病毒应使用公安部门认可的杀毒软件。由于运行盗版软件或无合法版权的软件而引起的版权纠纷由网络服务器、工作站的管理单位及个人承担相应的责任。

7.2.4 网络安全管理员的职责

为保证计算机网络的安全运行，单位不论大小，都应设立网络安全管理员，网络安全员可以是专职的，也可以是兼职的。

下面以湖南某单位“网络安全员职责”为例，说明其职责。

本单位网络设立网络安全管理员，其组织关系隶属于网络管理中心。其具体职责如下：

（1）贯彻执行《中华人民共和国计算机信息网络国际联网管理暂行规定》《计算机信息网络国际联网安全保护管理办法》和其他有关信息安全的法律法规及规章制度，严格执行安全管理制度，并对系统安全和信息安全负责。

（2）负责增添新的硬件设备，安装新软件并进行备份。

（3）进行故障检修和维护。

（4）对任何系统变动（包括设备更新、系统维护等）均需做工作记录，并妥善备份必要版本的系统文件。

（5）正常工作时必须以自己的用户名登录，只有在必要时使用超级管理员账户，并在结束系统管理工作后退回到自己的正常登录状态。暂时中止工作或需要离开工作环境时必须退出系统，严禁其他人员进入网络安全管理员的登录环境。

（6）对 Internet 上的有用信息作必要的镜像备份和筛选，以减少用户直接接触未经过滤的信息。

（7）发生紧急情况时，应保持沉稳清醒，根据有关规定作出适当的处理。

（8）对系统进行监视，随时检查网络信息，发现有害信息应及时进行处理，查找有害信息源并设法从防火墙处隔离。对用户的有害信息相关报告应及时进行检查，必要时先做应急处理，并立即上报。

（9）随时接受国家有关部门的监督检查，并配合其做好其下达的有关信息安全任务。

（10）对系统、网络管理人员及用户经常进行必要的技术安全培训，让更多的用户了解信息安全的重要性和相关知识。

7.2.5 校园网计算机用户行为规范

下面以湖南某高校“校园网计算机用户行为规范”为例，说明校园网计算机用户应遵守的行为规范。

为规范我校校园网络管理，增强计算机网络用户的法律意识，维护校园网的安全，特制定我校校园网计算机用户行为规范。

（1）自觉遵守国家和湖南省计算机网络有关法律规定，在法律规定的范围内从事各项计算机网络活动。

（2）自觉遵守国家有关保密的法律规定，不泄露党和国家机密，不泄露科学研究机密。

（3）不得传送有损国格、人格的信息，禁止在网络上从事违法犯罪活动。

（4）自觉遵守国家有关保护知识产权的各项法律规定，不得擅自复制和使用网络上未公开和授权的文件；不得在网络中擅自传播或复制享有版权的软件，或销售免费共享的软件。

（5）不得在网络上传送具有威胁性、不友好、有损他人或地区声誉的信息。

（6）不得在网络上散布思想内容反动的、不健康的或色情的信息。

（7）不得擅自转让用户账号，将口令随意告诉他人；不借用他人账户使用网络资源。

（8）不得使用软件或硬件方法窃取他人口令，盗用他人 IP 地址，非法入侵他人计算机系统，阅读他人文件或电子邮件，滥用网络资源。

（9）不得制作和传播计算机病毒；禁止破坏数据、破坏网络资源，或其他恶作剧行为。

（10）不利用网络窃取他人的研究成果或受法律保护的资源。

（11）自觉按时交纳通信费用及其他有关费用。

（12）增强自我保护意识，及时反映和举报违反网络行为规范的人和事。

（13）所有用户都应自觉执行校园网的用户行为规范。凡违反校园网规范者，将追究其相应责任，并视情节进行相应处罚，直至取消用户权利。

7.2.6 安全教育培训制度

使用局域网接入互联网的单位需要建立人员的安全教育培训制度。安全教育培训制度应包括以下内容：

（1）定期组织管理员认真学习《计算机信息网络国际联网安全保护管理办法》《网络安全管理制度》及《信息审核管理制度》，提高工作人员维护网络安全的警惕性和自觉性。

（2）负责对本网络用户进行安全教育和培训，使用户自觉遵守和维护《计算机信息网络国际联网安全保护管理办法》，是他们具备基本的网络安全知识。

（3）对信息源接入单位进行安全教育和培训，使他们自觉遵守和维护《计算机信息网络国际联网安全保护管理办法》，杜绝发布违反《计算机信息网络国际联网安全保护管理办法》的信息内容。

（4）不定期邀请公安机关有关人员进行信息安全方面的培训。加强对有害信息，特别是影射性有害信息的识别能力，提高防范能力。

7.3　习题

1. 简述重点单位信息系统的安全管理制度主要有哪些。

2. 以某个组织为例，描述该组织信息系统保护的重点单位和要害部位。

3. 如果你是一名事业单位的网络安全管理员，你将主要从哪几个方面做好网络安全工作？

第三部分　信息安全标准

第8章　我国的信息安全标准

8.1　概述

8.1.1　标准的定义

国际标准化组织于1983年7月发布的ISO第二号指南（第四版）对标准的定义为：由有关各方根据科学技术成就与先进经验，共同合作起草，一致或基本上同意的技术规范或其他公开文件，其目的在于促进最佳的公共利益，并由标准化团体批准。

我国国家标准《标准化基本术语》（GB3935.1—83）中对标准的定义为：标准是对重复性事物和概念所做的统一规定。它以科学、技术和实践经验的综合成果为基础，经有关方面协调一致，由主管机构批准，以特定形式发布，作为共同遵守的准则和依据。

8.1.2　标准的分级和分类

1. 标准的分级

根据《中华人民共和国标准化法》规定，我国标准分为四级：国家标准、行业标准、地方标准和企业标准。国家标准由国务院标准化行政主管部门负责组织制定和审批；行业标准由国务院有关行政主管部门负责制订和审批，并报国务院标准化行政主管部门备案；地方标准由省级政府标准化行政主管部门负责制订和审批，并报国务院标准化行政主管部门和国务院有关行政主管部门备案；企业标准由企业制订，由企业法人代表或法人代表授权的主管领导批准、发布，由企业法人代表授权的部门统一管理，企业产品标准应向当地标准化行政主管部门和有关行政主管部门备案。

2. 标准的分类

关于标准的分类，目前我国比较通用的分类方法有下列五种。

（1）按标准发生作用的范围和审批标准级别来分，则分为上述国家标准、行业标准、地方标准、企业标准四类。

（2）按标准的约束性来分，分为强制性标准和推荐性标准两类。强制性标准是保障人体健康、人身、财产安全的国家标准或行业标准和法律及行政法规规定强制执行的标准，其他标准则是推荐性标准。《中华人民共和国标准化法》规定：强制性标准，必须执行，不符合强制性标准的产品，禁止生产、销售和进口；推荐性标准，国家鼓励企业自行采用。

（3）按标准在标准系统中的地位和作用来分，分为基础标准和一般标准两类。基础标准是指一定范围内作为其他标准的基础并普遍使用的标准，具有广泛的指导意义，例如 GB—17859：1999《计算机信息系统安全保护等级划分准则》为基础标准。相对于基础标准的其他标准，则称为一般标准。

(4) 按标准化对象在生产过程中的作用来分，则分为产品标准，原材料标准，零部件标准，工艺和工艺装备标准，设备维修标准，检验和试验方法标准，检验、测量和试验设备标准，搬运、存储、包装、标识标准等。

(5) 按标准的性质来分，则分为技术标准、管理标准和工作标准。技术标准是对标准化领域中需要协调统一的技术事项所制定的标准，主要包括基础技术标准、产品标准、工艺标准、检测试验方法标准，以及安全、卫生、环保标准等；管理标准是对标准化领域中需要协调统一的管理事项所制定的标准。包括管理基础标准、技术管理标准、经济管理标准、行政管理标准、生产经营管理标准及劳动组织管理标准等；工作标准是对工作的责任、权利、范围、质量要求、程序、效果、检查方法、考核办法所制定的标准，主要包括通用工作标准、专用工作标准和工作程序标准。

8.1.3　信息安全标准

我国的信息安全标准化工作归口“全国信息安全标准技术委员会”进行管理。该委员会在制定我国信息安全标准方面做了大量的工作。目前已出台的信息安全保护方面的标准主要包括在国家标准（GB）和公共安全行业标准（GA）中。本教材主要介绍与计算机信息系统安全等级保护相关的一些标准，这些标准主要有：

《计算机信息系统安全保护等级划分准则》(GB17859—1999)

《信息系统安全保护等级定级指南》(GB/T22240—2008)

《信息系统通用安全技术要求》(GB/T20271—2006)

《信息系统安全管理要求》(GB/T20269—2006)

《计算站场地安全要求》(GB9361—2011)

8.2　GB17859—1999《计算机信息系统安全保护等级划分准则》

8.2.1　安全保护的五个等级及适用范围

GB17859—1999 规定了计算机系统安全保护能力的五个等级，即：

第一级：用户自主保护级；

第二级：系统审计保护级；

第三级：安全标记保护级；

第四级：结构化保护级；

第五级：访问验证保护级。

本标准适用计算机信息系统安全保护技术能力等级的划分。计算机信息系统安全保护能力随着安全保护等级的增高，逐渐增强。

8.2.2 对所涉及术语的定义

1. 计算机信息系统 computer information system

计算机信息系统是由计算机及其相关的和配套的设备、设施（含网络）构成的，按照一定的应用目标和规则对信息进行采集、加工、存储、传输、检索等处理的人机系统。

2. 计算机信息系统可信计算基 trusted computing base of computer information system（简称 TCB）

计算机系统内保护装置的总体，包括硬件、固件、软件和负责执行安全策略的组合体。它建立了一个基本的保护环境并提供一个可信计算系统所要求的附加用户服务。

3. 客体 object

信息的载体。

4. 主体 subject

引起信息在客体之间流动的人、进程或设备等。

5. 敏感标记 sensitivity label

表示客体安全级别并描述客体数据敏感性的一组信息，可信计算基中把敏感标记作为强制访问控制决策的依据。

6. 安全策略 security policy

有关管理、保护和发布敏感信息的法律、规定和实施细则。

7. 信道 channel

系统内的信息传输路径。

8. 隐蔽信道 covert channel

允许进程以危害系统安全策略的方式传输信息的通信信道。

9. 访问监控器 reference monitor

监控主体和客体之间授权访问关系的部件。

8.2.3 五个等级的具体划分准则

1. 第一级　用户自主保护级

本级的计算机信息系统可信计算基通过隔离用户与数据，使用户具备自主安全保护的能力。它具有多种形式的控制能力，对用户实施访问控制，即为用户提供可行的手段，保护用户和用户组信息，避免其他用户对数据的非法读写与破坏。

本级的计算机信息系统应具备如下安全保护能力：

（1）自主访问控制。

计算机信息系统可信计算基定义和控制系统中命名用户对命名客体的访问。实施机制（例如：访问控制表）允许命名用户以用户和（或）用户组的身份规定并控制客体的共享；阻止非授权用户读取敏感信息。

（2）身份鉴别。

计算机信息系统可信计算基初始执行时，首先要求用户标识自己的身份，并使用保护机制（例如：口令）来鉴别用户的身份，阻止非授权用户访问用户身份鉴别数据。

（3）数据完整性。

计算机信息系统可信计算基通过自主完整性策略，阻止非授权用户修改或破坏敏感信息。

2. 第二级　系统审计保护级

与用户自主保护级相比，本级的计算机信息系统可信计算基实施了粒度更细的自主访问控制，它通过登录规程、审计安全性相关事件和隔离资源，使用户对自己的行为负责。

本级的计算机信息系统应具备如下安全保护能力：

（1）自主访问控制。

计算机信息系统可信计算基定义和控制系统中命名用户对命名客体的访问。实施机制（例如：访问控制表）允许命名用户以用户和（或）用户组的身份规定并控制客体的共享；阻止非授权用户读取敏感信息。并控制访问权限扩散。自主访问控制机制根据用户指定方式或默认方式，阻止非授权用户访问客体。访问控制的粒度是单个用户。没有存取权的用户只允许由授权用户指定对客体的访问权。

（2）身份鉴别。

计算机信息系统可信计算基初始执行时，首先要求用户标识自己的身份，并使用保护机制（例如：口令）来鉴别用户的身份；阻止非授权用户访问用户身份鉴别数据。通过为用户提供唯一标识、计算机信息系统可信计算基能够使用户对自己的行为负责。计算机信息系统可信计算基还具备将身份标识与该用户所有可审计行为相关联的能力。

（3）客体重用。

在计算机信息系统可信计算基的空闲存储客体空间中，对客体初始指定、分配或再分配一个主体之前，撤销该客体所含信息的所有授权。当主体获得对一个已被释放的客体的访问权时，当前主体不能获得原主体活动所产生的任何信息。

（4）审计。

计算机信息系统可信计算基能创建和维护受保护客体的访问审计跟踪记录，并能阻止非授权的用户对它访问或破坏。

计算机信息系统可信计算基能记录下述事件：使用身份鉴别机制；将客体引入用户地址空间（例如：打开文件、程序初始化）；删除客体；由操作员、系统管理员或（和）系统安全管理员实施的动作，以及其他与系统安全有关的事件。对于每一事件，其审计记录包括：事件的日期和时间、用户、事件类型、事件是否成功。对于身份鉴别事件，审计记录包含的来源（例如：终端标识符）；对于客体引入用户地址空间的事件及客体删除事件，审计记录包含客体名。

对不能由计算机信息系统可信计算基独立分辨的审计事件，审计机制提供审计记录接口，可由授权主体调用。这些审计记录区别于计算机信息系统可信计算基独立分辨的审计记录。

（5）数据完整性。

计算机信息系统可信计算基通过自主完整性策略，阻止非授权用户修改或破坏敏感信息。

3. 第三级　安全标记保护级

本级的计算机信息系统可信计算基具有系统审计保护级所有功能。此外，还提供有关安全策略模型、数据标记以及主体对客体强制访问控制的非形式化描述；具有准确地标记输出信息的能力；消除通过测试发现的任何错误。

本级的计算机信息系统应具备如下安全保护能力：

（1）自主访问控制。

计算机信息系统可信计算基定义和控制系统中命名用户对命名客体的访问。实施机制（例如：访问控制表）允许命名用户以用户和（或）用户组的身份规定并控制客体的共享；阻止非授权用户读取敏感信息。并控制访问权限扩散。自主访问控制机制根据用户指定方式或默认方式，阻止非授权用户访问客体。访问控制的粒度是单个用户。没有存取权的用户只允许由授权用户指定对客体的访问权。阻止非授权用户读取敏感信息。

（2）强制访问控制。

计算机信息系统可信计算基对所有主体及其所控制的客体（例如：进程、文件、段、设备）实施强制访问控制。为这些主体及客体指定敏感标记，这些标记是等级分类和非等级类别的组合，它们是实施强制访问控制的依据。计算机信息系统可信计算基支持两种或两种以上成分组成的安全级。计算机信息系统可信计算基控制的所有主体对客体的访问应满足：仅当主体安全级中的等级分类高于或等于客体安全级中的等级分类，且主体安全级中的非等级类别包含了客体安全级中的全部非等级类别，主体才能读客体；仅当主体安全级中的等级分类低于或等于客体安全级中的等级分类，且主体安全级中的非等级类别包含于客体安全级中的非等级类别，主体才能写一个客体。计算机信息系统可信计算基使用身份和鉴别数据，鉴别用户的身份，并保证用户创建的计算机信息系统可信计算基外部主体的安全级和授权受该用户的安全级和授权的控制。

（3）标记。

计算机信息系统可信计算基应维护与主体及其控制的存储客体（例如：进程、文件、段、设备）相关的敏感标记。这些标记是实施强制访问的基础。为了输入未加安全标记的数据，计算机信息系统可信计算基向授权用户要求并接受这些数据的安全级别，且可由计算机信息系统可信计算基审计。

（4）身份鉴别。

计算机信息系统可信计算基初始执行时，首先要求用户标识自己的身份，而且，计算机信息系统可信计算基维护用户身份识别数据并确定用户访问权及授权数据。计算机信息系统可信计算基使用这些数据鉴别用户身份，并使用保护机制（例如：口令）来鉴别用户的身份；阻止非授权用户访问用户身份鉴别数据。通过为用户提供唯一标识，计算机信息系统可信计算基能够使用户对自己的行为负责。计算机信息系统可信计算基还具备将身份标识与该用户所有可审计行为相关联的能力。

（5）客体重用。

在计算机信息系统可信计算基的空闲存储客体空间中，对客体初始指定、分配或再分配一个主体之前，撤销客体所含信息的所有授权。当主体获得对一个已被释放的客体的访问权时，当前主体不能获得原主体活动所产生的任何信息。

(6) 审计。

计算机信息系统可信计算基能创建和维护受保护客体的访问审计跟踪记录，并能阻止非授权的用户对它访问或破坏。

计算机信息系统可信计算基能记录下述事件：使用身份鉴别机制；将客体引入用户地址空间（例如：打开文件、程序初始化）；删除客体；由操作员、系统管理员或（和）系统安全管理员实施的动作，以及其他与系统安全有关的事件。对于每一事件，其审计记录包括：事件的日期和时间、用户、事件类型、事件是否成功。对于身份鉴别事件，审计记录包含请求的来源（例如：终端标识符）；对于客体引入用户地址空间的事件及客体删除事件，审计记录包含客体名及客体的安全级别。此外，计算机信息系统可信计算基具有审计更改可读输出记号的能力。

对不能由计算机信息系统可信计算基独立分辨的审计事件，审计机制提供审计记录接口，可由授权主体调用。这些审计记录区别于计算机信息系统可信计算基独立分辨的审计记录。

(7) 数据完整性。

计算机信息系统可信计算基通过自主和强制完整性策略，阻止非授权用户修改或破坏敏感信息。在网络环境中，使用完整性敏感标记来确信信息在传送中未受损。

4. 第四级　结构化保护级

本级的计算机信息系统可信计算基建立于一个明确定义的形式化安全策略模型之上，它要求将第三级系统中的自主和强制访问控制扩展到所有主体与客体。此外，还要考虑隐蔽通道。本级的计算机信息系统可信计算基必须结构化为关键保护元素和非关键保护元素。计算机信息系统可信计算基的接口也必须明确定义，使其设计与实现能经受更充分的测试和更完整的复审。加强了鉴别机制；支持系统管理员和操作员的职能；提供可信设施管理；增强了配置管理控制。系统具有相当的抗渗透能力。

本级的计算机信息系统应具备如下安全保护能力：

(1) 自主访问控制。

计算机信息系统可信计算基定义和控制系统中命名用户对命名客体的访问。实施机制（例如：访问控制表）允许命名用户和（或）以用户组的身份规定并控制客体的共享；阻止非授权用户读取敏感信息，并控制访问权限扩散。

自主访问控制机制根据用户指定方式或默认方式，阻止非授权用户访问客体。访问控制的粒度是单个用户。没有存取权的用户只允许由授权用户指定对客体的访问权。

(2) 强制访问控制。

计算机信息系统可信计算基对外部主体能够直接或间接访问的所有资源（例如：主体、存储客体和输入输出资源）实施强制访问控制。为这些主体及客体指定敏感标记，这些标记是等级分类和非等级类别的组合，它们是实施强制访问控制的依据。计算机信息系统可信计算基支持两种或两种以上成分组成的安全级。计算机信息系统可信计算基外部的所有主体对客体的直接或间接的访问应满足：仅当主体安全级中的等级分类高于或等于客体安全级中的等级分类，且主体安全级中的非等级类别包含了客体安全级中的全部非等级类别，主体才能读客体；仅当主体安全级中的等级分类低于或等于客体安全级中的等级分类，且主体安全级中的非等级类别包含于客体安全级中的非等级类别，主体才能写一个客体。计算机信息系统可信计算基使用身份和鉴别数据，鉴别用户的身份，保护用户创建的计算机信息系统可信计算基外部主体的安全级和授权受该用户的安全级和授权的控制。

（3）标记。

计算机信息系统可信计算基维护与可被外部主体直接或间接访问到的计算机信息系统资源（例如：主体、存储客体、只读存储器）相关的敏感标记。这些标记是实施强制访问的基础。为了输入未加安全标记的数据，计算机信息系统可信计算基向授权用户要求并接受这些数据的安全级别，且可由计算机信息系统可信计算基审计。

（4）身份鉴别。

计算机信息系统可信计算基初始执行时，首先要求用户标识自己的身份，而且，计算机信息系统可信计算基维护用户身份识别数据并确定用户访问权及授权数据。计算机信息系统可信计算基使用这些数据，鉴别用户身份，并使用保护机制（例如：口令）来鉴别用户的身份；阻止非授权用户访问用户身份鉴别数据。通过为用户提供唯一标识，计算机信息系统可信计算基能够使用户对自己的行为负责。计算机信息系统可信计算基还具备将身份标识与该用户所有可审计行为相关联的能力。

（5）客体重用。

在计算机信息系统可信计算基的空闲存储客体空间中，对客体初始指定、分配或再分配一个主体之前，撤销客体所含信息的所有授权。当主体获得对一个已被释放的客体的访问权时，当前主体不能获得原主体活动所产生的任何信息。

（6）审计。

计算机信息系统可信计算基能创建和维护受保护客体的访问审计跟踪记录，并能阻止非授权的用户对它访问或破坏。

计算机信息系统可信计算基能记录下述事件：使用身份鉴别机制；将客体引入用户地址空间（例如：打开文件、程序初始化）；删除客体；由操作员、系统管理员或（和）系统安全管理员实施的动作，以及其他与系统安全有关的事件。对于每一事件，其审计记录包括：事件的日期和时间、用户、事件类型、事件是否成功。对于身份鉴别事件，审计记录包含请求的来源（例如：终端标识符）；对于客体引入用户地址空间的事件及客体删除事件，审计记录包含客体及客体的安全级别。此外，计算机信息系统可信计算基具有审计更改可读输出记号的能力。

对不能由计算机信息系统可信计算基独立分辨的审计事件，审计机制提供审计记录接口，可由授权主体调用。这些审计记录区别于计算机信息系统可信计算基独立分辨的审计记录。

计算机信息系统可信计算基能够审计利用隐蔽存储信道时可能被使用的事件。

（7）数据完整性。

计算机信息系统可信计算基通过自主和强制完整性策略。阻止非授权用户修改或破坏敏感信息。在网络环境中，使用完整性敏感标记来确信信息在传送中未受损。

（8）隐蔽信道分析。

系统开发者应彻底搜索隐蔽存储信道，并根据实际测量或工程估算确定每一个被标识信道的最大带宽。

(9) 可信路径。

对用户的初始登录和鉴别，计算机信息系统可信计算基在它与用户之间提供可信通信路径。该路径上的通信只能由该用户初始化。

5. 第五级　访问验证保护级

本级的计算机信息系统可信计算基满足访问监控器需求。访问监控器仲裁主体对客体的全部访问。访问监控器本身是抗篡改的，必须足够小，能够分析和测试。为了满足访问监控器需求，计算机信息系统可信计算基在其构造时，排除那些对实施安全策略来说并非必要的代码；在设计和实现时，从系统工程角度将其复杂性降低到最小。支持安全管理员职能；扩充审计机制，当发生与安全相关的事件时发出信号；提供系统恢复机制。系统具有很高的抗渗透能力。

本级的计算机信息系统应具备如下安全保护能力：

(1) 自主访问控制。

计算机信息系统可信计算基定义并控制系统中命名用户对命名客体的访问。实施机制（例如：访问控制表）允许命名用户和（或）以用户组的身份规定并控制客体的共享；阻止非授权用户读取敏感信息。并控制访问权限扩散。

自主访问控制机制根据用户指定方式或默认方式，阻止非授权用户访问客体。访问控制的粒度是单个用户。访问控制能够为每个命名客体指定命名用户和用户组，并规定他们对客体的访问模式。没有存取权的用户只允许由授权用户指定对客体的访问权。

(2) 强制访问控制。

计算机信息系统可信计算基对外部主体能够直接或间接访问的所有资源（例如：主体、存储客体和输入输出资源）实施强制访问控制。为这些主体及客体指定敏感标记，这些标记是等级分类和非等级类别的组合，它们是实施强制访问控制的依据。计算机信息系统可信计算基支持两种或两种以上成分组成的安全级。计算机信息系统可信计算基外部的所有主体对客体的直接或间接的访问应满足：仅当主体安全级中的等级分类高于或等于客体安全级中的等级分类，且主体安全级中的非等级类别包含了客体安全级中的全部非等级类别，主体才能读客体；仅当主体安全级中的等级分类低于或等于客体安全级中的等级分类，且主体安全级中的非等级类别包含于客体安全级中的非等级类别，主体才能写一个客体。计算机信息系统可信计算基使用身份和鉴别数据，鉴别用户的身份，保证用户创建的计算机信息系统可信计算基外部主体的安全级和授权受该用户的安全级和授权的控制。

(3) 标记。

计算机信息系统可信计算基维护与可被外部主体直接或间接访问计算机信息系统资源（例如：主体、存储客体、只读存储器）相关的敏感标记。这些标记是实施强制访问的基础。为了输入未加安全标记的数据，计算机信息系统可信计算基向授权用户要求并接受这些数据的安全级别，且可由计算机信息系统可信计算基审计。

(4) 身份鉴别。

计算机信息系统可信计算基初始执行时，首先要求用户标识自己的身份，而且，计算机信息系统可信计算基维护用户身份识别数据并确定用户访问权及授权数据。计算机信息系统可信计算基使用这些数据，鉴别用户身份，并使用保护机制（例如：口令）来鉴别用户的身份；阻止非授权用户访问用户身份鉴别数据。通过为用户提供唯一标识，计算机信息系统可信计算基能够使用户对自己的行为负责。计算机信息系统可信计算基还具备将身份标识与该用户所有可审计行为相关联的能力。

（5）客体重用。

在计算机信息系统可信计算基的空闲存储客体空间中，对客体初始指定、分配或再分配一个主体之前，撤销客体所含信息的所有授权。当主体获得对一个已被释放的客体的访问权时，当前主体不能获得原主体活动所产生的任何信息。

（6）审计。

计算机信息系统可信计算基能创建和维护受保护客体的访问审计跟踪记录，并能阻止非授权的用户对它访问或破坏。

计算机信息系统可信计算基能记录下述事件：使用身份鉴别机制；将客体引入用户地址空间（例如：打开文件、程序初始化）；删除客体；由操作员、系统管理员或（和）系统安全管理员实施的动作，以及其他与系统安全有关的事件。对于每一事件，其审计记录包括：事件的日期和时间、用户、事件类型、事件是否成功。对于身份鉴别事件，审计记录包含请求的来源（例如：终端标识符）；对于客体引入用户地址空间的事件及客体删除事件，审计记录包含客体名及客体的安全级别。此外，计算机信息系统可信计算基具有审计更改可读输出记号的能力。

对不能由计算机信息系统可信计算基独立分辨的审计事件，审计机制提供审计记录接口，可由授权主体调用。这些审计记录区别于计算机信息系统可信计算基独立分辨的审计记录。计算机信息系统可信计算基能够审计利用隐蔽存储信道时可能被使用的事件。

计算机信息系统可信计算基包含能够监控可审计安全事件发生与积累的机制，当超过阈值时，能够立即向安全管理员发出报警。并且，如果这些与安全相关的事件继续发生或积累，系统应以最小的代价中止它们。

（7）数据完整性。

计算机信息系统可信计算基通过自主和强制完整性策略，阻止非授权用户修改或破坏敏感信息。在网络环境中，使用完整性敏感标记来确信信息在传送中未受损。

（8）隐蔽信道分析。

系统开发者应彻底搜索隐蔽信道，并根据实际测量或工程估算确定每一个被标识信道的最大带宽。

（9）可信路径。

当连接用户时（如注册、更改主体安全级），计算机信息系统可信计算基提供它与用户之间的可信通信路径。可信路径上的通信只能由该用户或计算机信息系统可信计算基激活，且在逻辑上与其他路径上的通信相隔离，且能正确地加以区分。

（10）可信恢复。

计算机信息系统可信计算基提供过程和机制，保证计算机信息系统失效或中断后，可以进行不损害任何安全保护性能的恢复。

8.2.4　五个等级保护能力的比较

综上所述可以看出，不同等级的计算机信息系统具有不同的安全保护能力，从一级到五级，随着安全保护等级的逐步增高，保护能力也逐渐增强。表 8-1 描述了五个等级保护能力的综合比较情况。

表 8-1　**五个等级保护能力比较一览表**

编号	保护能力项目	第一级	第二级	第三级	第四级	第五级
1	自主访问控制	✓	✓	✓	✓	✓
2	强制访问控制			✓	✓	✓
3	标记			✓	✓	✓
4	身份鉴别	✓	✓	✓	✓	✓
5	客体重用		✓	✓	✓	✓
6	审计		✓	✓	✓	✓
7	数据完整性	✓	✓	✓	✓	✓
8	隐蔽信道分析				✓	✓
9	可信路径				✓	✓
10	可信恢复					✓

8.3　GB/T20271—2006《信息系统通用安全技术要求》

8.3.1　标准的适用范围

本标准主要从信息系统的安全保护等级划分的角度，说明为实现 GB17859—1999 中每一个安全保护等级的安全功能要求应采取的通用安全技术措施，以及各安全保护等级的安全功能在具体实现上的差异。

本标准适用于按等级化要求进行的安全信息系统的设计和实现，对按等级化要求进行的信息系统安全的测试和管理可参照使用。

8.3.2　术语和定义

GB17859—1999 确立的以及下列术语和定义适用于本标准：

（1）信息系统安全（security of information system）。

信息系统所存储、传输和处理的信息的保密性、完整性和可用性的表征。

（2）信息系统通用安全技术（common security technology of information system）。

实现各种类型的信息系统安全所普遍适用的安全技术。

(3) 信息系统安全子系统 (SSOIS) (security subsystem of information system)。

信息系统内安全保护装置的总称，包括硬件、固件、软件和负责执行安全策略的组合体。它建立了一个基本的信息系统安全保护环境，并提供安全信息系统所要求的附加用户服务。按照 GB17859—1999 对可信计算基 (TCB) 的定义，SSOIS 就是信息系统的 TCB。

(4) 安全要素 (security element)。

本标准中的安全功能技术要求和安全保证技术要求所包含的安全内容的组成成分。

(5) 安全功能策略 (SFP) (security function policy)。

为实现 SSOIS 安全要素要求的功能所采用的安全策略。

(6) 安全功能 (security function)。

为实现安全要素的要求，正确实施相应安全功能策略所提供的功能。

(7) 安全保证 (security assurance)。

为确保安全要素的安全功能达到要求的安全性目标所采取的方法和措施。

(8) SSOIS 安全策略 (SSP) (SS0IS security policy)。

对 SS0IS 中的资源进行管理、保护和分配的一组规则。一个 SSOIS 中可以有一个或多个安全策略。

(9) SSOIS 安全功能 (SSF) (SSOIS security function)。

正确实施 SSOIS 安全策略的全部硬件、固件、软件所提供的功能。每一个安全策略的实现，组成一个 SSOIS 安全功能模块。一个 SSOIS 的所有安全功能模块共同组成该 SSOIS 的安全功能。

(10) SSF 控制范围 (SSC) (SSF scope of control)。

SSOIS 的操作所涉及的主体和客体的范围。

(11) 用户标识 (user identification)。

用来标明用户的身份，确保用户在系统中的唯一性和可辨认性。一般以用户名称和用户标识符 (UID) 来标明系统中的用户。用户名称和用户标识符都是公开的明码信息。

(12) 用户鉴别 (user authentication)。

用特定信息对用户身份的真实性进行确认。用于鉴别的信息一般是非公开的、难以仿造的。

(13) 用户-主体绑定 (user-subject binding)。

用一定方法将指定用户与为其服务的主体 (如进程) 相关联。

(14) 主、客体标记 (label of subject and object)。

为主、客体指定敏感标记。这些敏感标记是等级分类和非等级类别的组合，是实施强制访问控制的依据。

(15) 安全属性 (security attribute)。

用于实施安全策略，与主体、客体相关的信息。对于自主访问控制，安全属性包括确定主、客体访问关系的相关信息；对于采用多级安全策略模型的强制访问控制，安全属性包括主、客体的标识信息和安全标记信息。

(16) 自主访问控制 (discretionary access control)。

由客体的所有者主体自主地规定其所拥有客体的访问权限的方法。有访问权限的主体能按授权方式对指定客体实施访问，并能根据授权，对访问权限进行转移。

(17) 强制访问控制（mandatory access control）。

由系统根据主、客体所包含的敏感标记，按照确定的规则，决定主体对客体访问权限的方法。有访问权限的主体能按授权方式对指定客体实施访问。敏感标记由系统安全员或系统自动地按照确定的规则进行设置和维护。

(18) 回退（rollback）。

由于某种原因而撤消上一次/一系列操作，并返回到该操作以前的已知状态的过程。

(19) 可信信道（trusted channel）。

为了执行关键的安全操作，在 SSF 与其他可信 IT 产品之间建立和维护的保护通信数据免遭修改和泄漏的通信路径。

(20) 可信路径（trusted path）。

为实现用户与 SSF 之间的可信通信，在 SSF 与用户之间建立和维护的保护通信数据免遭修改和泄漏的通信路径。

(21) 公开用户数据（published user data）。

信息系统中需要向所有用户公开的数据。该类数据需要进行完整性保护。

(22) 内部用户数据（internal user data）。

信息系统中具有一般使用价值或保密程度，需要进行一定保护的用户数据。该类数据的泄漏或破坏，会带来一定的损失。

(23) 重要用户数据（important user data）。

信息系统中具有重要使用价值或保密程度，需要进行重点保护的用户数据，该类数据的泄露或破坏，会带来较大的损失。

(24) 关键用户数据（key user data）。

信息系统中具有很高使用价值或保密程度，需要进行特别保护的用户数据，该类数据的泄漏或破坏，会带来重大损失。

(25) 核心用户数据（nuclear user data）。

信息系统中具有最高使用价值或保密程度，需要进行绝对保护的用户数据，该类数据的泄漏或破坏，会带来灾难性损失。

(26) 容错（tolerance）。

通过一系列内部处理措施，将软、硬件所出现的错误消除掉，确保出错情况下 SSOIS 所提供的安全功能的有效性和可用性；

(27) 服务优先级（priority of service）。

通过对资源使用的有限控制策略，确保 SSOIS 中高优先级任务的完成不受低优先级任务的干扰和延误，从而确保 SSOIS 安全功能的安全性；

(28) 资源分配（resource allocation）。

通过对 SSOIS 安全功能控制范围内资源的合理管理和调度，确保 SSOIS 的安全功能不因资源使用方面的原因而受到影响。

(29) 配置管理（CM）（configuration management）。

一种建立功能要求和规范的方法。该功能要求和规范是在 SSOIS 的执行中实现的。

（30）配置管理系统（CMS）（configuration management system）。

通过提供追踪任何变化，以及确保所有修改都已授权的方法，确保SSOIS各部分的完整性。

（31）保护轮廓（PP）（protection profile）。

详细说明信息系统安全保护需求的文档，即通常的安全需求，一般由用户负责编写。

（32）安全目标（ST）（security target）。

阐述信息系统安全功能及信任度的文档，即通常的安全方案，一般由开发者编写。

（33）SSOIS安全管理（SSOIS security management）。

是指对与SSOIS安全相关方面的管理，包括对不同的管理角色和它们之间的相互作用（如能力的分离）进行规定，对分散在多个物理上分离的部件有关敏感标记的传播、SSF数据和功能的修改等问题的处理。

（34）安全功能数据（security function data）。

安全子系统中各个安全功能模块实现其安全功能所需要的数据，如主、客体的安全属性，审计信息、鉴别信息等。

8.3.3 标准的主要内容

在本标准的四、五部分中详细描述了用于计算机信息系统保护应采取的各项通用技术要求的具体内容，包括安全功能技术要求和安全保证技术要求两个方面，详见表8-2和表8-3。第六部分则给出了对各个安全保护等级安全功能技术要求和安全保证技术要求的具体描述。表8-4给出了安全功能技术要素与安全功能技术分等级要求的对应关系，表8-5给出了安全保证技术要素与安全保证技术分等级要求的对应关系。

表8-2　　**安全功能技术要求的具体内容**

安全功能技术要求	要求的具体内容
4.1　物理安全	
4.1.1　环境安全	
4.1.1.1　中心机房的安全保护	
4.1.1.1.1　机房场地选择	
a）基本要求	按一般建筑物的要求进行机房场地选择
b）防火要求	避开易发生火灾和危险程度高的地区，如油库和其他易燃物附近的区域
c）防污染要求	避开尘埃、有毒气体、腐蚀性气体、盐雾腐蚀等环境污染的区域
d）防潮及防雷要求	避开低洼、潮湿及落雷区域
e）防震动和噪声要求	避开强震动源和强噪声源区域
f）防强电场、磁场要求	避开强电场和强磁场区域

续表

安全功能技术要求	要求的具体内容
g）防地震、水灾要求	避开有地震、水灾危害的区域
h）位置要求	避免在建筑物的高层以及用水设备的下层或隔壁
i）防公众干扰要求	避免靠近公共区域，如运输邮件通道、停车场或餐厅等
4.1.1.1.2 机房内部安全防护	
a）机房出入	机房应只设一个出入口，并有专人负责，未经允许的人员不准进入机房；另设若干紧急疏散出口，标明疏散线路和方向
b）机房物品	没有管理人员的明确准许，任何记录介质、文件材料及各种被保护品均不准带出机房，磁铁、私人电子计算机或电设备、食品及饮料、香烟、吸烟用具等均不准带入机房
c）机房人员	获准进入机房的来访人员，其活动范围应受到限制，并有接待人员陪同
d）机房分区	机房内部应分区管理，一般分为主机区、操作区、辅助区等，并根据每个工作人员的实际工作需要，确定其能进入的区域
e）机房门禁	设置机房电子门禁系统，进入机房的人员，通过门禁系统的鉴别，方可进入
4.1.1.1.3 机房防火	
a）建筑材料防火①	机房和记录介质存放间，其建筑材料的耐火等级，应符合TJ16—1974中规定的二级耐火等级；机房相关的其余基本工作房间和辅助房，其建筑材料的耐火等级应不低于TJ16—1974中规定的三级耐火等级
b）建筑材料防火②	机房和重要的记录介质存放间，其建筑材料的耐火等级，应符合GBJ45—1982中规定的二级耐火等级；机房相关的其余基本工作房间和辅助房，其建筑材料的耐火等级应不低于TJ16—1974中规定的二级耐火等级
c）建筑材料防火③	机房和重要的记录介质存放间，其建筑材料的耐火等级，应符合GBJ45—1982中规定的一级耐火等级；机房相关的其余基本工作房间和辅助房，其建筑材料的耐火等级应不低于TJ16—1974中规定的二级耐火等级
d）报警和灭火系统①	设置火灾报警系统，由人来操作灭火设备，并对灭火设备的效率、毒性、用量和损害性有一定的要求
e）报警和灭火系统②	设置火灾自动报警系统，包括火灾自动探测器、区域报警器、集中报警器和控制器等，能对火灾发生的部位以声、光或电的形式发出报警信号，并启动自动灭火设备，切断电源、关闭空调设备等
f）报警和灭火系统③	设置火灾自动消防系统，能自动检测火情、自动报警，并自动切断电源和其他应急开关，自动启动事先固定安装好的灭火设备进行自动灭火
g）区域隔离防火	机房布局应将脆弱区和危险区进行隔离，防止外部火灾进入机房，特别是重要设备地区，应安装防火门、使用阻燃材料装修等

续表

安全功能技术要求	要求的具体内容
4.1.1.1.4 机房供、配电	
a）分开供电	机房供电系统应将计算机系统供电与其他供电分开，并配备应急照明装置
b）紧急供电①	配置抵抗电压不足的基本设备，如 UPS
c）紧急供电②	配置抵抗电压不足的改进设备，如基本 UPS、改进 UPS、多级 UPS
d）紧急供电③	配置抵抗电压不足的更强设备，如基本 UPS、改进的 UPS、多级 UPS 和应急电源（发电机组）等
e）备用供电	建立备用的供电系统，以备常用供电系统停电时启用，完成对运行系统必要的保留
f）稳压供电	采用线路稳压器，防止电压波动对计算机系统的影响
g）电源保护	设置电源保护装置，如金属氧化物可变电阻、硅雪崩二极管、气体放电管、滤波器、电压调整变压器和浪涌滤波器等，防止/减少电源发生故障
h）不间断供电	采用不间断供电电源，防止电压波动、电器干扰、断电等对计算机系统的影响
i）电器噪声防护	采取有效措施，减少机房中电器噪声干扰，保证计算机系统正常运行
j）突然事件防护	采取有效措施，防止/减少供电中断、异常状态供电（指连续电压过载或低电压）、电压瞬变、噪声（电磁干扰）以及由于雷击等引起的设备突然失效事件
4.1.1.1.5 机房空调、降温	
a）基本温度要求	应有必要的空调设备，使机房温度达到所需的温度要求
b）较完备空调系统	应有较完备的中央空调系统，保证机房温度的变化在计算机系统运行所允许的范围
c）完备空调系统	应有完备的中央空调系统，保证机房各个区域的温度变化能满足计算机系统运行、人员活动和其他辅助设备的要求
4.1.1.1.6 机房防水与防潮	
a）水管安装要求	水管安装，不得穿过屋顶和活动地板下，穿过墙壁和楼板的水管应使用套管，并采取可靠的密封措施
b）水害防护	采取一定措施，防止雨水通过屋顶和墙壁渗透、室内水蒸气结露和地下积水的转移与渗透
c）防水检测	安装对水敏感的检测仪表或元件，对机房进行防水检测，发现水害，及时报警
d）排水要求	机房应设有排水口，并安装水泵，以便迅速排出积水

续表

安全功能技术要求	要求的具体内容
4.1.1.1.7　机房防静电	
a）接地与屏蔽	采用必要的措施，使计算机系统有一套合理的防静电接地与屏蔽系统
b）服装防静电	人员服装采用不易产生静电的衣料，工作鞋选用低阻值材料制作
c）温、湿度防静电	控制机房温湿度，使其保持在不易产生静电的范围内
d）地板防静电	机房地板从表面到接地系统的阻值，应在不易产生静电的范围
e）材料防静电	机房中使用的各种家具，工作台、柜等，应选择产生静电小的材料
f）维修 MOS 电路保护	在硬件维修时，应采用金属板台面的专用维修台，以保护 MOS 电路
g）静电消除要求	在机房中使用静电消除剂和静电消除器等，以进一步减少静电的产生
4.1.1.1.8　机房接地与防雷击	
a）接地要求	采用地桩、水平栅网、金属板、建筑物基础钢筋构建接地系统等，确保接地体的良好接地
b）去耦、滤波要求	设置信号地与直流电源地，并注意不造成额外耦合，保障去耦、滤波等的良好效果
c）避雷要求	设置避雷地，以深埋地下、与大地良好相通的金属板作为接地点；至避雷针的引线则应采用粗大的紫铜条，或使整个建筑的钢筋自地基以下焊连成钢筋网作为“大地”与避雷针相连
d）防护地与屏蔽地要求	设置安全防护地与屏蔽地，采用阻抗尽可能小的良导体的粗线，以减小各种地之间的电位差；应采用焊接方法，并经常检查接地的良好，检测接地电阻，确保人身、设备和运行的安全
e）交流电源地线要求	设置交流电源地线；交流供电线应有规范连接位置的三芯线，即相线、中线和地线，并将该“地线”连通机房的地线网，以确保其安全保护作用
4.1.1.1.9　机房电磁防护	
a）接地防干扰	采用接地的方法，防止外界电磁和设备寄生耦合对计算机系统的干扰
b）屏蔽防干扰	采用屏蔽方法，减少外部电器设备对计算机系统的瞬间干扰
c）距离防干扰	采用距离防护的方法，将计算机机房的位置选在外界电磁干扰小的地方和远离可能接收辐射信号的地方
d）电磁泄漏发射防护	应采用必要措施，防止计算机设备产生的电磁泄漏发射造成信息泄露
e）介质保护	对磁带、磁盘等磁介质设备的保管存放，应注意电磁感应的影响，如使用铁制柜存放
f）机房屏蔽	采用屏蔽方法，对计算机机房进行电磁屏蔽，防止外部电磁场对计算机设备的干扰，防止电磁信号泄漏造成的信息泄露

续表

安全功能技术要求	要求的具体内容
4.1.1.2 通信线路的安全防护	
a）确保线路畅通	采取必要措施，保证通信线路畅通
b）发现线路截获	采取必要措施，发现线路截获事件并报警
c）及时发现线路截获	采取必要措施，及时发现线路截获事件并报警
d）防止线路截获	采取必要措施，防止线路截获事件发生
4.1.2 设备安全	
4.1.2.1 设备的防盗和防毁	
a）设备标记要求	计算机系统的设备和部件应有明显的无法除去的标记，以防更换和方便查找赃物
b）计算中心防盗①	计算中心应安装防盗报警装置，防止夜间从门窗进入的盗窃行为
c）计算中心防盗②	计算中心应利用光、电、无源红外等技术设置机房报警系统，并有专人值守，防止夜间从门窗进入的盗窃行为
d）计算中心防盗③	利用闭路电视系统对计算中心的各重要部位进行监视，并有专人值守，防止夜间从门窗进入的盗窃行为
e）机房外部设备防盗	机房外部的设备，应采取加固防护等措施，必要时安排专人看管，以防止盗窃和破坏
4.1.2.2 设备的安全可用	
a）基本运行支持	信息系统的所有设备应提供基本的运行支持，并有必要的容错和故障恢复能力
b）设备可用	支持信息系统运行的所有设备，包括计算机主机、外部设备、网络设备及其它辅助设备等均应安全可用
c）设备不间断运行	提供可靠的运行支持，并通过容错和故障恢复等措施，支持信息系统实现不间断运行
4.1.3 记录介质安全	
a）公开数据介质保护	存放有用数据的各类记录介质，如纸介质、磁介质、半导体介质和光介质等，应采取一定措施防止被毁和受损
b）内部数据介质保护	存放内部数据的各类记录介质，如纸介质、磁介质、半导体介质和光介质等，应采取一定措施，防止被盗、被毁和受损；需要删除和销毁的内部数据，应有一定措施，防止被非法拷贝
c）重要数据介质保护	存放重要数据的各类记录介质，如纸介质、磁介质、半导体介质和光介质等，应采取较严格的保护措施，防止被盗、被毁和受损；应该删除和销毁的重要数据，要有有效的管理和审批手续，防止被非法拷贝

续表

安全功能技术要求	要求的具体内容
d）关键数据介质保护	存放关键数据的各类记录介质，如纸介质、磁介质、半导体介质和光介质等，应采取严格的保护措施，防止被盗、被毁和受损；需要删除和销毁的关键数据，要有严格的管理和审批手续，并采取有效措施，防止被非法拷贝
e）核心数据介质保护	存放核心数据的各类记录介质，如纸介质、磁介质、半导体介质和光介质等，应采取最严格的保护措施，防止被盗、被毁和受损；核心数据应长期保存，并采取有效措施，防止被非法拷贝
4.2　运行安全	
4.2.1　风险分析	信息系统的风险分析应按以下要求进行： a）以系统安全运行和数据安全保护为出发点，全面分析由于物理的、系统的、管理的、人为的和自然的原因所造成的安全风险； b）通过对影响信息系统安全运行的诸多因素的了解和分析，明确系统存在的风险，找出克服这些风险的办法； c）对常见的风险（如：后门/陷阱门、拒绝使用、辐射、盗用、伪造、假冒、逻辑炸弹、破坏活动、偷窃行为、搭线窃听以及计算机病毒等）进行分析，确定每类风险的程度； d）系统设计前和运行前应进行静态风险分析，以发现系统的潜在安全隐患； e）系统运行过程中应进行动态风险分析，测试、跟踪并记录其活动，以发现系统运行期的安全漏洞，并提供相应的系统脆弱性分析报告； f）采用风险分析工具，通过收集数据、分析数据、输出数据，确定危险的严重性等级，分析危险的可能性等方法，进行风险分析，并确定安全对策
4.2.2　信息系统安全性检测分析	
a）操作系统安全性检测分析	从操作系统的角度，以管理员身份评估文件许可、文件宿主、网络服务设置、账户设置、程序真实性以及一般的与用户相关的安全点、入侵迹象等，从而检测和分析操作系统的安全性，发现存在的安全隐患
b）数据库管理系统安全性检测分析	对支持信息系统运行的数据库管理系统进行安全性检测分析，要求通过扫描数据库系统中与鉴别、授权、访问控制和系统完整性设置相关的数据库管理系统特定的安全脆弱性，分析其存在的缺点和漏洞，提出补救措施
c）网络安全性检测分析	采用侵袭模拟器，通过在网络设备的关键部位，用模拟侵袭的方法，自动扫描、检查并报告网络系统中（包括安全网络系统的各个组成部分，如防火墙等）存在的缺陷和漏洞，提出补救措施，达到增强网络安全性的目的
d）应用系统安全性检测分析	对所开发的应用系统进行系统运行的安全性检测分析，要求通过扫描应用系统中与鉴别、授权、访问控制和系统完整性有关的特定的安全脆弱性，分析其存在的缺陷和漏洞，提出补救措施

续表

安全功能技术要求	要求的具体内容
e）硬件系统安全性检测分析	对支持系统运行的硬件系统进行安全性检测，通过扫描硬件系统中与系统运行和数据保护有关的特定安全脆弱性（包括电磁泄漏发射和电磁干扰等），分析其存在的缺陷和漏洞，提出补救措施
f）攻击性检测分析	对重要的信息系统作攻击性检测，通过专业技术攻击检测检查系统存在的缺陷和漏洞，提出补救措施
4.2.3 信息系统安全监控	
a）安全探测机制	在组成信息系统的计算机、网络的各个重要部位，设置探测器，实时监听网络数据流，监视和记录内、外部用户出入网络的相关操作，在发现违规模式和未授权访问时，报告信息系统安全监控中心
b）安全监控中心	设置安全监控中心，对收到的来自探测器的信息，根据安全策略进行分析，并作审计、报告、事件记录和报警等处理。监控中心应具有必要的远程管理功能，如对探测器实现远程参数设置、远程数据下载、远程启动等操作。安全监控中心还应具有实时响应功能，包括攻击分析和响应、误操作分析和响应、漏洞分析和响应以及漏洞形势分析和响应等
4.2.4 安全审计	
4.2.4.1 安全审计的响应	
a）记审计日志	当检测到有安全侵害事件时，将审计数据记入审计日志
b）实时报警生成	当检测到有安全侵害事件时，生成实时报警信息，并根据报警开关的设置有选择地报警
c）违例进程终止	当检测到有安全侵害事件时，将违例进程终止
d）服务取消	当检测到有安全侵害事件时，取消当前的服务
e）用户账号断开与失效	当检测到有安全侵害事件时，将当前的用户账号断开，并使其失效
4.2.4.2 安全审计数据产生	安全审计 SSF 应按以下要求产生审计数据： 为下述可审计事件产生审计记录： ——审计功能的开启和关闭； ——使用身份鉴别机制； ——将客体引入用户地址空间（例如：打开文件、程序初始化）； ——删除客体； ——系统管理员、系统安全员、审计员和一般操作员所实施的操作； ——其他与系统安全有关的事件或专门定义的可审计事件。 b）对于每一个事件，其审计记录应包括：事件的日期和时间、用户、事件类型、事件是否成功，及其他与审计相关的信息 c）对于身份鉴别事件，审计记录应包含请求的来源（例如：末端标识符） d）对于客体被引入用户地址空间的事件及删除客体事件，审计记录应包含客体名及客体的安全级

续表

安全功能技术要求	要求的具体内容
4.2.4.3　安全审计分析	
a）潜在侵害分析	用一系列规则监控审计事件，并根据这些规则指出对 SSP 的潜在侵害。这些规则包括：由已定义的可审计事件的子集所指示的潜在安全攻击的积累或组合；任何其它的规则
b）基于异常检测的描述	维护用户所具有的质疑等级——历史使用情况，以表明该用户的现行活动与已建立的使用模式的一致性程度。当用户的质疑等级超过门限条件时，能指出将要发生对安全性的威胁
c）简单攻击探测	能检测到对 SSF 的实施有重大威胁的签名事件的出现。为此，SSF 应维护指出对 SSF 侵害的签名事件的内部表示，并将检测到的系统行为记录与签名事件进行比较，当发现两者匹配时，指出一个对 SSF 的攻击即将到来
d）复杂攻击探测	在上述简单攻击探测的基础上，能检测到多步入侵情况，并根据已知的事件序列模拟出完整的入侵情况，指出发现对 SSF 的潜在侵害的签名事件或事件序列的时间
4.2.4.4　安全审计查阅	
a）基本审计查阅	提供从审计记录中读取信息的能力，即为授权用户提供获得和解释审计信息的能力。当用户是人时，必须以人类可懂的方式表示信息；当用户是外部 IT 实体时，必须以电子方式无歧义地表示审计信息
b）有限审计查阅	在基本审计查阅的基础上，应禁止具有读访问权限以外的用户读取审计信息
c）可选审计查阅	在有限审计查阅的基础上，应具有根据准则来选择要查阅的审计数据的功能，并根据某种逻辑关系的标准提供对审计数据进行搜索、分类、排序的能力
4.2.4.5　安全审计事件选择	应根据以下属性选择可审计事件： a）客体身份、用户身份、主体身份、主机身份、事件类型。 b）作为审计选择性依据的附加属性
4.2.4.6　安全审计事件存储	
a）受保护的审计踪迹存储	审计踪迹的存储受到应有的保护，能检测或防止对审计记录的修改
b）审计数据的可用性确保	在意外情况出现时，能检测或防止对审计记录的修改，以及在发生审计存储已满、存储失败或存储受到攻击时，确保审计记录不被破坏
c）在审计数据可能丢失情况下的措施	当审计跟踪超过预定的门限时，应采取相应的措施，进行审计数据可能丢失情况的处理

续表

安全功能技术要求	要求的具体内容
d）防止审计数据丢失	在审计踪迹存储记满时，应采取相应的防止审计数据丢失的措施，可选择“忽略可审计事件”“阻止除具有特殊权限外的其他用户产生可审计事件”“覆盖已存储的最老的审计记录”和“一旦审计存储失败所采取的其他行动”等措施，防止审计数据丢失
4.2.4.7 网络环境安全审计与评估	在网络环境运行的信息系统，应采用以下措施实现网络环境信息系统安全审计： a）安全审计中心：在信息系统中心建立由安全审计服务器组成的审计中心，收集各安全审计代理程序的审计信息，并进行记录分析与保存 b）安全审计代理程序：分布在网络各个运行节点的安全审计代理程序，为安全审计服务器提供审计数据 c）跨平台安全审计机制：设置跨平台的安全审计机制，对安全事件快速进行评估并作出响应，向管理人员提供各种能反映系统使用情况、出现的可疑迹象、运行中发生的问题等有价值的统计和分析信息 d）审计评估方法和机制：运用统计方法学和审计评估机制，给出智能化审计报告及趋向报告，达到综合评估系统安全现状的目的
4.2.5 信息系统边界安全防护	
a）基本安全防护	采用常规的信息系统边界安全防护机制，如基本的登录/连接控制等，实现基本的信息系统边界安全防护
b）较严格安全防护	采用较严格的安全防护机制，如较严格的登录/连接控制，普通功能的防火墙、防病毒网关、入侵防范、信息过滤、边界完整性检查等，实现较严格的信息系统边界安全防护
c）严格安全防护	根据当前信息安全对抗技术的发展，采用严格的安全防护机制，如严格的登录/连接控制，高安全功能的防火墙、防病毒网关、入侵防范、信息过滤、边界完整性检查等，实现严格的信息系统边界安全防护
d）最高安全防护	采用当前最先进的边界防护技术，必要时可以采用物理隔离安全机制，实现特别安全要求的信息系统边界安全防护
4.2.6 备份与故障恢复	为了实现确定的恢复功能，必须在信息系统正常运行时定期地或按某种条件实施备份。不同的恢复要求应有不同的备份进行支持
a）用户自我信息备份与恢复	提供用户有选择地备份重要信息的功能；当由于某种原因引起信息系统中用户信息丢失或破坏时，能提供用户按自我信息备份所保留的信息进行信息恢复的功能
b）增量信息备份与恢复	提供由信息系统定时对新增信息进行备份的功能；当由于某种原因引起信息系统中的某些信息丢失或破坏时，提供用户按增量信息备份所保留的信息进行信息恢复的功能

续表

安全功能技术要求	要求的具体内容
c）局部系统备份与恢复	提供定期对信息系统的某些重要的局部系统的运行状态进行备份的功能；当由于某种原因引起信息系统某一局部发生故障时，提供用户按局部系统备份所保留的运行状态进行局部系统恢复的功能
d）设备备份与容错	提供定期对信息系统全系统的运行状态进行备份的功能；当由于某种原因引起信息系统全系统发生故障时，提供用户按全系统备份所保留的运行状态进行全系统恢复的功能
e）网络备份与容错	可采用设备冷/热备份、单机逻辑备份、双机备份等，对系统的重要设备进行备份/冗余设置和容错设计，并在必要时能立即投入使用，使故障对用户透明
f）全系统备份与恢复	对于重要信息系统，采用冗余技术、路由选择技术、路由备份技术等，实现网络备份与容错，当网络正常路由不能工作时，能替代其工作，使信息系统照常运行
g）灾难备份与恢复	对于重要的信息系统，设置主机系统的异地备份，当主机系统发生灾难性故障中断运行时，能在较短时间内启动，替代主机系统工作，使系统不间断运行
4.2.7　恶意代码防护	
a）严格管理	严格控制各种外来介质的使用，防止恶意代码通过介质传播
b）网关防护	要求在所有恶意代码可能入侵的网络连接部位设置防护网关，拦截并清除企图进入系统的恶意代码
c）整体防护	设置恶意代码防护管理中心，通过对全系统的服务器、工作站和客户机，进行恶意代码防护的统一管理，及时发现和清除进入系统内部的恶意代码
d）防管结合	将恶意代码防护与网络管理相结合，在网管所涉及的重要部位设置恶意代码防护软件，在所有恶意代码能够进入的地方都采取相应的防范措施，防止恶意代码侵袭
e）多层防御	采用实时扫描、完整性保护和完整性检验等不同层次的防护技术，将恶意代码检测、多层数据保护和集中式管理功能集成起来，提供全面的恶意代码防护功能，检测、发现和消除恶意代码，阻止恶意代码的扩散和传播
4.2.8　信息系统应急处理	
a）具有各种安全措施	包括在出现各种安全事件时应采取的措施，这些措施是管理手段与技术手段的结合
b）设置正常备份机制	在系统正常运行时就通过各种备份措施为灾害和故障做准备
c）健全安全管理机构	建立健全的安全事件管理机构，明确人员的分工和责任
d）建立处理流程图	制定安全事件响应与处理计划及事件处理过程示意图，以便迅速恢复被破坏的系统

续表

安全功能技术要求	要求的具体内容
4.2.9 可信计算和可信连接技术	
a）可信计算机技术	通过在计算机的核心部位设置基于硬件支持的可信计算模块，为计算机系统的运行，建立从系统引导、加载直到应用服务的可信任链，确保各种运行程序的真实性，并对用户的身份鉴别，以及数据的保密性、完整性保护等安全功能提供支持
b）可信连接技术	通过在网络设备的核心部位设置基于硬件支持的可信连接模块，为网络设备的链接提供可信支持，确保网络设备的可信连接
4.3 数据安全	
4.3.1 身份鉴别	
4.3.1.1 用户标识与鉴别	
4.3.1.1.1 用户标识	
a）基本标识	应在 SSF 实施所要求的动作之前，先对提出该动作要求的用户进行标识
b）唯一标识	应确保所标识用户在信息系统生存周期内的唯一性，并将用户标识与安全审计相关联
c）标识信息管理	应对用户标识信息进行管理、维护，确保其不被非授权地访问、修改或删除
4.3.1.1.2 用户鉴别	
a）基本鉴别	应在 SSF 实施所要求的动作之前，先对提出该动作要求的用户成功地进行鉴别
b）不可伪造鉴别	应检测并防止使用伪造或复制的鉴别信息。一方面，要求 SSF 应检测或防止由任何别的用户伪造的鉴别数据，另一方面，要求 SSF 应检测或防止当前用户从任何其它用户处复制的鉴别数据的使用
c）一次性使用鉴别	应提供一次性使用鉴别数据的鉴别机制，即 SSF 应防止与已标识过的鉴别机制有关的鉴别数据的重用
d）多机制鉴别	应提供不同的鉴别机制，用于鉴别特定事件的用户身份，并根据所描述的多种鉴别机制如何提供鉴别的规则，来鉴别任何用户所声称的身份
e）重新鉴别	应有能力规定需要重新鉴别用户的事件，即在需要重新鉴别的条件成立时，对用户进行重新鉴别。例如，终端用户操作超时被断开后，重新连接时需要进行重鉴别
f）鉴别信息管理	应对用户鉴别信息进行管理、维护，确保其不被非授权的访问、修改或删除

续表

安全功能技术要求	要求的具体内容
4.3.1.1.3　鉴别失败处理	SSF 应为不成功的鉴别尝试（包括尝试次数和时间的阈值）定义一个值，并明确规定达到该值时所应采取的动作。鉴别失败的处理应包括检测出现相关的不成功鉴别尝试的次数与所规定的数目相同的情况，并进行预先定义的处理
4.3.1.2　用户-主体绑定	在 SSOIS 安全功能控制范围之内，对一个已标识和鉴别的用户，应通过用户-主体绑定将该用户与为其服务的主体（如进程）相关联，从而将该用户的身份与该用户的所有可审计行为相关联，以实现用户行为的可查性
4.3.1.3　隐秘	SSOIS 应为用户提供确保其身份真实性的前提下，不被其他用户发现或滥用的保护。根据对身份鉴别的不同要求，隐秘分为： a）匿名：用户在其使用资源或服务时，不暴露身份，即：应确保任何用户和/或主体集，不能确定与当前主体和/或操作相关联的实际用户，并在对主体提供服务时不询问实际的用户名 b）假名：用户在使用资源或设备时，不暴露其真实名称，但仍能对该次使用负责，即：应确保用户和/或主体集，不能确定与当前主体和/或操作相关联的真实的用户名，并能给一个用户提供多个假名，以及验证所使用的假名是否符合假名的度量 c）不可关联性：一个用户可以多次使用资源和服务，但任何人都不能将这些使用联系在一起，即：应确保任何用户和/主体不能确定系统中的某些操作是否由同一用户引起 d）不可观察性：用户在使用资源和服务时，其他人，特别是第三方不能观察到该资源和服务正在被使用，即：应确保任何用户和/或主体，不能观察到由受保护的用户和/或主体对客体所进行的操作
4.3.1.4　设备标识与鉴别	
4.3.1.4.1　设备标识	
a）接入前标识	对连接到信息系统的设备，应在将其接入系统前先进行标识
b）标识信息管理	应对设备标识信息进行管理、维护，确保其不被非授权的访问、修改或删除
4.3.1.4.2　设备鉴别	
a）接入前鉴别	对连接到信息系统的设备，应在将其接入系统前先进行鉴别，以防止设备的非法接入
b）不可伪造鉴别	鉴别信息应是不可见的，不易仿造的，应检测并防止使用伪造或复制的鉴别信息
c）鉴别信息管理	应对设备鉴别信息进行管理、维护，确保其不被非授权的访问、修改或删除

续表

安全功能技术要求	要求的具体内容
4.3.1.4.3 鉴别失败处理	应通过对不成功的鉴别尝试（包括尝试次数和时间的阈值）的值进行预先定义，以及明确规定达到该值时所应采取的动作来实现鉴别失败的处理
4.3.2 抗抵赖	
4.3.2.1 抗原发抵赖	应确保数据的发送者不能成功地否认曾经发送过该数据。要求 SSF 应提供一种方法，来确保接收数据的主体在数据交换期间能获得证明数据原发的证据，而且该证据可由该主体或第三方主体验证
a）选择性原发证明	SSF 应具有按主体请求对传输的数据产生原发证据的能力，即 SSF 在接到接收者的请求时，能就传输的数据产生原发证据，证明该数据的发送由该原发者所为
b）强制性原发证明	SSF 应总对传输的数据产生原发证据，即 SSF 能在任何时候对传输的数据产生原发证据，证明该数据的发送由该原发者所为
4.3.2.2 抗接收抵赖	应确保数据的接收者不能否认接收过该数据。要求 SSF 应提供一种方法，来确保发送数据的主体在数据交换期间能获得证明该数据被接收的证据，而且该证据可由该主体或第三方主体验证
a）选择性接收证明	SSF 应具有按主体请求对传输的数据产生接收证据的能力，即 SSF 在接到原发者的请求时，能就传输的数据产生接收证据，证明该数据的接收由该接收者所为
b）强制性接收证明	SSF 应总对传输的数据产生接收证据，即 SSF 能在任何时候对传输的数据产生接收证据，证明该数据的接收由该接收者所为
4.3.3 自主访问控制	
4.3.3.1 访问控制策略	SSF 应按确定的自主访问控制安全策略进行设计，实现对策略控制下的主体对客体操作的控制。可以有多个自主访问控制安全策略，但它们必须独立命名，且不能相互冲突。常用的自主访问控制策略包括：访问控制表访问控制、目录表访问控制、权能表访问控制等
4.3.3.2 访问控制功能	SSF 应实现采用一条命名的访问控制策略的特定功能，说明策略的使用和特征，以及该策略的控制范围。无论采用何种自主访问控制策略，SSF 应有能力提供： ——在安全属性或命名的安全属性组的客体上，执行访问控制 SFP； ——在基于安全属性的允许主体对客体访问的规则的基础上，允许主体对客体的访问； ——在基于安全属性的拒绝主体对客体访问的规则的基础上，拒绝主体对客体的访问
4.3.3.3 访问控制范围	
a）子集访问控制	要求每个确定的自主访问控制，SSF 应覆盖由安全系统所定义的主体、客体及其之间的操作

续表

安全功能技术要求	要求的具体内容
b）完全访问控制	要求每个确定的自主访问控制，SSF 应覆盖信息系统中所有的主体、客体及其之间的操作，即要求 SSF 应确保 SSC 内的任意一个主体和任意一个客体之间的所有操作将至少被一个确定的访问控制 SFP 覆盖
4.3.3.4　访问控制粒度	
a）粗粒度	主体为用户组/用户级，客体为文件、数据库表级
b）中粒度	主体为用户级，客体为文件、数据库表级和/或记录、字段级
c）细粒度	主体为用户级，客体为文件、数据库表级/记录、字段/元素级
4.3.4　标记	
4.3.4.1　主体标记	应为实施强制访问控制的主体指定敏感标记，这些敏感标记是实施强制访问控制的依据。如：等级分类和非等级类别组合的敏感标记是实施多级安全模型的基础
4.3.4.2　客体标记	应为实施强制访问控制的客体指定敏感标记，这些敏感标记是实施强制访问控制的依据。如：等级分类和非等级类别组合的敏感标记是实施多级安全模型的基础
4.3.4.3　标记的输出	当数据从 SSC 之内向其控制范围之外输出时，根据需要可以保留或不保留数据的敏感标记
a）不带敏感标记的用户数据输出	在 SFP 的控制下输出用户数据到 SSC 之外时，不带有与数据相关的敏感标记
b）带有敏感标记的用户数据输出	在 SFP 的控制下输出用户数据到 SSC 之外时，应带有与数据相关的敏感标记，并确保敏感标记与所输出的数据相关联
4.3.4.4　标记的输入	当数据从 SSF 控制范围之外向其控制范围之内输入时，应有相应的敏感标记，以便输入的数据能受到保护
a）不带敏感标记的用户数据输入	SSF 应做到： ——在 SFP 控制下从 SSC 之外输入用户数据时，应执行访问控制 SFP； ——略去任何与从 SSC 之外输入的数据相关的敏感标记； ——执行附加的输入控制规则，为输入数据设置敏感标记
b）带有敏感标记的用户数据输入	SSF 应做到： ——在 SFP 控制下从 SSC 之外输入用户数据时，应执行访问控制 SFP； ——SSF 应使用与输入的数据相关的敏感标记； ——SSF 应在敏感标记和接收的用户数据之间提供确切的联系； ——SSF 应确保对输入的用户数据的敏感标记的解释与原敏感标记的解释是一致的
4.3.5　强制访问控制	

续表

安全功能技术要求	要求的具体内容
4.3.5.1　访问控制策略	强制访问控制策略应包括策略控制下的主体、客体，及由策略覆盖的被控制的主体与客体间的操作。可以有多个访问控制安全策略，但它们必须独立命名，且不能相互冲突。当前常见的强制访问控制策略有： a）多级安全模型：基本思想是，在对主、客体进行标记的基础上，SSOIS控制范围内的所有主体对客体的直接或间接的访问应满足： ——向下读原则：仅当主体标记中的等级分类高于或等于客体标记中的等级分类，且主体标记中的非等级类别包含了客体标记中的全部非等级类别，主体才能读该客体； ——向上写原则：仅当主体标记中的等级分类低于或等于客体标记中的等级分类，且主体标记中的非等级类别包含于客体标记中的非等级类别，主体才能写该客体 b）基于角色的访问控制（BRAC）：基本思想是，按角色进行权限的分配和管理；通过对主体进行角色授予，使主体获得相应角色的权限；通过撤消主体的角色授予，取消主体所获得的相应角色权限。在基于角色的访问控制中，标记信息是对主体的授权信息 c）特权用户管理：基本思想是，针对特权用户权限过于集中所带来的安全隐患，对特权用户按最小授权原则进行管理。实现特权用户的权限分离；仅授予特权用户为完成自身任务所需要的最小权限
4.3.5.2　访问控制功能	SSF应明确指出采用一条命名的强制访问控制策略所实现的特定功能。SSF应有能力提供： ——在标记或命名的标记组的客体上，执行访问控制SFP； ——按受控主体和受控客体之间的允许访问规则，决定允许受控主体对受控客体执行受控操作； ——按受控主体和受控客体之间的拒绝访问规则，决定拒绝受控主体对受控客体执行受控操作
4.3.5.3　访问控制范围	
a）子集访问控制	对每个确定的强制访问控制，SSF应覆盖信息系统中由安全功能所定义的主体、客体及其之间的操作
b）完全访问控制	对每个确定的强制访问控制，SSF应覆盖信息系统中所有的主体、客体及其之间的操作，即要求SSF应确保SSC内的任意一个主体和任意一个客体之间的操作将至少被一个确定的访问控制SFP覆盖
4.3.5.4　访问控制粒度	
a）中粒度	主体为用户级，客体为文件、数据库表级和/或记录、字段级
b）细粒度	主体为用户级，客体为文件、数据库表级和/或记录、字段和/或元素级

续表

安全功能技术要求	要求的具体内容
4. 3. 5. 5　访问控制环境	强制访问控制应考虑以下不同的系统运行环境： a）单一安全域环境：在单一安全域环境实施的强制访问控制应在该环境中维持统一的标记信息和访问规则；当被控客体输出到安全域以外时，应将其标记信息同时输出 b）多安全域环境：在多安全域环境实施统一安全策略的强制访问控制时，应在这些安全域中维持统一的标记信息和访问规则；当被控制客体在这些安全域之间移动时，应将其标记信息一起移动
4. 3. 6　用户数据完整性保护	
4. 3. 6. 1　存储数据的完整性	应对存储在 SSC 内的用户数据进行完整性保护
a）完整性检测	SSF 应对存储在 SSC 内的用户数据在读取操作时进行完整性检测，以发现数据完整性被破坏的情况
b）完整性检测和恢复	SSF 应对存储在 SSC 内的用户数据在读取操作时进行完整性检测，并在检测到完整性错误时，采取必要的恢复措施
4. 3. 6. 2　传输数据的完整性	当用户数据在 SSF 和 SSF 间传输时应提供完整性保护
a）完整性检测	SSF 应对经网络传输的用户数据在传输过程中进行完整性检测，及时发现以某种方式传送或接收的用户数据被篡改、删除、插入等情况发生
b）数据交换恢复	SSF 应对经网络传输的用户数据在传输过程中进行完整性检测，及时发现以某种方式传送或接收的用户数据被篡改、删除、插入等情况发生，并在检测到完整性错误时，采取必要的恢复措施
4. 3. 6. 3　处理数据的完整性	对信息系统中处理中的数据，应通过“回退”进行完整性保护，即 SSF 应执行数据处理完整性 SFP，以允许对所定义的操作序列进行回退
4. 3. 7　用户数据保密性保护	
4. 3. 7. 1　存储数据保密性保护	对存储在 SSC 内的用户数据，应根据不同数据类型的不同保密性要求，进行不同程度的保密性保护，确保除具有访问权限的合法用户外，其余任何用户不能获得该数据
4. 3. 7. 2　传输数据保密性保护	对在不同 SSF 之间或不同 SSF 上的用户之间传输的用户数据，应根据不同数据类型的不同保密性要求，进行不同程度的保密性保护，确保数据在传输过程中不被泄漏和窃取
4. 3. 7. 3　客体安全重用	在对资源进行动态管理的系统中，客体资源（寄存器、内存、磁盘等记录介质）中的剩余信息不应引起信息的泄漏

续表

安全功能技术要求	要求的具体内容
a）子集信息保护	由 SSOIS 安全控制范围之内的某个子集的客体资源，在将其释放后再分配给某一用户或代表该用户运行的进程时，应不会泄漏该客体中的原有信息
b）完全信息保护	由 SSOIS 安全控制范围之内的所有客体资源，在将其释放后再分配给某一用户或代表该用户运行的进程时，应不会泄漏该客体中的原有信息
c）特殊信息保护	在完全信息保护的基础上，对于某些需要特别保护的信息，应采用专门的方法对客体资源中的残留信息做彻底清除，如对剩磁的清除等
4.3.8　数据流控制	在以数据流方式实现数据流动的信息系统中，应采用数据流控制机制实现对数据流动的安全控制，以防止具有高等级安全的数据信息向低等级的区域流动
4.3.9　可信路径	用户与 SSF 间的可信路径应： a）提供真实的端点标识，并保护通信数据免遭修改和泄漏 b）利用可信路径的通信可以由 SSF 自身、本地用户或远程用户发起 c）对原发用户的鉴别或需要可信路径的其他服务均使用可信路径
4.3.10　密码支持	应根据密码强度与信息系统安全保护等级匹配的原则，按国家密码主管部门的规定，分级配置具有相应等级密码管理的密码支持。

表 8-3　**安全保证技术要求的具体内容**

安全保证技术要求	要求的具体内容
5.1　SSOIS 自身安全保护	
5.1.1　SSF 物理安全保护	
5.1.1.1　物理攻击的被动检测	应对可能危及 SSF 安全的物理篡改提供明确的检测手段，由授权用户激活自动安全检测功能或用手动方式进行检查，以确定篡改是否发生
5.1.1.2　物理攻击的自动报告	在上述物理攻击检测的基础上，当发现物理篡改时，应自动报告给指定用户
5.1.1.3　物理攻击抵抗	在上述物理攻击自动报告的基础上，应提供抵制对 SSF 设备或 SSF 要素的物理篡改，使 SSP 不受损害。比如，根据完整性策略的要求，对于存储在某类存储介质上的信息，使其处于不可写的状态，从而保护其上的信息不被篡改
5.1.2　SSF 运行安全保护	
5.1.2.1　安全运行的测试	SSF 应提供在系统初始化期间、在正常运转下周期性地、应授权用户请求或在其它条件下，通过运行测试套件，进行 SSF 软件的安全运行测试，以验证 SSF 所提供的安全假定能正确执行

续表

安全保证技术要求	要求的具体内容
5.1.2.2　失败保护	当 SSF 中所确定的失败类型出现时，应保存一个保护状态。该保护状态确保 SSF 从失败恢复时安全策略的正确性
5.1.2.3　重放检测	应能检测出确定实体（如消息、服务请求、服务响应、会话等）的重放，从而实现有效地避免重放攻击，并在检测到重放要求时，执行操作列表所指示的操作。这些操作包括：忽略被重放的实体，从标识源进行实体确认，并终止重放实体原发主体的活动
5.1.2.4　参照仲裁	对一个给定的 SFP，其所实现的访问监控器和/或前端过滤器应是“始终被激活的”，并正确、成功地执行，从而使 SFP 强制执行的所有行动都要由 SSF 加以确认，即 SSF 对 SSP 应具有不可旁路性和防篡改性
5.1.2.5　域分离	SFP 应确保至少有一个安全域，使 SSF 的执行不被不可信主体从外部进行干扰和篡改（如对 SSF 编码或数据结构的修改）
a）SSF 域分离	应为 SSF 提供不同的保护域，并提供 SSC 内的客体之间的分离。SSF 域分离的具体要求如下： ——SSF 应为自身的执行维护一个安全域，防止不可信主体的干扰和篡改； ——SSF 应在 SSC 内主体的安全域之间实施分离，除了由 SSF 控制的共享部分外，每个主体应有不同的安全域； ——通过将 SSF 的安全域的资源与该域外的主体及不受约束的实体分离，使保护域外的实体不能观察或修改保护域内的 SSF 数据或 SSF 编码； ——域间的传输应是受控的，不能随意地进入或退出保护域； ——按地址传到保护域的用户或应用参数，应根据保护域的地址空间进行确认，而按值传到保护域的用户或应用参数则应根据保护域所期望的值进行确认。
b）SFP 域分离	应按 SFP 对 SSF 的域进一步细分，作为参照监视器的 SFP 的一个确定集合是一个域，SSF 的其余部分是一个域，SSOIS 内的非 SSF 部分是一个域，并要求： ——SSF 的未隔离部分应对自身的执行维护一个安全域，以防止不可信主体的干扰和篡改； ——SSF 应对 SSC 内主体的安全域之间实施分离； ——SSF 应对 SSOIS 中与访问控制 SFP 有关的部分维护一个自身执行的安全域，以防止被 SSOIS 内非 SSF 部分的干扰和篡改。
5.1.2.6　状态同步协议	在分布式系统中，应通过 SSF 采取的某些安全措施，确保分布式系统的两部分之间在完成与安全有关的活动后，状态保持同步
a）简单的可信回执	要求数据接收者给出简单回执，即 SSF 收到来自另一 SSF 发出的传输数据时应提供确认（回执），以表明其成功地接收到了未经修改的 SSF 数据
b）相互的可信回执	要求交换数据的双方相互给出回执。即 SSF 收到来自另一 SSF 发出的传输数据时应提供确认（回执），以表明其成功地接收到了未经修改的 SSF 数据；并且另一 SSF 在收到该确认（回执）后应证实其已收到这一确认

续表

安全保证技术要求	要求的具体内容
5.1.2.7 可信时间戳	应为 SSF 自身的运行提供可靠的时间标记，即应有准确、可靠的时钟系统（如计时时钟、中断时钟等），并提供以数字签名支持的时间戳服务
5.1.2.8 可信恢复	应在确定不减弱保护的情况下启动 SSOIS，并在 SSF 运行中断后能在不减弱 SSP 保护的情况下以手动或自动方式恢复运行
5.1.2.9 SSF 自检	应提供对 SSF 正确操作的自测试能力。这些测试可在启动时进行，或周期性地进行，或在授权用户要求时进行，或当某种条件满足时进行，同时应提供对 SSF 数据和可执行代码的完整性验证的能力
5.1.3 SSF 数据安全保护	
5.1.3.1 输出 SSF 数据的可用性	应通过一系列规则，根据 SSF 数据类型列表的指示，在所定义的可用性度量范围内，确保 SSF 数据（如口令、密钥、审计数据或 SSF 的可执行代码）从 SSF 输出到远程信息系统的 SSF 时的可用性
5.1.3.2 输出 SSF 数据的保密性	应保护 SSF 数据（如口令、密钥、审计数据或 SSF 的可执行代码）从 SSF 输出到远程信息系统的 SSF 时，不被未经授权的泄漏
5.1.3.3 输出 SSF 数据的完整性	应保护 SSF 数据（如口令、密钥、审计数据或 SSF 的可执行代码）从 SSF 输出到远程信息系统的 SSF 时，不被未经授权的修改
a）SSF 间修改的检测	在假定知道远程信息系统的 SSF 所使用的机制的情况下，SSF 应在所定义的修改度量范围内检测 SSF 与远程信息系统的 SSF 之间传输的所有 SSF 数据被修改的情况
b）SSF 间修改的改正	在上述 SSF 间修改的检测的基础上，当检测到修改时，能按修改类型将所有被修改的数据改正过来
5.1.3.4 SSOIS 内 SSF 数据传输保护	
a）基本传输保护	SSF 应对 SSOIS 的分离部分间传输的 SSF 数据进行基本保护，以防止其在传输过程中被泄漏或修改
b）数据分离传输	在 SSOIS 内部的分离部分间传输数据时，SSF 应将用户数据与 SSF 数据进行分离，以保护 SSF 数据在 SSOIS 的分离部分间传输时不被泄漏或修改
c）数据完整性保护	在 SSOIS 的分离部分间传输 SSF 数据时，SSF 应能检测出所传输的 SSF 数据被修改、替换、重排序、删除等完整性错误，并能采取规定的措施进行改正
5.1.3.5 SSF 间的 SSF 数据的一致性	在分布式或复合式系统环境下，SSF 与别的信息系统的 SSF 交换 SSF 数据（如：SFP 属性、审计信息、标识信息等）时，应提供确保 SSF 间数据一致性的能力
5.1.3.6 SSOIS 内 SSF 数据复制的一致性	应确保对 SSOIS 内部 SSF 数据复制的一致性，当出现包含复制的 SSF 数据的 SSOIS 部分断开时，SSF 应确保在重建连接后，在处理任何与 SSF 数据复制的一致性相关请求前，实现被复制的 SSF 数据的一致性

续表

安全保证技术要求	要求的具体内容
5.1.3.7　用户与 SSF 间可信路径	应在 SSF 与本地用户或远程用户之间提供一条可信的数据传输路径。该可信路径应提供真实的端点标识，保护通信数据免遭修改和泄漏；SSF 应允许由 SSF 自身、本地用户或远程用户原发的经可信路径的通信，还应对原发用户的鉴别或需要可信路径的其他服务均使用可信路径
5.1.3.8　SSF 间可信信道	应在 SSF 与远程信息系统的 SSF 之间提供一条可信的数据传输信道，保护通信数据免遭修改和泄漏，同时应允许由 SSF 或远程信息系统的 SSF 原发的经可信信道的通信，支持由可信信道功能列表所列各种功能原发的经可信信道的通信
5.1.4　SSOIS 资源利用	
5.1.4.1　容错	
a）降级容错	对确定的错误事件，SSF 能在错误发生后通过降低能力使安全子系统保持一个安全的状态
b）受限容错	对标识的错误事件，SSF 能通过采取有效措施进行对抗，继续正确运行原有功能
5.1.4.2　服务优先级	
a）有限服务优先级	应通过控制用户和主体对 SSC 内资源的使用，使得在 SSC 内的某个资源子集，高优先级任务的完成总是不受低优先级任务的干扰和影响
b）全部服务优先级	应通过控制用户和主体对 SSC 内资源的使用，使得在 SSC 内的全部资源，高优先级任务的完成总是不受低优先级任务的干扰和影响
5.1.4.3　资源分配	
a）最大限额	应通过控制用户和主体对资源的占用，确保用户和主体不会超过某一数量或独占某种受控资源
b）最小和最大限额	应通过控制用户和主体对资源的占用，确保用户和主体不会超过某一数量或独占某种受控资源，并至少获得最小规定的资源
5.1.5　SSOIS 访问控制	应提供控制用户与 SSOIS 建立会话的功能。用户会话的建立包括创建一个或多个主体（如进程），这些主体在 SSOIS 中代表用户执行操作，并具有相应用户的安全属性
a）SSOIS 会话建立	根据相关的会话安全属性，SSF 应允许或拒绝用户与 SSOIS 建立会话。这些属性包括：访问地址或端口，用户安全属性（如用户身份、许可证等级、角色中的成员资格），时间范围（如一天中的某些时间、一周的某些天、某些特定日期），或上述属性的组合

续表

安全保证技术要求	要求的具体内容
b）可选属性范围限定	在与SSOIS建立会话时，应限制用户可选择的会话安全属性的范围，包括访问方法、访问的地址或端口及访问时间（如一日的某些时间、一周的某些天等），以及用户可能绑定到的主体（如进程）
c）多重并发会话限定	应对用户在一个时间段内可能的并发会话数进行限制，包括所有多重并发会话的基本限定和每位用户多重并发会话的限定
d）SSOIS访问历史	在一次会话成功建立的基础上，应显示该账户上一次会话成功建立的日期、时间、方法和位置等信息，或显示该账户上一次会话建立不成功的日期、时间、方法和位置等信息，以及从最后一次成功的会话建立以来不成功的尝试次数。用户应能够复查这些信息，也可以放弃这些信息，并且在没有给用户提供上述信息的情况下，不能从用户界面上抹去该信息
e）会话锁定	应提供交互式会话的SSF原发的和用户原发的锁定和解锁能力及SSF原发终止会话能力，以便在会话进入非活动周期后对终端进行锁定或结束会话。在用户的静止期超过规定的值时，通过以下方式锁定该用户的交互式会话： ——在显示设备上清除或涂抹，使当前的内容不可读； ——取消会话解锁之外的所有用户数据的存取/显示的任何活动； ——在会话解锁之前再次进行身份鉴别
5.2 SSOIS设计和实现	
5.2.1 配置管理	
5.2.1.1 配置管理能力	应确保SSOIS在提交用户运行之前是正确和完备的，所有配置项不会缺少，并能防止对SSOIS配置项进行未授权的增加、删除或修改
a）版本号	开发者所使用的版本号与所应表示的SSOIS样本应完全对应，没有歧义
b）配置项	配置项应有唯一的标识，从而对SSOIS的组成有更清楚的描述
c）授权控制	开发者用对SSOIS的唯一引用作为其标签，从而使SSOIS的使用者明确自己使用的是哪一个样本；使SSOIS不会受到未经授权的修改。为此，授权控制要求： ——CM计划应描述系统是如何使用的，并说明运行中的CM系统与CM计划的一致性； ——CM文档应足以说明在CM系统下有效地维护了所有的配置项； ——CM系统应确保对配置项只进行授权修改
d）生成支持和验收过程	确认对配置项的任何生成和修改都是由授权者进行的。为此，CM系统应支持SSOIS的生成，验收计划应描述用来验收修改过的或新建的配置项的过程，并作为SSOIS的一部分

续表

安全保证技术要求	要求的具体内容
e）进一步的支持	集成过程应有助于确保由一组被管理的配置项生成 SSOIS 的过程是以授权的方式正确进行的，并要求 CM 系统有能力标识用于生成 SSOIS 的主拷贝的材料，这有助于通过适当的技术，以及物理的和过程的安全措施来保持这些材料的完整性。为此，CM 的进一步支持要求： ——CM 文档除应包括配置清单、CM 计划外，还应包括一个验收计划和集成过程，集成过程应描述在 SSOIS 制作过程中如何使用 CM 系统； ——CM 系统应要求将一个配置项接收到 CM 中的不是该配置项的开发者； ——CM 系统应明确标识组成 SSF 的配置项； ——CM 系统应支持所有对 SSOIS 修改的审计，至少应包括操纵者、日期、时间等信息； ——CM 系统应有能力标明用于生成 SSOIS 主拷贝的所有材料； ——CM 文档应阐明 CM 系统与开发安全方法相联系的使用，并只允许对 SSOIS 作授权的修改； ——CM 文档应阐明集成过程的使用能够确保 SSOIS 的生成是以授权的方式正确进行的； ——CM 文档应阐明 CM 系统足以确保负责将某配置项接收到 CM 中的不是该配置项的开发者； ——CM 文档应能证明接收过程对所有配置项的修改都提供了充分而适当的复查
5.2.1.2　配置管理自动化	应通过 CM 自动化增加 CM 系统的有效性，使所设计的 SSOIS 不易受人为错误或疏忽的影响。这里的 SSOIS 是就纯软件而言的，通过引进自动化的 CM 来协助 SSOIS 配置项的正确生成，并确定 SSOIS 与其以前版本之间的变化及将来版本的改变
a）部分 CM 自动化	应确保 SSOIS 的实现表示是通过自动方式控制的，从而解决复杂实现或众多合作者合作开发，以及在开发过程中多种变化情况所出现的人工难以解决的问题，并确保这些变化是已授权的行为所产生的。部分 CM 自动化要求： ——SSOIS 的开发者所使用的 CM 系统应通过所提供的自动方式来确保 SSOIS 的实现表示只能进行已授权的变化，并能提供自动方式来支持 SSOIS 的生成； ——开发者所提供的 CM 计划应描述 CM 系统中所使用的自动工具，并说明如何使用这些工具
b）完全 CM 自动化	除了与上述部分 CM 自动化有相同的内容外，还能自动确定 SSOIS 版本间的变化，并标识出哪个配置项会因其余配置项的修改而受到影响
5.2.1.3　配置管理范围	应通过确保 CM 系统跟踪所有必须的 SSOIS 配置项来保证这些配置项的完整性

续表

安全保证技术要求	要求的具体内容
a) SSOIS 配置管理范围	将 SSOIS 的实现表示、设计文档、测试文档、用户文档、安全管理员文档、CM 文档等置于 CM 之下，从而确保它们的修改是在一个正确授权的可控方式下进行的，为此要求开发者所提供的 CM 文档应： ——展示 CM 系统能跟踪被置于 CM 之下的内容； ——描述 CM 系统是如何跟踪这些配置项的； ——提供足够的信息证明达到所有要求
b) 问题跟踪配置管理范围	除 SSOIS 配置管理范围描述的内容外，特别强调对安全缺陷的跟踪
c) 开发工具配置管理范围	除问题跟踪配置管理范围所描述的内容外，特别强调对开发工具和相关信息的跟踪
5.2.2　分发和操作	
5.2.2.1　分发	应通过系统控制、分发工具和分发过程确保接收方所收到的 SSOIS 产品正是发送者所发送的，且没有任何修改，主要目标是在分发过程中能够检测和防止对 SSOIS 的任何修改
a) 分发过程	应将 SSOIS 或其部分的分发以文档形式提供给用户，分发文档应描述给用户分发 SSOIS 的各版本时用以维护安全所必须的所有过程，并按该过程进行分发
b) 修改检测	除按分发过程的要求进行 SSOIS 的分发外，分发文档还应： ——描述检测修改的方法和技术，并描述开发者的主拷贝与用户收到的版本之间的差异； ——描述用来检测试图伪装成开发者向用户发送产品的方法
c) 修改防止	在修改检测的基础上，分发文档还应描述如何防止修改的方法和技术
5.2.2.2　操作（安装、生成和启动）	应确保在开发者所期望的安全方式下进行安装、生成和启动，将处于配置控制下的 SSOIS 的实现表示安全地转换为用户环境下的初始操作。安装、生成和启动过程可以以独立的文档进行描述，也可以与其他管理员文档一起描述
a) 安装、生成和启动过程	要求开发者以文档形式提供对 SSOIS 安全地进行安装、生成和启动的过程进行说明，并确保最终生成了安全的配置
b) 日志生成	要求文档应描述建立日志的过程，该日志包含了用以生成 SSOIS 的生成选项，从而能够明确决定 SSOIS 是何时及如何产生的
5.2.3　开发	
5.2.3.1　功能设计	
a) 非形式化功能设计	应使用非形式化风格来完备地描述 SSF 及其外部接口，功能设计应当是内部一致的，并且应描述所有外部 SSF 接口的使用目的与方法，适当的时候，还要提供结果例外情况和错误信息的细节
b) 完全定义的外部接口	除上述非形式化功能设计的要求外，功能设计还应完备地表示 SSF 的基本原理

续表

安全保证技术要求	要求的具体内容
c）半形式化功能设计	应使用半形式化风格来完备地描述 SSF 及其外部接口，必要时可由非形式化、解释性的文字来支持。其余要求与上述相同
d）形式化功能设计	应使用形式化风格来描述 SSF 及其外部接口，必要时由非形式化、解释性的文字来支持。其余要求与上述相同
5.2.3.2　安全策略模型化	通过开发基于 SSP 策略的安全策略模型，并建立功能设计、安全策略模型和 SSP 策略之间的对应性的方法，确保功能设计中的安全功能实施 SSF 中的策略
a）非形式化 SSOIS 安全策略模型	SSP 模型应阐明功能设计与 SSP 模型之间的对应性，并满足： ——SSP 模型应是非形式化的，并描述所有可以模型化的 SSP 策略的规则与特征； ——SSP 模型应包括一个基本原理，阐明该模型与所有可模型化的 SSP 策略是一致的、完备的； ——SSP 模型和功能设计之间的对应性阐明应说明功能设计中的安全功能与 SSP 模型是一致的、完备的
b）半形式化 SSOIS 安全策略模型	除上述非形式化 SSOIS 安全策略模型的要求外，要求所提供的 SSP 模型应是半形式化的
c）形式化 SSOIS 安全策略模型	除上述半形式化 SSOIS 安全策略模型的要求外，要求所提供的 SSP 模型应是形式化的
5.2.3.3　高层设计	应通过对 SSF 的每个子系统的功能及其相互关系的描述，实现 SSOIS 的安全功能要求
a）描述性高层设计	要求： ——以子系统的观点、以非形式化的方法来一致性地描述 SSOIS 的体系结构； ——描述每一个子系统所提供的安全功能及其相互关系； ——标识 SSF 要求的任何基础性的硬件、固件和/或软件，并且通过这些硬件、固件和/或软件所实现的保护机制，来提供 SSF 功能； ——标识 SSF 子系统的所有接口，并标明 SSF 子系统的哪些接口是外部可见的
b）安全加强的高层设计	除描述性高层设计要求外，还应当描述 SSF 子系统所有接口的使用目的与方法，并提供例外情况和错误信息的细节，以及描述如何将 SSOIS 分离成 SSP 加强单元和其他子系统
c）半形式化高层设计	除安全加强的高层设计要求外，高层设计的表示应是半形式化的，并对 SSF 子系统提供所有结果的完整细节
d）形式化高层设计	除半形式化高层设计要求外，高层设计的表示应是形式化的
5.2.3.4　低层设计	应对 SSF 的每一个模块描述它的目的、功能、接口、依赖性和所有 SSP 加强功能的实现

续表

安全保证技术要求	要求的具体内容
a）描述性低层设计	要求： ——低层设计的表示应是非形式化的，内在一致的，并以模块术语描述； ——描述每一个模块的目的； ——以所提供的安全功能和对其他模块的依赖性术语定义模块间的相互关系； ——描述如何提供每一个 SSP 功能的实施； ——标识 SSF 模块的所有接口，标识 SSF 模块的哪些接口是外部可见的，以及描述 SSF 模块所有接口的目的与方法，必要时，应提供影响、例外情况和错误信息的细节； ——描述如何将 SSOIS 分离成 SSP 实施模块和其他模块
b）半形式化低层设计	除描述性低层设计要求外，低层设计应当是半形式化的，并在必要时提供所有结果的完备细节、例外情况和错误信息
c）形式化低层设计	除半形式化低层设计要求外，低层设计的表示应当是形式化的
5.2.3.5　SSF 内部结构	应采用模块化、层次化、复杂度最小化进行 SSF 的内部结构设计，从而简化 SSF 的设计，达到可分析的程度
a）模块化	应以模块化方法设计和构建 SSF，并避免设计模块之间出现不必要的交互，为此要求： ——标识 SSF 模块，并应描述每一个 SSF 模块的目的、接口、参数和影响； ——描述 SSF 设计是如何使独立的模块间避免不必要的交互作用
b）层次化	除模块化的要求外，还应以分层的方式设计和构建 SSF，使设计层次之间的交互作用最小化，为此要求： ——在设计和构建 SSF 时，应使 SSF 局部的复杂度最小化，以加强访问控制策略； ——标识 SSF 模块，并应指明 SSF 的哪些部分是加强安全策略的； ——描述分层结构，并说明如何使交互作用最小化； ——描述加安全策略的 SSF 部分是如何被构建的，从而使其复杂性降低
c）复杂度最小化	除层次化要求外，还应使 SSF 的设计和构建使整个 SSF 的复杂度最小化，为此要求： ——在设计和构建 SSF 时，应使实施任何安全策略的 SSF 部分“简单到足以进行分析”； ——应确认那些与 SSF 无关的功能都已从 SSF 中排斥出去
5.2.3.6　实现表示	应以源代码、固件或硬件等来表述 SSF 的具体符号表示，从而可以获得 SSF 内部的详细工作情况
a）SSF 子集实现	应无歧义地为选定的 SSF 子集定义一个详细级别的 SSF 实现表示，并且实现表示应当是内在一致的
b）SSF 完全实现	应为整个 SSF 提供实现表示，并应描述各部分之间的关系。其余要求与 SSF 子集实现相同
c）SSF 的结构化实现	实现表示应是构造较小的，且易于理解。其余要求与 SSF 完全实现相同

续表

安全保证技术要求	要求的具体内容
5.2.3.7　表示的对应性	各种 SSF 表示，如功能设计、高层设计、低层设计、实现表示等相邻表示之间在相应严格程度上应具有对应性
a）非形式化对应性说明	应在所提供的 SSF 表示的所有相邻对之间提供其对应性分析，对每个相邻对，应当阐明较为抽象的 SSF 表示的所有相关安全功能在较不抽象的 SSF 表示中得到正确而完备地细化
b）半形式化对应性说明	除非形式化对应性要求外，当 SSF 表示的两个相邻对的各部分至少都是以半形式化来描述时，其对应性说明也应是半形式化的
c）形式化对应性说明	除半形式化对应性要求外，还要求： ——对那些形式化规定的表示的相应部分，应证明其对应性； ——对所提供的 SSF 表示的每个相邻对，当其中一个表示是半形式化规定，而另一个表示至少是半形式化规定时，表示部分之间的对应性说明也应是半形式化的； ——对于所提供的 SSF 表示的每个相邻对，如果两者的各部分都是形式化规定的，表示部分之间的对应性的说明也应是形式化的
5.2.4　文档要求	
5.2.4.1　安全管理员指南	应描述设置、维护和管理 SSOIS 的正确方式和方法，最大限度地保证 SSOIS 安全运行。安全管理员指南应帮助安全管理员理解 SSOIS 所提供的安全功能，包括要求安全管理员应采取的紧急安全措施和应提供的紧急安全信息。安全管理员指南应包括以下内容： a）描述安全管理员可使用的管理功能和接口； b）描述如何以安全的方式管理 SSOIS； c）说明在安全处理环境中安全管理员可获取的功能和权限的警告； d）描述所有与安全操作有关的用户行为的假设； e）描述所有受安全管理员控制的安全参数； f）描述每一种与管理功能有关的安全相关事件，包括改变安全功能所控制的实体的安全特性； g）描述与安全管理员有关的系统环境的所有安全要求
5.2.4.2　用户指南	应描述 SSF 提供的安全功能，安全功能使用的命令和指导方针，包括警报信息说明等。用户指南提供关于 SSOIS 的使用和可信度的测量的假设基础，使非恶意的用户、应用提供者和其他使用 SSOIS 外部接口的人员都能理解 SSOIS 安全操作并自觉执行。用户指南可对两类不同用户提供单独的文档：一类是一般的操作员用户，另一类是使用软硬件接口的应用程序员和/或硬件设计员。用户指南应包含以下内容： a）描述非安全管理员用户可用的功能和接口； b）描述用户可获取的安全功能和接口的用法； c）说明在安全处理环境中用户可获取的功能和权限的警告； d）阐明安全操作中用户应负的责任，包括在安全环境中能找到的用户行为的假设； e）描述与用户有关的系统环境的所有安全要求。

续表

安全保证技术要求	要求的具体内容
5.2.5 生存周期支持	
5.2.5.1 开发安全	应采用物理上、程序上、人员上以及其他方面的安全措施，保护 SSOIS 开发环境的安全，包括开发场地的物理安全和对开发人员的选择；应采取适当的防护措施来消除或降低 SSOIS 开发所面临的安全威胁
a）安全措施的说明	提供的开发安全文件应包括以下内容： ——描述在 SSOIS 的开发环境中，为保护 SSOIS 设计和实现的安全性，在物理上、程序上、人员上以及其他方面必要的安全措施； ——提供在 SSOIS 的开发和维护过程中执行安全措施的证据
b）安全措施的充分性	除安全措施说明的要求外，开发安全文件中所提供的安全措施的证据应能证明安全措施对维护 SSOIS 的安全性提供了必要的保护
5.2.5.2 缺陷纠正	应跟踪和纠正 SSOIS 的缺陷，并提供缺陷信息和纠正缺陷所采取的策略和过程
a）基本缺陷纠正	要求缺陷纠正程序文档中应： ——描述用以跟踪所有 SSOIS 版本里已被报告的安全缺陷的过程； ——描述所提供的每个安全缺陷的性质和效果，以及缺陷纠正的情况； ——标识每个安全缺陷所采取的纠正措施； ——描述为 SSOIS 用户的纠正行为所提供的信息，纠正和指导的方法
b）缺陷报告	除基本缺陷纠正外，还应提供缺陷报告。缺陷报告应： ——记录缺陷纠正的过程，并制定用户接受安全缺陷报告和纠正这些缺陷的要求的措施； ——描述用以跟踪所有 SSOIS 版本里已报告的安全缺陷的过程； ——确保已报告的安全缺陷处理过程的所有已知缺陷都已被纠正，并将纠正办法告知用户； ——确保已报告的安全缺陷处理过程所提供的防范机制为纠正这些安全缺陷所引进的纠正方法不会带来新的缺陷
c）有组织的缺陷纠正	除缺陷报告外，还应为用户有关 SSOIS 的安全问题的报告和查询指明一个或多个特别联系点，负责及时将安全缺陷报告及其相应的纠正方法自动分发给可能受到这种安全缺陷影响的注册用户
5.2.5.3 生存周期定义	应在 SSOIS 的生存周期内建立 SSOIS 开发和维护的模型。生存周期模型应包括用于开发和维护 SSOIS 的过程、工具和技术。这个模型所涉及的内容包括设计方法、复查过程、项目管理控制、转换控制过程、测试方法和接收过程
a）开发者定义的生存周期模型	开发者应建立用于开发和维护 SSOIS 的生存周期模型，对 SSOIS 开发和维护提供必要的控制，并以文档形式描述用于开发和维护 SSOIS 的模型

续表

安全保证技术要求	要求的具体内容
b）标准生存周期模型	开发者应建立标准化的、用于开发和维护 SSOIS 的生存周期模型。标准化的生存周期模型应是为某些专家组（例如学科专家、标准化实体等）所认可的模型。该模型应对 SSOIS 开发和维护提供必要的控制。开发者所提供的生存周期定义文档应描述用于开发和维护 SSOIS 的模型，解释选择该模型的原因，解释如何用该模型来开发和维护 SSOIS，以及阐明与标准化的生存周期模型的相符性
c）可测量的生存周期模型	开发者应建立标准化的、可测量的、用于开发和维护 SSOIS 的生存周期模型。可测量的生存周期模型应带有算术参数和/或测量 SSOIS 开发特性的度量（例如源码复杂性度量）。该模型应对 SSOIS 开发和维护提供必要的控制。开发者所提供的生存周期定义文档应描述用于开发和维护 SSOIS 的模型，并解释选择该模型的原因，解释如何用该模型来开发和维护 SSOIS，阐明与标准化的可测量的生存周期模型的相符性，以及提供利用标准化的可测量的生存周期模型来进行 SSOIS 开发的测量结果
5.2.5.4　工具和技术	应明确定义用于开发、分析和实现 SSOIS 的工具，如编程语言、文档、实现标准和其他支持 SSOIS 运行的程序库等，无需进一步检验就可以使用
a）明确定义的开发工具	开发者应标识用于开发 SSOIS 的工具，并且所有用于实现的开发工具都应有明确定义。开发者应文档化已选择的依赖实现的开发工具的选项，开发工具文档应明确定义实现中每个语句的含义，以及明确定义所有基于实现的选项的含义
b）遵照实现标准-应用部分	除明确定义的开发工具的要求外，开发者应对所应用部分的实现标准进行描述
c）遵照实现标准-所有部分	除明确定义的开发工具的要求外，开发者应对 SSOIS 所有部分的实现标准进行描述
5.2.6　测试	
5.2.6.1　范围	应表明所标识的测试范围如何像功能设计中描述的那样与 SSF 相一致。这里不需要开发者覆盖 SSF 的各个方面，但有必要考虑其不足之处
a）范围的证据	开发者应通过提供相应的证据表明 SSF 已按功能要求进行了测试。开发者所提供的测试范围的证据应表明测试文档中所标识的测试与功能设计所描述的 SSF 之间的对应性
b）范围分析	开发者应通过提供对应性分析表明 SSF 已经以系统的方法针对功能设计进行了测试。为此要求： ——开发者所阐明的已标识的测试应包括在功能设计描述的所有安全功能的测试； ——开发者所提供的范围分析应表明测试文档所标识的测试与功能设计所描述的 SSF 之间的对应性； ——测试范围的分析应阐明功能设计所描述的 SSF 和测试文档所标识的测试之间的对应性是完备的
c）严格的范围分析	除范围分析外，还要求测试范围的分析应严格地阐明功能设计所标识的 SSF 的所有外部接口已经被完备测试过了

续表

安全保证技术要求	要求的具体内容
5.2.6.2 测试深度	应根据所要求的安全保护等级确定测试需要达到的深度
a）高层设计测试	应以“单元”描述对SSF高层设计的测试。SSF单元提供SSF内部工作的一个高层描述。以阐明缺陷为目的的单元级别的测试保证了该单元已正确实现。开发者所提供的测试深度分析应阐明测试文档中所标识的测试足以表明该SSF的行为是与高层设计一致的
b）低层设计测试	应以“模块”描述对SSF低层设计的测试。SSF模块提供SSF内部工作的低层描述。以阐明缺陷为目的的模块级别的测试，确保SSF的模块已经正确实现。开发者所提供的测试深度分析应阐明测试文档中所标识的测试足以表明该SSF的行为是与高层设计和低层设计一致的
c）实现表示测试	应确保该SSF的设计要求已正确实现。开发者所提供的测试深度分析应阐明测试文档中所标识的测试足以表明该SSF是根据高层设计、低层设计和实现表示而运作的
5.2.6.3 功能测试	应展示SSF满足安全保护轮廓（PP）所要求的安全功能，并提供测试程序和测试工具的使用说明书，包括测试环境，测试条件，测试数据参数和值，还应显示如何从输入中得到测试结果
a）一般功能测试	开发者应阐明所有安全功能按规定运作。为此要求： ——开发者所提供的测试文档应包括测试计划、测试过程描述，预期的测试结果和实际测试结果； ——测试计划应标识要测试的安全功能，描述要达到的测试目标； ——测试过程应标识要执行的测试，并描述每个安全功能的测试概况，包括测试的顺序； ——预期的测试结果应当表明成功的测试运行后的预期输出
b）顺序的功能测试	除一般功能测试外，测试文档还应包含测试过程中对顺序依赖性的分析
5.2.6.4 独立性测试	应由一个有专业知识的团体支持的独立实验室或消费者组织实施独立的测试。这种测试需要对SSOIS的一致理解。独立性测试可以采用全部或部分重复开发者功能测试的形式，也可采用增加开发者功能测试的方式。对于每个SSOIS功能都可制定一个适当的组合计划。这个组合计划应考虑测试结果的可用性和适用范围，以及SSF的功能复杂度。测试计划应考虑与安全保护等级要求的一致性，对更高的安全保护等级应包括更多样本的重复测试
a）相符性独立测试	应表明安全功能是按规定运作的。开发者应提供与测试相适应的SSOIS
b）抽样独立性测试	应通过选择和重复测试开发者测试的一个抽样，表明安全功能是按规定运作的，并提供能有效重现开发者测试的必需资料，包括可联机阅读的测试文档、测试程序等。评估者应拥有开发者提供的有用的测试结果以补充测试过程。要求开发者所提供的用于测试的SSOIS应与测试相适应，并提供一个与开发者的SSF功能测试中使用的资源相等的集合

续表

安全保证技术要求	要求的具体内容
c）完全独立性测试	应通过重复所有开发者的测试来表明安全功能是按规定运作的。除要求执行测试文档内的所有测试，以验证开发者的测试结果外，其余要求与抽样独立性测试
5.2.7　脆弱性评定	
5.2.7.1　隐蔽信道分析	
a）一般性隐蔽信道分析	应通过对隐蔽存储信道的非形式化搜索，标识出可识别的隐蔽存储信道，并以文档形式描述： ——标识的隐蔽存储信道，并估算它们的带宽； ——用于确定隐蔽存储信道存在的过程，以及进行隐蔽存储信道分析所需要的信息； ——隐蔽存储信道分析期间所作的全部假设； ——最坏情况下对隐蔽存储信道带宽进行估算的方法； ——每个可标识的隐蔽存储信道的最大可利用情形； ——用封锁和/或限制带宽和/或审计等，对所标识的隐蔽存储信道进行处理的措施
b）严格隐蔽信道分析	应通过对隐蔽信道的严格搜索，标识出可识别的隐蔽信道，以结构化、可重复的方式标识出隐蔽信道，并以文档形式描述： ——标识的隐蔽信道，并估算它们的带宽； ——用于确定隐蔽信道存在的过程，以及进行隐蔽信道分析所需要的信息； ——隐蔽信道分析期间所作的全部假设； ——最坏情况下对隐蔽信道带宽进行估算的方法； ——每个可标识的隐蔽信道的最大可利用情形； ——用封锁和/或限制带宽和/或审计等，对所标识的隐蔽信道进行处理的措施
5.2.7.2　防止误用	应防止对 SSOIS 以不安全的方式进行使用或配置而不为人们所察觉。为此，应使对 SSOIS 的无法检测的不安全配置和安装，操作中人为的或其他错误造成的安全功能解除、无效或者无法激活，以及导致进入无法检测的不安全状态的风险达到最小。应按要求提供必要的文档，以防止提供冲突、误导、不完备或不合理的指南
a）文档检查	文档应： ——提供安装、生成和启动过程及非形式化功能设计说明，安全管理员指南和用户指南等，确保用户能进行安全配置和使用； ——明确说明对 SSOIS 的所有可能的操作方式（包括失败和操作失误后的操作）、它们的后果，以及对于保持安全操作的意义； ——是完备的、清晰的、一致的、合理的，列出所有目标环境的假设，并列出所有外部安全措施（包括外部过程的、物理的或人员的控制）的要求
b）分析确认	在文档检查的基础上，应对文档实施文档化管理，并要求分析文档是完备的

续表

安全保证技术要求	要求的具体内容
c）对安全状态的检测和分析	在分析确认的基础上，应进行独立验证，以确定安全管理员或用户在正确理解文档的情况下能基本判断 SSOIS 是否在不安全状态下配置或运行
5.2.7.3 SSOIS 安全功能强度评估	应通过对安全机制的安全行为的合格性或统计结果的分析，以及对克服脆弱性所付出努力的分析，得到 SSOIS 安全功能强度的说明。 应对安全目标中标识的每个具有 SSOIS 安全功能强度声明的安全机制进行 SSOIS 安全功能强度的分析，证明该机制达到或超过安全目标要求所定义的最低强度，并证明该机制达到或超过安全目标要求所定义的特定功能强度
5.2.7.4 脆弱性分析	应能够发现由于缺陷所带来的威胁。这些缺陷会导致对资源的非授权访问、对安全功能的影响或改变，或者干扰其它授权用户的权限
a）开发者脆弱性分析	应确定明显的安全脆弱性的存在，并确认在所期望的环境中所存在的脆弱性不会被利用。为此，应通过搜索用户可能违反 SSP 的明显途径，文档化明显的脆弱性分布。对所有已标识的脆弱性，分析文档应说明在所期望的环境中无法利用这些脆弱性
b）独立脆弱性分析	应通过独立穿透测试，确定 SSOIS 可以抵御的低攻击能力攻击者发起的攻击。为此，除开发者脆弱性分析外，分析文档应表明具有已标识脆弱性的 SSOIS 可以抵御明显的攻击，并通过进一步实施独立的脆弱性分析，实施独立的穿透性测试，以确定在所期望环境中额外标识的脆弱性的可利用性
c）中级抵抗力	在独立脆弱性分析的基础上，分析文档应说明对脆弱性的搜索是系统化的，并确定可以抵御中攻击能力攻击者发起的对 SSOIS 的穿透性攻击
d）高级抵抗力	在中级抵抗力的基础上，分析文档应表明该分析完备地表述了 SSOIS 的脆弱性，并确定可以抵御高攻击能力攻击者发起的对 SSOIS 的穿透性攻击
5.3 SSOIS 安全管理	
5.3.1 SSF 功能的管理	应支持授权用户对 SSF 中的安全功能进行控制管理。为此，应允许授权用户使用规则或指定的可管理条件，管理 SSF 中的功能行为，有限制地提供授权用户对功能表所列功能进行行为判断、行为使能、行为不能或修改的能力，从而使授权用户能够建立和控制 SSOIS 的安全操作。这些管理包括： a）与相应的 SSOIS 的访问控制、可查性和鉴别控制相关的功能的管理； b）与可用性的控制相关的功能的管理； c）与一般的安装和配置有关的功能的管理； d）与路径控制和 SSOIS 资源维护有关的功能的管理
5.3.2 安全属性的管理	应允许授权用户管理标识的安全属性。在没有专门指定某个值为安全属性时，用默认值作为安全属性值。默认值在参数初始过程中获得。 PP 应列出安全属性所适用的 SFP 表，并规定对指定安全属性的操作，规定哪些用户能“创建”、查询、修改安全属性，修改默认值，删除整个安全属性，或执行其他操作

续表

安全保证技术要求	要求的具体内容
a）管理安全属性	应通过执行 SFP，有限制地提供标识的授权用户对由安全属性表所表示的安全属性进行查询、修改、删除、修改默认值或其他操作的能力
b）安全的安全属性	应确保安全属性只接受安全的值，即确保分配给安全属性的值，其安全状态是有效的，从而保证任何可以接受的安全属性的组合处在一个“安全”的状态中。其“安全”的定义应在 SSOIS 指南和 SSP 模型中给出。PP 应提供安全值的清晰定义和认为它们安全的理由
c）静态属性初始化	应为相关客体安全属性提供默认值，并确保安全属性的默认值适用于许可的或受限的情况。如果存在一种机制允许在创建时指定许可，一个新客体在创建时会有不同的安全属性。PP 应列出安全属性所适用的 SFP 表，并选择安全属性的默认值是否是受限的、许可的还是其他
d）安全属性终止	应有能力对标识的授权用户按支持有效期的安全属性表的规定实施有效期，并在超过了指定的有效期后，能根据活动表的规定采取必要的动作。PP 应提供支持终止的安全属性清单（如，用户的安全许可证），规定允许修改 SSF 中安全属性的角色，提供在每个安全属性到达终止期时所要采取的行动的清单（例如，当用户安全许可证到期时，将它设置为 SSOIS 上最低级别的许可证或作“立即撤消”处理）
e）安全属性撤消	应对 SSC 内标识的授权角色，有限制地提供其撤消与用户、主体、客体、及其它附加资源相关联的安全属性的能力，定义对 SSOIS 内各种实体安全属性的撤消，规定对撤消权限的要求，并对撤消规则有详细的说明。例如，撤消可能发生在用户下次登录时、下次试图打开该文件时或在某一固定时间段内。对具有时限授权的安全属性，SSF 应能够在超过指定的安全属性有效期后将其撤消。PP 应规定是否有从用户、主体、客体或其他任何由 SSF 提供的资源中撤消安全属性的能力
5. 3. 3 SSF 数据的管理	应对 SSF 数据进行管理。例如，作为 SSF 数据的审计踪迹信息，应规定谁能读、删除或创建
a）管理 SSF 数据	应允许授权用户管理 SSF 数据的值，当没有专门指定某个值时，使用在参数创建过程中提供的默认值。PP 应规定对指定 SSF 数据的操作，规定授权用户能创建、清除、查询、修改 SSF 数据，修改默认值，或整个删除 SSF 数据，规定能被授权用户操作的 SSF 数据，规定可以被管理的默认值，以及规定哪个用户被允许操作 SSF 数据
b）SSF 数据界限的管理	应规定对 SSF 数据界限的限制，以及当超过这些限制时所应采取的行动。PP 应规定受限的 SSF 数据及其限制值（如用户登录数），并应规定允许哪些用户修改 SSF 数据界限及如何修改，还应规定对 SSF 数据所规定的限制被超过时，所要采取的行动（如通知授权用户和生成审计记录等）
c）安全的 SSF 数据	应确保分配给 SSF 数据的值，其安全状态是有效的，即要求所赋值应使 SSOIS 保持在“安全”的状态中。“安全”的定义由 SSOIS 的开发者在有关文档中给出，并说明认为它们安全的理由

续表

安全保证技术要求	要求的具体内容
5.3.4 安全角色的定义与管理	应通过对用户给以不同的角色配置，确定这些角色的安全管理能力
a）安全角色的定义	应明确定义、识别和维护标识的授权角色，并把用户与该角色关联起来。通常系统应区分客体的拥有者、系统管理员和其它用户。具有较高安全保护等级的系统要求将安全员、审计员和系统管理员进行明确定义。PP应规定对安全而言用户可能拥有又被系统识别的角色
b）安全角色的限制	应确保不同的角色满足不同的条件，并规定角色详细说明及控制角色之间关系的规则。具有较高安全保护等级的系统应按“最小授权原则”明确安全员、审计员和系统管理员所受的限制。PP应规定能被系统识别的角色，并规定控制角色的条件。例如，“同一账户的用户不能同时具有审计员和管理员角色，具有助理角色的用户也必须具有拥有者角色等”
c）安全角色的担任	应向SSF明确提出担任某角色的请求。PP应规定要求成为特定角色（如审计员或管理员等）的请求
5.3.5 SSOIS安全机制集中管理	应对SSOIS的安全机制提供集中管理功能。这些功能应包括： a）安全机制的配置和管理：对分布于信息系统各个层面、各个安全域、各个环节的安全机制和产品（包括不同厂商的安全产品），按照确定的安全策略和操作要求，实施统一的配置和管理，使信息系统的安全功能和性能达到所要求的安全目标； b）安全信息的汇集和分析：对信息系统运行中产生的与安全有关的信息，包括各类审计信息、检测、监控信息，以及其他与安全相关的信息进行汇集，并运用风险分析的方法，对这些信息进行分析，发现对信息系统的攻击与威胁，提出补救的方法和措施

表8-4 **安全功能技术要素与安全功能技术分等级要求的对应关系**

安全功能技术	安全保护等级				
	第一级	第二级	第三级	第四级	第五级
4.1 物理安全	*	*	*	*	*
4.1.1 环境安全	*	*	*	*	*
4.1.1.1 中心机房的安全保护	*	*	*	*	*
4.1.1.1.1 机房场地选择	*	*	*	*	*
a）基本要求	*	*			
b）防火要求			*	*	*
c）防污染要求			*	*	*
d）防潮及防雷要求			*	*	*

续表

安全功能技术	安全保护等级				
	第一级	第二级	第三级	第四级	第五级
e）防震动和噪声要求			*	*	*
f）防强电场、磁场要求			*	*	*
g）防地震、水灾要求			*	*	*
h）位置要求			*	*	*
i）防公众干扰要求				*	*
4.1.1.1.2　机房内部安全防护	*	*	*	*	*
a）机房出入	*	*	*	*	*
b）机房物品	*	*	*	*	*
c）机房人员			*	*	*
d）机房分区			*	*	*
e）机房门禁			*	*	*
4.1.1.1.3　机房防火	*	*	*	*	*
a）建筑材料防火①	*	*			
b）建筑材料防火②			*		
c）建筑材料防火③				*	*
d）报警和灭火系统①	*	*			
e）报警和灭火系统②			*		
f）报警和灭火系统③				*	*
g）区域隔离防火			*	*	*
4.1.1.1.4　机房供、配电	*	*	*	*	*
a）分开供电	*	*	*	*	*
b）紧急供电①	*	*			
c）紧急供电②			*		
d）紧急供电③				*	*
e）备用供电			*	*	*
f）稳压供电		*	*	*	*
g）电源保护		*	*	*	*
h）不间断供电			*	*	*
i）电器噪声防护			*	*	*

续表

安全功能技术	安全保护等级				
	第一级	第二级	第三级	第四级	第五级
j）突然事件防护					
4.1.1.1.5　机房空调、降温	*	*	*	*	*
a）基本温度要求	*	*			
b）较完备空调系统			*		
c）完备空调系统				*	*
4.1.1.1.6　机房防水与防潮	*	*	*	*	*
a）水管安装要求	*	*	*	*	*
b）水害防护	*	*	*	*	*
c）防水检测			*	*	*
d）排水要求				*	*
4.1.1.1.7　机房防静电	*	*	*	*	*
a）接地与屏蔽	*	*	*	*	*
b）服装防静电	*	*	*	*	*
c）温、湿度防静电	*	*	*	*	*
d）地板防静电			*	*	*
e）材料防静电			*	*	*
f）维修 MOS 电路保护				*	*
g）静电消除要求				*	*
4.1.1.1.8　机房接地与防雷击	*	*	*	*	*
a）接地要求	*	*	*	*	*
b）去耦、滤波要求	*	*	*	*	*
c）避雷要求	*	*	*	*	*
d）防护地与屏蔽地要求			*	*	*
e）交流电源地线要求				*	*
4.1.1.1.9　机房电磁防护	*	*	*	*	*
a）接地防干扰	*	*	*	*	*
b）屏蔽防干扰	*	*	*	*	*
c）距离防干扰	*	*	*	*	*
d）电磁泄漏发射防护			*	*	*

续表

安全功能技术	安全保护等级				
	第一级	第二级	第三级	第四级	第五级
e）介质保护			*	*	*
f）机房屏蔽				*	*
4.1.1.2　通信线路的安全防护	*	*	*	*	*
a）确保线路畅通	*	*	*	*	*
b）发现线路截获			*	*	*
c）及时发现线路截获				*	*
d）防止线路截获				*	*
4.1.2　设备安全	*	*	*	*	*
4.1.2.1　设备的防盗和防毁	*	*	*	*	*
a）设备标记要求	*	*	*	*	*
b）计算中心防盗①	*	*			
c）计算中心防盗②			*		
d）计算中心防盗③				*	*
e）机房外部设备防盗			*	*	*
4.1.2.2　设备的安全可用	*	*	*	*	*
a）基本运行支持	*	*	*	*	*
b）设备可用			*	*	*
c）设备不间断运行				*	*
4.1.3　记录介质安全	*	*	*	*	*
a）公开数据介质保护	*				
b）内部数据介质保护		*			
c）重要数据介质保护			*		
d）关键数据介质保护				*	
e）核心数据介质保护					*
4.2　运行安全	*	*	*	*	*
4.2.1　风险分析	*	*	*	*	*
4.2.2　信息系统安全性检测分析	*	*	*	*	*
a）操作系统安全性检测分析	*	*	*	*	*
b）数据库管理系统安全性检测分析	*	*	*	*	*

续表

安全功能技术	安全保护等级				
	第一级	第二级	第三级	第四级	第五级
c）网络安全性检测分析		*	*	*	*
d）应用系统安全性检测分析		*	*	*	*
e）硬件系统安全性检测分析		*	*	*	*
f）攻击性检测分析				*	*
4.2.3　信息系统安全监控			*	*	*
a）安全探测机制			*	*	*
b）安全监控中心			*	*	*
4.2.4　安全审计		*	*	*	*
4.2.4.1　安全审计的响应		*	*	*	*
a）记审计日志		*	*	*	*
b）实时报警生成			*	*	*
c）违例进程终止				*	*
d）服务取消					*
e）用户账号断开与失效					*
4.2.4.2　安全审计数据产生		*	*	*	*
4.2.4.3　安全审计分析		*	*	*	*
a）潜在侵害分析		*	*	*	*
b）基于异常检测的描述			*	*	*
c）简单攻击探测				*	*
d）复杂攻击探测					*
4.2.4.4　安全审计查阅		*	*	*	*
a）基本审计查阅		*	*	*	*
b）有限审计查阅		*	*	*	*
c）可选审计查阅			*	*	*
4.2.4.5　安全审计事件选择		*	*	*	*
4.2.4.6　安全审计事件存储		*	*	*	*
a）受保护的审计踪迹存储		*	*	*	*
b）审计数据的可用性确保			*	*	*
c）在审计数据可能丢失情况下的措施				*	*

续表

安全功能技术	安全保护等级				
	第一级	第二级	第三级	第四级	第五级
d）防止审计数据丢失					*
4.2.4.7　网络环境安全审计与评估			*	*	*
4.2.5　信息系统边界安全防护	*	*	*	*	*
a）基本安全防护	*				
b）较严格安全防护		*			
c）严格安全防护			*		
d）最高安全防护				*	*
4.2.6　备份与故障恢复	*	*	*	*	*
a）用户自我信息备份与恢复	*	*	*	*	*
b）增量信息备份与恢复	*	*	*	*	*
c）局部系统备份与恢复		*	*	*	*
d）设备备份与容错		*	*	*	*
e）网络备份与容错			*	*	*
f）全系统备份与恢复				*	*
g）灾难备份与恢复				*	*
4.2.7　恶意代码防护	*	*	*	*	*
a）严格管理	*	*	*	*	*
b）网关防护		*	*	*	*
c）整体防护			*	*	*
d）防管结合				*	*
e）多层防御				*	*
4.2.8　信息系统应急处理	*	*	*	*	*
a）具有各种安全措施	*	*	*	*	*
b）设置正常备份机制		*	*	*	*
c）健全安全管理机构				*	*
d）建立处理流程图				*	*
4.2.9　可信计算和可信连接技术					
a）可信计算机技术					
b）可信连接技术					

续表

安全功能技术	安全保护等级				
	第一级	第二级	第三级	第四级	第五级
4.3 数据安全	*	*	*	*	*
4.3.1 身份鉴别	*	*	*	*	*
4.3.1.1 用户标识与鉴别	*	*	*	*	*
4.3.1.1.1 用户标识	*	*	*	*	*
a）基本标识	*	*	*	*	*
b）唯一标识		*	*	*	*
c）标识信息管理	*	*	*	*	*
4.3.1.1.2 用户鉴别	*	*	*	*	*
a）基本鉴别	*	*	*	*	*
b）不可伪造鉴别		*	*	*	*
c）一次性使用鉴别			*	*	*
d）多机制鉴别				*	*
e）重新鉴别				*	*
f）鉴别信息管理	*	*	*	*	*
4.3.1.1.3 鉴别失败处理	*	*	*	*	*
4.3.1.2 用户-主体绑定	*	*	*	*	*
4.3.1.3 隐秘				*	*
4.3.1.4 设备标识与鉴别				*	*
4.3.1.4.1 设备标识				*	*
a）接入前标识				*	*
b）标识信息管理				*	*
4.3.1.4.2 设备鉴别				*	*
a）接入前鉴别				*	*
b）不可伪造鉴别				*	*
c）鉴别信息管理				*	*
4.3.1.4.3 鉴别失败处理				*	*
4.3.2 抗抵赖			*	*	*
4.3.2.1 抗原发抵赖			*	*	*
a）选择性原发证明			*		

续表

安全功能技术	安全保护等级				
	第一级	第二级	第三级	第四级	第五级
b）强制性原发证明				*	*
4.3.2.2　抗接收抵赖			*	*	*
a）选择性接收证明			*		
b）强制性接收证明				*	*
4.3.3　自主访问控制	*	*	*	*	*
4.3.3.1　访问控制策略	*	*	*	*	*
4.3.3.2　访问控制功能	*	*	*	*	*
4.3.3.3　访问控制范围	*	*	*	*	*
a）子集访问控制	*	*	*		
b）完全访问控制				*	*
4.3.3.4　访问控制粒度	*	*	*	*	*
a）粗粒度	*				
b）中粒度		*	*	*	
c）细粒度					*
4.3.4　标记			*	*	*
4.3.4.1　主体标记			*	*	*
4.3.4.2　客体标记			*	*	*
4.3.4.3　标记的输出			*	*	*
a）不带敏感标记的用户数据输出			*	*	*
b）带有敏感标记的用户数据输出			*	*	*
4.3.4.4　标记的输入			*	*	*
a）不带敏感标记的用户数据输入			*	*	*
b）带有敏感标记的用户数据输入				*	*
4.3.5　强制访问控制			*	*	*
4.3.5.1　访问控制策略			*	*	*
4.3.5.2　访问控制功能			*	*	*
4.3.5.3　访问控制范围			*	*	*
a）子集访问控制			*		
b）完全访问控制				*	*
4.3.5.4　访问控制粒度			*	*	*

续表

安全功能技术	安全保护等级				
	第一级	第二级	第三级	第四级	第五级
a）中粒度			*	*	
b）细粒度					*
4.3.5.5 访问控制环境			*	*	*
4.3.6 用户数据完整性保护	*	*	*	*	*
4.3.6.1 存储数据的完整性		*	*	*	*
a）完整性检测		*			
b）完整性检测和恢复			*	*	*
4.3.6.2 传输数据的完整性	*	*	*	*	*
a）完整性检测	*	*	*	*	*
b）数据交换恢复			*	*	*
4.3.6.3 处理数据的完整性		*	*	*	*
4.3.7 用户数据保密性保护		*	*	*	*
4.3.7.1 存储数据保密性保护		*	*	*	*
4.3.7.2 传输数据保密性保护		*	*	*	*
4.3.7.3 客体安全重用		*	*	*	*
a）子集信息保护		*	*		
b）完全信息保护				*	
c）特殊信息保护					*
4.3.8 数据流控制			*	*	*
4.3.9 可信路径				*	*
4.3.10 密码支持	*	*	*	*	*

注："*"号表示具有该要求。

表 8-5 **安全保证技术要素与安全保证技术分等级要求的对应关系**

安全保证技术	安全保护等级				
	第一级	第二级	第三级	第四级	第五级
5.1 SSOIS 自身安全保护	*	*	*	*	*
5.1.1 SSF 物理安全保护	*	*	*	*	*
5.1.1.1 物理攻击的被动检测	*	*	*	*	*

续表

安全保证技术	安全保护等级				
	第一级	第二级	第三级	第四级	第五级
5.1.1.2　物理攻击的自动报告			*	*	*
5.1.1.3　物理攻击抵抗				*	*
5.1.2　SSF 运行安全保护	*	*	*	*	*
5.1.2.1　安全运行的测试	*	*	*	*	*
5.1.2.2　失败保护	*	*	*	*	*
5.1.2.3　重放检测			*	*	*
5.1.2.4　参照仲裁			*	*	*
5.1.2.5　域分离			*	*	*
a）SSF 域分离			*	*	*
b）SFP 域分离				*	*
5.1.2.6　状态同步协议			*	*	*
a）简单的可信回执			*		
b）相互的可信回执			*	*	*
5.1.2.7　可信时间戳	*	*	*	*	*
5.1.2.8　可信恢复					*
5.1.2.9　SSF 自检	*	*	*	*	*
5.1.3　SSF 数据安全保护	*	*	*	*	*
5.1.3.1　输出 SSF 数据的可用性			*	*	*
5.1.3.2　输出 SSF 数据的保密性			*	*	*
5.1.3.3　输出 SSF 数据的完整性			*	*	*
a）SSF 间修改的检测			*	*	*
b）SSF 间修改的改正				*	*
5.1.3.4　SSOIS 内 SSF 数据传输保护	*	*	*	*	*
a）基本传输保护	*	*	*	*	*
b）数据分离传输			*	*	*
c）数据完整性保护			*	*	*
5.1.3.5　SSF 间的 SSF 数据的一致性			*	*	*
5.1.3.6　SSOIS 内 SSF 数据复制的一致性		*	*	*	*
5.1.3.7　用户与 SSF 间可信路径				*	*

续表

安全保证技术	安全保护等级				
	第一级	第二级	第三级	第四级	第五级
5.1.3.8 SSF间可信信道					*
5.1.4 SSOIS资源利用	*	*	*	*	*
5.1.4.1 容错	*	*	*	*	*
a）降级容错	*	*	*	*	*
b）受限容错			*	*	*
5.1.4.2 服务优先级	*	*	*	*	*
a）有限服务优先级	*	*			
b）全部服务优先级			*	*	*
5.1.4.3 资源分配	*	*	*	*	*
a）最大限额	*	*			
b）最小限额和最大限额			*	*	*
5.1.5 SSOIS访问控制	*	*	*	*	*
a）SSOIS会话建立	*	*	*	*	*
b）可选属性范围限定	*	*	*	*	*
c）多重并发会话限定	*	*	*	*	*
d）SSOIS访问历史		*	*	*	*
e）会话锁定			*	*	*
5.2 SSOIS设计和实现	*	*	*	*	*
5.2.1 配置管理	*	*	*	*	*
5.2.1.1 配置管理能力	*	*	*	*	*
a）版本号	*	*	*	*	*
b）配置项			*	*	*
c）授权控制			*	*	*
d）生成支持和验收过程				*	*
e）进一步的支持					*
5.2.1.2 配置管理自动化			*	*	*
a）部分CM自动化			*	*	
b）完全CM自动化					*

续表

安全保证技术	安全保护等级				
	第一级	第二级	第三级	第四级	第五级
5.2.1.3　配置管理范围		*	*	*	*
a）SSOIS 配置管理范围		*			
b）问题跟踪配置管理范围			*		
c）开发工具配置管理范围				*	*
5.2.2　分发和操作	*	*	*	*	*
5.2.2.1　分发	*	*	*	*	*
a）分发过程	*	*			
b）修改检测			*		
c）修改防止				*	*
5.2.2.2　操作（安装、生成和启动）	*	*	*	*	*
a）安装、生成和启动过程	*	*	*	*	*
b）日志生成		*	*	*	*
5.2.3　开发	*	*	*	*	*
5.2.3.1　功能设计	*	*	*	*	*
a）非形式化功能设计	*				
b）完全定义的外部接口		*	*		
c）半形式化功能设计				*	
d）形式化功能设计					*
5.2.3.2　安全策略模型化		*	*	*	*
a）非形式化 SSOIS 安全策略模型		*	*		
b）半形式化 SSOIS 安全策略模型				*	
c）形式化 SSOIS 安全策略模型					*
5.2.3.3　高层设计	*	*	*	*	*
a）描述性高层设计	*	*			
b）安全加强的高层设计			*		
c）半形式化高层设计				*	
d）形式化高层设计					*
5.2.3.4　低层设计	*	*	*	*	*

续表

安全保证技术	安全保护等级				
	第一级	第二级	第三级	第四级	第五级
a）描述性低层设计	*	*	*		
b）半形式化低层设计				*	
c）形式化低层设计					*
5.2.3.5 SSF内部结构	*	*	*	*	*
a）模块化	*				
b）层次化		*	*		
c）复杂度最小化				*	*
5.2.3.6 实现表示	*	*	*	*	*
a）SSF子集实现	*	*			
b）SSF完全实现			*		
c）SSF的结构化实现				*	*
5.2.3.7 表示的对应性	*	*	*	*	*
a）非形式化对应性说明	*	*	*		
b）半形式化对应性说明				*	
c）形式化对应性说明					*
5.2.4 文档要求	*	*	*	*	*
5.2.4.1 安全管理员指南	*	*	*	*	*
5.2.4.2 用户指南	*	*	*	*	*
5.2.5 生存周期支持	*	*	*	*	*
5.2.5.1 开发安全		*	*	*	*
a）安全措施的说明		*	*		
b）安全措施的充分性				*	*
5.2.5.2 缺陷纠正			*	*	*
a）基本缺陷纠正			*		
b）缺陷报告				*	
c）有组织的缺陷纠正					*
5.2.5.3 生存周期定义	*	*	*	*	*
a）开发者定义的生存周期模型	*	*			

续表

安全保证技术	安全保护等级				
	第一级	第二级	第三级	第四级	第五级
b）标准生存周期模型			*	*	
c）可测量的生存周期模型					*
5.2.5.4　工具和技术		*	*	*	*
a）明确定义的开发工具		*	*		
b）遵照实现标准-应用部分				*	
c）遵照实现标准-所有部分					*
5.2.6　测试	*	*	*	*	*
5.2.6.1　范围		*	*	*	*
a）范围的证据		*	*	*	*
b）范围分析		*	*		
c）严格的范围分析				*	*
5.2.6.2　测试深度		*	*	*	*
a）高层设计测试		*	*	*	*
b）低层设计测试			*	*	*
c）实现表示测试				*	*
5.2.6.3　功能测试	*	*	*	*	*
a）一般功能测试	*	*			
b）顺序的功能测试			*	*	*
5.2.6.4　独立性测试	*	*	*	*	*
a）相符性独立测试	*	*	*	*	*
b）抽样独立性测试			*	*	
c）完全独立性测试					*
5.2.7　脆弱性评定		*	*	*	*
5.2.7.1　隐蔽信道分析				*	*
a）一般性隐蔽信道分析				*	
b）严格隐蔽信道分析					*
5.2.7.2　防止误用		*	*	*	*

续表

安全保证技术	安全保护等级				
	第一级	第二级	第三级	第四级	第五级
a）文档检查		*	*	*	*
b）分析确认			*	*	*
c）对安全状态的检测和分析				*	*
5.2.7.3 SSOIS 安全功能强度评估		*	*	*	*
5.2.7.4 脆弱性分析		*	*	*	*
a）开发者脆弱性分析		*			
b）独立脆弱性分析			*		
c）中级抵抗力				*	
d）高级抵抗力					*
5.3 SSOIS 安全管理	*	*	*	*	*
5.3.1 SSF 功能的管理	*	*	*	*	*
5.3.2 安全属性的管理		*	*	*	*
a）管理安全属性		*	*	*	*
b）安全的安全属性		*	*	*	*
c）静态属性初始化		*	*	*	*
d）安全属性终止		*	*	*	*
e）安全属性撤销		*	*	*	*
5.3.3 SSF 数据的管理		*	*	*	*
a）管理 SSF 数据		*	*	*	*
b）SSF 数据界限的管理		*	*	*	*
c）安全的 SSF 数据			*	*	*
5.3.4 安全角色的定义与管理			*	*	*
a）安全角色的定义			*	*	*
b）安全角色的限制			*	*	*
c）安全角色的担任			*	*	*
5.3.5 SSOIS 安全机制集中管理			*	*	*

注：“ * ”号表示具有该要求。

8.4　GB/T20269—2006《信息系统安全管理要求》

8.4.1　本标准的适用范围

本标准依据 GB17859—1999 的五个安全保护等级的划分，规定了信息系统安全所需要的各个安全等级的管理要求。本标准适用于按等级化要求进行的信息系统安全的管理。

8.4.2　术语和定义

GB17859—1999 确立的及下列的术语和定义适用于本标准。

（1）完整性（integrity）。

包括数据完整性和系统完整性。数据完整性表征数据所具有的特性，即无论数据形式作何变化，数据的准确性和一致性均保持不变的程度；系统完整性表征系统在防止非授权用户修改或使用资源和防止授权用户不正确地修改或使用资源的情况下，系统能履行其操作目的的品质。

（2）可用性（availability）。

表征数据或系统根据授权实体的请求可被访问与使用程度的安全属性。

（3）访问控制（access control）。

按确定的规则，对实体之间的访问活动进行控制的安全机制，能防止对资源的未授权使用。

（4）安全审计（security audit）。

按确定规则的要求，对与安全相关的事件进行审计，以日志方式记录必要信息，并作出相应处理的安全机制。

（5）鉴别信息（authentication information）。

用以确认身份真实性的信息。

（6）敏感性（sensitivity）。

表征资源价值或重要性的特性，也可能包含这一资源的脆弱性。

（7）风险评估（risk assessment）。

通过对信息系统的资产价值/重要性、信息系统所受到的威胁以及信息系统的脆弱性进行综合分析，对信息系统及其处理、传输和存储的信息的保密性、完整性和可用性等进行科学识别和评价，确定信息系统安全风险的过程。

（8）安全策略（security policy）。

主要指为信息系统安全管理制定的行动方针、路线、工作方式、指导原则或程序。

8.4.3　信息系统安全管理的一般要求

本标准第 4 章对信息系统安全管理的基本内容和基本原则进行了详细的阐述。

1. 信息系统安全管理的内容

信息系统安全管理是对一个组织或机构中信息系统的生命周期全过程实施符合安全等

级责任要求的管理，其基本内容它包括：

（1）落实安全机构及安全管理人员，明确角色与职责，制定安全规划；

（2）开发安全策略；

（3）实施风险管理；

（4）制定业务持续性计划和灾难恢复计划；

（5）选择与实施安全措施；

（6）保证配置、变更的正确与安全；

（7）进行安全审计；

（8）保证维护支持；

（9）进行监控、检查，处理安全事件；

（10）安全意识与安全教育；

（11）人员安全管理等。

2. 信息系统安全管理的原则

（1）基于安全需求原则。

组织机构应根据其信息系统担负的使命，积累的信息资产的重要性，可能受到的威胁及面临的风险分析安全需求，按照信息系统等级保护要求确定相应的信息系统安全保护等级，遵从相应等级的规范要求，从全局上恰当地平衡安全投入与效果。

（2）主要领导负责原则。

主要领导应确立其组织统一的信息安全保障的宗旨和政策，负责提高员工的安全意识，组织有效安全保障队伍，调动并优化配置必要的资源，协调安全管理工作与各部门工作的关系，并确保其落实、有效。

（3）全员参与原则。

信息系统所有相关人员应普遍参与信息系统的安全管理，并与相关方面协同、协调，共同保障信息系统安全。

（4）系统方法原则。

按照系统工程的要求，识别和理解信息安全保障相互关联的层面和过程，采用管理和技术结合的方法，提高实现安全保障的目标的有效性和效率。

（5）持续改进原则。

安全管理是一种动态反馈过程，贯穿整个安全管理的生存周期，随着安全需求和系统脆弱性的时空分布变化，威胁程度的提高，系统环境的变化以及对系统安全认识的深化等，应及时地将现有的安全策略、风险接受程度和保护措施进行复查、修改、调整以至提升安全管理等级，维护和持续改进信息安全管理体系的有效性。

（6）依法管理原则。

信息安全管理工作主要体现为管理行为，应保证信息系统安全管理主体合法、管理行为合法、管理内容合法、管理程序合法。对安全事件的处理，应由授权者适时发布准确一致的有关信息，避免带来不良的社会影响。

（7）分权和授权原则。

对特定职能或责任领域的管理功能实施分离、独立审计等实行分权，避免权力过分集中所带来的隐患，以减小未授权的修改或滥用系统资源的机会。任何实体（如用户、管理员、进程、应用或系统）仅享有该实体需要完成其任务所必须的权限，不应享有任何多余权限。

(8) 选用成熟技术原则。

成熟的技术具有较好的可靠性和稳定性，采用新技术时要重视其成熟的程度，并应首先局部试点然后逐步推广，以减少或避免可能出现的失误。

(9) 分级保护原则。

按等级划分标准确定信息系统的安全保护等级，实行分级保护；对多个子系统构成的大型信息系统，确定系统的基本安全保护等级，并根据实际安全需求，分别确定各子系统的安全保护等级，实行多级安全保护。

(10) 管理与技术并重原则。

坚持积极防御和综合防范，全面提高信息系统安全防护能力，立足国情，采用管理与技术相结合，管理科学性和技术前瞻性结合的方法，保障信息系统的安全性达到所要求的目标。

(11) 自保护和国家监管相结合原则。

对信息系统安全实行自保护和国家保护相结合。组织机构要对自己的信息系统安全保护负责，政府相关部门有责任对信息系统的安全进行指导、监督和检查，形成自管、自查、自评和国家监管相结合的管理模式，提高信息系统的安全保护能力和水平，保障国家信息安全。

8.4.4　信息系统安全管理要素及其强度

本标准以安全管理要素作为描述安全管理要求的基本组件。安全管理要素是指，为实现信息系统安全等级保护所规定的安全要求，从管理角度应采取的主要控制方法和措施。根据 GB17859—1999 对安全保护等级的划分，不同的安全保护等级会有不同的安全管理要求，可以体现在管理要素的增加和管理强度的增强两方面。对于每个管理要素，根据特定情况分别列出不同的管理强度，最多分为 5 级，最少可不分级。在具体描述中，除特别声明之外，一般高级别管理强度的描述都是在对低级别描述基础之上进行的。本标准的第 5 章描述了信息系统安全管理要素及其强度，具体内容如下：

5.1　策略和制度

5.1.1　信息安全管理策略

5.1.1.1　安全管理目标与范围

信息系统的安全管理需要明确信息系统的安全管理目标和范围，不同安全等级应有选择地满足以下要求的一项：

a) 基本的管理目标与范围：针对一般的信息系统应包括：制定包括系统设施和操作等内容的系统安全目标与范围计划文件；为达到相应等级技术要求提供相应的管理保证；提供对信息系统进行基本安全保护的安全功能和安全管理措施，确保安全功能达到预期目标，使信息免遭非授权的泄露和破坏，基本保证信息系统安全运行。

b）较完整的管理目标与范围：针对在一定程度上涉及国家安全、社会秩序、经济建设和公共利益的一般信息和信息系统，在a）的基础上还应包括：建立相应的安全管理机构，制定相应的安全操作规程；制定信息系统的风险管理计划；提供对信息系统进行安全保护的比较完整的系统化安全保护的能力和比较完善的安全管理措施，从整体上保护信息免遭非授权的泄露和破坏，保证信息系统安全正常运行。

c）系统化的管理目标与范围：针对涉及国家安全、社会秩序、经济建设和公共利益的信息和信息系统，在b）的基础上还应包括：提供信息系统安全的自动监视和审计；提供信息系统的认证、验收及使用的授权的规定；提供对信息系统进行强制安全保护的能力和设置必要的强制性安全管理措施，确保数据信息免遭非授权的泄露和破坏，保证信息系统安全运行。

d）强制保护的管理目标与范围：针对涉及国家安全、社会秩序、经济建设和公共利益的重要信息和信息系统，在c）的基础上还应包括：提供安全策略和措施的程序化、周期化的评估，以及对明显的风险变化和安全事件的评估；实施强制的分权管理机制和可信管理；提供对信息系统进行整体的强制安全保护的能力和比较完善的强制性安全管理措施，保证信息系统安全运行。

e）专控保护的管理目标与范围：针对涉及国家安全、社会秩序、经济建设和公共利益的重要信息和信息系统的核心系统，在d）的基础上还应包括：使安全管理计划与组织机构的文化有机融合，并能适应安全环境的变化；实施全面、可信的安全督理；提供对信息系统进行基于可验证的强制安全保护能力和完善的强制性安全管理措施，全面保证信息系统安全运行。

5.1.1.2　总体安全管理策略

不同安全等级的信息系统总体安全策略应有选择地满足以下要求的一项：

a）基本的安全管理策略：信息系统安全管理策略包括：依照国家政策法规和技术及管理标准进行自主保护；阐明管理者对信息系统安全的承诺，并陈述组织机构管理信息系统安全的方法；说明信息系统安全的总体目标、范围和安全框架；申明支持信息系统安全目标和原则的管理意向；简要说明对组织机构有重大意义的安全方针、原则、标准和符合性要求。

b）较完整的安全管理策略：在a）的基础上，信息安全管理策略还包括：在信息系统安全监管职能部门的指导下，依照国家政策法规和技术及管理标准自主进行保护；明确划分信息系统（分系统/域）的安全保护等级（按区域分等级保护）；制定风险管理策略、业务连续性策略、安全培训与教育策略、审计策略等较完整的信息安全策略。

c）体系化的安全管理策略：在b）的基础上，信息安全管理策略还包括：在接受信息系统安全监管职能部门监督、检查的前提下，依照国家政策法规和技术及管理标准自主进行保护；制定目标策略、规划策略、机构策略、人员策略、管理策略、安全技术策略、控制策略、生存周期策略、投资策略、质量策略等，形成体系化的信息系统安全策略。

d）强制保护的安全管理策略：在c）的基础上，信息安全管理策略还包括：在接受信息系统安全监管职能部门的强制监督、检查的前提下，依照国家政策法规和技术及管理标准自主进行保护；制定体系完整的信息系统安全管理策略。

e）专控保护的安全管理策略：在 d）的基础上，信息安全管理策略还包括：在接受国家指定的专门部门、专门机构的专门监督的前提下，依照国家政策法规和技术及管理标准自主进行保护；制定可持续改进的信息系统安全管理策略。

5.1.1.3　安全管理策略的制定

信息系统安全管理策略的制定，不同安全等级应有选择地满足以下要求的一项：

a）基本的安全管理策略制定：应由安全管理人员为主制定，由分管信息安全工作的负责人召集，以安全管理人员为主，与相关人员一起制定基本的信息系统安全管理策略，包括总体策略和具体策略，并以文件形式表述。

b）较完整的安全管理策略制定：应由信息安全职能部门负责制定，由分管信息安全工作的负责人组织，信息安全职能部门负责制定较完整的信息系统安全管理策略，包括总体策略和具体策略，并以文件形式表述。

c）体系化的安全管理策略制定：应由信息安全领导小组组织制定，由信息安全领导小组组织并提出指导思想，信息安全职能部门负责具体制定体系化的信息系统安全管理策略，包括总体策略和具体策略，并以文件形式表述。

d）强制保护的安全管理策略制定：应由信息安全领导小组组织并提出指导思想，由信息安全职能部门指派专人负责制定强制保护的信息系统安全管理策略，包括总体策略和具体策略，并以文件形式表述；涉密系统安全策略的制定应限定在相应范围内进行；必要时，可征求信息安全监管职能部门的意见。

e）专控保护的安全管理策略制定：在 d）的基础上，必要时应征求国家指定的专门部门或机构的意见，或者共同制定专控保护的信息系统安全管理策略，包括总体策略和具体策略。

5.1.1.4　安全管理策略的发布

信息系统安全管理策略应以文档形式发布，不同安全等级应有选择地满足以下要求的一项：

a）基本的安全管理策略的发布：安全管理策略文档应由分管信息安全工作的负责人签发，并向信息系统的用户传达，其形式应针对目标读者，并能够为读者接受和理解；

b）较完整的安全管理策略的发布：在 a）的基础上，安全管理策略文档应经过组织机构负责人签发，按照有关文件管理程序发布；

c）体系化的安全管理策略的发布：在 b）的基础上，安全管理策略文档应注明发布范围，并有收发文登记；

d）强制保护的安全管理策略的发布：在 c）的基础上，安全管理策略文档应注明密级，并在监管部门备案；

e）专控保护的安全管理策略的发布：在 d）的基础上，必要时安全管理策略文档应在国家指定的专门部门或机构进行备案。

5.1.2　安全管理规章制度

5.1.2.1 安全管理规章制度内容

应根据机构的总体安全策略和业务应用需求，制定信息系统安全管理的规程和制度，不同安全等级的安全管理规章制度的内容应有选择地满足以下要求的一项：

a）基本的安全管理制度：应包括网络安全管理规定、系统安全管理规定、数据安全管理规定、防病毒规定、机房安全管理规定以及相关的操作规程等。

b）较完整的安全管理制度：在a）的基础上，应增加设备使用管理规定、人员安全管理规定、安全审计管理规定、用户管理规定、风险管理规定、信息分类分级管理规定、安全事件报告规定、事故处理规定、应急管理规定和灾难恢复管理规定等。

c）体系化的安全管理制度：在b）的基础上，应制定全面的安全管理规定，包括：机房、主机设备、网络设施、物理设施分类标记等系统资源安全管理规定；安全配置、系统分发和操作、系统文档、测试和脆弱性评估、系统信息安全备份和相关的操作规程等系统和数据库方面的安全管理规定；网络连接检查评估、网络使用授权、网络检测、网络设施（设备和协议）变更控制和相关的操作规程等方面的网络安全管理规定；应用安全评估、应用系统使用授权、应用系统配置管理、应用系统文档管理和相关的操作规程等方面的应用安全管理规定；人员安全管理、安全意识与安全技术教育、操作安全、操作系统和数据库安全、系统运行记录、病毒防护、系统维护、网络互联、安全审计、安全事件报告、事故处理、应急管理、灾难恢复和相关的操作规程等方面的运行安全管理规定；信息分类标记、涉密信息管理、文档管理、存储介质管理、信息披露与发布审批管理、第三方访问控制和相关的操作规程等方面的信息安全管理规定等。

d）强制保护的安全管理制度：在c）的基础上，应增加信息保密标识与管理规定、密码使用管理规定、安全事件例行评估和报告规定、关键控制措施定期测试规定等；

e）专控保护的安全管理制度：在d）的基础上，应增加安全管理审计监督规定等。

5.1.2.2 安全管理规章制度的制定

安全管理制度的制定及发布，应有明确规定的程序，不同安全等级应有选择地满足以下要求的一项：

a）基本的安全管理制度制定：应由安全管理人员负责制订信息系统安全管理制度，并以文档形式表述，由分管信息安全工作的负责人审批发布；

b）较完整的安全管理制度制定：应由信息安全职能部门负责制订信息系统安全管理制度，并以文档形式表述，由分管信息安全工作的负责人审批，按照有关文档管理程序发布；

c）体系化的安全管理制度制定：应由信息安全职能部门负责制订信息系统安全管理制度，并以文档形式表述，经信息安全领导小组讨论通过，由信息安全领导小组负责人审批发布，应注明发布范围并有收发文登记；

d）强制保护的安全管理制度制定：应由信息安全职能部门指派专人负责制订信息系统安全管理制度，并以文档形式表述，经信息安全领导小组讨论通过，由信息安全领导小组负责人审批发布；信息系统安全管理制度文档的发布应注明密级，对涉密的信息系统安全管理制度的制定应在相应范围内进行；

e）专控保护的安全管理制度制定：在 d）的基础上，必要时，应征求组织机构的保密管理部门的意见，或者共同制定。

5.1.3　策略与制度文档管理

5.1.3.1　策略与制度文档的评审和修订

策略与制度文档的评审和修订，不同安全等级应有选择地满足以下要求的一项：

a）基本的评审和修订：应由分管信息安全的负责人和安全管理人员负责文档的评审和修订；应通过所记录的安全事故的性质、数量以及影响检查策略和制度的有效性，评价安全管理措施对成本及应用效率的影响，以及技术变化对安全管理的影响；经评审，对存在不足或需要改进的策略和制度应进行修订，并按规定程序发布。

b）较完整的评审和修订：应由分管信息安全的负责人和信息安全职能部门负责文档的评审和修订；应定期或阶段性审查策略和制度存在的缺陷，并在发生重大安全事故、出现新的漏洞以及机构或技术基础结构发生变更时，对策略和制度进行相应的评审和修订；对评审后需要修订的策略和制度文档，应明确指定人员限期完成并按规定发布。

c）体系化的评审和修订：应由信息安全领导小组和信息安全职能部门负责文档的评审和修订；应对安全策略和制度的有效性进行程序化、周期性评审，并保留必要的评审记录和依据；每个策略和制度文档应有相应责任人，根据明确规定的评审和修订程序对策略进行维护。

d）强制保护的评审和修订：应由信息安全领导小组和信息安全职能部门的专门人员负责文档的评审和修订，必要时可征求信息安全监管职能部门的意见；应对安全策略和制度的有效性进行程序化、周期性评审，并保留必要的评审记录和依据；每个策略和制度文档应有相应责任人，根据明确规定的评审和修订程序对策略进行维护；对涉密的信息安全策略、规章制度和相关的操作规程文档的评审和修订应在相应范围内进行。

e）专控保护的评审和修订：在 d）的基础上，必要时可请组织机构的保密管理部门参加文档的评审和修订，应征求国家指定的专门部门或机构的意见；应对安全策略和制度的有效性及时进行专项的评审，并保留必要的评审记录和依据。

5.1.3.2　策略与制度文档的保管

对策略与制度文档，以及相关的操作规程文档的保管，不同安全等级应有选择地满足以下要求的一项：

a）指定专人保管：对策略和制度文档，以及相关的操作规程文档，应指定专人保管；

b）借阅审批和登记：在 a）的基础上，借阅策略和制度文档，以及相关的操作规程文档，应有相应级别负责人审批和登记；

c）限定借阅范围：在 b）的基础上，借阅策略和制度文档，以及相关的操作规程文档，应限定借阅范围，并经过相应级别负责人审批和登记；

d) 全面严格保管：在c) 的基础上，对涉密的策略和制度文档，以及相关的操作规程文档的保管应按照有关涉密文档管理规定进行；对保管的文档以及借阅的记录定期进行检查；

e) 专控保护的管理：在d) 的基础上，应与相关业务部门协商制定专项控制的管理措施。

5.2 机构和人员管理

5.2.1 安全管理机构

5.2.1.1 建立安全管理机构

在组织机构中应建立安全管理机构，不同安全等级的安全管理机构应有选择地满足以下要求的一项：

a) 配备安全管理人员：管理层中应有一人分管信息系统安全工作，并为信息系统的安全管理配备专职或兼职的安全管理人员；

b) 建立安全职能部门：在a) 的基础上，应建立管理信息系统安全工作的职能部门，或者明确指定一个职能部门兼管信息安全工作，作为该部门的关键职责之一；

c) 成立安全领导小组：在b) 的基础上，应在管理层成立信息系统安全管理委员会或信息系统安全领导小组（以下统称信息安全领导小组）．对覆盖全国或跨地区的组织机构，应在总部和下级单位建立各级信息系统安全领导小组，在基层至少要有一位专职的安全管理人员负责信息系统安全工作；

d) 主要负责人出任领导：在c) 的基础上，应由组织机构的主要负责人出任信息系统安全领导小组负责人；

e) 建立信息安全保密管理部门：在d) 的基础上，应建立信息系统安全保密监督管理的职能部门，或对原有保密部门明确信息安全保密管理责任，加强对信息系统安全管理重要过程和管理人员的保密监督管理。

5.2.1.2 信息安全领导小组

信息系统安全领导小组负责领导本组织机构的信息系统安全工作，至少应行使以下管理职能之一：

a) 安全管理的领导职能：根据国家和行业有关信息安全的政策、法律和法规，批准机构信息系统的安全策略和发展规划；确定各有关部门在信息系统安全工作中的职责，领导安全工作的实施；监督安全措施的执行，并对重要安全事件的处理进行决策；指导和检查信息系统安全职能部门及应急处理小组的各项工作；建设和完善信息系统安全的集中控管的组织体系和管理机制。

b) 保密监督的管理职能：在a) 的基础上，对保密管理部门进行有关信息系统安全保密监督管理方面的指导和检查。

5.2.1.3 信息安全职能部门

信息安全职能部门在信息系统安全领导小组领导下，负责本组织机构信息系统安全的具体工作，至少应行使以下管理职能之一：

a) 基本的安全管理职能：根据国家和行业有关信息安全的政策法规，起草组织机构信息系统的安全策略和发展规划；管理机构信息系统安全日常事务，检查和指导下级单位信息系统安全工作；负责安全措施的实施或组织实施，组织并参加对安全重要事件的处理；监控信息系统安全总体状况，提出安全分析报告；指导和检查各部门和下级单位信息系统安全人员及要害岗位人员的信息系统安全工作；应与有关部门共同组成应急处理小组或协助有关部门建立应急处理小组实施相关应急处理工作。

b）集中的安全管理职能：在 a）的基础上，管理信息系统安全机制集中管理机构的各项工作，实现信息系统安全的集中控制管理，完成信息系统安全领导小组交办的工作，并向领导小组报告机构的信息系统安全工作。

5.2.2　安全机制集中管理机构

5.2.2.1　设置集中管理机构

信息系统安全机制集中管理机构（以下简称集中管理机构）既是技术实体，也是管理实体，应按照以下方式设立：

a）集中管理机构人员和职责：应配备必要的领导和技术管理人员，应选用熟悉安全技术、网络技术、系统应用等方面技术人员，明确责任协同工作，统一管理信息系统的安全运行，进行安全机制的配置与管理，对与安全有关的信息进行汇集与分析，对与安全有关的事件进行响应与处置；应对分布在信息系统中有关的安全机制进行集中管理；应接受信息安全职能部门的直接领导。

5.2.2.2　集中管理机构职能

a）信息系统安全运行的统一管理：集中管理机构主要行使以下技术职能：

——防范与保护：建立物理、支撑系统、网络、应用、管理等五个层面的安全控制机制，构成系统有机整体安全控制机制；统一进行信息系统安全机制的配置与管理，确保各个安全机制按照设计要求运行。

——监控与检查：对服务器、路由器、防火墙等网络部件、系统安全运行性状态、信息（包括有害内容）的监控和检查；汇集各种安全机制所获取的与系统安全运行有关的信息，对所获取的信息进行综合分析，及时发现系统运行中的安全问题和隐患，提出解决的对策和方法。

——响应与处置：事件发现、响应、处置、应急恢复，根据应急处理预案，作出快速处理；应对各种事件和处理结果有详细的记载并进行档案化管理，作为对后续事件分析的参考和可查性的依据。

——安全机制集中管理控制（详见 5.5.6），完善管理信息系统安全运行的技术手段，进行信息系统安全的集中控制管理。

——负责接受和配合政府有关部门的信息安全监管工作。

b）关键区域安全运行管理：在 a）的基础上，集中管理机构对关键区域的安全运行进行管理，控制知晓范围，对获取的有关信息进行相应安全等级的保护。

c）核心系统安全运行管理：在 b）的基础上，集中管理机构应与有关业务应用的主管部门协调，定制更高安全级别的管理方式。

5.2.3　人员管理

5.2.3.1　安全管理人员配备

对安全管理人员配备的管理，不同安全等级应有选择地满足以下要求的一项：

a）可配备兼职安全管理人员：安全管理人员可以由网络管理人员兼任；

b）安全管理人员的兼职限制：安全管理人员不能兼任网络管理人员、系统管理员、数据库管理员等；

c）配备专职安全管理人员：安全管理人员不可兼任，属于专职人员，应具有安全管理工作权限和能力；

d）关键部位的安全管理人员：在c）的基础上，安全管理人员还应按照机要人员条件配备。

5.2.3.2 关键岗位人员管理

对信息系统关键岗位人员的管理，不同安全等级应满足以下要求的一项或多项：

a）基本要求：应对安全管理员、系统管理员、数据库管理员、网络管理员、重要业务开发人员、系统维护人员、重要业务应用操作人员等信息系统关键岗位人员进行统一管理；允许一人多岗，但业务应用操作人员不能由其他关键岗位人员兼任；关键岗位人员应定期接受安全培训，加强安全意识和风险防范意识。

b）兼职和轮岗要求：业务开发人员和系统维护人员不能兼任或担负安全管理员、系统管理员、数据库管理员、网络管理员、重要业务应用操作人员等岗位或工作；必要时关键岗位人员应采取定期轮岗制度。

c）权限分散要求：在b）的基础上，应坚持关键岗位人员“权限分散、不得交叉覆盖”的原则，系统管理员、数据库管理员、网络管理员不能相互兼任岗位或工作。

d）多人共管要求：在c）的基础上，关键岗位人员处理重要事务或操作时，应保持二人同时在场，关键事务应多人共管。

e）全面控制要求：在d）的基础上，应采取对内部人员全面控制的安全保证措施，对所有岗位工作人员实施全面安全管理。

5.2.3.3 人员录用管理

对人员录用的管理，不同安全等级应有选择地满足以下要求的一项：

a）人员录用的基本要求：对应聘者进行审查，确认其具有基本的专业技术水平，接受过安全意识教育和培训，能够掌握安全管理基本知识；对信息系统关键岗位的人员还应注重思想品质方面的考察。

b）人员的审查与考核：在a）的基础上，应由单位人事部门进行人员背景、资质审查，技能考核等，合格者还要签署保密协议方可上岗；安全管理人员应具有基本的系统安全风险分析和评估能力。

c）人员的内部选拔：在b）的基础上，重要区域或部位的安全管理人员一般可从内部符合条件人员选拔，应做到认真负责和保守秘密。

d）人员的可靠性：在c）的基础上，关键区域或部位的安全管理人员应选用实践证明精干、内行、忠实、可靠的人员，必要时可按机要人员条件配备。

5.2.3.4 人员离岗

对人员离岗的管理，不同安全等级应有选择地满足以下要求的一项：

a）离岗的基本要求：立即中止被解雇的、退休的、辞职的或其他原因离开的人员的所有访问权限；收回所有相关证件、徽章、密钥、访问控制标记等；收回机构提供的设备等。

b）调离后的保密要求：在 a）的基础上，管理层和信息系统关键岗位人员调离岗位，必须经单位人事部门严格办理调离手续，承诺其调离后的保密要求。

c）离岗的审计要求：在 b）的基础上，涉及组织机构管理层和信息系统关键岗位的人员调离单位，必须进行离岗安全审查，在规定的脱密期限后，方可调离。

d）关键部位人员的离岗要求：在 c）的基础上，关键部位的信息系统安全管理人员离岗，应按照机要人员管理办法办理。

5.2.3.5　人员考核与审查

对人员考核与审查的管理，不同安全等级应有选择地满足以下要求的一项：

a）定期的人员考核：应定期对各个岗位的人员进行不同侧重的安全认知和安全技能的考核，作为人员是否适合当前岗位的参考；

b）定期的人员审查：在 a）的基础上，对关键岗位人员，应定期进行审查，如发现其违反安全规定，应控制使用；

c）管理有效性的审查：在 b）的基础上，对关键岗位人员的工作，应通过例行考核进行审查，保证安全管理的有效性，并保留审查结果；

d）全面严格的审查：在 c）的基础上，对所有安全岗位人员的工作，应通过全面考核进行审查，如发现其违反安全规定，应采取必要的应对措施。

5.2.3.6　第三方人员管理

对第三方人员的管理，不同安全等级应有选择地满足以下要求的一项：

a）基本管理要求：应对硬件和软件维护人员、咨询人员、临时性的短期职位人员，以及辅助人员和外部服务人员等第三方人员签署包括不同安全责任的合同书或保密协议；规定各类人员的活动范围，进入计算机房需要得到批准，并有专人负责；第三方人员必须进行逻辑访问时，应划定范围并经过负责人批准，必要时应有人监督或陪同。

b）重要区域管理要求：在重要区域，第三方人员必须进入或进行逻辑访问（包括近程访问和远程访问等）均应有书面申请、批准和过程记录，并有专人全程监督或陪同；进行逻辑访问应使用专门设置的临时用户，并进行审计。

c）关键区域管理要求：在关键区域，一般不允许第三方人员进入或进行逻辑访问；如确有必要，除有书面申请外，可采取由机构内部人员带为操作的方式，对结果进行必要的过滤后再提供第三方人员，并进行审计；必要时对上述过程进行风险评估和记录备案，并对相应风险采取必要的安全补救措施。

5.2.4　教育和培训

5.2.4.1　信息安全教育

信息安全教育包括信息安全意识的培养教育和安全技术培训，不同安全等级应有选择地满足以下要求的一项：

a）应知应会要求：应让信息系统相关员工知晓信息的敏感性和信息安全的重要性，认识其自身的责任和安全违例会受到纪律惩罚，以及应掌握的信息安全基本知识和技能等；

b）有计双培训：在a）的基础上，应制定并实施安全教育和培训计划，培养信息系统各类人员安全意识，并提供对安全政策和操作规程的认知教育和训练等；

c）针对不同岗位培训：在b）的基础上，针对不同岗位，制定不同的专业培训计划，包括安全知识、安全技术、安全标准、安全要求、法律责任和业务控制措施等；

d）按人员资质要求培训：在c）的基础上，对所有工作人员的安全资质进行定期检查和评估，使相应的安全教育成为组织机构工作计划的一部分；

e）培养安全意识自觉性：在d）的基础上，对所有工作人员进行相应的安全资质管理，并使安全意识成为所有工作人员的自觉存在。

5.2.4.2 信息安全专家

可邀请或聘用信息安全专家，不同安全等级应有选择地满足以下要求的一项：

a）听取信息安全专家建议：听取信息安全专家对于组织机构的信息系统安全方面的建议；组织专家参与安全威胁的评估，提供安全控制措施的建议，进行信息安全有效性评判，对安全事件给予专业指导和原因调查等。

b）对信息安全专家的管理：在a）的基础上，对于邀请或聘用信息安全专家可以提供必要的组织机构内部信息，同时应告知专家这些信息的敏感性和保密性，并应采取必要的安全措施，保证提供的信息在安全可控的范围内。

5.3 风险管理

5.3.1 风险管理要求和策略

5.3.1.1 风险管理要求

风险管理作为等级保护的手段，在保证信息等级系统的最低保护能力的基础上，可根据风险确定增加某些管理要求。对风险管理，不同安全等级应有选择地满足以下要求的一项：

a）基本风险管理：组织机构应进行基本的风险管理活动，包括编制资产清单，对资产价值/重要性进行分析，对信息系统面临的威胁进行初步分析，通过工具扫描的方式对信息系统的脆弱性进行分析，以简易的方式分析安全风险、选择安全措施。

b）定期风险评估：在a）的基础上，针对关键的系统资源进行定期风险分析和评估；产生风险分析报告并向管理层提交。

c）规范风险评估：在b）的基础上．在风险管理中，使用规范方法和经过必要的工作流程，进行规范化的风险评估，产生风险分析报告和留存重要过程文档，并向管理层提交。

d）独立审计的风险管理：在c）的基础上，建立风险管理体系文件；针对风险管理过程，实施独立审计，确保风险管理的有效性。

e）全面风险管理：在d）的基础上，使风险管理成为信息系统安全管理的有机组成部分，贯穿信息系统安全管理的全过程，并具有可验证性。

5.3.1.2 风险管理策略

对风险管理策略，不同安全等级应有选择地满足以下要求的一项：

a）基本的风险管理策略：应定期进行风险评估，安全风险分析和评估活动程序应至少包括信息安全风险管理和业务应用风险管理密切相关的内容，信息安全风险管理的基本观念和方法，以及风险管理的组织和资源保证等；

b）风险管理的监督机制：在 a）的基础上，应建立风险管理的监督机制，对所有风险管理相关过程的活动和影响进行评估和监控；应建立指导风险管理监督过程的指导性文档；

c）风险评估的重新启动：在 b）的基础上，应明确规定重新启动风险评估的条件，机构应能针对风险的变化重新启动风险评估。

5.3.2　风险分析和评估

5.3.2.1　资产识别和分析

对资产识别和分析，不同安全等级应有选择地满足以下要求的一项：

a）信息系统的资产统计和分类：确定信息系统的资产范围，进行统计和编制资产清单（详见 5.4.2.1），并进行资产分类和重要性标识；

b）信息系统的体系特征描述：在 a）的基础上，根据对信息系统的硬件、软件、系统接口、数据和信息、人员等方面的分析和识别，对信息系统的体系特征进行描述，至少应阐明信息系统的使命、边界、功能，以及系统和数据的关键性、敏感性等内容。

5.3.2.2　威胁识别和分析

对威胁的识别和分析，不同安全等级应有选择地满足以下要求的一项：

a）威胁的基本分析：应根据以往发生的安全事件、外部提供的资料和积累的经验等，对威胁进行粗略的分析。

b）威胁列表：在 a）的基础上，结合业务应用、系统结构特点以及访问流程等因素，建立并维护威胁列表；由于不同业务系统面临的威胁是不同的，应针对每个或者每类资产有一个威胁列表。

c）威胁的详细分析，在 b）的基础上，考虑威胁源在保密性、完整性或可用性等方面造成损害，对威胁的可能性和影响等属性进行分析，从而得到威胁的等级；威胁等级也可通过综合威胁的可能性和强度的评价获得。

d）使用检测工具捕捉攻击：在 c）的基础上，对关键区域或部位进行威胁分析和评估，在业务应用许可并得到批准的条件下，可使用检测工具在特定时间捕捉攻击信息进行威胁分析。

5.3.2.3　脆弱性识别和分析

对脆弱性识别和分析，不同安全等级应有选择地满足以下要求的一项：

a）脆弱性工具扫描：应通过扫描器等工具来获得对系统脆弱性的认识，包括对网络设备、主机设备、安全设备的脆弱性扫描，并编制脆弱性列表，作为系统加固、改进和安全项目建设的依据；可以针对资产组合、资产分类编制脆弱性列表和脆弱性检查表。

b）脆弱性分析和渗透测试：在 a）的基础上，脆弱性的人工分析至少应进行网络设备、安全设备以及主机系统配置检查、用户管理检查、系统日志和审计检查等；

使用渗透测试应根据需要分别从组织机构的网络内部和网络外部选择不同的接入点进行；应了解测试可能带来的后果，并做好充分准备；针对不同的资产和资产组合，综合应用人工评估、工具扫描、渗透性测试等方法对系统的脆弱性进行分析和评估；对不同的方法和工具所得出的评估结果，应进行综合分析，从而得到脆弱性的等级。

c）制度化脆弱性评估：在b）的基础上，坚持制度化脆弱性评估，应明确规定进行脆弱性评估的时间和系统范围、人员和责任、评估结果的分析和报告程序，以及报告中包括新发现的漏洞、已修补的漏洞、漏洞趋势分析等。

5.3.2.4 风险分析和评估要求

对风险分析和评估，不同安全等级应有选择地满足以下要求的一项：

a）经验的风险评估：应由用户和部分专家通过经验来判断风险，并对风险进行评估，形成风险评估报告，其中必须包括风险级别、风险点等内容，并确定信息系统的安全风险状况。

b）全面的风险评估：在a）的基础上，应采用多层面、多角度的系统分析方法，由用户和专家对资产、威胁和脆弱性等方面进行定性综合评估，建议处理和减缓风险的措施，形成风险评估报告；除风险状况外，在风险评估的各项步骤中还应生成信息系统体系特征报告、威胁评估报告、脆弱性评估报告和安全措施分析报告等；基于这些报告，评估者应对安全措施提出建议。

c）建立和维护风险信息库：在b）的基础上，应将风险评估中的信息资产、威胁、脆弱性、防护措施等评估项信息综合到一个数据库中进行管理；组织机构应当在后续的项目和工具中持续地维护该数据库。

5.3.3 风险控制

5.3.3.1 选择和实施风险控制措施

对选择和实施风险控制措施，不同安全等级应有选择地满足以下要求的一项：

a）基于安全等级标准选择控制措施：以信息系统及产品的安全等级标准对不同等级的技术和管理要求，选择相应等级的安全技术和管理措施，决定需要实施的信息系统安全控制措施；

b）基于风险评估选择控制措施：在a）的基础上，根据风险评估的结果，结合组织机构对于信息系统安全的需求，决定信息系统安全的控制措施；

c）基于风险评估形成防护控制系统：在b）的基础上，根据风险评估的结果，结合机构对于信息系统安全的需求，决定信息系统安全的控制措施；对相关的各种控制措施进行综合分析，得出紧迫性、优先级、投资比重等评价，形成体系化的防护控制系统。

5.3.4 基于风险的决策

5.3.4.1 安全确认

应对信息系统定期进行安全确认。对安全确认，不同安全等级应有选择地满足以下要求的一项：

a）残余风险接受：针对信息系统的资产清单、威胁列表、脆弱性列表，结合已采用的安全控制措施，分析存在的残余风险；应形成残余风险分析报告，并由组织机构的高层管理人员决定残余风险是否可接受。

b）残余风险监视：在a）的基础上，应编制出信息系统残余风险清单，并密切监视残余风险可能诱发的安全事件，并及时采取防护措施。

c）安全风险再评估：在b）的基础上，采用系统化的方法对信息系统安全风险实施再次评估，通过再次评估，验证防护措施的有效性。

5.3.4.2　信息系统运行的决策

对信息系统运行的决策，不同安全等级应有选择地满足以下要求的一项：

a）信息系统运行的决定：信息系统的主管者或运营者应根据安全确认的结果，判断残余风险是否处在可接受的水平之内，并决定是否允许信息系统继续运行；

b）信息系统受控运行：在a）的基础上，如果信息系统的残余风险不可接受，而现实情况又要求系统必须投入运行，且当前没有其他资源能胜任组织机构的使命，经过组织机构管理层的审批，可以临时批准信息系统投入运行，同时应采取相应的风险规避和监测控制措施，并明确风险一旦发生的责任陈述。

5.3.5　风险评估的管理

5.3.5.1　评估机构的选择

对评估机构选择，不同安全等级应有选择地满足以下要求的一项：

a）按资质和信誉选择：应选择有国家主管部门认可的安全服务资质且有良好信誉的评估机构进行信息系统风险评估；

b）在上级认可的范围内选择：应在经过本行业主管部门认可或上级行政领导部门批准的选择范围内，确定有国家主管部门认可的安全服务资质且有良好信誉的评估机构，进行信息系统风险评估；

c）组织专门的评估：应按照国家主管部门有关管理规定选择可信评估机构，必要时应由国家指定专门部门、专门机构组织进行信息系统风险评估。

5.3.5.2　评估机构保密要求

对评估机构的保密要求，不同安全等级应有选择地满足以下要求的一项：

a）签署保密协议：评估机构人员应按照第三方人员管理要求（详见5.2.3.6）签署保密协议；

b）专人监督检查：在a）的基础上，应有专人在整个评估过程中监督检查评估机构对保密协议的执行情况；

c）制定具体办法：在b）的基础上，对专门评估组的保密要求应参照《中华人民共和国保守国家秘密法》的要求，结合实际情况制定具体实施办法。

5.3.5.3　评估信息的管理

对评估信息的管理，不同安全等级应有选择地满足以下要求的一项：

a）规定交接手续：提交涉及评估需要的资料、数据等各种信息，应规定办理交接手续，防止丢失；

b）替换敏感参数：在a）的基础上，提交涉及评估需要的资料、数据等各种信息，必要时可以隐藏或替换核心的或敏感的参数；

c）不得带出指定区域：在b）的基础上，所有提交涉及评估需要的资料、数据等各种信息，只能存放在被评估方指定的计算机内，不得带出指定办公区域。

5.3.5.4 技术测试过程管理

新投入运行的信息系统或经过风险评估对安全机制有较大变动的信息系统应进行技术测试。对技术测试过程的管理，不同安全等级应有选择地满足以下要求的一项：

a）必须经过授权：使用工具或手工进行技术测试，应事先提交测试的技术方案，并得到授权方可进行；

b）在监督下进行：在a）的基础上，使用工具或手工进行技术测试，应在被测试方专人监督下按技术方案进行；

c）由被评估方操作：在b）的基础上，使用工具或手工进行技术测试，可以采用由被评估方技术人员按技术方案进行操作，评估机构技术人员进行场外指导；

d）过滤测试结果：在c）的基础上，使用工具或手工进行技术测试，应由被评估方技术人员按技术方案进行操作，对测试结果过滤敏感或涉及国家秘密信息后再交评估方分析。

5.4 环境和资源管理

5.4.1 环境安全管理

5.4.1.1 环境安全管理要求

对环境安全管理，不同安全等级应有选择地满足以下要求的一项：

a）环境安全的基本要求：应配置物理环境安全的责任部门和管理人员；建立有关物理环境安全方面的规章制度；物理安全方面应达到GB/T20271—2006中6.1.1的有关要求。

b）较完整的制度化管理：在a）的基础上，应对物理环境划分不同保护等级的安全区域进行管理；应制定对物理安全设施进行检验、配置、安装、运行的有关制度和保障措施；实行关键物理设施的登记制度；物理安全方面应达到GB/T20271—2006中6.2.1的有关要求。

c）安全区域标记管理：在b）的基础上，应对物理环境中所有安全区域进行标记管理，包括不同安全保护等级的办公区域、机房、介质库房等；介质库房的管理可以参照同等级的机房的要求；物理安全方面应达到GB/T20271—2006中6.3.1的有关要求。

d）安全区域隔离和监视：在c）的基础上，应实施不同保护等级安全区域的隔离管理；出入人员应经过相应级别的授权并有监控措施；对重要安全区域的活动应实时监视和记录；物理安全方面应达到GB/T20271—2006中6.4.1的有关要求。

e）安全保障的持续改善：在d）的基础上，应对物理安全保障定期进行监督、检查和不断改进，实现持续改善；物理安全方面应达到GB/T20271—2006中6.5.1的有关要求。

5.4.1.2 机房安全管理要求

对机房安全管理，不同安全等级应有选择地满足以下要求的一项：

a）机房安全管理的基本要求：应明确机房安全管理的责任人，机房出入应有指定人员负责，未经允许的人员不准进入机房；获准进入机房的来访人员，其活动范围应受到限制，并有接待人员陪同；机房钥匙由专人管理，未经批准，不准任何人私自复制机房钥匙或服务器开机钥匙；没有指定管理人员的明确准许，任何记录介质、文件材料及各种被保护品均不准带出机房，与工作无关的物品均不准带人机房；机房内严禁吸烟及带人火种和水源。

b）加强对来访人员的控制：在 a）的基础上，要求所有来访人员应经过正式批准，登记记录应妥善保存以备查；获准进入机房的来访人员，一般应禁止携带个人计算机等电子设备进入机房，其活动范围和操作行为应受到限制，并有机房接待人员负责和陪同。

c）增强门禁控制手段：在 b）的基础上，任何进出机房的人员应经过门禁设施的监控和记录，应有防止绕过门禁设施的手段；门禁系统的电子记录应妥善保存以备查；进入机房的人员应佩戴相应证件；未经批准，禁止任何物理访问；未经批准，禁止任何人移动计算机相关设备或带离机房。

d）使用视频监控和专职警卫：在 c）的基础上，机房所在地应有专职警卫，通道和人口处应设置视频监控点，24 小时值班监视；所有来访人员的登记记录、门禁系统的电子记录以及监视录像记录应妥善保存以备查；禁止携带移动电话、电子记事本等具有移动互连功能的个人物品进入机房。

e）采取防止电磁泄漏保护：在 d）的基础上，对需要防止电磁泄漏的计算机设备配备电磁干扰设备，在被保护的计算机设备工作时电磁干扰设备不准关机；必要时可以使用屏蔽机房。屏蔽机房应随时关闭屏蔽门；不得在屏蔽墙上打钉钻孔，不得在波导管以外或不经过过滤器对屏蔽机房内外连接任何线缆；应经常测试屏蔽机房的泄漏情况并进行必要的维护。

5.4.1.3　办公环境安全管理要求

对办公环境的安全管理，不同安全等级应有选择地满足以下要求的一项：

a）办公环境安全管理基本要求：设置有网络终端的办公环境，是信息系统环境的组成部分，应防止利用终端系统窃取敏感信息或非法访问；工作人员下班后，终端计算机应关闭；存放敏感文件或信息载体的文件柜应上锁或设置密码；工作人员调离部门或更换办公室时，应立即交还办公室钥匙；设立独立的会客接待室，不在办公环境接待来访人员。

b）办公环境安全管理增强要求：在 a）的基础上，工作人员离开座位应将桌面上含有敏感信息的纸件文档放在抽屉或文件柜内；工作人员离开座位，终端计算机应退出登录状态、采用屏幕保护口令保护或关机。

c）关键部位办公环境的要求：在 b）的基础上，在关键区域或部位，应使相应的办公环境与机房的物理位置在一起，以便进行统一的物理保护。

5.4.2　资源管理

5.4.2.1　资产清单管理

对资产清单的管理，不同安全等级应有选择地满足以下要求的一项：

a）一般资产清单：应编制并维护与信息系统相关的资产清单，至少包括以下内容：

——信息资产：应用数据、系统数据、安全数据等数据库和数据文档、系统文件、用户手册、培训资料、操作和支持程序、持续性计划、备用系统安排、存档信息；

——软件资产：应用软件、系统软件、开发工具和实用程序；

——有形资产：计算机设备（处理器、监视器、膝上形电脑、调制解调器），通信设备（路由器、数字程控交换机、传真机、应答机），磁媒体（磁带和软盘），其他技术装备（电源，空调设备），家具和机房；

——应用业务相关资产：由信息系统控制的或与信息系统密切相关的应用业务的各类资产，由于信息系统或信息的泄露或破坏，这些资产会受到相应的损坏；

——服务：计算和通信服务，通用设备如供暖、照明、供电和空调等；

b）详细的资产清单：在a）的基础上，应清晰识别每项资产的拥有权、责任人、安全分类以及资产所在的位置等；

c）业务应用系统清单：在b）的基础上，应清晰识别业务应用系统资产的拥有权、责任人、安全分类以及资产所在的位置等；必要时应该包括主要业务应用系统处理流程和数据流的描述，以及业务应用系统用户分类说明。

5.4.2.2 资产的分类与标识要求

对资产的分类与标识，不同安全等级应有选择地满足以下要求的一项：

a）资产标识：应根据资产的价值/重要性对资产进行标识，以便可以基于资产的价值选择保护措施和进行资产管理等相关工作。

b）资产分类管理：在a）的基础上，应对信息资产进行分类管理，对信息系统内分属不同业务范围的各类信息，按其对安全性的不同要求分类加以标识。对于信息资产，通常信息系统数据可以分为系统数据和用户数据两类，其重要性一般与其所在的系统或子系统的安全保护等级相关；用户数据的重要性还应考虑自身保密性分类，如：

——国家秘密信息：秘密、机密、绝密信息；

——其他秘密信息：受国家法律保护的商业秘密和个人隐私信息；

——专有信息：国家或组织机构内部共享、内部受限、内部专控信息，以及公民个人专有信息；

——公开信息：国家公开共享的信息、组织机构公开共享的信息、公民个人可公开共享的信息；组织机构应根据业务应用的具体情况进行分类分级和标识，纳人规范化管理；不同安全等级的信息应当本着“知所必需、用所必需、共享必需、公开必需、互联通信必需”的策略进行访问控制和信息交换管理。

c）资产体系架构：在b）的基础上，以业务应用为主线，用体系架构的方法描述信息资产；资产体系架构不是简单的资产清单，而是通过对各个资产之间有机的联系和关系的结构性描述。

5.4.2.3 介质管理

对介质管理，不同安全等级应有选择地满足以下要求的一项：

a）介质管理基本要求：对脱机存放的各类介质（包括信息资产和软件资产的介

质）进行控制和保护，以防止被盗、被毁、被修改以及信息的非法泄漏；介质的归档和查询应有记录，对存档介质的目录清单应定期盘点；介质应储放在安全的环境中防止损坏；对于需要送出维修或销毁的介质，应防止信息的非法泄漏；对各类介质的保管应参照 5.1.3.2 相应要求执行。

b）介质异地存放要求：在 a）的基础上，根据所承载的数据和软件的重要程度对介质进行标识和分类，存放在由专人管理的介质库中，防止被盗、被毁以及信息的非法泄漏；对存储保密性要求较高的信息的介质，其借阅、拷贝、传输须经相应级别的领导批准后方可执行，并登记在册；存储介质的销毁必须经批准并按指定方式进行，不得自行销毁；介质应保留 2 个以上的副本，而且要求介质异地存储，存储地的环境要求和管理方法应与本地相同。

c）完整性检查的要求：在 b）的基础上，对重要介质的数据和软件必要时可以加密存储；对重要的信息介质的借阅、拷贝、分发传递须经相应级别的领导的书面审批后方可执行，并且各种处理过程应登记在册，介质的分发传递也应采取保护措施；对于需要送出维修或销毁的介质，应首先删除信息，再重复写操作进行覆盖，防止数据恢复和信息泄漏；需要带出工作环境的介质，其信息应受到保护；对存放在介质库中的介质应定期进行完整性和可用性检查，确认其数据或软件没有受到损坏或丢失。

d）加密存储的要求：在 c）的基础上，对介质中的重要数据必须使用加密技术或数据隐藏技术进行存储；介质的保存和分发传递应有严格的规定并进行登记；介质受损但无法执行删除操作的，必须销毁；介质销毁在经主管领导审批后应由两人完成，一人执行销毁一人负责监销，销毁过程应记录。

e）高强度加密存储的要求：在 d）的基础上，对极为重要数据的介质应该使用高强度的加密技术或数据隐藏技术进行存储，并对有关密钥和数据隐藏处理程序严格保管。

5.4.2.4　设备管理要求

对设备管理要求，不同安全等级应有选择地满足以下要求的一项：

a）申报和审批要求：对于信息系统的各种软硬件设备的选型、采购、发放或领用，使用者应提出申请，报经相应领导审批，才可以实施；设备的选型、采购、使用和保管应明确责任人。

b）系统化管理：在 a）的基础上，要求设备有专人负责，实行分类管理；通过对资产清单（见 5.4.2.1）的管理，记录资产的状况和资产使用、转移、废弃及其授权过程，保证设备的完好率。

c）建立资产管理信息登记机制：在 b）的基础上，对各种资产进行全面管理，提高资产安全性和使用效率；建立资产管理登记系统，提供资产分类标识、授权与访问控制、变更管理、系统安全审计等功能，为整个系统提供基础技术支撑。

5.5　运行和维护管理

5.5.1　用户管理

5.5.1.1　用户分类管理

对用户分类管理，不同安全等级应有选择地满足以下要求的一项：

a）用户分类清单：应按审查和批准的用户分类清单建立用户和分配权限。用户分类清单应包括信息系统的所有用户的清单，以及各类用户的权限；用户权限发生变化时应及时更改用户清单内容；必要时可以对有关用户开启审计功能。用户分类清单应包括：

——系统用户：指系统管理员、网络管理员、数据库管理员和系统运行操作员等特权用户；

——普通用户：指OA和各种业务应用系统的用户；

——外部客户用户：指组织机构的信息系统对外服务的客户用户；

——临时用户：指系统维护测试和第三方人员使用的用户。

b）特权用户管理：在a）的基础上，应对信息系统的所有特权用户列出清单，说明各个特权用户的权限，以及特权用户的责任人员和授权记录；定期检查特权用户的实际分配权限是否与特权用户清单符合；对特权用户开启审计功能。

c）重要业务用户管理：在b）的基础上，应对信息系统的所有重要业务用户的列出清单，说明各个用户的权限，以及用户的责任人员和授权记录；定期检查重要业务用户的实际分配权限是否与用户清单符合；对重要业务用户开启审计功能。

d）关键部位用户管理：在c）的基础上，应对关键部位用户采取逐一审批和授权的程序，并记录备案；定期检查这些用户的实际分配权限是否与授权符合，对这些用户开启审计功能。

5.5.1.2 系统用户要求

对系统用户，不同安全等级应有选择地满足以下要求的一项：

a）最小授权要求：系统用户应由信息系统的主管领导指定，授权应以满足其工作需要的最小权限为原则；系统用户应接受审计。

b）责任到人要求：在a）的基础上，对重要信息系统的系统用户，应进行人员的严格审查，符合要求的人员才能给予授权；对系统用户应能区分责任到个人，不应以部门或组作为责任人。

c）监督性保护要求：在b）的基础上，在关键信息系统中，对系统用户的授权操作，必须有两人在场，并经双重认可后方可操作；操作过程应自动产生不可更改的审计日志。

5.5.1.3 普通用户要求

对普通用户，不同安全等级应有选择地满足以下要求的一项：

a）普通用户的基本要求：应保护好口令等身份鉴别信息；发现系统的漏洞、滥用或违背安全行为应及时报告；不应透露与组织机构有关的非公开信息；不应故意进行违规的操作。

b）处理敏感信息的要求：在a）的基础上，不应在不符合敏感信息保护要求的系统中保存和处理高敏感度的信息；不应使用各种非正版软件和不可信的自由软件。

c）重要业务应用的要求：在b）的基础上，应在系统规定的权限内进行操作，必要时某些重要操作应得到批准；用户应保管好自己的身份鉴别信息载体，不得转借他人。

5.5.1.4　机构外部用户要求

对机构外部用户，不同安全等级应有选择地满足以下要求的一项：

a）外部用户一般要求：应对外部用户明确说明使用者的责任、义务和风险，并要求提供合法使用的声明；外部用户应保护口令等身份鉴别信息；外部用户只能是应用层的用户。

b）外部特定用户要求：在a）的基础上，可对特定外部用户提供专用通信通道，端口，特定的应用或数据协议，以及专用设备等。

c）外部用户的限制：在b）的基础上，在关键部位，一般不允许设置外部用户。

5.5.1.5　临时用户要求

对临时用户，不同安全等级应有选择地满足以下要求的一项：

a）临时用户的设置与删除：临时用户的设置和期限必须经过审批，使用完毕或到期应及时删除，设置与删除均应记录备案；

b）临时用户的审计：在a）的基础上，对主要部位的临时用户应进行审计，并在删除前进行风险评估；

c）临时用户的限制：在b）的基础上，在关键部位，一般不允许设置临时用户。

5.5.2　运行操作管理

5.5.2.1　服务器操作管理

对服务器操作的管理，不同安全等级应有选择地满足以下要求的一项：

a）服务器操作管理基本要求：对服务器的操作应由授权的系统管理员实施；应按操作规程实现服务器的启动/停止、加电/断电等操作；维护服务器的运行环境及配置和服务设定；按5.5.5.1的相关要求实现操作的身份鉴别管理。

b）日志文件和监控管理：在a）的基础上，加强日志文件管理和监控管理。日志管理包括对操作系统、数据库系统以及业务系统等日志的管理和维护；监控管理包括监控系统性能，如监测CPU和内存的利用率、检测进程运行及磁盘使用情况等。

c）配置文件管理：在b）的基础上，加强配置文件管理，包括服务器的系统配置和服务设定的配置文件的管理，定期对系统安全性进行有效性评估和检查，及时发现系统的新增缺陷或漏洞。

5.5.2.2　终端计算机操作管理

对终端计算机操作的管理，不同安全等级应有选择地满足以下要求的一项：

a）终端计算机操作管理基本要求：用户在使用自己的终端计算机时，应设置开机、屏幕保护、目录共享口令；非组织机构配备的终端计算机未获批准，不能在办公场所使用；及时安装经过许可的软件和补丁程序，不得自行安装及使用其它软件和自由下载软件；未获批准，严禁使用Modem拨号、无线网卡等方式或另辟通路接入其他网络；身份鉴别机制按照5.5.5.1相关要求处理。

b）重要部位的终端计算机管理：在a）的基础上，应有措施防止终端计算机机箱私自开启，如需拆机箱应在获得批准后由相关管理部门执行；接入保密性较高的业务系统的终端计算机不得直接接入低级别系统或网络。

c）关键部位的终端计算机管理：在b）的基础上，终端计算机必须启用两个及两个以上身份鉴别技术的组合来进行身份鉴别；终端计算机应采用低辐射设备；每个终端计算机的管理必须由专人负责，如果多人共用一个终端计算机，应保证各人只能以自己的身份登录，并采用的身份鉴别机制。

5.5.2.3　便携机操作管理

对便携机操作的管理，不同安全等级应有选择地满足以下要求的一项，

a）便携机操作管理的基本要求：便携机需设置开机口令和屏保口令，口令标准等身份鉴别机制按照5.5.5.1相关要求处理；因工作岗位变动不再需要使用便携机时，应及时办理资产转移或清退手续，并删除机内的敏感数据；在本地网络工作时应按5.5.2.2要求执行；在本地之外网络接入过的便携机，需要接入本地网络前应进行必要的安全检查。

b）便携机远程操作的限制：在a）的基础上，在机构内使用的便携机，未获批准，严禁使用Modem拨号、无线网卡等方式接入其他网络。

c）重要应用的便携机的管理：在b）的基础上，在重要区域使用的便携机必须启用两个及两个以上身份鉴别技术的组合来进行身份鉴别；便携机离开重要区域时不应存储相关敏感或涉及国家秘密数据，必须带出时应经过有关领导批准并记录在案。

d）有涉及国家秘密数据的便携机的管理：在c）的基础上，要求采用低辐射便携机；便携机在系统外使用时，没有足够强度安全措施不应使用Modem拨号或无线网卡等方式接入网络；机内的涉及国家秘密数据应采用一定强度的加密储存或采用隐藏技术，以减小便携机丢失所造成的损失；必要时应对便携机采取物理保护措施。

5.5.2.4　网络及安全设备操作管理

对网络及安全设备操作的管理，不同安全等级应有选择地满足以下要求的一项：

a）网络及安全设备操作基本要求：对网络及安全设备的操作应由授权的系统管理员实施；应按操作规程实现网络设备和安全设备的接入/断开、启动/停止、加电/断电等操作；维护网络和安全设备的运行环境及配置和服务设定；对实施网络及安全设备操作的管理员应按5.5.5.1的要求进行身份鉴别。

b）策略配置及检查：在a）的基础上，管理员应按照安全策略要求进行网络及设备配置；应定期检查实际配置与安全策略要求的符合性。

c）安全机制集中管理控制：在b）的基础上，应通过安全管理控制平台等设施对网络及安全设备的安全机制进行统一控制、统一管理、统一策略，保障网络正常运行。

5.5.2.5　业务应用操作管理

对业务应用操作的管理，不同安全等级应有选择地满足以下要求的一项：

a）业务应用操作程序和权限控制：业务应用系统应按5.5.5.1的要求对操作人员进行身份鉴别；业务应用系统的安全管理见5.5.5.5的要求；业务应用系统应能够以菜单等方式限制操作人员的访问权限；业务应用操作程序应形成正式文档，需要进行改动时应得到管理层授权；这些操作步骤应指明具体执行每个作业的指令，至少包括：

——指定需要处理和使用的信息；

——明确操作步骤，包括与其它系统的相互依赖性、操作起始和结束的时间；

——说明处理错误或其它异常情况的指令，系统出现故障时进行重新启动和恢复的措施，以及在出现意外的操作或技术问题时需要技术支持的联系方法。

b）业务应用操作的限制：在 a）的基础上，对重要的业务应用操作应根据特别许可的权限执行；业务应用操作应进行审计。

c）业务应用操作的监督：在 b）的基础上，关键的业务应用操作应有 2 人同时在场或同时操作，并对操作过程进行记录。

5.5.2.6　变更控制和重用管理

对变更控制和重用的管理，不同安全等级应有选择地满足以下要求的一项：

a）变更控制的申报和审批：任何变更控制和设备重用必须经过申报和审批才能进行，同时还应注意以下要求：

——注意识别重大变更，并进行记录；

——评估这些变更的潜在影响；

——向所有相关人员通报变更细节；

——明确中止变更并从失败变更中恢复的责任和处理方法；

——重用设备中原有信息的清除。

b）制度化的变更控制：在 a）的基础上，制度化的变更控制和设备重用还应包括：对操作系统、数据库、应用系统、人员、服务等的变更控制应制度化；对所有计划和制度执行情况进行定期或不定期的检查；对安全策略和管理计划的修订；对基于变更和设备重用的各种规章制度的修订和完善；建立运行过程管理文档，书面记录相关的管理责任及工作程序。

c）变更控制的一致性管理：在 b）的基础上，一致性的变更控制和设备重用还应包括：对信息系统的任何变更必须考虑全面安全事务一致性；更改方案应得到系统主管领导的审批；操作系统与应用系统的控制更改程序应相互配合；通过审计日志和过程记录，记载更改中的所有有关信息；更改后将变更结果书面通知所有有关部门和人员，以便进行相应的调整。

d）变更控制的安全审计：在 c）的基础上，变更控制的安全审计还应包括：建立系统更改操作的审批程序和操作流程，防止随意更改而开放危险端口或服务；对重要的变更控制应实施独立的安全审计，并对全面安全事务一致性进行检查和评估；系统更改的日志记录和设备重用记录应妥善保存。

e）变更的安全评估：在 d）的基础上，变更控制的安全审计还应包括：针对所有变更和设备重用进行安全评估；应采取相应保证措施，对变更计划和效果进行持续改善。

5.5.2.7　信息交换管理

对信息交换管理，不同安全等级应有选择地满足以下要求的一项：

a）信息交换的基本管理：在信息系统上公布信息应符合国家有关政策法规的规定，对所公布的信息应采取适当的安全措施保护其完整性；应保护业务应用中的信息交换的安全性，防止欺诈、合同纠纷以及泄露或修改信息事件的发生。

b）信息交换的规范化管理：在 a）的基础上，还应包括在组织机构之间进行信息交换应建立安全条件的协议，根据业务信息的敏感度，明确管理责任，以及数据传输的最低安全要求。

c）不同安全区域之间信息传输的管理：在 b）的基础上，还应包括对于信息系统内部不同安全区域之间的信息传输，应有明确的安全要求。

d）高安全信息向低安全域传输的管理：在 c）的基础上，还应包括对高安全信息向低安全域的传输应经过组织机构领导层的批准，明确部门和人员的责任，并采取的安全专控措施。

5.5.3 运行维护管理

5.5.3.1 日常运行安全管理

对日常运行安全管理，不同安全等级应有选择地满足以下要求的一项：

a）系统运行的基本安全管理：应通过正式授权程序委派专人负责系统运行的安全管理；应建立运行值班等有关安全规章制度；应正确实施为信息系统可靠运行而采取的各种检测、监控、审计、分析、备份及容错等方法和措施；应对运行安全进行监督检查；应明确各个岗位人员对信息系统各类资源的安全责任；应明确信息系统安全管理人员和普通用户对信息系统资源的访问权限；对信息系统中数据管理应保证技术上能够达到 GB/T20271—2006 中 6.1.3 的有关要求。

b）系统运行的制度化管理：在 a）的基础上，应按风险管理计划和操作规程定期对信息系统的运行进行风险分析与评估，并向管理层提交正式的风险分析报告。为此应实行系统运行的制度化管理，包括：

——对病毒防护系统的使用制定管理规定；（见 5.5.5.6）

——制定应用软件安全管理规章制度，应用软件的采购应经过批准，对应用软件的安全性应进行调查，未经验证的软件不得运行；对应用软件的使用采取授权管理，没有得到许可的用户不得安装、调试、运行、卸载应用软件，并对应用软件的使用进行审计；

——制定外部服务方对信息系统访问的安全制度，对外部服务方访问系统可能发生的安全性进行评估，采取安全措施对访问实施控制，与外部服务方签署安全保密合同，并要求有关合同不违背总的安全策略；

——安全管理负责人应会同信息系统应用各方制定应急计划和灾难恢复计划，以及实施规程，并进行必要验证、实际演练和技术培训；对所需外部资源的应急计划要与有关各方签署正式合同，合同中应规定服务质量，并包括安全责任和保密条款；

——制定安全事件处理规程，保证在短时间内能够对安全事件进行处理；

——制定信息系统的数据备份制度，要求指定专人负责备份管理，保证信息系统自动备份和人工备份的准确性、可用性；

——制定有关变更控制制度，保证变更后的信息系统能满足既定的安全目标；（见 5.5.2.6）

——制定运行安全管理检查制度，定期或不定期对所有计划和制度执行情况进行监督检查，并对安全策略和管理计划进行修订；接受上级或国家有关部门对信息系统安全工作的监督和检查；

——根据组织机构和信息系统出现的各种变化及时修订、完善各种规章制度；

——建立严格的运行过程管理文档，其中包括责任书、授权书、许可证、各类策略文档、事故报告处理文档、安全配置文档、系统各类日志等，并保证文档的一致性；

——对信息系统中数据管理应保证技术上能够达到 GB/T20271—2006 中 6.2.3 的有关要求。

c）系统运行的风险控制：在 b）的基础上，使用规范的方法对信息系统运行的有关方面进行风险控制，包括要求对关键岗位的人员实施严格的背景调查和管理控制，切实落实最小授权原则和分权制衡原则，关键安全事务要求双人共管；对外部服务方实施严格的访问控制，对其访问实施监视，并定期对外部服务方访问的风险进行分析和评估；要求有专人负责应急计划和灾难恢复计划的管理工作，保证应急计划和灾难恢复计划有效执行；要求系统中的关键设备和数据采取可靠的备份措施；要求保证各方面安全事务管理的一致性；对信息系统中数据管理应保证技术上能够达到 GB/T20271—2006 中 6.3.3 的有关要求。

d）系统运行的安全审计：在 c）的基础上，应建立风险管理质量管理体系文件，并对系统运行管理过程实施独立的审计，保证安全管理过程的有效性；信息系统生存周期各个阶段的安全管理工作应有明确的目标、明确的职责（见 5.8），实施独立的审计；应对病毒防护管理制度实施定期和不定期的检查；应对外部服务方每次访问信息系统的风险进行控制，实施独立的审计；定期对应急计划和灾难恢复计划的管理工作进行评估；对使用单位的安全策略、安全计划等安全事务的一致性进行检查和评估；对信息系统中数据管理应保证技术上能够达到 GB/T20271—2006 中 6.4.3 的有关要求。

e）系统运行的全面安全管理：在 d）的基础上，应将风险管理作为机构业务管理的组成部分，对风险管理活动和信息系统生存周期各个阶段的安全实施全面管理，应制定全面的应急计划和灾难恢复计划管理细则，并通过持续评估，保证应急计划和灾难恢复计划的有效性；应对所有变更进行安全评估，保证变更控制计划的不断完善；对信息系统中数据管理应保证技术上能够达到 GB/T20271—2006 中 6.5.3 的有关要求。

5.5.3.2　运行状况监控

对运行状况监控，不同安全等级应有选择地满足以下要求的一项：

a）日志管理：所有的系统日志应保留一定期限，不能被改变，只允许授权用户访问；日志应有脱机保存的介质；信息系统应使用统一的时间，以确保记录日志准确；日志应定期处理并产生报告；审计日志须经授权方可查阅；应告知用户某些行为是会被审计的。

b）监视服务器安全性能：在 a）的基础上，监视与安全机制相关的服务器性能变化，包括：监测 CPU 和内存的利用率；检测进程运行，发现对资源消耗大的进程，并提出解决方案；监测磁盘使用情况，主要是指数据库的容量变化和日志文件的大小变化。

c）监视网络安全性能：在b）的基础上，应建立信息系统安全机制集中管理机构（见5.2.2）完成网络安全性能和其他信息的监视。

d）对关键区域的监视：在c）的基础上，安全机制集中管理机构应对关键区域和关键业务应用系统运行的监视，并与主管部门共同制定具体的管理办法。

e）对核心数据的监视：在d）的基础上，安全机制集中管理机构应对关键区域和关键业务应用系统核心数据进行监视，并与主管部门共同制定具体的管理办法，经上一级负责人的批准执行。

5.5.3.3 软件硬件维护管理

对软件、硬件维护的管理，不同安全等级应有选择地满足以下要求的一项：

a）软件、硬件维护的责任：应明确信息系统的软件、硬件维护的人员和责任，规定维护的时限，以及设备更新和替换的管理办法；制定有关软件、硬件维修的制度。

b）涉外维修的要求：在a）基础上，对需要外出维修的设备，应经过审批，磁盘数据应进行删除；外部维修人员进入机房维修，应经过审批，并有专人负责陪同。

c）可监督的维修过程：在b）基础上，应对重要区域的数据和软件系统进行必要的保护，防止因维修造成破坏和泄漏；应对维修过程及有关现象记录备案。

d）强制性的维修管理：在c）基础上，一般不应允许外部维修人员进入关键区域；应根据维修方案和风险评估的结果确定维修方式，可采用更新设备的方法解决。

5.5.3.4 外部服务方访问管理

对外部服务方访问管理，不同安全等级应有选择地满足以下要求的一项：

a）外部服务方访问的审批控制：对外部服务方访问的要求，应经过相应的申报和审批程序。

b）外部服务方访问的制度化管理：在a）的基础上，应对外部服务方访问建立相应的安全管理制度；外部服务方访问应签署保密合同。

c）外部服务方访问的风险评估：在b）的基础上，应对外部服务方访问进行风险分析和评估；应对外部服务方访问实施严格控制；应对外部服务方访问实施监视。

d）外部服务方访问的强制管理：在c）的基础上，在重要安全区域，应对外部服务方每次访问进行风险控制，必要时应外部服务方的访问进行限制。

5.5.4 外包服务管理

5.5.4.1 外包服务合同

a）外包服务合同基本要求：对由组织机构外部服务商承担完成的外包服务，应签署正式的书面合同，至少包括：

——对符合法律要求的说明，如数据保护法规；

——对外包服务的风险的说明，包括风险的来源、具体风险描述和风险的影响，明确如何维护并检测组织的业务资产的完整性和保密性；

——对外包服务合同各方的安全责任界定，应确保外包合同中的参与方（包括转包商）都了解各自的安全责任；

——对控制安全风险应采用的控制措施的说明，包括物理和逻辑两个方面，应明确使用何种物理和逻辑控制措施，限制授权用户对组织的敏感业务信息的访问，以及为外包出去的设备提供何种级别的物理安全保护；

——对外包服务风险发生时应采取措施的说明，如在发生灾难事故时，应如何维护服务的可用性；

——对外包服务的期限、中止的条件和善后处理的事宜以及由此产生责任问题的说明；

——对审计人员权限的说明。

5.5.4.2　外包服务商

对外包服务商，不同安全等级应有选择地满足以下要求的一项：

a）外包服务商的基本要求：应选择具有相应服务资质并信誉好的外包服务商；

b）在既定的范围内选择外包服务商：对较为重要的业务应用，应在行业认可或者是经过上级主管部门批准的范围内，选择具有相应服务资质并信誉好的可信的外包服务商；

c）外包服务的限制要求：关键的或涉密的业务应用，一般不应采用外包服务方式。

5.5.4.3　外包服务的运行管理

外包服务的运行管理，不同安全等级应有选择地满足以下要求的一项：

a）外包服务的监控：对外包服务的业务应用系统运行的安全状况应进行监控和检查，出现问题应遵照合同规定及时处理和报告；

b）外包服务的评估：在a）的基础上，对外包服务的业务应用系统运行的安全状况应定期进行评估，当出现重大安全问题或隐患时应进行重新评估，提出改进意见，直至停止外包服务。

5.5.5　有关安全机制保障

5.5.5.1　身份鉴别机制管理要求

对身份鉴别机制的管理，不同安全等级应有选择地满足以下要求的一项：

a）身份鉴别机制管理基本要求：对网络、操作系统、数据库系统等系统管理员和应用系统管理员以及普通用户，应明确使用和保护身份鉴别机制的责任；应指定安全管理人员定期进行检查，对身份鉴别机制的管理应保证GB/T20271—2006中6.1.3.1所采用的安全技术能达到其应有的安全性要求。

b）身份鉴别机制增强要求：在a）的基础上，应采用不可伪造的鉴别信息进行身份鉴别；鉴别信息应进行相应的保护；对身份鉴别机制的管理应保证GB/T20271—2006中6.2.3.1所采用的安全技术能达到其应有的安全性要求。

c）身份鉴别和认证系统的管理维护：在b）的基础上，应采用有关身份鉴别和认证系统的管理维护措施；对身份鉴别机制的管理应保证GB/T20271—2006中6.3.3.1所采用的安全技术能达到其应有的安全性要求。

d）身份鉴别和认证管理的强制保护：在c）的基础上，应采用多鉴别机制进行身份鉴别，操作过程需要留有操作记录和审批记录，必要时应两人以上在场才能进行；对身份鉴别机制的管理应保证 GB/T20271—2006 中 6.4.3.1 所采用的安全技术能达到其应有的安全性要求。

e）身份鉴别和认证管理的专项管理：在 d）的基础上，与相关业务部门共同制定专项管理措施；对身份鉴别机制的管理应保证 GB/T20271—2006 中 6.5.3.1 所采用的安全技术能达到其应有的安全性要求。

5.5.5.2 访问控制机制管理要求

对访问控制机制的管理，不同安全等级应有选择地满足以下要求的一项：

a）自主访问控制机制的管理：应根据自主访问控制机制的要求，由授权用户为主、客体设置相应访问的参数。

b）自主访问控制审计管理：在 a）基础上，应将自主访问控制与审计密切结合，实现对自主访问控制过程的审计，使访问者必须为自己的行为负责；并保证最高管理层对自主访问控制管理的掌握。

c）强制访问控制的管理：在 b）基础上，应将强制访问控制与审计密切结合，实现对强制访问控制过程的审计；应根据强制访问控制机制的要求，由授权的安全管理人员通过专用方式为主、客体设置标记信息；可采用集中式、分布式和混合式等基本的访问控制管理模式，对分布在信息系统的不同计算机系统上实施同一安全策略的访问控制机制，设置一致的主、客体标记信息；应根据信息系统的安全需求，确定实施系统级、应用级、用户级的审计跟踪。

d）访问控制的监控管理：在 c）基础上，对访问控制进行监控管理，对系统、用户或环境进行持续性检查；对实时性强的活动加强监控，包括每日或每周对审计跟踪（如有关非法登录尝试）的检查；注意保护和检查审计跟踪数据，以及用于审计跟踪分析的工具。

e）访问控制的专项控制：在 d）基础上，应具有严格的用户授权与访问控制措施；对访问控制机制的设置进行专项审批，并由独立的安全管理人员对网络、系统和应用等方面的访问控制机制进行独立的有效性评估和检查。

5.5.5.3 系统安全管理要求

对操作系统和数据库管理系统的安全管理，不同安全等级应有选择地满足以下要求的一项：

a）系统安全管理基本要求：应对不同安全级别的操作系统和数据库管理系统按其安全技术和机制的不同要求实施相应的安全管理；应通过正式授权程序委派专人负责系统安全管理；建立系统安全配置、备份等安全管理规章制度；按规章制度的要求进行正确的系统安全配置、备份等操作，及时进行补丁升级。

b）基于审计的系统安全管理：在 a）的基础上，应对系统进行日常安全管理，包括对用户安全使用进行指导和审计等；应依据操作规程确定审计事件、审计内容、审计归档、审计报告；对授权用户应采用相应身份鉴别机制（见 5.5.5.1）进行鉴别，并遵照规定的登录规程登录系统和使用许可的资源；应对系统工具的使用进行授权管理和审计；应对系统的安全弱点和漏洞进行控制；应依据变更控制规程对系统的变更进行控制；应及时对系统资源和系统文档进行安全备份。

c）基于标记的系统安全管理：在 b）的基础上，应根据访问控制安全策略的要求，全面考虑和统一设置、维护用户及主、客体的标记信息；设置和维护标记信息的操作应由授权的系统安全员通过系统提供的安全员操作界面实施；对可能危及系统安全的系统工具进行严格的控制；应制定严格的变更控制制度，保证变更不影响应用系统的可用性、安全性，保证变更过程的有效性、可审计性和可恢复性；应对操作系统资源和系统文档进行标记、安全备份，并制定、实施应急安全计划。

d）基于强制的系统安全管理：在 c）的基础上，应按系统内置角色强制指定系统安全管理责任人；应保证系统管理过程的可审计性；应定期对操作系统安全性进行评估。

e）基于专控的系统安全管理：在 d）的基础上，应保证系统的安全管理工作在多方在场并签署责任书情况下进行；应使用经过验证的系统软件，确保使用者熟悉系统的操作流程，并对操作人员的操作过程实施监视。

5.5.5.4　网络安全管理要求

对网络系统的安全管理，不同安全等级应有选择地满足以下要求的一项：

a）网络安全管理基本要求：应对不同安全级别的网络按其安全技术和机制的不同要求实施相应的安全管理；应通过正式授权程序指定网络安全管理人员；应制定有关网络系统安全管理和配置的规定，保证安全管理人员按相应规定对网络进行安全管理。

b）基于规程的网络安全管理：在 a）的基础上，应按有关规程对网络安全进行定期评估，不断完善网络安全策略，建立、健全网络安全管理规章制度，包括：

——制定使用网络和网络服务的策略。依据总体安全方针、策略制定允许提供的网络服务、制定网络访问许可和授权管理制度、保证信息系统网络连接和服务的安全技术正确实施；

——制定网络安全教育和培训计划，保证信息系统的各类用户熟知自己在网络安全方面的安全责任和安全规程；

——建立网络访问授权制度，保证经过授权的用户才能在指定终端，使用指定的安全措施，按设定的可审计路由访问许可的网络服务；

——对安全区域外部移动用户的网络访问实施严格的审批制度，实施用户安全认证和审计技术措施，保证网络连接的可靠性、保密性，保证用户对外部连接的安全性负责；

——定义与外部网络连接的接口边界，建立安全规范，定期对外部网络连接接口的安全进行评估，对通过外部连接的可信信息系统之间的网络信息提供加密服务，有关加密设备和算法的使用按国家有关规定执行；

——对外进行公共服务的信息系统，应采取严格的安全措施实施访问控制，保证外部用户对服务的访问得到控制和审计，并保证外部用户对特定服务的访问不危及内部信息系统的安全，对外传输的数据和信息要经过审查，防止内部人员通过内外网的边界泄露敏感信息；

——对可能从内部网络向外发起的连接资源（如 Modem 拨号接入 Internet）实施

严格控制，建立连接资源使用授权制度，建立检查制度防止信息系统使用未经许可和授权的连接资源；

——不同安全保护等级的信息系统网络之间的连接按访问控制策略实施可审计的安全措施，如使用防火墙、安全路由器等，实现必要的网络隔离；

——保证网络安全措施的日常管理责任到人，并对网络安全措施的使用进行审计；

——按网络设施和网络服务变更控制制度执行网络配置变更控制；

——建立网络安全事件、事故报告处理流程，保证事件和事故处理过程的可审计性；

——对网络连接、网络安全措施、网络设备及操作规程定期进行安全检查和评估，提交正式的网络安全报告；

——信息系统的关键网络设备设施应有必要的备份。

c）基于标记的网络安全管理：在b）的基础上，针对网络安全措施的使用建立严格的审计、标记制度，保证安全措施配有具体责任人负责网络安全措施的日常管理；指定网络安全审计人员，负责安全事件的标记管理，网络安全事件的审计；对审计活动进行控制，保证网络设施或审计工具提供的审计记录完整性和可用性；对可用性要求高的网络指定专人进行不间断的监控，并能及时处理安全事故。

d）基于强制监督的网络安全管理：在c）的基础上，建立的独立安全审计，对网络服务、网络安全策略、安全控制措施进行有效性检查和监督；保证网络安全管理人员达到相应的资质；信息系统网络之间的连接应使用可信路径。

e）基于专控的网络安全管理：在d）的基础上，要求至少有两名以上的网络安全管理人员实施网络安全管理事务，并保证网络安全管理本身的安全风险得到控制；信息系统网络之间的连接严格控制在可信的物理环境范围内。

5.5.5.5　应用系统安全管理要求

对应用系统安全管理，不同安全等级应有选择地满足以下要求的一项：

a）应用系统安全管理基本要求：应对不同安全级别的应用系统按其安全技术和机制的不同要求实施相应的安全管理；应通过正式授权程序委派专人负责应用系统的安全管理，应明确管理范围、管理事务、管理规程，以及应用系统软件的安全配置、备份等安全工作；应结合业务需求制定相关规章制度，并严格按照规章制度的要求实施应用系统安全管理。

b）基于操作规程的应用系统安全管理：在a）的基础上，应制定并落实应用系统的安全操作规程，包括：

——指定信息安全管理人员，依据信息安全操作规程，负责信息的分类管理和发布；

——对任何可能超越系统或应用程序控制的实用程序和系统软件都应得到正式的授权和许可，并对使用情况进行登记。保证对应用系统信息或软件的访问不影响其他信息系统共享信息的安全性；

——应用系统的内部用户，包括支持人员，应按照规定的程序办理授权许可，并根据信息的敏感程度签署安全协议，保证应用系统数据的保密性、完整性和可用性；

——应指定专人负责应用系统的审计工作，保证审计日志的准确性、完整性和可用性；

——组织有关人员定期或不定期对应用系统的安全性进行审查，并根据应用系统的变更或风险变化提交正式的报告，提出安全建议；

——对应用系统关键岗位的工作人员实施资质管理，保证人员的可靠性和可用性；

——制定切实可用的应用系统及数据的备份计划和应急计划，并由专人负责落实和管理；

——制定应用软件安全管理规章制度，包括应用软件的开发和使用等管理。（见5.8）

c）基于标记的应用系统安全管理：在b）的基础上，应对应用软件的使用采取授权、标记管理制度；未授权用户不得安装、调试、运行、卸载应用软件，并对应用软件的使用进行审计；应定期或不定期对应用系统的安全性进行评估，并根据应用系统的变更或风险变化提交正式的评估报告，提出安全建议，修订、完善有关安全管理制度和规程；应用系统的开发人员不得从事应用系统日常运行和安全审计工作；操作系统的管理人员不得参与应用系统的安全配置管理和应用管理。

d）基于强制的应用系统安全管理：在c）的基础上，要求建立独立的应用安全审计，对应用系统的总体安全策略、应用系统安全措施的设计、部署、维护和运行管理进行检查；审计人员仅实施审计工作，不参与系统的其他任务，确保授权用户范围内的使用，防止信息的泄漏。

e）基于专控的应用系统安全管理：在d）的基础上，应对应用系统的安全状态实施周期更短的审计、检查和操作过程监督，并保证对应用系统的安全措施能适应安全环境的变化；应与应用系统主管部门共同制定专项安全措施。

5.5.5.6　病毒防护管理要求

对病毒防护管理，不同安全等级应有选择地满足以下要求的一项：

a）病毒防护管理基本要求：通过正式授权程序对病毒防护委派专人负责检查网络和主机的病毒检测并保存记录；使用外部移动存储设备之前应进行病毒检查；要求从不信任网络上所接收的文件或邮件，在使用前应首先检查是否有病毒；及时升级防病毒软件；定期进行总结汇报病毒安全状况。

b）基于制度化的病毒防护管理，在a）的基础上，制定并执行病毒防护系统使用管理、应用软件使用授权安全管理等有关制度；应检查网络内计算机病毒库的升级情况并进行记录；对非在线的内部计算机设备及其他移动存储设备，以及外来或新增计算机做到入网前进行杀毒和补丁检测。

c）基于集中实施的病毒防护管理：在b）的基础上，实行整体网络统一策略、定期统一升级、统一控制，紧急情况下增加升级次数；对检测或截获的各种高风险病毒进行及时分析处理，提供相应的报表和总结汇报；采取对系统所有终端有效防范病毒或恶意代码引入的措施。

d）基于监督检查的病毒防护管理：在c）的基础上，针对病毒防护管理制度执行情况，以及病毒防护的安全情况，进行定期或不定期检查。

5.5.5.7 密码管理要求

对密码管理，不同安全等级应有选择地满足以下要求的一项：

a）密码算法和密钥管理：应按国家密码主管部门的规定，对信息系统中使用的密码算法和密钥进行管理；应按国家有关法律法规要求，对信息系统中包含密码的软、硬件信息处理模块的进、出口进行管理；应按国家密码主管部门的规定，对密码算法和密钥实施分等级管理。

b）以密码为基础的安全机制的管理：在a）的基础上，应对信息系统中以密码为基础的安全机制实施分等级管理。

5.5.6 安全集中管理

5.5.6.1 安全机制集中控管

对安全机制集中控管，不同安全等级应有选择地满足以下要求的一项：

a）安全机制集中控管基本要求：能够对信息系统所涉及的计算机、网络以及应用系统的安全机制实施统一管理、统一监控、统一审计、协同防护，发挥安全机制的整体作用，提高安全防护的等级和水平，主要包括：

——建立一体化和开放性平台，将多家不同类型的安全产品整合到一起，进行统一的管理配置和监控；能够提供标准的接口，兼容所在信息系统的不同厂商产品的管理、访问和连接问题，使第三方产品能够整合到系统中；

——根据安全策略生成的安全规则，提供整个信息系统安全策略的统一管理和实施，具备对被管安全设施的配置/性能/故障等基本的管理功能，具备对安全资源（安全补丁/攻击模式库/安全策略等）管理能力，集中管理和审计能力；

——安全机制整合主要包括安全事件管理、风险管理以及安全策略管理。

b）安全机制分层分级联合控管：在a）的基础上，根据网络结构，按照分布式多层次的管理结构，进行分层分级联合方式的集中安全管理。

5.5.6.2 安全信息集中管理

对安全信息的集中管理，不同安全等级应有选择地满足以下要求的一项：

a）安全信息集中管理的基本要求：主要包括：

——将信息系统所涉及的计算机、网络以及应用系统的安全信息实施统一管理、综合分析，发挥安全信息的整体作用；

——具有集中分析、浏览和汇集存储从各安全组件传送来的经初步处理过的安全数据的功能，提供可视化报表和安全事件分析过程，以及安全事件的管理与辅助分析机制。

b）对关键区域安全信息的集中管理：在a）的基础上，通过对关键区域安全信息的集中管理，应能够对关键区域的安全信息的处理，采用相应安全级别的访问控制和保护措施。

c）对核心区域安全信息的集中管理：在b）的基础上，应根据核心区域安全信息的需要，通过对安全信息的集中管理，与有关主管部门共同制定专项的安全控制和保护措施。

5.5.6.3　安全机制整合要求

对安全机制整合的要求，主要包括：

a）安全机制整合的一般功能：

——资产信息管理：实现对所管辖的设备和系统对象的管理，包括资产管理、拓扑管理和资源管理；将其所辖设备资产信息按其重要程度分类登记入库，并为其他安全管理提供信息接口；提供资产信息的维护和查询。

——网络异常流量监控：通过实时监控重要网络链路的流量状况，能够统计各个网络/网段中的流量、网络资源的占用情况等，出现异常事件可以多种方式实现自动报警；能够对目标网络的流量监测和历史数据进行和保存辅助分析；在发现网络异常流量时进行威胁来源和目标的准确定位。

——安全事件监控管理：包括系统状态监控、日志收集、实时事件监控、实时事件报警/响应和事件的关联分析与报告；通过监控网络设备、主机系统等日志信息，以及安全产品的报警信息等，及时发现正在和已经发生的安全事件；通过安全响应机制采取措施，保证网络和业务系统的安全可靠运行；审计分析包括日志查询和统计、关联分析及报告生成。

——脆弱性管理：进行补丁库管理和补丁检测与分发；实现对网络中主机系统和网络设备安全脆弱性信息的收集和管理，通过远程和本地脆弱性评估工具及时收集和分析网络中各个系统的最新安全风险动态。

——安全策略管理：包括全局策略管理和系统配置管理；安全策略管理对象应涵盖所管辖的网络设备、主机系统和安全设施，提供安全管理人员登录身份鉴别和访问控制机制；实现基本网络安全策略模板的制订和分发；安全策略管理内容应包括账号、认证、访问控制、审计、应用与软件升级、备份和恢复等策略。

——安全预警管理：根据收集的风险数据提供网络安全风险的趋势分析报表，包括漏洞的分布范围、受影响的系统情况、可能的严重程度等内容；根据监控的安全事件提供网络中主要的攻击对象分布、攻击类型分布等分析；能够根据预先定义数据格式、预警信息的级别和类型等策略，自动生成预警信息，并以预定方式通知有关系统管理员；预警信息应存档，并可提供查询。

5.5.6.4　安全机制整合的处理方式

对安全机制整合的处理方式，主要包括：

a）安全机制整合的主要工作方式：

——自动处理：将能够预料的安全问题及其处理办法（如系统弱点漏洞、恶意攻击方式、病毒感染方式、网络故障和违规操作、防火墙与入侵检测设备联动等）存入安全知识库并形成相应的处理规则，当事件出现时，系统将根据处理规则进行自动处理；

——人工干预处理：按事件级别进行人工干预处理，主要包括技术咨询、数据恢复、系统恢复、系统加固、现场问题处理、跟踪攻击源、处理报告提交等；

——远程处理：在观察到安全事件发生时或收到下级转交的要求协助解决的安全

故障时，可以提供处理方案，也还可以通过远程操作直接对发生故障的系统进行问题诊断和处理；

——辅助决策分析处理：根据预先收集、整理安全事件的资料，以及根据事件类型、出现事件的设备、事件发生的频繁度、事件的危害程度等因素进行分析的方法存入知识库中；运行时将调用知识库对实时收到的系统安全事件进行辅助分析，系统根据事件重要程度顺序自动显示，供人工处置或系统自动处理；

——记录和事后处理：在信息系统运行时收集并记录所有的安全事件和报警信息，记录的事件和信息将作为事后分析的依据。

5.6 业务连续性管理

5.6.1 备份与恢复

5.6.1.1 数据备份和恢复

对数据备份和恢复，不同安全等级应有选择地满足以下要求的一项：

a）数据备份的内容和周期要求：应明确说明需定期备份重要业务信息、系统数据及软件等内容和备份周期；确定重要业务信息的保存期以及其他需要保存的归档拷贝的保存期；采用离线备份或在线备份方案，定期进行数据增量备份；可使用手工或软件产品进行备份和恢复；对数据备份和恢复的管理应保证 GB/T20271—2006 中 6.1.2.4 所采用的安全技术能达到其应有的安全性要求。

b）备份介质及其恢复的检查要求：在 a）的基础上，应进行数据和局部系统备份；定期检查备份介质，保证在紧急情况时可以使用；应定期检查及测试恢复程序，确保在预定的时间内正确恢复；应根据数据的重要程度和更新频率设定备份周期；应指定专人负责数据备份和恢复，并同时保存几个版本的备份；对数据备份和恢复的管理应保证 GB/T20271—2006 中 6.2.2.5 所采用的安全技术能达到其应有的安全性要求。

c）备份和恢复措施的强化管理：在 b）的基础上，必要时应采用热备份方式保存数据，同时定期进行数据增量备份和应用环境的离线全备份；应分别指定专人负责不同方式的数据备份和恢复，并保存必要的操作记录；对数据备份和恢复的管理应保证 GB/T20271—2006 中 6.3.2.6 所采用的安全技术能达到其应有的安全性要求。

d）关键备份和恢复的操作过程监督，在 c）的基础上，根据数据实时性和其他安全要求，采用本地或远地备份方式，制定适当的备份和恢复方式以及操作程序，必要时对备份后的数据采取加密或数据隐藏处理，操作时要求两名工作人员在场并登记备案；对数据备份和恢复的管理应保证 GB/T20271—2006 中 6.4.2.6 所采用的安全技术能达到其应有的安全性要求。

5.6.1.2 设备和系统的备份与冗余

对设备和系统的备份与冗余，不同安全等级应有选择地满足以下要求的一项：

a）设备备份要求：应实现设备备份与容错；指定专人定期维护和检查备份设备的状况，确保需要接入系统时能够正常运行；应根据实际需求限定备份设备接入的时间。

b）系统热备份与冗余要求：在 a）的基础上，应实现系统热备份与冗余，并指定专人定期维护和检查热备份和冗余设备的运行状况，定期进行切换试验，确保需要时能正常运行，应根据实际需求限定系统热备份和冗余设备切换的时间。

c）系统远地备份要求：在 b）的基础上，选择远离市区的地方或其他城市，建立系统远地备份中心，确保主系统在遭到破坏中断运行时，远地系统能替代主系统运行，保证信息系统所支持的业务系统能按照需要继续运行。

5.6.2　安全事件处理

5.6.2.1　安全事件划分

对安全事件划分，不同安全等级应有选择地满足以下要求的一项：

a）安全事件内容和划分：安全事件是指信息系统五个层面所发生的危害性情况，包括事故、故障、病毒、黑客攻击性活动、犯罪活动、信息战等；通常可能包括(但不限于）不可抗拒的事件、设备故障事件、病毒爆发事件、外部网络人侵事件、内部信息安全事件、内部误用和误操作等事件。安全事件的处置需要贯穿整个安全管理的全过程，应依据安全事件对信息系统的破坏程度、所造成的社会影响及涉及的范围，确定具体信息系统安全事件处置等级的划分原则。

b）安全事件处置制度：在 a）的基础上，建立信息安全事件分等级响应、处置的制度；根据不同安全保护等级的信息系统中发生的各类事件制定相应的处置预案，确定事件响应和处置的范围、程度及适用的管理制度等；信息安全事件发生后，按预案分等级进行响应和处置；在发现或怀疑系统或服务出现安全漏洞或受到威胁时，应按照安全事件处置要求处理。

c）安全事件管理程序：在 b）的基础上，应明确安全事件管理责任，制定相关程序，应考虑以下要求：

——制定处理预案：针对各种可能发生的安全事件制定相应的处理预案；

——分析原因：注意分析和鉴定事件产生的原因，制定防止再次发生的补救措施；

——收集证据：收集审计记录和类似证据，包括内部问题分析，用作可能违反合同或违反规章制度的证据；

——处理过程控制：严格控制恢复过程和人员，只有明确确定身份和获得授权的人员才允许访问正在使用的系统和数据，详细记录采取的所有紧急措施，及时报告有关部门，并进行有序的审查，以最小的延误代价确认业务系统和控制的完整性；

——总结吸取教训：对发生的安全事件的类型、规模和损失进行量化和监控；用来分析重复发生的或影响很大的事故或故障，改进控制措施降低事故发生的频率和损失；

——责任划分和追究：应对安全事件的有关管理或执行责任或者责任范围进行划分和追究，使得没有人在其责任范围内所犯的错误能够逃脱检查。

5.6.2.2　安全事件报告和响应

对安全事件报告和响应，不同安全等级应有选择地满足以下要求的一项：

a）安全事件报告和处理程序：信息安全事件实行分等级响应、处置的制度；安全事件应尽快通过适当的管理渠道报告，制定正式的报告程序和事故响应程序；使所有员工知道报告安全事件程序和责任；信息安全事件发生后，根据其危害和发生的部位，迅速确定事件等级，并根据等级启动相应的响应和处置预案；事件处理后应有相应的反馈程序。

b）安全隐患报告和防范措施：在a）的基础上，增加对安全弱点和可疑事件进行报告；告知员工未经许可测试弱点属于滥用系统，对于还不能确定为事故或者入侵的可疑事件应报告；对于所有安全事件的报告应记录在案归档留存。

c）强化安全事件处理的责任：在b）的基础上，要求安全管理机构或职能部门负责接报安全事件报告，并及时进行处理，注意记录事件处理过程；对于重要区域或业务应用发生的安全事件，应注意控制事件的影响；应追究安全事件发生的技术原因和管理责任，写出处理报告，并进行必要的评估。

5.6.3 应急处理

5.6.3.1 应急处理和灾难恢复

应急处理和灾难恢复，不同安全等级应有选择地满足以下要求的一项：

a）应急处理的基本要求：应对信息系统的应急处理有明确的要求，制定具体的应急处理措施；安全管理人员应协助分管领导落实应急处理措施。

b）应急处理的制度化要求：在a）的基础上，应制定总体应急计划和灾难恢复计划并由应急处理小组负责落实；制定针对关键应用系统和支持系统的应急计划和灾难恢复计划并进行测试；对计划涉及人员进行培训，保证这些人员具有相应执行能力；与应急需要外部有关单位应签订合同；制定安全事件处理制度；制定系统信息和文档备份制度等等。

c）应急处理的检查要求：在b）的基础上，信息安全领导小组应有人负责或指定专人负责应急计划和实施恢复计划管理工作；信息系统安全机制集中管理机构应协助应急处理小组负责具体落实；检查或验证应急计划和灾难恢复计划，保证应急计划和灾难恢复计划能够有效执行。

d）应急处理的强制保护要求：在c）的基础上，针对应急计划和灾难恢复计划实施进行独立审计，针对应急计划和灾难恢复计划进行定期评估，不断改进和完善。

e）应急处理的持续改进要求：在d）的基础上，制定包括全面管理细则的应急计划和灾难恢复计划；基于应急计划和灾难恢复计划和安全策略，进行可验证的操作过程监督。

5.6.3.2 应急计划

对应急计划，不同安全等级应满足以下要求：

a）应急计划框架，包括以下内容：

——制定应急计划策略，明确制定应急计划所需的职权和相应的管理部门；

——进行业务影响分析，识别关键信息系统和部件，确定优先次序；

——确定防御性控制，减小系统中断的影响，提高系统的可用性；注意采取措施，减少应急计划生存周期费用；

——制定恢复策略，确保系统可以在中断后快速和有效的恢复；

——制定信息系统应急计划，包括恢复受损系统所需的指导方针和规程；

——计划测试、培训和演练，发现计划的不足，培训技术人员；

——计划维护，有规律地更新适应系统发展；

——制定灾难备份计划，以及启动方式。

5.6.3.3　应急计划的实施保障

对应急计划的实施保障，不同安全等级应有选择地满足以下要求的一项：

a）应急计划的责任要求：应对明确应急计划的组织和实施人员，使其知道在应急计划实施过程中各自的责任；

b）应急计划的能力要求：在a）的基础上，对系统相关的人员进行培训，知道如何以及何时使用应急计划中的控制手段及恢复策略，保证执行应急计划应具有的能力；

c）应急计划的系统化管理：在b）的基础上，进行系统化管理用于实施和维护整个组织的应急计划体系，并记录计划实施过程；确保应急计划的执行有足够资源的保证；

d）应急计划的监督措施：在c）的基础上，从风险评估开始，考虑所有的运行管理过程，识别可能引起业务过程中断的事件，应有业务资源和业务过程管理者的参与和监督；

e）应急计划的持续改进：在d）的基础上，应针对计划的正确性和完整性进行定期检查，在计划发生重大变化时应立即检查；根据业务应用的重要程度的不同，不断对计划内容和规程进行评估和完善。

5.7　监督和检查管理

5.7.1　符合法律要求

5.7.1.1　知晓适用的法律

对知晓适用的法律，不同安全等级应有选择地满足以下要求的一项：

a）知晓适用的法律并防止违法行为：组织机构应认识对于信息系统应用范畴适用的所有法律法规；对信息系统的设计、操作、使用和管理，以及信息管理方面应规避法律法规禁区，防止出现违法行为；应保护组织机构的数据信息和个人信息隐私；对于详细而准确的法律要求应从组织机构的法律顾问，或者合格的法律从业人员处获得帮助。

b）防止对信息处理设备的滥用：在a）的基础上，应有措施防止对信息处理设备的滥用，以免危害机构和社会的利益。

c）遵照法规要求使用密码技术：在b）的基础上，信息系统中采用的加密技术应使用国家主管部门批准的算法，采用其他密码技术也应符合国家有关法规的要求。

5.7.1.2　知识产权管理

对知识产权的管理，不同安全等级应有选择地满足以下要求的一项：

a）知识产权保护的基本要求：应当建立关于尊重知识产权的策略，并形成书面文档，涉及软件开发的工作人员和承包商应做到符合和遵守相关的法律、法规，应防止发生侵犯版权的行为；

b）重要应用系统软件的保护：在a）的基础上，在信息系统中，如果重要应用系统软件是外包开发的，应注意明确软件版权有关问题，应防止发生因软件升级或改造引起侵犯软件版权的行为；

c）关键业务应用的软件版权：在b）的基础上，对关键业务应用，必要时应要求必须使用具有自主知识产权的软件，以保护关键业务应用的安全。

5.7.1.3 保护证据记录

对保护证据记录，不同安全等级应满足以下要求：

a）保护机构的重要记录：应明确规定组织机构的重要记录的内容范围，如财务记录、数据库记录、审计日志等；应按照法律法规的要求保护组织机构的重要记录，防止丢失、毁坏和被篡改；被作为证据的记录，信息的内容和保留的时间应遵守国家法律法规的规定。

5.7.2 依从性检查

5.7.2.1 检查和改进

对检查和改进，不同安全等级应有选择地满足以下要求的一项：

a）检查和改进的基本要求：要求组织机构定期对安全管理活动的各个方面进行检查和评估工作；对照组织机构的安全策略和管理制度做到自管、自查、自评，并应落实责任制。

b）制度化的检查和改进：在a）的基础上，建立检查和改进制度，定期检查实施的所有安全程序是否遵从了组织机构制定的安全方针和政策，检查信息系统在技术方面是否依从了安全标准，根据检查过程中发现的不足对安全管理体系进行不断改进；做到接受国家监管和自我管理相结合。

5.7.2.2 安全策略依从性检查

对安全策略依从性检查，不同安全等级应有选择地满足以下要求的一项：

a）对系统管理员的检查：应定期检查安全策略的遵守情况，重点检查信息系统的网络、操作系统、数据库系统等系统管理员，保证其在应有责任范围内能够正确地执行所有安全程序，以及能够正确遵从组织机构制定的安全策略。

b）全面和系统化的检查：在a）的基础上，对信息系统各个岗位应进行定期检查操作规程和管理程序的执行情况，确保遵从组织机构的安全策略；检查范围应包括信息系统本身，以及系统供应商、信息和信息资产的所有者、用户和管理层，保证其符合安全策略和标准。

c）操作过程监督和持续改进：在b）的基础上，检查有关系统使用情况和操作等监控过程；根据检查结果，对信息系统安全管理体系和安全管理执行过程存在的问题进行不断改进。

5.7.2.3 技术依从性检查

对技术依从性检查，不同安全等级应有选择地满足以下要求的一项：

a）技术依从性检查的要求，按照信息系统应达到相应安全保护等级技术要求定期进行检查，根据检查信息系统对安全实施标准的符合情况进行初步评价并形成意见。

b）技术依从性检查的手段：在a）的基础上，对硬件和软件的检验，以及技术依从检查应由有能力的、经过授权的人员来进行；对于技术测试应由有经验的系统工程师手工或使用软件包进行并生成检测结果，经技术专家解释并产生技术报告；应根据检查结果，对存在的缺陷进行不断改进。

c）技术依从性检查的控制：在b）的基础上，对关键区域或涉密系统的技术依从性检查应严格控制，并注意对有关检测过程和检测结果的安全进行保护。

5.7.3　审计及监管控制

5.7.3.1　审计控制

对审计监督控制，不同安全等级应有选择地满足以下要求的一项：

a）审计机构及职能：应有独立的审计机构或人员对组织机构的安全管理体系、信息系统的安全风险控制、管理过程的有效性和正确性进行审计；对审计过程进行控制，应制定审计的工作程序和规范化工作流程，将审计活动周期化，同时加强安全事件发生后的审计。

b）系统审计过程要求：在a）的基础上，应对系统的审计活动进行规划，尽量减小中断业务流程的风险；系统审计过程控制要求，审计的范围必须经过授权并得到控制，审计所需的资源应明确定义并保证可用性，应审计和记录所有的访问，对所有的流程、需求和责任都应文档化。

c）系统审计工具保护要求：在b）的基础上，应对系统审计工具进行保护，防止误用造成危害；审计工具应与开发系统和运行系统分开管理；应明确审计工具的适用范围，使用过程应经过批准，应记录审计工具的所有使用过程，应明确审计工具的保存方式、责任人员等。

5.7.3.2　监管控制

组织机构应接受和协助政府有关部门对不同安全保护级别的信息和信息系统实行不同强度的监管控制，不同安全等级应有选择地满足以下要求的一项：

a）自主保护：依照国家有关法规和GB17859—1999第一级的要求进行自主保护；

b）指导保护：在信息安全监管职能部门指导下依照国家有关法规和GB17859—1999第二级的要求进行自主保护；

c）监督保护：依照国家有关法规和GB17859—1999第三级的要求进行自主保护，信息安全监管职能部门对其进行监督、检查；

d）强制保护：依照国有关法规和GB17859—1999第四级的要求进行自主保护，信息安全监管职能部门对其进行强制监督、检查；

e）专控保护：依照国家有关法规和GB17859—1999第五级的要求进行自主保护，国家指定专门部门、专门机构进行专门监督。

5.7.4　责任认定

5.7.4.1　审计结果的责任认定

对审计结果的责任认定，不同安全等级应有选择地满足以下要求的一项：

a）明确审计结果的责任：对于5.7.1、5.7.2、5.7.3审计及监管过程发现的问题应限期解决，同时要认定技术责任和管理责任，明确责任当事人，会同有关部门提出问题解决办法和责任处理意见。

b）明确审计结果中的领导责任：在a）的基础上，应对审计及监管过程发现的问题认定相关领导者的责任，组织机构领导层应就此提出问题解决办法和责任处理意见，以及监督问题解决情况。

c）明确审计结果处理的复查责任：在b）的基础上，应对审计及监管过程发现问题的处理结果进行必要的复查，并明确进行审计及监管复查的期限和责任。

5.7.4.2　审计及监管者责任的认定

对审计及监管者责任的认定，不同安全等级应有选择地满足以下要求的一项：

a）按规定要求定期审计的责任：审计及监管者应按有关监督和检查的规定定期进行审计，逾期未进行审计及监管，使本应审计的问题因未审计而造成信息系统损失，应承担相应的责任；

b）审计及监管不得力的责任：在a）的基础上，审计及监管者虽能够按有关监督和检查的规定进行审计，但因未能及时发现本应审计出问题而造成信息系统损失的，应承担相应的责任；

c）审计结果处理的跟踪责任：在b）的基础上，审计及监管者应对审计及监管过程发现问题的处理结果进行必要的跟踪检查直至问题的解决，如因未进行跟踪检查而造成损失的，应承担相应的责任。

5.8　生存周期管理

5.8.1　规划和立项管理

5.8.1.1　系统规划要求

对系统规划要求，不同安全等级至少应满足以下要求的一项或多项：

a）系统建设和发展计划：组织机构信息系统的管理者应对信息系统的建设和改造，以及近期和远期的发展制定工作计划，并应得到组织机构管理层的批准。

b）信息系统安全策略规划：在a）的基础上，应制定安全策略规划并得到组织机构管理层的批准；安全策略规划主要包括信息系统的总体安全策略、安全保障体系的安全技术框架和安全管理策略等；能够为信息系统安全保障体系的规划、建设和改造提供依据，使管理者和使用者都了解信息系统安全防护的基本原则和策略，知道应采用的各种技术和管理措施对抗各种威胁。

c）信息系统安全建设规划：在b）的基础上，在安全策略规划的指导下，制定安全建设和安全改造的规划，并应得到组织机构管理层的批准；在统一规划引导下，通过调整网络结构、添加保护措施和改造应用系统等，达到信息安全保障系统建设的要求，保证信息系统的正常运行和组织机构的业务稳定发展。

5.8.1.2　系统需求的提出

对系统需求的提出，不同安全等级至少应满足以下要求的一项或多项：

a）业务应用的需求：信息系统应用部门或业务部门需要开发新的业务应用系统或更改已运行的业务应用系统时，应分析该新业务将会产生的经济效益和社会效益，确定其重要性，并以书面形式提出申请。

b）系统安全的需求：在a）的基础上，信息系统的安全管理职能部门应根据信息系统的安全状况和存在隐患的分析，以及信息安全评估结果等提出加强系统安全的具体需求，并以书面形式提出申请。安全需求的分析和说明包括（但不限于）以下内容：

——组织机构的业务特点和需求；

——威胁、脆弱性和风险的说明；

——安全的要求和保护目标。

c）系统规划的需求：在b）的基础上，信息系统的管理者应根据信息系统安全建设规划的要求，提出当前应进行安全建设和安全改造的具体需求，并以书面形式提出申请。

5.8.1.3 系统开发的立项

对系统开发的立项，不同安全等级至少应满足以下要求的一项或多项：

a）系统开发立项的基本要求：接到系统需求的书面申请，必须经过主管领导的审批，或者经过管理层的讨论批准，才能正式立项；

b）可行性论证要求：对于规模较大的项目，接到系统需求的书面申请，必须组织有关部门负责人和有关安全技术专家进行可行性论证，通过论证后由主管领导审批，或者经过管理层的讨论批准，才能正式立项；

c）系统安全性评价要求：在b）的基础上，对于重要的项目，接到系统需求的书面申请，必须组织有关部门负责人和有关安全技术专家进行项目安全性评价，在确认项目安全性符合要求后由主管领导审批，或者经过管理层的讨论批准，才能正式立项。

5.8.2 建设过程管理

5.8.2.1 建设项目准备

对建设项目准备，不同安全等级至少应满足以下要求的一项或多项：

a）确定项目负责人：对信息系统建设和改造项目应明确指定项目负责人，监督和管理项目的全过程；

b）制定项目实施计划：在a）的基础上，应制定详细的项目实施计划，作为项目管理过程的依据；

c）制定监理管理制度：在b）的基础上，要求将安全工程项目过程有效程序化；建立工程实施监理管理制度；应明确指定项目实施监理负责人。

5.8.2.2 工程项目外包要求

对工程项目外包要求，不同安全等级至少应满足以下要求的一项或多项：

a）具有服务资质的厂商：对信息系统工程项目外包，应选择具有服务资质的信誉较好的厂商，要求其已获得国家主管部门的资质认证并取得许可证书、能有效实施安全工程过程、有成功的实施案例。

b）可信的具有服务资质的厂商：在a）的基础上，对重要的信息系统工程项目外包，应在主管部门指定或特定范围内选择具有服务资质的信誉较好的厂商，并应经实践证明是安全可靠的厂商。

c）对项目的保护和控制程序：在b）的基础上，对应废止和暂停的项目，要确保相关的系统设计、文档、代码等的安全；对应销毁过程要进行安全控制；还应制定控制程序对项目进行保护，包括：

——代码的所有权和知识产权；

——软件开发过程的质量控制要求；

——代码质量检测要求；

——在安装之前进行测试以检测特洛伊代码。

d）工程项目外包的限制：在c）的基础上，对于安全保护等级较高的信息系统工程项目，一般不应采取工程项目外包方式。

5.8.2.3 自行开发环境控制

对自行开发环境控制，不同安全等级至少应满足以下要求的一项或多项：

a）开发环境与运行环境物理分开：对自行开发信息系统的建设和改造项目时，应明确要求开发环境与实际运行环境做到物理分开，建立完全独立的两个环境；开发及测试活动也应尽可能分开。

b）系统开发文档和软件包的控制：在a）的基础上，系统开发文档应当受到保护和控制；必要时，经管理层的批准，才允许使用系统开发文档，系统开发文档的访问在物理或逻辑上应当予以控制；一般不鼓励对非自行开发的软件包进行修改，必须改动时应注意：

——内置的控制措施和整合过程被损害的风险；

——由于软件的改动对将来的维护带来影响；

——应保留原始软件，并在完全一样的复制件上进行改动；

——所有的改动应经过充分的测试并形成文件，以便必要时用于将来的软件升级。

c）对程序资源库的控制：在b）的基础上，为了减少计算机程序被破坏的可能性，应严格控制对程序资源库的访问；至少可以采用以下控制措施：

——程序资源库不应被保存在运行系统中；

——技术开发人员不应具有对程序资源库不受限制的访问权；

——程序源库的更新和向程序员发布的程序源应经授权；

——应保留程序的所有版本，程序清单应被保存在一个安全的环境中；

——应保存对所有程序资源库访问的审计记录。

d）系统开发保密性的控制：在c）的基础上，对于安全保护等级较高的信息系统建设项目及涉密项目，应对开发全过程采取相应的保密措施，对参与开发的有关人员进行保密教育和管理。

5.8.2.4 安全产品使用要求

a）信息安全产品使用分级管理：信息安全产品包括构成信息系统安全保护功能的信息技术硬件、软件、固件设备，以及安全检查、检测验证工具等，应按安全等级标准要求进行设计开发和检测验证；三级以上安全产品实行定点生产备案和出口实行审批制度；信息系统使用的信息安全产品应按照相应的安全保护等级的要求选择相应等级的产品。

5.8.2.5 建设项目测试验收

对建设项目测试验收要求，不同安全等级至少应满足以下要求的一项或多项：

a）功能和性能测试要求：应明确对信息系统建设和改造项目进行功能及性能测试，保证信息系统建设项目的可用性；进行必要的安全性测试；应指定项目测试验收负责人。

b）安全性测试要求：在 a）的基础上，应明确信息系统建设和改造项目的安全系统需要进行安全测试验收，并规定安全测试验收负责人；测试验收前，应制订测试和接收标准，并在接收前对系统进行测试；管理者应确保新系统的接收要求和标准被清晰定义并文档化；对安全系统的测试至少包括：

——对组成系统的所有部件进行安全性测试；

——对系统进行集成性安全测试；

——对业务应用进行安全测试等。

c）进一步的验收要求：在 b）的基础上，在信息系统建设和改造项目验收时至少还应考虑：

——性能和计算机容量的要求；

——错误恢复和重启程序，以及应急计划；

——制定并测试日常的操作程序以达到规定的标准；

——实施业经同意的安全控制措施；

——有效的指南程序；

——已经考虑了新系统对组织机构的整体安全产生影响的证据；

——操作和使用新系统的培训。

5.8.3 系统启用和终止管理

5.8.3.1 新系统启用管理

对新的信息系统或子系统、信息系统设备启用的管理，不同安全等级至少应满足以下要求的一项或多项：

a）新系统启用的申报和审批：在新的信息系统或子系统、信息系统设备在启用以前，应经过正式测试验收，由使用者或管理者提出申请，经过相应领导审批才能正式投入使用，具体程序按照有关主管部门的规定执行；

b）新系统启用前的试运行：在 a）的基础上，应进行一定期限的试运行，并得到相应领导和技术负责人认可才能正式投入使用，并形成文档备案；

c）新系统的安全评估：在 b）的基础上，组织有关管理者、技术负责人、用户和安全专家，对新的信息系统或子系统、信息系统设备的试运行进行专项安全评估，得到认可并形成文档备案才能正式投入使用；

d）新系统运行的审计跟踪：在 c）的基础上，在任何新的信息系统或子系统、信息系统设备正式投入使用的一定时间内，应进行审计跟踪，定期对审计结果做出风险评价，对安全进行确认以决定是否能够继续运行，并形成文档备案。

5.8.3.2 终止运行管理

对现有信息系统或子系统、信息系统设备终止运行管理，不同安全等级至少应满足以下要求的一项或多项：

a）终止运行的申报和审批：任何现有信息系统或子系统、信息系统设备需要终止运行时，应由使用者或管理者提出申请并说明原因及采取的保护措施，经过相应领导审批才能正式终止运行，具体程序按照有关主管部门的规定执行；

b）终止运行的信息保护：在a）的基础上，在任何新的信息系统或子系统、信息系统设备需要终止运行以前，应进行必要数据和软件备份，对终止运行的设备进行数据清除，并得到相应领导和技术负责人认可才能正式终止运行，并形成文档备案；

c）终止运行的安全保护：在b）的基础上，应采取必要的安全措施，并进行数据和软件备份，对终止运行的设备进行不可恢复的数据清除，如果存储设备损坏则必须采取销毁措施，在得到相应领导和技术负责人认可才能正式终止运行，并形成文档备案。

8.4.5 信息系统安全管理分等级要求

本标准的第6章详细描述五个等级对安全管理的具体要求。为便于读者更直观地理解，本书根据第5章和第6章（具体文字描述略去）的规定，制作了表8-6信息系统安全管理要素及其强度与信息系统安全管理分等级要求的对应关系。在该表中将安全管理要素的结构分为三个层次，为便于说明将第一层称为类，第二层称为族，第三层为具体的安全管理要素。

表8-6　信息系统安全管理要素及其强度与信息系统安全管理分等级要求的对应关系

类	族	管理要素	等级与管理强度				
			一级	二级	三级	四级	五级
5.1 政策和制度	5.1.1 信息安全管理策略	5.1.1.1 安全管理目标与范围	a）	b）	c）	d）	e）
		5.1.1.2 总体安全管理策略	a）	b）	c）	d）	e）
		5.1.1.3 安全管理策略的制定	a）	b）	c）	d）	e）
		5.1.1.4 安全管理策略的发	a）	b）	c）	d）	e）
	5.1.2 安全管理规章制度	5.1.2.1 安全管理规章制度内容	a）	b）	c）	d）	e）
		5.1.2.2 安全管理规章制度的制定	a）	b）	c）	d）	e）
	5.1.3 策略与制度文档管理	5.1.3.1 策略与制度文档的评审和修订	a）	b）	c）	d）	e）
		5.1.3.2 策略与制度文档的保管	a）	b）	c）	d）	e）
5.2 机构和人员管理	5.2.1 安全管理机构	5.2.1.1 建立安全管理机构	a）	b）	c）	d）	e）
		5.2.1.2 信息安全领导小组			a）	a）	b）
		5.2.1.3 信息安全职能部门		a）	b）	b）	b）

类	族	管理要素	等级与管理强度				
			一级	二级	三级	四级	五级
5.2　机构和人员管理	5.2.2　安全机制集中管理机构	5.2.2.1　设置集中管理机构			a)	a)	a)
		5.2.2.2　集中管理机构职能			a)	b)	c)
	5.2.3　人员管理	5.2.3.1　安全管理人员配备	a)	b)	c)	d)	d)
		5.2.3.2　关键岗位人员管理	a)	b)	c)	d)	e)
		5.2.3.3　人员录用管理	a)	b)	c)	d)	d)
		5.2.3.4　人员离岗	a)	b)	c)	d)	d)
		5.2.3.5　人员考核与审查	a)	b)	c)	d)	d)
		5.2.3.6　第三方人员管理	a)	b)	c)	c)	c)
	5.2.4　教育和培训	5.2.4.1　信息安全教育	a)	b)	c)	d)	e)
		5.2.4.2　信息安全专家	a)	a)	b)	b)	b)
5.3　风险管理	5.3.1　风险管理要求和策略	5.3.1.1　风险管理要求	a)	b)	c)	d)	e)
		5.3.1.2　风险管理策略		a)	b)	c)	c)
	5.3.2　风险分析和评估	5.3.2.1　资产识别和分析	a)	a)	b)	b)	b)
		5.3.2.2　威胁识别和分析	a)	b)	c)	d)	d)
		5.3.2.3　脆弱性识别和分析	a)	b)	c)	c)	c)
		5.3.2.4　风险分析和评估要求	a)	b)	c)	c)	c)
	5.3.3　风险控制	5.3.3.1　选择和实施风险控制措施	a)	b)	c)	c)	c)
	5.3.4　基于风险的决策	5.3.4.1　安全确认	a)	b)	c)	c)	c)
		5.3.4.2　信息系统运行的决策	a)	a)	b)	b)	b)
	5.3.5　风险评估的管理	5.3.5.1　评估机构的选择	a)	b)	b)	c)	c)
		5.3.5.2　评估机构保密要求	a)	a)	b)	c)	c)
		5.3.5.3　评估信息的管理	a)	b)	c)	c)	c)
		5.3.5.4　技术测试过程管理	a)	b)	c)	d)	d)
5.4　环境和资源管理	5.4.1　环境安全管理	5.4.1.1　环境安全管理要求	a)	b)	c)	d)	e)
		5.4.1.2　机房安全管理要求	a)	b)	c)	d)	e)
		5.4.1.3　办公环境安全管理要求		a)	b)	c)	c)
	5.4.2　资源管理	5.4.2.1　资产清单管理	a)	b)	c)	c)	c)
		5.4.2.2　资产的分类与标识要求	a)	b)	c)	c)	c)
		5.4.2.3　介质管理	a)	b)	c)	d)	e)
		5.4.2.4　设备管理要求	a)	b)	c)	c)	c)

类	族	管理要素	等级与管理强度				
			一级	二级	三级	四级	五级
5.5 运行和维护管理	5.5.1 用户管理	5.5.1.1 用户分类管理	a)	b)	c)	d)	d)
		5.5.1.2 系统用户要求	a)	b)	c)	c)	c)
		5.5.1.3 普通用户要求	a)	b)	c)	c)	c)
		5.5.1.4 机构外部用户要求	a)	b)	c)	c)	c)
		5.5.1.5 临时用户要求	a)	b)	c)	c)	c)
	5.5.2 运行操作管理	5.5.2.1 服务器操作管理	a)	b)	c)	c)	c)
		5.5.2.2 终端计算机操作管理	a)	a)	b)	c)	c)
		5.5.2.3 便携机操作管理	a)	b)	c)	d)	d)
		5.5.2.4 网络及安全设备操作管理	a)	b)	c)	c)	c)
		5.5.2.5 业务应用操作管理	a)	b)	c)	c)	c)
		5.5.2.6 变更控制和重用管理	a)	b)	c)	d)	e)
		5.5.2.7 信息交换管理	a)	b)	c)	d)	d)
	5.5.3 运行维护管理	5.5.3.1 日常运行安全管理	a)	b)	c)	d)	e)
		5.5.3.2 运行状况监控	a)	b)	c)	d)	e)
		5.5.3.3 软件硬件维护管理	a)	b)	c)	d)	d)
		5.5.3.4 外部服务方访问管理	a)	b)	c)	d)	d)
	5.5.4 外包服务管理	5.5.4.1 外包服务合同	a)	a)			
		5.5.4.2 外包服务商	a)	b)	c)	c)	c)
		5.5.4.3 外包服务的运行管理	a)	b)			
	5.5.5 有关安全机制保障	5.5.5.1 身份鉴别机制管理要求	a)	b)	c)	d)	e)
		5.5.5.2 访问控制机制管理要求	a)	b)	c)	d)	e)
		5.5.5.3 系统安全管理要求	a)	b)	c)	d)	e)
		5.5.5.4 网络安全管理要求	a)	b)	c)	d)	e)
		5.5.5.5 应用系统安全管理要求	a)	b)	c)	d)	e)
		5.5.5.6 病毒防护管理要求	a)	b)	c)	d)	d)
		5.5.5.7 密码管理要求		a)	b)	b)	b)
	5.5.6 安全集中管理	5.5.6.1 安全机制集中控管			a)	b)	b)
		5.5.6.2 安全信息集中管理			a)	b)	c)
		5.5.6.3 安全机制整合要求			a)	a)	a)
		5.5.6.4 安全机制整合的处理方式			a)	a)	a)

类	族	管理要素	等级与管理强度				
			一级	二级	三级	四级	五级
5.6 业务连续性管理	5.6.1 备份与恢复	5.6.1.1 数据备份和恢复	a)	b)	c)	d)	d)
		5.6.1.2 设备和系统的备份与冗余		a)	b)	c)	c)
	5.6.2 安全事件处理	5.6.2.1 安全事件划分	a)	b)	c)	c)	c)
		5.6.2.2 安全事件报告和响应	a)	b)	c)	c)	c)
	5.6.3 应急处理	5.6.3.1 应急处理和灾难恢复	a)	b)	c)	d)	e)
		5.6.3.2 应急计划	a)	a)	a)	a)	a)
		5.6.3.3 应急计划的实施保障	a)	b)	c)	d)	e)
5.7 监督和检查管理	5.7.1 符合法律要求	5.7.1.1 知晓适用的法律	a)	b)	c)	c)	c)
		5.7.1.2 知识产权管理	a)	b)	c)	c)	c)
		5.7.1.3 保护证据记录	a)	a)	a)	a)	a)
	5.7.2 依从性检查	5.7.2.1 检查和改进		a)	b)	b)	b)
		5.7.2.2 安全策略依从性检查		a)	b)	c)	c)
		5.7.2.3 技术依从性检查		a)	b)	c)	c)
	5.7.3 审计及监管控制	5.7.3.1 审计控制		a)	b)	c)	c)
		5.7.3.2 监管控制	a)	b)	c)	d)	e)
	5.7.4 责任认定	5.7.4.1 审计结果的责任认定		a)	b)	c)	c)
		5.7.4.2 审计及监管者责任的认定		a)	b)	c)	c)
5.8 生存周期管理	5.8.1 规划和立项管理	5.8.1.1 系统规划要求	a)	b)	c)	c)	c)
		5.8.1.2 系统需求的提出	a)	b)	c)	c)	c)
		5.8.1.3 系统开发的立项	a)	b)	c)	c)	c)
	5.8.2 建设过程管理	5.8.2.1 建设项目准备	a)	b)	c)	c)	c)
		5.8.2.2 工程项目外包要求	a)	b)	c)	d)	d)
		5.8.2.3 自行开发环境控制	a)	b)	c)	d)	d)
		5.8.2.4 安全产品使用要求	a)	a)	a)	a)	a)
		5.8.2.5 建设项目测试验收	a)	b)	c)	c)	c)
	5.8.3 系统启用和终止管理	5.8.3.1 新系统启用管理	a)	b)	c)	d)	d)
		5.8.3.2 终止运行管理	a)	b)	c)	c)	c)

注：表中“等级与管理强度”一级、二级、三级、四级、五级列表项内的 a)、b、c)、d)、e) 表示“管理要素”列表项内对应行的标题下的 a)、b、c)、d)、e) 列项内容，详见标准第五部分的描述。

8.5 GB/T22240—2008《信息系统安全保护等级定级指南》

8.5.1 标准的适用范围

本标准规定了信息系统安全等级保护的定级方法，适用于为信息系统安全等级保护的定级工作提供指导。

8.5.2 术语和定义

GB/T5271.8 和 GB17859—1999 确立的以及下列术语和定义适用于本标准。

(1) 等级保护对象 (target of classified security)。

信息安全等级保护工作直接作用的具体的信息和信息系统。

(2) 客体 (object)。

受法律保护的、等级保护对象受到破坏时所侵害的社会关系，如国家安全、社会秩序、公共利益以及公民、法人或其他组织的合法权益。

(3) 客观方面 (objective)。

对客体造成侵害的客观外在表现，包括侵害方式和侵害结果等。

(4) 系统服务 (system service)。

信息系统为支撑其所承载业务而提供的程序化过程。

8.5.3 定级原理

1. 信息系统安全保护等级

根据等级保护相关管理文件，信息系统的安全保护等级分为以下五级：

第一级，信息系统受到破坏后，会对公民、法人和其他组织的合法权益造成损害，但不损害国家安全、社会秩序和公共利益。

第二级，信息系统受到破坏后，会对公民、法人和其他组织的合法权益产生严重损害，或者对社会秩序和公共利益造成损害，但不损害国家安全。

第三级，信息系统受到破坏后，会对社会秩序和公共利益造成严重损害，或者对国家安全造成损害。

第四级，信息系统受到破坏后，会对社会秩序和公共利益造成特别严重损害，或者对国家安全造成严重损害。

第五级，信息系统受到破坏后，会对国家安全造成特别严重损害。

2. 信息系统安全保护等级的定级要素

信息系统的安全保护等级由两个定级要素决定：等级保护对象受到破坏时所侵害的客体和对客体造成侵害的程度。

(1) 受侵害的客体。

等级保护对象受到破坏时所侵害的客体包括以下三个方面：

a) 公民、法人和其他组织的合法权益；

b）社会秩序、公共利益；

c）国家安全。

（2）对客体的侵害程度。

对客体的侵害程度由客观方面的不同外在表现综合决定。由于对客体的侵害是通过对等级保护对象的破坏实现的，因此，对客体的侵害外在表现为对等级保护对象的破坏，通过危害方式、危害后果和危害程度加以描述。

等级保护对象受到破坏后对客体造成侵害的程度归结为以下三种：

a）造成一般损害；

b）造成严重损害；

c）造成特别严重损害。

3. 定级要素与等级的关系

定级要素与信息系统安全保护等级的关系如表 8-7 所示。

表 8-7　**定级要素与安全保护等级的关系**

受侵害的客体	对客体的侵害程度		
	一般损害	严重损害	特别严重损害
公民、法人和其他组织的合法权益	第一级	第二级	第二级
社会秩序、公共利益	第二级	第三级	第四级
国家安全	第三级	第四级	第五级

8.5.4　定级方法

1. 定级的一般流程

信息系统安全包括业务信息安全和系统服务安全，与之相关的受侵害客体和对客体的侵害程度可能不同，因此，信息系统定级也应由业务信息安全和系统服务安全两方面确定。

从业务信息安全角度反映的信息系统安全保护等级称业务信息安全保护等级。

从系统服务安全角度反映的信息系统安全保护等级称系统服务安全保护等级。

确定信息系统安全保护等级的一般流程如下：

（1）确定作为定级对象的信息系统；

（2）确定业务信息安全受到破坏时所侵害的客体；

（3）根据不同的受侵害客体，从多个方面综合评定业务信息安全被破坏对客体的侵害程度；

（4）依据表 8-8，得到业务信息安全保护等级；

（5）确定系统服务安全受到破坏时所侵害的客体；

（6）根据不同的受侵害客体，从多个方面综合评定系统服务安全被破坏对客体的侵害程度；

（7）依据表 8-9，得到系统服务安全保护等级；

（8）将业务信息安全保护等级和系统服务安全保护等级的较高者确定为定级对象的安全保护等级。

上述步骤如图 8-1 确定等级一般流程所示。

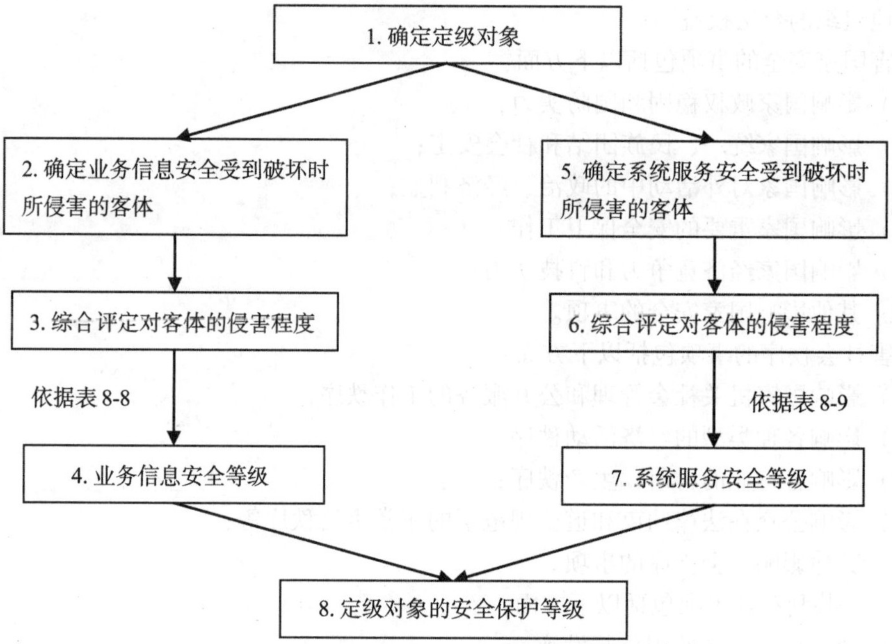

图 8-1 确定等级一般流程

2. 确定定级对象

一个单位内运行的信息系统可能比较庞大，为了体现重要部分重点保护，有效控制信息安全建设成本，优化信息安全资源配置的等级保护原则，可将较大的信息系统划分为若干个较小的、可能具有不同安全保护等级的定级对象。

作为定级对象的信息系统应具有如下基本特征：

（1）具有唯一确定的安全责任单位。作为定级对象的信息系统应能够唯一地确定其安全责任单位。如果一个单位的某个下级单位负责信息系统安全建设、运行维护等过程的全部安全责任，则这个下级单位可以成为信息系统的安全责任单位；如果一个单位中的不同下级单位分别承担信息系统不同方面的安全责任，则该信息系统的安全责任单位应是这些下级单位共同所属的单位。

（2）具有信息系统的基本要素。作为定级对象的信息系统应该是由相关的和配套的设备、设施按照一定的应用目标和规则组合而成的有形实体。应避免将某个单一的系统组件，如服务器、终端、网络设备等作为定级对象。

（3）承载单一或相对独立的业务应用。定级对象承载“单一”的业务应用是指该业务应用的业务流程独立，且与其他业务应用没有数据交换，且独享所有信息处理设备。定级对象承载“相对独立”的业务应用是指其业务应用的主要业务流程独立，同时与其他业务应用有少量的数据交换，定级对象可能会与其他业务应用共享一些设备，尤其是网络传输设备。

3. 确定受侵害的客体

定级对象受到破坏时所侵害的客体包括国家安全、社会秩序、公众利益以及公民、法人和其他组织的合法权益。

侵害国家安全的事项包括以下方面：

(1) 影响国家政权稳固和国防实力；

(2) 影响国家统一、民族团结和社会安定；

(3) 影响国家对外活动中的政治、经济利益；

(4) 影响国家重要的安全保卫工作；

(5) 影响国家经济竞争力和科技实力；

(6) 其他影响国家安全的事项。

侵害社会秩序的事项包括以下方面：

(1) 影响国家机关社会管理和公共服务的工作秩序；

(2) 影响各种类型的经济活动秩序；

(3) 影响各行业的科研、生产秩序；

(4) 影响公众在法律约束和道德规范下的正常生活秩序等；

(5) 其他影响社会秩序的事项。

影响公共利益的事项包括以下方面：

(1) 影响社会成员使用公共设施；

(2) 影响社会成员获取公开信息资源；

(3) 影响社会成员接受公共服务等方面；

(4) 其他影响公共利益的事项。

影响公民、法人和其他组织的合法权益是指由法律确认的并受法律保护的公民、法人和其他组织所享有的一定的社会权利和利益。

确定作为定级对象的信息系统受到破坏后所侵害的客体时，应首先判断是否侵害国家安全，然后判断是否侵害社会秩序或公众利益，最后判断是否侵害公民、法人和其他组织的合法权益。

各行业可根据本行业业务特点，分析各类信息和各类信息系统与国家安全、社会秩序、公共利益以及公民、法人和其他组织的合法权益的关系，从而确定本行业各类信息和各类信息系统受到破坏时所侵害的客体。

4. 确定对客体的侵害程度

(1) 侵害的客观方面。

在客观方面，对客体的侵害外在表现为对定级对象的破坏，其危害方式表现为对信息安全的破坏和对信息系统服务的破坏，其中信息安全是指确保信息系统内信息的保密性、完整性和可用性等，系统服务安全是指确保信息系统可以及时、有效地提供服务，以完成预定的业务目标。由于业务信息安全和系统服务安全受到破坏所侵害的客体和对客体的侵害程度可能会有所不同，在定级过程中，需要分别处理这两种危害方式。

信息安全和系统服务安全受到破坏后，可能产生以下危害后果：

a）影响行使工作职能；

b）导致业务能力下降；

c）引起法律纠纷；

d）导致财产损失；

e）造成社会不良影响；

f）对其他组织和个人造成损失；

g）其他影响。

（2）综合判定侵害程度。

侵害程度是客观方面的不同外在表现的综合体现，因此，应首先根据不同的受侵害客体、不同危害后果分别确定其危害程度。对不同危害后果确定其危害程度所采取的方法和所考虑的角度可能不同，例如系统服务安全被破坏导致业务能力下降的程度可以从信息系统服务覆盖的区域范围、用户人数或业务量等不同方面确定，业务信息安全被破坏导致的财物损失可以从直接的资金损失大小、间接的信息恢复费用等方面进行确定。

在针对不同的受侵害客体进行侵害程度的判断时，应参照以下不同的判别基准：

a）如果受侵害客体是公民、法人或其他组织的合法权益，则以本人或本单位的总体利益作为判断侵害程度的基准；

b）如果受侵害客体是社会秩序、公共利益或国家安全，则应以整个行业或国家的总体利益作为判断侵害程度的基准。

不同危害后果的三种危害程度描述如下：

a）一般损害：工作职能受到局部影响，业务能力有所降低但不影响主要功能的执行，出现较轻的法律问题，较低的财产损失，有限的社会不良影响，对其他组织和个人造成较低损害。

b）严重损害：工作职能受到严重影响，业务能力显著下降且严重影响主要功能执行，出现较严重的法律问题，较高的财产损失，较大范围的社会不良影响，对其他组织和个人造成较严重损害。

c）特别严重损害：工作职能受到特别严重影响或丧失行使能力，业务能力严重下降且或功能无法执行，出现极其严重的法律问题，极高的财产损失，大范围的社会不良影响，对其他组织和个人造成非常严重损害。

信息安全和系统服务安全被破坏后对客体的侵害程度，由对不同危害结果的危害程度进行综合评定得出。由于各行业信息系统所处理的信息种类和系统服务特点各不相同，信息安全和系统服务安全受到破坏后关注的危害结果、危害程度的计算方式均可能不同，各行业可根据本行业信息特点和系统服务特点，制定危害程度的综合评定方法，并给出侵害不同客体造成一般损害、严重损害、特别严重损害的具体定义。

5. 确定定级对象的安全保护等级

根据业务信息安全被破坏时所侵害的客体以及对相应客体的侵害程度，依据表 8-8 业务信息安全保护等级矩阵表，即可得到业务信息安全保护等级。

表 8-8　　**业务信息安全保护等级矩阵表**

业务信息安全被破坏时所侵害的客体	对相应客体的侵害程度		
	一般损害	严重损害	特别严重损害
公民、法人和其他组织的合法权益	第一级	第二级	第二级
社会秩序、公共利益	第二级	第三级	第四级
国家安全	第三级	第四级	第五级

根据系统服务安全被破坏时所侵害的客体以及对相应客体的侵害程度，依据表 8-9 系统服务安全保护等级矩阵表，即可得到系统服务安全保护等级。

表 8-9　　**系统服务安全保护等级矩阵表**

系统服务安全被破坏时所侵害的客体	对相应客体的侵害程度		
	一般损害	严重损害	特别严重损害
公民、法人和其他组织的合法权益	第一级	第二级	第二级
社会秩序、公共利益	第二级	第三级	第四级
国家安全	第三级	第四级	第五级

作为定级对象的信息系统的安全保护等级由业务信息安全保护等级和系统服务安全保护等级的较高者决定。

8.5.5　等级变更

在信息系统的运行过程中，安全保护等级应随着信息系统所处理的信息和业务状态的变化进行适当的变更，尤其是当状态变化可能导致业务信息安全或系统服务受到破坏后的受侵害客体和对客体的侵害程度有较大的变化，可能影响到系统的安全保护等级时，应根据本标准第 5 章给出的定级方法重新定级。

8.5.6　系统定级实例

1. 实例一

系统简述：某省政府网站系统 ZFWZ，用于发布政务公开信息、地方行政法规和管理措施、领导讲话、政府办事流程、新闻发布、政府公告、举报投诉、省内经济形势介绍、电子表单下载等信息，服务对象主要是省内企业和市民。

ZFWZ 系统等级确定过程：

(1) ZFWZ 系统是省政府对社会办公的窗口，其中发布的信息内容代表政府形象和体现政府的社会管理和社会服务职能，因此该信息安全被破坏可能对社会秩序造成一定影响；

(2) 由于省政府网站的访问量并不很大，信息被篡改可能造成的不良社会影响不会很大，因此对社会秩序的侵害程度为一般损害；

（3）查表知 ZFWZ 系统的业务信息安全保护等级为第二级，如表 8-10 所示。

表 8-10　　业务信息安全保护等级矩阵表（实例一）

业务信息安全被破坏时所侵害的客体	对相应客体的侵害程度		
	一般损害	严重损害	特别严重损害
公民、法人和其他组织的合法权益	第一级	第二级	第二级
社会秩序、公共利益	第二级	第三级	第四级
国家安全	第三级	第四级	第五级

（4）ZFWZ 系统为省内企业和市民提供政府信息查询和下载服务，其系统服务如果不可用侵害的不是省政府本身的利益，而是公众获取公开信息的公众利益；

（5）但由于没有必须通过网络才能够执行的办事流程，ZFWZ 系统对服务实时性和服务质量要求不高，政务服务工作主要通过网络之外完成，网络仅提供相关信息和表单下载，网站不能提供服务对市民办事影响不大；

（6）查表知 ZFWZ 系统的业务服务安全保护等级为第二级，如表 8-11 所示。

表 8-11　　系统服务安全保护等级矩阵表（实例一）

系统服务安全被破坏时所侵害的客体	对相应客体的侵害程度		
	一般损害	严重损害	特别严重损害
公民、法人和其他组织的合法权益	第一级	第二级	第二级
社会秩序、公共利益	第二级	第三级	第四级
国家安全	第三级	第四级	第五级

（7）ZFWZ 系统的安全保护等级为第二级。

2. 实例二

系统简述：某省电力集团公司的省级电力实时监控系统，主要运行调度自动化控制系统和能量管理系统（SCADA/EMS）DDZDH，负责省级超高压输电变电站的调度控制和数据采集。系统实时性要求极高，达到秒级。

系统等级确定过程：

（1）电力系统是国家重要基础设施，省级 DDZDH 系统负责全省范围内的电力调度，调度控制指令或调度程序被修改，可能造成的停电事故会影响几乎所有行业的正常生产和工作，其所侵害的客体为社会秩序和公共利益；

（2）调度控制指令或调度程序被修改可能造成全省范围大面积停电、人员伤亡和巨额财产损失，同时对其他行业的生产和工作造成非常严重的影响，因此对社会秩序和公共利益的侵害程度为特别严重损害；

（3）查表知 DDZDH 系统的业务信息安全保护等级为第四级，如表 8-12 所示。

表 8-12　　　　**业务信息安全保护等级矩阵表（实例二）**

业务信息安全被破坏时所侵害的客体	对相应客体的侵害程度		
	一般损害	严重损害	特别严重损害
公民、法人和其他组织的合法权益	第一级	第二级	第二级
社会秩序、公共利益	第二级	第三级	第四级
国家安全	第三级	第四级	第五级

（4）DDZDH 系统负责省级超高压输电变电站的调度控制和数据采集，该系统无法提供服务可能造成全省范围供电异常，可能造成大面积停电、人员伤亡和巨额财产损失，同时对其他行业的生产和工作造成非常严重的影响，因此对社会秩序和公共利益的侵害程度为特别严重损害；

（5）查表知 DDZDH 系统的系统服务安全保护等级取值为四级，如表 8-13 所示。

表 8-13　　　　**系统服务安全保护等级矩阵表（实例二）**

系统服务安全被破坏时所侵害的客体	对相应客体的侵害程度		
	一般损害	严重损害	特别严重损害
公民、法人和其他组织的合法权益	第一级	第二级	第二级
社会秩序、公共利益	第二级	第三级	第四级
国家安全	第三级	第四级	第五级

（6）DDZDH 系统的安全保护等级为第四级。

8.6　GB/T9361—2011《计算机场地安全要求》

国家标准 GB/T9361—2011《计算机场地安全要求》于 2011 年 12 月 30 日发布，2012 年 5 月 1 日起实施，替代原标准 GB9361—1988《计算站场地安全要求》。

8.6.1　适用范围

（1）本标准规定了计算机场地的安全要求。

（2）本标准适用于各类新建、改建和扩建的计算机场地。

8.6.2　规范性引用文件

下列文件对于本标准的应用是必不可少的：

GB/T2887《计算机场地通用规范》

GB50016《建筑设计防火规范》
GB50045《高层民用建筑设计防火规范》
GB50057《建筑物防雷设计规范》
GB50222《建筑物内部装修设计防火规范》
GB50343《建筑电子信息系统防雷技术规范》
SJ/T10796《防静电活动地板通用规范》

8.6.3 术语和定义

（1）非燃烧材料（non-combustible）。

在受燃烧或高温作用时，不起火、不微燃、不碳化、只软化的材料。

（2）难燃烧材料（difficult combustible）。

在受燃烧或高温作用时，难起火、难微燃、难碳化的材料。

（3）耐火极限（duration of fire resistance）。

在一定的受热条件下，建筑构件从受到火的作用时起，到失去支持能力或完整性被破坏或失去隔火作用时止的这段时间，用小时表示。

（4）集中监控系统（centralized supervision and control system）。

通过采集机房设备的运行数据和环境参数，对机房的运行状态进行实时监视、控制、分析和报警的自动化集成管理系统。

8.6.4 安全分级

（1）根据计算机系统运行中断的影响程度，将计算机场地的安全分为A级、B级、C级三个基本级别。

A级：计算机系统运行中断后，会对国家安全、社会秩序、公共利益造成严重损害；对计算机场地的安全有严格的要求，有完善的计算机场地安全措施。

B级：计算机系统运行中断后，会对国家安全、社会秩序、公共利益造成较大损害；对计算机场地的安全有较严格的要求，有较完善的计算机场地安全措施。

C级：不属于A、B级的情况；对计算机场地的安全有基本的要求，有基本的计算机场地安全措施。

计算机场地安全级别要求详见表8-14。

表8-14 **计算机场地安全级别要求**

序号	项目	级别		
		A级	B级	C级
1	场地	○	□	-
2	防火	○	□	□
3	火灾报警系统	○	□	-

续表

序号	项目	级　别		
		A级	B级	C级
4	自动灭火系统	○	□	-
5	灭火器	□	□	□
6	内部装修	○	□	-
7	供配电系统	○	□	□
8	空调调节系统	○	□	□
9	防水	○	□	□
10	防静电	○	□	-
11	防雷	○	□	□
12	防电磁干扰	○	□	□
13	防噪声	□	□	□
14	防鼠害	○	□	□
15	入侵报警系统	□	-	-
16	视频监控系统	□	-	-
17	出入口控制系统	○	□	-
18	集中监控系统	□	-	-

表中符号说明：-：表示无需要求；□：表示要求；○：表示要求并可有附加要求。

（2）根据计算机系统的规模、用途，计算机场地安全可按某一级执行，也可按某些级综合执行。

注：综合执行是指计算机场地可按某些级执行，如某计算机机房按照安全要求可选：防电磁干扰A级，火灾报警系统C级。

8.6.5　场地

1. 选址

（1）计算机场地选址应做到：

a）避开发生火灾危险程度高的区域；

b）避开易产生粉尘、油烟、有害气体源以及存放腐蚀、易燃、易爆物品的地方；

c）避开低洼、潮湿、落雷、重盐害区域和地震频繁的地方；

d）避开强振动源和强噪音源；

e）避开强电磁场的干扰；

f）避免设在建筑物的高层或地下室，以及用水设备的下层或隔壁；

g）远离核辐射源。

（2）A级场地应按照上述各条执行。

（3）B级场地宜按照上述各条执行。

（4）C 级场地参照上述各条执行。

（5）上述各条如无法满足，应采取相应的措施。

2. 场地抗震

（1）A 级计算机场地抗震设防标准应符合或高于当地抗震设防标准。

（2）B 级、C 级计算机场地抗震设防标准应符合当地抗震设防标准。

3. 场地楼板荷重

（1）场地楼板荷重应符合表 8-15 的规定。

表 8-15　**场地楼板荷重（单位为千牛/平方米）**

项目	级别		
	A 级	B 级	C 级
计算机机房	10	8	6
不间断电源室	16	12	8

（2）依据设备的重量喝安置密度，计算机场地楼板荷重可按某一级执行，也可按某些级综合执行。

注：综合执行是指计算机场地楼板荷重可按某些级执行，如某计算机场地楼板荷重可选：计算机机房可选 A 级，不间断电源室可选 C 级。

8.6.6 防火

（1）机房的防火应符合 GB50016 或 GB50045 的有关规定。

（2）对于 A 级计算机机房：

a）当机房作为独立建筑物时，建筑物的耐火等级应不低于该建筑物所对应的设计防火规范中规定的二级耐火等级。

b）当机房位于其他建筑物内时，其机房与其他部位之间必需设置耐火极限不低于 2h 的隔墙或隔离物，隔墙上的门应采用符合 GB50016 规定的甲级防火门。

（3）B 级机房参照 A 级各条执行。

8.6.7 内部装修

1. A 级、B 级机房

（1）装修材料。

应使用符合 GB50222 规定的难燃材料和非燃材料，应能防潮、吸音、不起尘、抗静电等。

（2）活动地板。

a）活动地板应是难燃材料或非燃材料。

b）活动地板应有稳定的抗静电性能和承载能力，同时耐油、耐腐蚀、柔光、不起尘等。具体要求应符合 SJ/T10796 的规定。

c）活动地板提供的各种的进出线口应光滑、防止损伤电线、电缆。

d）活动地板下的建筑地面应平整、光洁、防潮、防尘。

（3）地毯。

机房不宜使用地毯。

2. C 级机房

C 级机房参照 A、B 级执行。

8.6.8　供配电系统

（1）计算机场地应设专用可靠的供电线路。

（2）计算机场地的电源设备应提供稳定可靠的电源。

（3）供电电源设备的容量应具有一定的余量。

（4）计算机系统独立配电时，宜采用干式变压器，采用油浸式变压器应选硅油型。变压器与机房的距离不得小于 8m。

（5）发电机与机房的距离不得小于 12m，并且发电机排出的油烟不得影响空调机组的正常运行。

（6）计算机场地宜采用固定型密闭式免维护蓄电池。

（7）计算机系统的供电电源参数应符合 GB/T2887 的规定。

（8）从电源室到计算机电源系统的电缆不应对计算机系统的正常运行构成干扰。

（9）计算机机房的诸种地接地的接法应符合计算机设备的要求。计算机设备没有明确要求时，诸地应采用联合接地。

（10）供配电系统的回路开关、插座以及电缆两端应有标识。

（11）无关的管路和电气线路不宜穿过机房。

8.6.9　空气调节系统

1. A 级、B 级机房

（1）空调系统应满足计算机系统及其保障设备长期正常运行的需要。

（2）当计算机机房位于其他建筑物内时，宜采用独立的空调系统。如与其他系统共用时，应保证空调效果和采取防火措施。

（3）空调系统在冷量和风量上应有一定的余量。

（4）空调设备的安放应与计算机设备的散热要求相适应。

（5）空调设备的安装位置应便于安装与维修。

（6）空调的送、回风管道及风口应采用难燃材料或非燃材料。

（7）新风系统应安装空气过滤器，新风设备主体部分应采用难燃材料或非燃材料，穿越防火分区处的风管上应设置防火阀并与消防控制系统联动。

（8）采用空调设备时，应设置漏水报警系统

（9）不间断电源室和蓄电池室宜设置空调系统。

2. C 级机房

C 级机房参照 A、B 级执行。

8.6.10 其他安全要求

1. 防水

(1) A 级机房、低压配电室、不间断电源室、蓄电池室区域设备上方不应穿过水管。

(2) B、C 级机房、低压配电室、不间断电源室、蓄电池室区域设备上方不宜穿过水管。

(3) 与机房无关的水管不宜从机房内穿过。

(4) 位于用水设备下层的机房，应在顶部采取防水措施，并设漏水检查装置。

(5) 漏水隐患区域地面周围应设排水沟和地漏。

(6) 机房内的给、排水管道应有可靠的防渗漏和防凝露措施。

(7) A、B 级机房应在漏水隐患处设置漏水检测报警系统。

(8) 当采用吊顶上布置空调风口时，风口位置不宜设置在设备正上方。

(9) A、B 级机房计算机电气设备和线路采用活动地板下布线时，线路不得紧贴地面敷设。

2. 防静电

(1) 机房的安全接地应符合 GB/T2887 中的规定。

注：接地是最基本的防静电措施。

(2) 机房的相对湿度应符合 GB/T2887 中的规定。

(3) 在易产生静电的地方，可采用静电消除剂和静电消除器。

3. 防雷

(1) 应防止雷击损害计算机设备以及对计算机系统正常运行的影响。

(2) 当计算机机房作为独立建筑物时，建筑物的防雷要求应符合 GB50057 的规定。

(3) 计算机机房位于其建筑物内时应做防雷处理，具体要求应符合 GB50343 的规定。

4. 火灾自动报警系统

(1) A 级计算机场地应设置火灾自动报警系统。

(2) B 级计算机场地宜设置火灾自动报警系统。

(3) 计算机场地安全出口应设置指示标志。

5. 火灾自动灭火系统

(1) A 级机房应设置自动灭火系统。

(2) B 级级机房宜设置自动灭火系统。

6. 灭火器

(1) 计算机场地应配置灭火器。

(2) 配置的灭火器类型、规格、数量和设置位置应符合国家现行标准和规范的要求。

(3) 灭火所用的介质，不宜造成二次破坏。

7. 入侵报警系统

(1) A 级计算机场地应设置入侵报警系统。

(2) 入侵报警系统的规模和系统模式应满足计算机场地的安全等级、环境条件和安全管理的要求。

（3）入侵报警系统的功能、设计和设备的选型、安装应符合国家现行标准和规范的要求。

8. 视频监控系统

（1）A 级计算机场地应设置视频监控系统。

（2）视频监控系统的规模和系统模式应满足计算机场地的安全等级、环境条件和安全管理的要求。

（3）视频监控系统的功能、设计和设备的选型、安装应符合国家现行标准和规范的要求。

9. 出入口控制系统

（1）A、B 级计算机场地应设置出入口控制系统。

（2）出入口控制系统的规模和系统模式应满足计算机场地的安全等级、环境条件和安全管理的要求。

（3）出入口控制系统的功能、设计和设备的选型、安装应符合国家现行标准和规范的要求。

10. 防电磁干扰

（1）机房电磁场干扰场强应满足 GB/T2887 的有关要求。

（2）当机房的电磁场干扰强度超过要求时，应采取屏蔽措施，具体要求应符合 GB/T2887 的规定。

11. 防噪声

（1）机房噪声应满足 GB/T2887 的有关要求。

（2）当机房的噪声超过要求时，应采取降噪隔振措施。

12. 防鼠害

（1）机房的孔、洞应用防火材料封堵。

（2）在易受鼠害的场所，机房内的缆线应采取防护措施。

13. 集中监控系统

（1）A 级机房应设置集中监控系统，对系统设备的运行状态和报警状态进行监视和记录。

（2）机房专用空调、电源设备、配电系统、漏水检测系统、通用布缆管理系统、机房内环境温、湿度等状态宜纳入集中监控系统。

（3）集中监控系统应具有本地和远程报警功能。

8.7　习题

1. 简述标准的分级与分类。
2. 简述 GB17859—1999 国家标准所描述的五个安全等级。
3. 简述 GB17859—1999 标准中第一级与第二级在安全保护能力上的差别。
4. 简述 GB/T20271—2006 标准中安全功能技术和安全保证技术主要包括哪些内容。
5. 简述 GB/T20269—2006 标准中信息系统安全管理的原则有哪些。

6. 简述 GB/T20269—2006 标准中信息系统安全管理要素包括哪些内容。
7. 试根据 GB/T22240—2008 确立的方法为某信息系统确定安全保护的等级。
8. 根据 GB/T9361—2011 规定，对计算机场地位置的选择有哪些要求？
9. 根据 GB/T9361—2011 规定，对计算机场地的供配电系统有哪些要求？

第9章 信息安全国际标准

9.1 国际标准体系简介

目前，国际上比较有影响的信息安全标准体系主要有：

（1）ISO/IEC 的国际标准 13335、27000 系列；

（2）美国国家标准和技术委员会（NIST）的特别出版物系列；

（3）英国标准协会（BSI）的 7799 系列。

9.1.1 国际标准 ISO/IEC

国际标准 ISO/IEC 是国际上最权威的由国际标准化组织（ISO）和国际电工委员会（IEC）所制定的国际标准。

ISO 和 IEC 是世界范围的标准化组织，它由各个国家和地区的成员组成，各国的相关标准化组织都是其成员，他们通过各技术委员会，参与相关标准的制定。

为了更好地协作和共同规范信息技术领域，ISO 和国际电工委员会（IEC）成立了联合技术委员会，即 ISO/IEC JTC1，负责信息技术领域的标准化工作。其中的子委员会 27 专门负责 IT 安全技术领域的标准化工作。ISO/IEC 联合技术委员会 JTC1 子委员会 27（ISO/IEC JTC1 SC27）是信息安全领域最权威和国际认可的标准化组织，它已经为信息安全保障领域发布了一系列的国际标准和技术报告，为信息安全领域的标准化工作作出了巨大贡献。

在 ISO/IEC JTC1 SC27 所发布的标准和技术报告中，目前最主要的标准是 ISO/IEC 13335《IT 安全管理指南》、ISO/IEC 27001《信息安全、网络安全和隐私保护—信息安全管理体系—要求》、ISO/IEC 27002《信息安全、网络安全和隐私保护—信息安全控制》等。

9.1.2 美国信息安全管理标准体系

2002 年，美国通过了一部联邦信息安全管理法案（FISMA）。根据它，美国国家标准技术委员会（National Institute of Standards and Technology，NIST）负责为美国政府和商业机构提供信息安全管理相关的标准规范。因此，NIST 的一系列 FIPS 标准和 NIST 特别出版物 800 系列（NIST SP 800 系列）成为指导美国信息安全管理建设的主要标准和参考资料。

在 NIST 的标准系列文件中，虽然 NIST SP 并不作为正式法定标准，但在实际工作中，已经成为美国和国际安全界得到广泛认可的事实标准和权威指南。

9.1.3 英国信息安全管理标准体系

同美国 NIST 相对应，英国标准协会（British Standards Institute，BSI）是英国负责信息安全管理标准的机构。在信息安全管理和相关领域，BSI 做了大量的工作，其成果已得到国际社会的广泛认可。

最让人关注的是 BS 7799，它的第一部分已成为国际标准 ISO/IEC 27002，它的第二部分也已成为国际标准 ISO/IEC 27001。

现在，随着 BS 7799 被广泛接受，BSI 正进一步将它推向全世界，为各个国家的组织机构提供 BS 7799 的认证服务。

9.2 BS 7799

9.2.1 BS 7799 简介

BS 7799 是英国标准协会（British Standards Institute，BSI）针对信息安全管理而制定的一个标准，最早始于 1995 年，后来几经改版，成为目前由两部分内容构成的并且被广泛接受的信息安全管理标准。BS 7799 分两个部分，第一部分即 BS 7799—1，是信息安全管理实用规则（Code of Practice for Information Security Management），主要供负责信息安全系统开发的人员作为参考使用，其中分十一个标题，定义了 133 项安全控制（最佳惯例）。BS 7799 标准的第二部分即 BS 7799—2，是建立信息安全管理体系（ISMS）的一套规范（Specification for Information Security Management Systems），其中详细说明了建立、实施和维护信息安全管理体系的要求，可用来指导相关人员去应用 BS 7799—1，其最终目的在于建立适合组织需要的信息安全管理体系（ISMS）。虽然 BS 7799 最初是以所谓的“英国标准（British Standard）”而推出的，但并非只适用于英国，BS 7799 所包含的最佳惯例可以在不同的法律和文化背景下实施。由于 BS 7799 的两个部分都已经先后转化成正式的国际标准，从发展的眼光来看，以该标准为参照的信息安全相关活动，势必在将全球范围内广泛开展起来。

9.2.2 BS 7799 的发展历程

BS 7799 最初是由英国贸工部（DTI）立项的，是业界、政府和商业机构共同倡导的，旨在开发一套可供开发、实施和测量有效安全管理惯例并提供贸易伙伴间信任的通用框架。负责标准开发和管理工作的 BSI—DISC Committee BDD/2 是由来自贸易和工业部门的众多代表共同组成的，其成员在各自的领域都具有足够的影响力，包括金融业的英国保险协会、渣打会计协会、汇丰银行等，通信行业有大英电讯公司，还有像壳牌、联合利华、毕马威（KPMG）等这样的跨国机构。1995 年，BS 7799—1：1995《信息安全管理实用规则》首次出版（其前身是 1993 年发布的 PD0005），它提供了一套综合性的、由信息安全最佳惯例构成的实施细则，目的是为确定各类信息系统通用控制提供唯一的参考基准。在随后一段时间里，由于电子商务的发展，由此引发客户、供应商、贸易伙伴间对各自信息保护能力的信任问题，促使第三方认证成为一个急需。信息安全管理遵循一套最佳惯例，但怎样做的？执行程度如何？是否完备？这就需要有一个共同的尺度来进行衡量。1998 年，BS 7799—2：1998《信息安全管理体系规范》公布，这是对 BS 7799—1 的有效补充，它规定了信息安全管理体系的要求和对信息安全控制的要求，是一个组织信息安全管理体系评估的基础，可以作为认证的依据。至此，BS 7799 标准初步成型。1999 年 4 月，BS 7799 的两个部分被重新修订和扩展，形成了一个完整版的 BS 7799：1999。新版本充分考虑了信息处理技术应用的最新发展，特别是在网络和通信领域。除了涵盖以前版本所有内容之外，新版本还补充了很多新的控制，包括电子商务、移动计算、远程工作等。由于 BS 7799 日益得到国际认同，使用的国家也越来越多。2000 年 12 月，国际标准化组织 ISO/IEC JTC1/SC27 工作组认可 BS 7799—1：1999，正式将其转化为国际标准，即所颁布的 ISO/IEC 17799：2000《信息技术——安全技术——信息安全管理实用规则》。作为一个全球通用的标准，ISO/IEC 17799 并不局限于 IT，也不依赖于专门的技术，它是由长期积累的一些最佳实践构成的，是市场驱动的结果。2002 年，BSI 对 BS 7799—2：1999 进行了重新修订，正式引入 PDCA 过程模型，以此作为建立、实施、持续改进信息安全管理体系的依据，同时，新版本的调整更显示了与 ISO9001：2000、ISO14001：1996 等其他管理标准以及经济合作与开发组织（OECD）基本原则的一致性，体现了管理体系融合的趋势。2004 年 9 月 5 日，BS 7799—2：2002 正式发布，随即提交 ISO 并迈入“快速通道”。2005 年 6 月，ISO/IEC 17799：2000 经过改版，形成了新的 ISO/IEC 17799：2005，新版本较老版本无论是组织编排还是内容完整性上都有了很大增强和提升。紧接着，被期待已久的 BS 7799—2：2002 也终于被 ISO 组织所采纳，于同年 10 月推出了 ISO/IEC 27001：2005。至此，BS 7799 标准的两个部分，都成为正式的国际标准，作为一套完整的国际性的认证标准框架，BS 7799 已经有了新的面貌。2007 年，ISO/IEC 17799：2005 更改编号为 ISO/IEC 27002：2005。2013 年 ISO/IEC 27002：2005 升级为 ISO/IEC 27002：2013《信息技术—安全技术—信息安全控制实用规则》，ISO/IEC 27001：2005 升级为 ISO/IEC 27001：2013《信息技术—安全技术—信息安全管理体系—要求》。2022 年 2 月 ISO/IEC 27002：2013 升级为 ISO/IEC 27002：2022《信息技术、网络安全和隐私保护—信息安全控制》。2022 年 10 月，ISO/IEC 27001：2013 升级为 ISO/IEC 27001：2022《信息安全、网络安全和隐私保护—信息安全管理体系—要求》。

9.3　ISO/IEC 27002：2022

9.3.1　ISO/IEC 27002：2022 概述

国际标准 ISO/IEC 27002：2022《信息安全、网络安全和隐私保护—信息安全控制》从它的上一个版本 ISO/IEC 27002：2013《信息技术—安全技术—信息安全控制实用规则》升级而来。

ISO/IEC 27002：2013 描述了信息安全管理领域的最佳控制惯例，其主体部分由 14 个主题（章节）、35个主要安全类别（控制目标）、113种安全控制措施构成。

对比ISO/IEC 27002：2013，ISO/IEC 27002：2022的主要变化如下：

（1）不再被称为“Code of Practice”，标准的新标题为“信息安全、网络安全和隐私保护—信息安全控制”。

（2）合并了部分控制措施，删除了一些原有控制，并增加了11个新的控制。

（3）标准结构发生了较大变化。全文共有8个章节和两个附录，其主体部分变为了更加简洁的两层结构，包含的控制措施（控件或控制）变为了93个，并被重新划分为4个主题（域或章节）：

a）组织控制（37个控件）；

b）人员控制（8个控件）；

c）物理控制（14个控件）；

d）技术控制（34个控件）。

（4）新版标准对每个控件增加了一项属性描述，这样就提供了一种标准化的方式对不同视角的控制进行排序和筛选，以满足不同群体的需求。属性的描述如下：

a）控制类型：预防、检测和纠正。

b）信息安全属性：机密性、完整性和可用性。

c）网络安全概念：识别、保护、检测、响应和恢复。

d）操作能力：治理、资产管理、信息保护、人力资源安全、物理安全、系统和网络安全、应用安全、安全配置、身份和访问管理、威胁和漏洞管理、连续性、供应商关系安全、法律和合规，信息安全事件管理和信息安全保障。

e）安全域：治理和生态系统、保护、防御和恢复力

（5）每个控件的布局包含以下内容：

控制标题：控制的简称。

属性表：该表显示了给定控制的每个属性的值。

控制：控制说明。

目的：说明控制目的的文字。

指南：控制的实施指南。

其他信息：解释性文字或对其他相关文档的引用（有些控件无此项内容）。

9.3.2 ISO/IEC 27002：2022的适用范围

本标准提供了一组通用信息安全控制参考，包括实施指南。本标准旨在供组织使用：

a）在基于ISO/IEC 27001的ISMS范围内；

b）根据国际公认的最佳做法实施信息安全控制；

c）制定自己的信息安全管理准则。

9.3.3 术语、定义和缩写词

1. 部分术语及其定义

（1）资产。

任何对组织有价值的东西。可以区分两种与信息安全相关的资产：

a）主要资产：业务流程和活动、信息。

b）所有类型的辅助资产（主要资产所依赖）：硬件、软件、网络、人员、地点、组织的结构。

（2）攻击。

未经授权尝试破坏，暴露，更改或任何试图禁用，窃取，获取或未经授权使用资产的尝试。

（3）认证。

提供保证所声称的实体特征是正确的。

（4）监管链。

从一个时间点到另一时间点可证明的财产拥有、移动、搬运和放置位置。这里的财产包括 ISO/IEC 27002 中的信息和其他相关资产。

（5）控制。

维持和/或改变风险的措施。控制措施包括但不限于维持和/或修改风险的任何过程、策略、设备、实践或其他条件和/或措施。

（6）终端设备。

网络连接的 ICT 硬件设备。终端设备可以指台式计算机、笔记本电脑、智能电话、平板电脑、瘦客户端、打印机或其他专用硬件，包括智能电表和 IOT 设备。

（7）信息处理设施。

任何信息处理系统、服务或基础架构，或包含该信息处理系统的物理位置。

（8）信息安全漏洞。

损害安全性，导致传输、存储或以其他方式处理的受保护信息受到不希望的破坏、丢失、更改、披露或访问。

（9）信息安全事件。

表示可能违反信息安全或控制失败的情况。

（10）信息安全事故。

一个或多个相关的和已标识的信息安全事件，可能会损害组织的资产或损害其运营。

（11）信息安全事件管理。

采用一致和有效的方法来处理信息安全事件。

（12）相关方（优先条款）。

能够影响、被某一决定或活动影响或认为自己受其影响的人或组织。

（13）不可否认性。

证明声称的事件或行动及其起源实体发生的能力。

（14）员工。

在组织控制下工作的人员。包括组织的成员，如理事机构、高层管理人员、雇员、临时人员、承包商和志愿者。

（15）PII 个人身份信息。

可用于在信息与信息所涉及的自然人之间建立联系或与自然人直接或间接相关的任何

信息。

(16) PII 主体。

个人身份信息（PII）所涉及的自然人。

(17) PII 处理者。

代表控制者并按照控制者的指示处理个人身份信息（PII）的隐私利益相关者。

(18) 策略。

组织的意图和方向，由其最高管理层正式表达。

(19) PIA 隐私影响评估。

在组织更广泛的风险管理框架内识别、分析、评估、咨询、沟通和规划处理与个人身份信息处理有关的潜在隐私影响的整个过程。

(20) 记录。

组织或个人为履行法律义务或在业务交易中作为证据和资产创建、接收和维护的信息。这里的法律义务包括所有法律、法规、监管和合同要求。

(21) 恢复点目标 RPO。

发生中断后必须恢复数据的时间点。

(22) 恢复时间目标 RTO。

在破坏发生后必须恢复最低级别的服务和/或产品以及支持系统、应用程序或功能的时间段。

(23) 敏感信息。

由于个人、组织、国家安全或公共安全的潜在不利影响，为防止其不可用、未经授权访问、被修改或公开披露而需要保护的信息。

(24) 威胁。

意外事件的潜在原因，可能导致对系统或组织的伤害。

(25) 特定主题策略。

适当的管理水平正式表达的特定主题或主题的意图和方向。

(26) 用户。

有权访问组织信息系统的相关方。例如：人员、客户、供应商。

(27) 脆弱性。

资产或控制的弱点可以被一个或多个威胁利用。

2. 缩写词

表 9-1 **ISO/IEC 27002：2022 缩写词及含义**

缩写词	含　义
ATM	Automated teller machine 自动取款机
BIA	Business impact analysis 业务影响分析
BYOD	Bring your own device 自携带设备
CCTV	Closed circuit television 闭路电视

续表

缩写词	含　义
DNS	Domain name system 域名系统
GPS	Global positioning system 全球定位系统
HR	Human resources 人力资源
IAM	Identity and access management 身份和访问管理
ICT	Information and communication technology 信息通讯技术
IDE	Integrated development environment 集成开发环境
IDS	Intrusion detection system 入侵侦测系统
IP	Internet protocol 互联网协议
IPS	Intrusion prevention system 入侵防御系统
IT	Information technology 信息技术
ISMS	Information security management system 信息安全管理系统
NTP	Network time protocol 网络时间协议
PIA	Privacy impact assessment 隐私影响评估
PII	Personally identifiable information 个人身份信息
PIN	Personal identification number 个人身份证号码
PKI	Public key infrastructure 公钥基础设施
ROM	Read only memory 只读存储
RPO	Recovery point objective 恢复点目标
RTO	Recovery time objective 恢复时间目标
SD	Secure digital 安全数字
SIEM	Security information and event management 安全信息和事件管理
SMS	Short message service 短消息服务
SQL	Structured query language 结构化查询语言
SSO	Single sign-on 单点登录
UEBA	User and entity behaviour analytics 用户和实体行为分析
URL	Uniform resource locator 统一资源定位器
USB	Universal serial bus 通用串行总线
VM	Virtual machine 虚拟机
VPN	Virtual private network 虚拟专用网

9.3.4 ISO/IEC 27002：2022 主体部分的基本结构

本标准的主体部分包含 4 个主题（域）、93 个安全控制措施（控件），如表 9-2 所示（为便于读者阅读方便，表中编号均采用标准原文中的编号）。

表 9-2 ISO/IEC 27002：2022 主体部分的基本结构

主题	控制措施	备注
5 组织控制	5.1 信息安全策略	
	5.2 信息安全角色和职责	
	5.3 职责分离	
	5.4 管理职责	
	5.5 与政府部门的联系	
	5.6 与特殊利益团体的联系	
	5.7 威胁情报	新增
	5.8 项目管理中的信息安全	
	5.9 信息和其他相关资产清单	
	5.10 信息和其他相关资产的可接受使用	
	5.11 资产归还	
	5.12 信息分类	
	5.13 信息标签	
	5.14 信息传输	
	5.15 访问控制	
	5.16 身份管理	
	5.17 认证信息	
	5.18 访问权限	
	5.19 供应商关系中的信息安全	
	5.20 解决 ICT 供应链中的信息安全问题	
	5.21 管理 ICT 供应链中的信息安全	
	5.22 供应商服务的监控，审查和变更管理	
	5.23 使用云服务的信息安全	新增
	5.24 信息安全事件管理计划与准备	
	5.25 信息安全事件评估与决策	
	5.26 信息安全事件的响应	

续表

主题	控制措施	备　注
5　组织控制	5.27　从信息安全事件中学习	
	5.28　证据的收集	
	5.29　中断期间的信息安全	
	5.30　ICT业务连续性准备	新增
	5.31　法律、法规、监管和合同要求	
	5.32　知识产权	
	5.33　记录保护	
	5.34　PII隐私和保护	
	5.35　信息安全独立审查	
	5.36　遵守信息安全政策和标准	
	5.37　文件化操作程序	
6　人员控制	6.1　筛选	
	6.2　雇佣条款和条件	
	6.3　信息安全意识、教育和培训	
	6.4　惩戒程序	
	6.5　雇佣终止或变更后的责任	
	6.6　保密性或保密协议	
	6.7　远程工作	
	6.8　远程工作信息安全事件报告	
7　物理控制	7.1　物理安全边界	
	7.2　物理入口控制	
	7.3　确保办公室，房间和设施的安全	
	7.4　物理安全监控	新增
	7.5　防范物理和环境威胁	
	7.6　在安全区域工作	
	7.7　清理桌面和屏幕	
	7.8　设备选址和保护	
	7.9　场外资产的安全	
	7.10　存储介质	
	7.11　配套设施	
	7.12　布线安全	

续表

主题	控制措施	备　注
7　物理控制	7.13　设备维护	
	7.14　设备的安全处置或重复使用	
8　技术控制	8.1　用户终端设备	
	8.2　特权访问权限	
	8.3　信息访问限制	
	8.4　访问源代码	
	8.5　安全认证	
	8.6　容量管理	
	8.7　防范恶意软件	
	8.8　技术漏洞管理	
	8.9　配置管理	新增
	9.10　信息删除	新增
	9.11　数据屏蔽	新增
	9.12　数据防泄露	新增
	8.13　信息备份	
	8.14　信息处理设施的冗余	
	8.15　日志	
	8.16　监控活动	新增
	8.17　时钟同步	
	8.18　特权实用程序的使用	
	8.19　在操作系统上安装软件	
	8.20　网络控制	
	8.21　网络服务的安全性	
	8.22　网络隔离	
	8.23　网页过滤	新增
	8.24　密码学的使用	
	8.25　安全开发生命周期	
	8.26　应用程序安全要求	
	8.27　安全的系统架构和工程原则	
	8.28　安全编码	

续表

主题	控制措施	备 注
8 技术控制	8.29 开发和验收中的安全测试	
	8.30 外包开发	
	8.31 开发、测试和生产环境的分离	
	8.32 变更管理	
	8.33 测试信息	
	8.34 在审核和测试期间保护信息系统	

以下分4个小节（从9.3.5到9.3.8）分别介绍标准主体部分4个主题93个控件的具体内容，其中的编号仍采用标准原文中的编号。为节省版面，每一个控件中的属性表均被略去，具体内容可参见9.3.9中表A.1。

9.3.5 组织控制

5.1 信息安全策略

控制

信息安全策略和特定主题的策略应被定义，由管理层批准、发布，并传达给相关人员和利益相关方并由其确认，如果发生重大变化，则应进行评审。

目的

根据业务要求以及法律、法规、规章和合同要求，确保管理方向的持续适用性、充分性、有效性和对信息安全的支持。

指南

在最高级别，组织应定义一个“信息安全策略”，该策略应得到最高管理层的批准，并阐明组织管理其信息安全的方法。

信息安全策略应满足以下要求：

a）业务战略和要求；

b）法律、法规和合同；

c）当前和预计的信息安全威胁环境。

信息安全策略应包含以下内容的声明：

a）对信息安全的定义；

b）信息安全目标或设置信息安全目标的框架；

c）指导与信息安全有关的所有活动的原则；

d）承诺满足有关信息安全的适用要求；

e）承诺持续改进信息安全管理系统；

f）将信息安全管理的职责分配给已定义的角色；

g）处理偏差和异常的程序。

最高管理层应批准对信息安全策略的任何更改。

在较低的级别上，信息安全策略应由特定主题的策略支持，以进一步强制实施信息安全控制措施。特定主题的策略通常是为了满足组织内特定目标组的需求或涵盖某些安全领域。特定主题的策略应与组织的信息安全策略保持一致和互补。

此类主题的示例包括：

a）访问控制；

b）物理和环境安全；

c）资产管理；

d）信息传递；

e）网络安全；

f）信息安全事件管理；

g）备份；

h）密码学和密钥管理；

i）信息分类和处理；

j）技术漏洞管理；

k）安全开发。

特定主题的策略应由适当的经理批准。

特定主题的策略应以相关、可访问和可理解的形式传达给相关人员和外部相关方。组织可以确定满足组织需求的这些策略文件的格式和名称。在某些组织中，信息安全策略和特定主题的策略可能在一个文档中。组织可以命名这些特定主题的策略标准、指令、政策或其他。

应根据相关人员的适当权限和技术能力，将制定、审查和批准特定主题策略的责任分配给相关人员。审查应包括评估改进组织策略和管理信息安全的机会，以响应以下方面的变化：

a）组织的业务战略；

b）组织的技术环境；

c）法律、法规和合同；

d）信息安全风险；

e）当前和预计的信息安全威胁环境；

f）从信息安全事件和事故中吸取的经验教训。

信息安全政策的评审应考虑管理评审和审计的结果。

如果任何信息安全政策分布在组织外部，应注意不要泄露机密信息。

其他信息

信息安全的特定主题策略可能因组织而异。

5.2 信息安全角色和职责

控制

应根据组织的需要来定义和分配信息安全的角色和职责。

目的

为组织内信息安全的实施、操作和管理建立一个明确、经核准和理解的结构。

指南

信息安全角色和职责的分配应根据信息安全政策和特定主题的政策进行（见5.1）。组织应定义和管理以下职责：

a）保护信息和其他相关资产；

b）执行特定的信息安全流程；

c）信息安全风险管理活动，特别是接受剩余风险（例如风险所有者）；

d）使用组织信息和其他相关资产的所有人员。

必要时应补充这些责任，并对具体地点和信息处理设施提供更详细的指导。分配有信息安全责任的个人可以将安全任务分配给其他人。但是，他们仍然要负责任，并应该确定任何委托的任务是否已被正确执行。

应定义、记录和传达每个员工负责的安全领域。应定义并记录授权级别。担任特定信息安全角色的个人应具备该角色所需的知识和技能，并应得到支持，以跟上与该角色相关以及履行该角色职责所需的发展。

其他信息

许多组织任命信息安全经理全面负责信息安全的开发和实施，并支持识别风险和减轻控制。

然而，资源分配和实施控制的责任通常由个别管理人员承担。一种常见的做法是为每项资产指定一个所有者，然后由其负责其日常保护。

根据组织的规模和资源，信息安全可以是一个专门的职责，也可以是一个现有角色之外的职责。

5.3 职责分离

控制

相互冲突的职责和责任范围应分开。

目的

降低欺诈、错误和绕过信息安全控制的风险。

指南

职责分离旨在分离不同个人之间的冲突的职责，以防止一个员工自行执行潜在的相互冲突的职责。事件的发起应与其授权分开。在特定情况下，高风险职责也应该被分开。

组织应确定需要分离哪些职责和责任范围。以下是可能需要隔离的活动示例：

a）发起、批准和执行变更；

b）请求、批准和实施访问权限；

c）设计、实施和审查代码；

d）开发软件和管理生产系统；

e）使用和管理应用程序；

f）使用应用程序和管理数据库；

g）设计、审核和确保信息安全控制。

在设计隔离控制时应考虑串谋的可能性。小型组织可能会发现很难实现职责分离，但应尽可能切实可行地应用该原则。当难以隔离时，应考虑其他控制措施，例如活动监控、审计跟踪和管理监督。

在使用基于角色的访问控制系统时应小心，以确保人员不会被授予相互冲突的角色。当有大量的角色时，组织应该考虑使用自动化工具来识别冲突并促进删除冲突。应仔细定义和配置角色，以最大限度地减少角色被删除或重新分配时的访问问题。

5.4 管理职责

控制

管理层应成为信息安全的榜样，并要求所有人员按照组织的既定信息安全政策、特定主题的政策和程序对信息安全尽心尽力。

目的

确保管理层了解他们在信息安全中的作用，并采取旨在确保所有人员都了解并履行其信息安全责任的行动。

指南

管理层应证明对信息安全政策、特定主题政策、程序和信息安全控制的支持。管理职责应包括确保人员：

a）在被授权访问组织的信息和其他相关资产之前，适当地向他们介绍了他们的信息安全角色和职责；

b）提供了指南，说明其在组织内的角色的信息安全期望；

c）被授权执行组织的信息安全政策和特定主题的政策；

d）达到与其在组织内的角色和职责相关的信息安全意识水平（见6.3）；

e）符合雇佣、合同或协议的条款和条件，包括组织的信息安全政策和适当的工作方法；

f）通过持续的专业教育，继续拥有适当的信息安全技能和资格；

g）在可行的情况下，为举报违反信息安全政策、特定主题政策或信息安全程序的行为提供保密渠道。这可以允许匿名举报，或者规定确保只有需要处理此类举报的人知道举报人的身份；

h）为实施组织的安全相关过程和控制提供足够的资源和项目规划时间。

5.5 与政府部门的联系

控制

组织应与相关部门建立并保持联系。

目的

确保组织与相关法律、监管和监督机构之间在信息安全方面发生适当的信息流动。

指南

组织应指定何时和由谁联系相关部门（例如执法、监管机构、监督机构），以及如何及时报告已识别的信息安全事件。

还应通过与当局的联系来促进了解他们当前和未来的期望（例如适用的信息安全法规）。

其他信息

组织受到攻击时，可以请求相关部门对攻击源采取行动。

保持这种联系可能是支持信息安全事件管理（见5.24至5.28）或应急计划和业务连续性过程（见5.29和5.30）的要求。与监管机构的联系也有助于预测和准备即将发生的影响组织的相关法律或法规的变化。与其他部门的联系包括公用事业、紧急服务、电力供应商以及健康和安全［例如消防部门（与业务连续性有关）、电信提供商（与线路路由和可用性有关）和供水商（与设备冷却设施有关）］。

5.6 与特殊利益团体的联系

控制

组织应与特殊利益集团或其他专业安全论坛和专业协会建立并保持联系。

目的

确保在信息安全方面发生适当的信息流动。

指南

特殊利益集团或论坛的成员资格应被视为一种手段：

a）提高有关最佳实践的知识并及时了解相关安全信息；

b）确保对信息安全环境的理解是最新的；

c）接收有关攻击和漏洞的警报、建议和补丁的早期警告；

d）获得专家信息安全建议；

e）共享和交换有关新技术、产品、服务、威胁或漏洞的信息；

f）在处理信息安全事件时提供合适的联络点（见5.24至5.28）。

5.7 威胁情报

控制

应收集和分析与信息安全威胁相关的信息，以生成威胁情报。

目的

提供对组织威胁环境的认识，以便采取适当的缓解措施。

指南

收集和分析有关现有或新出现威胁的信息，以便：

a）促进采取知情行动，防止威胁对组织造成伤害；

b）减少此类威胁的影响。

威胁情报可分为三层，都应考虑：

a）战略威胁情报：交换有关不断变化的威胁形势的高级信息（例如攻击者类型或攻击类型）；

b）战术威胁情报：有关攻击者方法、工具和所涉及技术的信息；

c）操作威胁情报：有关特定攻击的详细信息，包括技术指标。

威胁情报应该是：

a）相关的（即与保护组织有关的）；

b）富有洞察力（即为组织提供对威胁形势的准确和详细的了解）；

c）上下文相关，以提供态势感知（即根据事件发生的时间、事件发生的地点、以前的经验和在类似组织中的流行情况为信息添加上下文）；

d）可操作的（即组织可以快速有效地对信息采取行动）。

威胁情报活动应包括：

a）建立威胁情报生成的目标；

b）识别、审查和选择为威胁情报的生成提供所需信息的必要和适当的内部和外部信息源；

c）从选定的来源收集信息，可以是内部的也可以是外部的；

d）处理收集到的信息以准备分析（例如通过翻译、格式化或证实信息）；

e）分析信息以了解其与组织的关系和意义；

f）以一种可以理解的格式与相关个人进行交流和分享。

应分析威胁情报并在以后使用：

a）通过实施过程，将从威胁情报来源收集的信息纳入组织的信息安全风险管理过程；

b）作为防火墙、入侵检测系统或反恶意软件解决方案等技术预防和检测控制的额外输入；

c）作为信息安全测试过程和技术的输入。

组织应与其他组织相互分享威胁情报，以提高整体威胁情报。

其他信息

组织可以使用威胁情报来预防、检测或响应威胁。组织可以生成威胁情报，但更常见的是接收和利用其他来源生成的威胁情报。

威胁情报通常由独立的提供者或顾问、政府机构或协作性威胁情报组织提供。

5.25、8.7、8.16 或 8.23 等控制措施的有效性取决于可用威胁信息的质量。

5.8 项目管理中的信息安全

控制

信息安全应被整合到项目管理中。

目的

确保与项目和可交付成果相关的信息安全风险在整个项目生命周期的项目管理中得到有效解决。

指南

信息安全应整合到项目管理中，以确保信息安全风险作为项目管理的一部分得到解决。这可以应用于任何类型的项目，无论其复杂性、规模、持续时间、学科或应用领域如何（例如核心业务流程、ICT、设施管理或其他支持流程的项目）。

在使用中的项目管理应要求：

a）信息安全风险在早期阶段进行了评估和处理，并在整个项目生命周期中，定期作为项目风险的一部分；

b）信息安全要求［例如应用程序安全要求（8.26）、遵守知识产权的要求

(5.32) 等] 在项目的早期阶段得到解决;

c) 在整个项目生命周期中考虑和处理与项目执行相关的信息安全风险,例如内部和外部通信方面的安全;

d) 评审信息安全风险处理的进展,评估和测试处理的有效性。

信息安全考虑事项和活动的适当性应在预定义阶段由合适的人员或治理机构(如项目指导委员会)跟进。

应定义信息安全的职责和权限并将其分配给指定的角色。

应使用各种方法确定项目要交付的产品或服务的信息安全要求,包括从信息安全政策、特定主题的政策和法规中获得合规性要求。进一步的信息安全要求可以从威胁建模、事件审查、使用漏洞阈值或应急计划等活动中获得,从而确保信息系统的架构和设计受到保护,免受基于操作环境的已知威胁。

应为所有类型的项目确定信息安全要求,而不仅仅是ICT开发项目。在确定这些要求时,还应考虑以下事项:

a) 涉及哪些信息(信息确定)、其对应的安全价值是什么(分类,见5.12)以及由于缺乏足够的安全性可能导致的潜在负面业务影响;

b) 所涉及的信息和其他相关资产所需的保护需求,特别是在机密性、完整性和可用性方面;

c) 为获得认证要求,对所声称的实体身份所需的信心或保证水平;

d) 为客户和其他潜在业务用户,以及特权或技术用户(如相关项目成员、潜在的操作人员或外部供应商)提供的访问供应和授权过程;

e) 告知用户其职责和责任;

f) 源自业务流程的要求,例如事务日志记录和监控、不可否认要求;

g) 其他信息安全控制规定的要求(例如日志和监控或数据泄漏检测系统的接口);

h) 符合组织运作所用的法律、法规、监管和合同要求;

i) 为使第三方满足组织的信息安全政策和特定主题政策(包括任何协议或合同中的相关安全条款)所需的信心或保证水平。

其他信息

项目开发方法,例如瀑布式生命周期或敏捷生命周期,应该以结构化的方式支持信息安全,这种方式可以根据项目的特点来适应所评估的信息安全风险的严重性。尽早考虑产品或服务的信息安全要求(例如在规划和设计阶段),可以为质量和信息安全带来更有效和更具成本效益的解决方案。ISO 21500和ISO 21502为项目管理的概念和流程提供了指导,这些概念和流程对项目的执行很重要。

ISO/IEC 27005提供了关于使用风险管理流程来识别控制以满足信息安全要求的指南。

5.9 信息和其他相关资产清单

控制

应编制和维护信息和其他相关资产(包括所有者)的清单。

目的

识别组织的信息和其他相关资产，以保护其信息安全并分配适当的所有权。

指南

清查

组织应识别其信息和其他相关资产，并确定它们在信息安全方面的重要性。文件应酌情保存在专用或现有清单中。

信息清单和其他相关资产应准确、最新、一致并与其他清单保持一致。确保信息和其他相关资产清单准确性的选项包括：

a）根据资产清单对已识别的信息和其他相关资产进行定期审查；

b）在安装、更改或删除资产的过程中自动强制执行库存更新。

资产的位置应酌情包括在清单中。

清单不需要是信息和其他相关资产的单一列表。考虑到库存应该由相关功能维护，它可以看作是一组动态库存，例如信息资产、硬件、软件、虚拟机（VM）、设施、人员、能力、容量和记录的库存。

每项资产都应根据与该资产相关的信息类别（见5.12）进行分类。

信息和其他相关资产清单的粒度应处于适合组织需求的水平。有时，由于资产的性质，信息生命周期中的特定资产无法被记录下来。短寿命资产的一个例子是虚拟机实例，其生命周期可以很短。

所有权

对于已识别的信息和其他相关资产，应将资产的所有权分配给个人或团体，并确定其分类（见5.12、5.13）。应实施一个确保及时分配资产所有权的流程。应在创建资产或将资产转移到组织时分配所有权。当前资产所有者离职或更换工作角色时，应根据需要重新分配资产所有权。

所有者职责

资产所有者应负责在整个资产生命周期内妥善管理资产，确保：

a）对信息和其他相关资产进行了清点；

b）信息和其他相关资产得到了适当分类和保护；

c）对分类进行定期审查；

d）列出和链接了支持技术资产的组件，例如数据库、存储、软件组件和子组件；

e）制定了信息和其他相关资产（见5.10）的可接受使用要求；

f）访问限制与分类相符合，且它们是有效的，并进行定期审查；

g）信息和其他相关资产，当删除或处置时，以安全的方式处理，并从库存中移除；

h）他们参与识别和管理与其资产相关的风险；

i）他们支持负责管理其信息的人员。

其他信息

信息和其他相关资产的清单通常是确保有效保护信息所必需的，并且可能需要用于其他目的，例如健康和安全、保险或财务原因。信息和其他相关资产清单还支持风险管理、审计活动、漏洞管理、事件响应和恢复计划。

任务和责任可以委托（例如委托给每天照看资产的保管人），但委托他们的人或团体仍然负有责任。。

指定共同行动以提供特定服务的信息组和其他相关资产可能很有用。在这种情况下，该服务的所有者对服务的交付负责，包括其资产的运营。

有关IT资产管理的更多信息，请参阅ISO/IEC 19770—1。有关资产管理的更多信息，请参见ISO 55001。

5.10　信息和其他相关资产的可接受使用

控制

应识别、记录和实施处理信息和其他相关资产的可接受使用规则和程序。

目的

确保信息和其他相关资产得到适当保护、使用和处理。

指南

使用或有权访问组织信息和其他相关资产的人员和外部方用户应了解保护和处理组织信息和其他相关资产的信息安全要求。他们应对使用任何信息处理设施负责。

组织应就信息和其他相关资产的可接受使用建立特定主题的政策，并将其传达给使用或处理信息和其他相关资产的任何人。关于可接受使用的特定主题政策应就个人应如何使用信息和其他相关资产提供明确的方向。特定主题的政策应说明：

a）从信息安全的角度来看，个人的预期和不可接受的行为；

b）允许和禁止使用信息和其他相关资产；

c）监视组织正在执行的活动。

应根据其分类（见5.12）和确定的风险，为整个信息生命周期制定可接受的使用程序。应考虑以下项目：

a）支持每一级分类的保护要求的访问限制；

b）维护信息和其他相关资产的授权用户的记录；

c）将信息的临时或永久副本保护到与原始信息保护相一致的水平；

d）根据制造商的规范存储与信息相关的资产（见7.8）；

e）清晰地标记所有存储介质（电子或物理）的副本，以引起授权接收者的注意（见7.10）；

f）信息和其他相关资产的处置授权以及支持方法（见8.10）。

其他信息

相关资产可能不直接属于组织，例如公共云服务。此类第三方资产以及与此类外部资产相关的任何组织资产（例如信息、软件）的使用应被识别为适用和受控，例如，通过与云服务提供商达成的协议。在使用具有协作性的工作环境时，也应予以小心。

5.11　资产归还

控制

员工和其他相关方应在其雇佣、合同或协议变更或终止时归还其拥有的所有组织资产。

目的

在更改或终止雇佣、合同或协议的过程中保护组织的资产。

指南

变更或终止过程应正式化，包括归还组织拥有或委托拥有的先前发放的所有实体和电子资产。

在员工和其他相关方购买了组织的设备或使用自己的个人设备的情况下，应遵循程序，以确保所有相关信息都被追踪并转移到组织，并从设备中安全删除（见7.14）。

如果员工和其他相关方拥有对正在进行的业务很重要的知识，则这些知识应被记录下来并转移给组织。

在通知期间及之后，组织应防止收到终止通知的员工未经授权复制相关信息（例如知识产权）。

组织应清楚地识别和记录所有要归还的信息和其他相关资产，其中可能包括：

a）用户终端设备；

b）便携式存储设备；

c）专业设备；

d）用于信息系统、站点和物理档案的认证硬件（例如机械钥匙、物理令牌和智能卡）；

e）信息的物理副本。

其他信息

归还不属于组织的资产上的信息可能很困难。在这种情况下，有必要使用其他信息安全控制例如访问权限管理（5.18）或密码技术（8.24）来限制信息的使用。

5.12 信息分类

控制

信息应根据组织对信息安全需求的机密性、完整性、可用性和相关利益方要求进行分类。

目的

确保根据信息对组织的重要性来识别和理解信息的保护需求。

指南

组织应制定针对信息分类的特定主题政策，并将其传达给所有相关方。

组织应考虑分类方案中对机密性、完整性和可用性的要求。

对信息的分类和相关的保护性控制应考虑到共享或限制信息、保护信息的完整性和确保可用性的业务需求，以及有关信息的机密性、完整性或可用性的法律要求。

信息以外的资产也可以按照信息的分类方案进行分类，这些信息存储在资产中、由资产处理或以其他方式由资产处理或保护。

信息的所有者应对其分类负责。

分类方案应包括分类约定和随着时间的推移进行分类审查的标准。分类结果应根据信息在其生命周期中的重要性、敏感性和危险程度的变化进行更新。

该方案应与关于访问控制的特定主题政策保持一致（参见5.1），并应能够满足组织的特定业务需求。

分类可以根据他们的泄露对组织的影响程度来确定。方案中定义的每个级别都应该有一个在分类方案应用的背景中有意义的名称。

该方案应在整个组织内保持一致并包含在其程序中，以便每个人以相同的方式对信息和适用的其他相关资产进行分类，以便每个人对保护要求有一个共同的理解，以便每个人都应用适当的保护。

即使类别名称相似，组织内使用的分类方案也可能与其他组织使用的方案不同。此外，组织之间移动的信息即使它们的分类方案是相同的，也可能会根据其在每个组织中的上下文而在分类上有所不同。因此，与包括信息共享在内的其他组织的协议应包括识别该信息的分类和解释来自其他组织的分类级别的程序。可以通过在相关的处理和保护方法中寻找等效性来确定不同方案之间的对应关系。

其他信息

分类为处理信息的员工提供了如何处理和保护信息的简明指南。创建具有相似保护需求的信息组，并指定适用于每个组中所有信息的信息安全程序，有助于实现这一点。这种方法减少了逐项风险评估和自定义控制设计的需要。

一段时间后，信息可能不再敏感或关键。例如，当信息被公开后，它不再具有机密性要求，但仍可能需要对其完整性和可用性属性进行保护。应考虑到这些方面，因为过度分类可能导致实施不必要的控制，从而导致额外的费用，或者相反，分类不足可能导致控制不足，无法保护信息免受损害。

信息机密性分类方案的示例可以基于以下四个级别：

a）披露不会造成损害；

b）披露会导致轻微的声誉损害或轻微的经营影响；

c）披露对经营或业务目标有重大的短期影响；

d）披露对长期业务目标有严重影响或使组织的生存面临风险。

5.13 信息标签

控制

应根据组织采用的信息分类方案制定和实施一套适当的信息标记程序。

目的

促进分类信息的交流，支持信息处理和管理的自动化。

指南

信息标记程序应涵盖所有格式的信息和其他相关资产。标签应反映5.12中建立的分类方案。标签应易于识别。考虑到信息的访问方式或资产的处理方式（取决于存储介质的类型），这些程序应就标签的粘贴位置和方式提供指导。这些程序应能定义：

a）省略标记的情况（例如标记非机密信息以减少工作量）；

b）如何标记通过电子或物理方式或任何其他格式发送或存储的信息；

c）如何处理无法贴标签的情况（例如由于技术限制）。

标签技术的例子包括：

a）物理标签；

b）页眉和页脚；

c）元数据；

d）水印；

e）橡皮图章。

数字信息应利用元数据来识别、管理和控制信息，特别是在保密性方面。元数据还应该能够有效和正确地搜索信息。元数据应有助于系统根据附加的分类标签进行交互和做出决策。

这些程序应描述如何根据组织的信息模型和ICT架构将元数据附加到信息、使用什么标签以及如何处理数据。

当系统根据其信息安全属性处理信息时，应添加相关的附加元数据。

员工和其他相关方应了解标签程序。应为所有人员提供必要的培训，以确保正确标记信息并进行相应处理。

包含被分类为敏感或关键信息的系统的输出应带有适当的分类标签。

其他信息

分类信息的标记是信息共享的关键要求。

可以附加到信息中的其他有用元数据是哪个组织过程在什么时候创造了信息。

信息和其他相关资产的标签有时会产生负面影响。已分类的资产可能更容易被恶意行为者识别而导致潜在的滥用。

一些系统不使用其分类标记单个文件或数据库记录，而是在其包含或允许包含的任何信息的最高分类级别保护所有信息。在此类系统中，通常在导出信息时确定并标记信息。

5.14 信息传输

控制

应为组织内部以及组织与其他各方之间的各种传输设施制定信息传输规则、程序或协议。

目的

维护在组织内和与任何外部相关方传输的信息的安全性。

指南

<u>一般原则</u>

组织应建立并与所有相关方沟通关于信息传输的特定主题政策。保护传输信息的规则、程序和协议应反映所涉及信息的分类。在组织和第三方之间传输信息时，应建立和维护传输协议（包括接收者身份验证）以保护传输中所有形式的信息（见5.10）。

信息传输可以通过电子传输、物理存储介质传输和口头传输来实现。

对于所有类型的信息传输，规则、程序和协议应包括：

a）旨在保护传输的信息免受拦截、未经授权的访问、复制、修改、错误路由、破坏和拒绝服务的控制措施，包括与所涉及信息的分类相称的访问控制级别以及保护敏感信息所需的任何特殊控制，例如密码技术的使用（见 8.24）；

b）确保可追溯性和不可否认性的控制措施，包括在传输过程中保持信息的监管链；

c）与转移相关的适当联系人的识别，如适用，应包括信息所有者、风险所有者、安全人员和信息保管人；

d）发生信息安全事件时的责任和义务，例如物理存储介质或数据的丢失；

e）针对敏感或关键信息的商定的标签系统的使用，以确保标签的含义能立即被理解，并确保这些信息得到适当的保护（见 5.13）；

f）传输服务的可靠性和可用性；

g）关于信息传输设施的可接受使用的特定主题政策或指南（见 5.10）；

h）所有业务记录（包括消息）的保留和处置指南；

注意可能存在有关业务记录的保留和处置的当地法律法规。

i）考虑与信息传输相关的任何其他相关法律、法规、监管和合同要求（见 5.31、5.32、5.33、5.34）（例如对电子签名的要求）。

电子传输

在使用电子通信设施进行信息传输时，规则、程序和协议还应考虑以下事项：

a）检测和防范可通过使用电子通信传输的恶意软件（见 8.7）；

b）保护以附件形式传送的敏感电子信息；

c）防止在通信中将文件和信息发送到错误的地址或号码；

d）在使用即时通讯、社交网络、文件共享或云存储等外部公共服务之前，要获得批准；

e）通过可公开访问的网络传输信息时，实施更高级别的身份验证；

f）与电子通信设施相关的限制（例如防止电子邮件自动转发到外部邮件地址）；

g）建议员工和其他相关方不要发送带有关键信息的短信或即时消息，因为这些信息可能在公共场所被（未经授权的人员）阅读或存储在没有得到充分保护的设备中；

h）就传真机或服务的使用问题向员工和其他相关方提供建议，包括：

1）为检索消息，对内置消息存储的未经授权访问；

2）为向特定号码发送消息，有意或无意的机器编程。

物理存储介质传输

在传输物理存储介质（包括纸张）时，规则、程序和协议还应包括：

a）控制和通知传输、发送和接收的职责；

b）确保信息的正确寻址和传输；

c）包装保护内容物免受在运输过程中可能出现的任何物理损伤，并符合任何制造商的规范，例如防止任何可能降低恢复存储介质有效性的环境因素，例如暴露于热、湿气或电磁场中；使用包装和传输的最低技术标准（例如使用不透明信封）；

d）经管理层同意的授权的可靠的快递员名单；

e）快递识别标准；

f）根据要传输的存储介质中信息的分类级别，使用防篡改或抗干扰控制装置（例如袋子、容器）；

g）验证快递员身份的程序；

h）经批准的提供传输或快递服务的第三方名单，具体取决于信息的分类；

i）保存日志以识别存储介质的内容、所应用的保护以及记录授权接收者的列表、转移到中转保管人的时间和到达目的地的收据。

口头传输

为保护信息的口头传递，应提醒员工和其他相关方：

a）不要在公共场所或通过不安全的通信渠道进行保密的口头谈话，因为这些谈话可能被未经授权的人听到；

b）不要将包含机密信息的消息留在电话答录机或语音信息中，因为这些消息可能被未经授权的人重放、存储在公共系统中或由于误拨而错误地存储；

c）被筛选到适当的级别来聆听对话；

d）确保实施适当的房间控制（例如隔音、关门）；

e）以免责声明开始任何敏感的对话，以便在场的人知道他们将要听到的内容的分类级别和任何处理要求。

5.15 访问控制

控制

应根据业务和信息安全需求，建立和实施控制对信息和其他相关资产的物理和逻辑访问的规则。

目的

确保授权访问，并防止对信息和其他相关资产的未经授权的访问。

指南

信息和其他相关资产的所有者应确定与访问控制相关的信息安全和业务要求。应定义一个关于访问控制的特定主题政策，该政策应考虑到这些要求，并传达给所有相关方。

这些要求和特定主题的政策应考虑以下内容：

a）确定哪些实体需要对信息和其他相关资产进行哪种类型的访问；

b）应用程序的安全性（见8.26）；

c）物理访问，这需要由适当的物理进入控制来支持（见7.2、7.3、7.4）；

d）信息传播和授权（例如需要知道的原则）以及信息安全级别和信息分类（见5.10、5.12、5.13）；

e）对特权访问的限制（见8.2）；

f）职责分离（见5.3）；

g）有关限制访问数据或服务的相关法律、法规和任何合同义务（见5.31、5.32、5.33、5.34、8.3）；

h）访问控制功能的分离（例如访问请求、访问授权、访问管理）；

i）访问请求的正式授权（见5.16和5.18）；

j）访问权限的管理（见5.18）；

k）记录（见8.15）。

访问控制规则应通过定义和映射适当的访问权限和限制到相关实体来实施（见5.16）。实体可以代表用户以及技术或逻辑项目（例如机器、设备或服务）。为了简化访问控制管理，可以为实体组分配特定的角色。

在定义和实施访问控制规则时应考虑以下内容：

a）访问权限和信息分类的一致性；

b）访问权限与物理边界安全需求和要求之间的一致性；

c）考虑到分布式环境中所有类型的可用连接，因此，仅向实体提供对其被授权使用的信息和其他相关资产（包括网络和网络服务）的访问权限；

d）考虑如何反映与动态访问控制相关的元素或因素。

其他信息

在访问控制的上下文中经常使用总体原则。其中最常用的两个原则是：

a）需要知道：一个实体只被准许访问该实体执行其任务所需的信息（不同的任务或角色意味着不同的需要知道的信息，因此也意味着不同的访问配置文件）；

b）需要使用：只有在有明确需要的情况下，才向实体分配对信息技术基础设施的访问权限。

在指定要考虑的访问控制规则时应注意：

a）基于最小特权的前提制定规则，"除非明确允许，否则一般禁止一切"，而不是较弱的规则，"除非明确禁止，否则一般允许一切"；

b）由信息处理设施自动启动和由用户自行决定启动的信息标签的更改（见5.13）；

c）由信息系统自动启动和由管理员启动的用户权限的变更；

d）何时定义和定期审查批准。

访问控制规则应得到文档化程序（见5.16、5.17、5.18、8.2、8.3、8.4、8.5、8.18）和定义的职责（见5.2、5.17）的支持。

访问控制的实现方式有MAC（强制访问控制）、DAC（自主访问控制）、RBAC（基于角色的访问控制）和ABAC（基于属性的访问控制）。

访问控制规则还可以包含动态元素（例如评估过去访问或特定环境值的函数）。访问控制规则可以以不同的粒度实现，从覆盖整个网络或系统到特定的数据字段，还可以考虑用户位置或用于访问的网络连接类型等属性。这些原则以及如何定义细粒度访问控制可能会对成本产生重大影响。更强的规则和更多的粒度通常会导致更高的成本。

应使用业务需求和风险考虑来定义应用哪些访问控制规则以及需要哪些粒度。

5.16 身份管理

控制

应管理身份的整个生命周期。

目的

允许对访问组织信息和其他相关资产的个人和系统进行唯一标识，并允许适当分配访问权限。

指南

身份管理上下文中使用的流程应确保：

a）对于分配给个人的身份，特定身份仅与单个员工相关联，以便能够让该员工对使用此特定身份执行的操作负责；

b）分配给多人的身份（例如共享身份）仅在出于业务或操作原因需要时才允许使用，并且需要经过专门的批准和文件；

c）分配给非人类实体的身份需要经过适当的被隔离的批准和独立的持续监督；

d）如果不再需要身份（例如，如果其关联实体被删除或不再使用，或者与身份相关联的人已离开组织或改变角色），则及时禁用或删除身份；

e）在特定域中，单个身份映射到单个实体，［即避免将多个身份映射到同一上下文中的同一实体（重复身份）］；

f）保存有关用户身份和认证信息的使用和管理的所有重大事件的记录。

组织应该有一个支持的过程来处理与用户身份相关的信息的更改。这些过程可以包括重新验证与该人相关的可信文档。

在使用第三方提供或发布的身份（例如社交媒体凭证）时，组织应确保第三方身份提供所需的信任级别，并且任何相关的风险都是已知的并得到充分处理。这可以包括与第三方相关的控制（见 5.19）以及与相关认证信息相关的控制（见 5.17）。

其他信息

提供或撤销对信息和其他相关资产的访问权限通常是一个多步骤过程：

a）确认建立身份的业务要求；

b）在为实体分配逻辑身份之前验证其身份；

c）建立身份；

d）配置和激活身份。这还包括相关身份验证服务的配置和初始设置；

e）根据适当的授权或权利决定（见 5.18），提供或撤销对身份的特定访问权限。

5.17 认证信息

控制

认证信息的分配和管理应由管理过程进行控制，包括建议员工正确处理认证信息。

目的

确保正确的实体身份验证并防止身份验证过程失败。

指南

认证信息的分配

分配和管理过程应确保：

a）在注册过程中自动生成的个人口令或 PIN 码作为临时秘密认证信息，对每个人都是不可猜测的和唯一的，且用户需要在第一次使用后更改它们；

b）在提供新的、替换的或临时的认证信息之前，建立程序来验证用户的身份；

c）认证信息，包括临时认证信息，以安全的方式（例如通过经过认证和受保护的通道）传输给用户；避免使用未受保护（明文）的电子邮件信息；

d）用户确认收到认证信息；

e）预定义或供应商提供的默认身份验证信息在安装系统或软件后立即更改；

f）保存与认证信息的分配和管理有关的重大事件的记录，并授予其机密性，且记录保存方法（例如使用经批准的密码保险库工具）得到批准。

<u>用户责任</u>

任何能够访问或使用身份验证信息的人都应被告知以下事项：

a）对口令等秘密认证信息进行保密。个人秘密认证信息不得与任何人共享。在与多个用户关联或与非个人实体关联的身份上下文中使用的秘密身份验证信息仅与授权人员共享；

b）受影响或受损的认证信息在收到通知或任何其他受损迹象后立即更改；

c）当口令用作认证信息时，根据最佳实践建议选择强口令，例如：

1）口令不是基于他人可以通过个人相关信息（例如姓名、电话号码和出生日期）轻易猜出或获得的任何内容；

2）口令不是基于字典单词或其组合；

3）使用易于记忆的口令短语并尝试包含字母、数字和特殊字符；

4）口令有最小长度；

d）相同的口令不在不同的服务和系统中使用；

e）遵守这些规则的义务也包含在雇佣条款和条件中（见6.2）。

<u>口令管理系统</u>

当口令用作认证信息时，口令管理系统应该：

a）允许用户选择和更改自己的口令，并包含一个确认程序以解决输入错误；

b）根据良好实践建议，强制实施强口令［参见“用户责任”的c）］；

c）强制用户在首次登录时更改口令；

d）必要时强制更改口令，例如在发生安全事件后，或在用户拥有已知的仍然保持活动状态的身份（例如共享身份）的密码而需终止或变更雇佣关系时；

e）防止重复使用以前的口令；

f）防止使用常用口令和泄露的用户名、来自被黑系统的口令组合；

g）输入时屏幕上不显示口令；

h）以受保护的形式存储和传输口令。

口令加密和哈希应根据批准的口令加密技术执行（见8.24）。

其他信息

口令或口令短语是一种常用的身份验证信息类型，是验证用户身份的常用方法。其他类型的身份验证信息包括加密密钥、存储在生成身份验证代码的硬件令牌（例如智能卡）上的数据和虹膜扫描或指纹等生物特征数据。更多信息可在ISO/IEC 24760系列中找到。

要求频繁更改口令可能会带来问题，因为用户可能会因频繁更改而烦恼、忘记新口令、在不安全的地方记下口令或选择不安全的口令。

提供单点登录（SSO）或其他身份验证管理工具（例如口令库）可减少用户需要保护的身份验证信息量，从而提高此控制的有效性。但是，这些工具也会增加身份验证信息泄露的影响。

某些应用程序要求用户口令由独立机构分配。在这种情况下，“口令管理系统”的 a）、c）和 d）不适用。

5.18 访问权限

控制

应根据组织的特定主题政策和访问控制规则，分配、审查、修改和删除对信息和其他相关资产的访问权限。

目的

确保根据业务需求定义和授权对信息和其他相关资产的访问。

指南

访问权限的分配和撤销

分配或撤销授予实体认证身份的物理和逻辑访问权限的实施过程应包括：

a）从信息和其他相关资产的所有者那里获得使用信息和其他相关资产的授权（见 5.9）。来自管理层对访问权限的单独批准也是合适的；

b）考虑业务需求和组织针对关于访问控制的特定主题政策和规则；

c）考虑职责分离，包括分离批准和实施访问权限的角色以及分离相互冲突的角色；

d）确保在某人不需要访问信息和其他相关资产时删除访问权限，特别是确保及时删除已离开组织的用户的访问权限；

e）考虑在有限的时间段内给予临时访问权并在到期日将其撤销，特别是对临时人员或人员需要的临时访问权；

f）验证授予的访问级别是否符合关于访问控制的特定主题政策（见 5.15），并与其他信息安全要求相一致，例如职责分离（见 5.3）；

g）确保只有在授权程序成功完成后才激活访问权限（例如由服务提供商激活）；

h）维护授予用户 ID（逻辑或物理）以访问信息和其他相关资产的访问权限的中央记录；

i）修改已改变角色或工作的用户的访问权限；

j）删除或调整物理和逻辑访问权限，可以通过对密钥、认证信息、身份证或订阅的删除、撤销或替换来完成；

k）维护用户逻辑和物理访问权限更改的记录。

访问权限审查

定期审查物理和逻辑访问权限应考虑以下事项：

a）在同一组织内发生任何变化（例如工作变动、晋升、降级）或终止雇佣关系（见 6.1 至 6.5）后的用户访问权限；

b）对特权访问权限的授权。

变更或终止雇佣关系前的考虑

在任何变更或终止雇佣之前，应以对风险因素的评估为依据，审查、调整或删除用户对信息和其他相关资产的访问权限，例如：

a）终止或变更是由用户发起还是由管理层发起以及终止的原因；

b）用户当前的责任；

c）目前可访问的资产的价值。

其他信息

应考虑根据业务需求建立用户访问角色，将许多访问权限汇总到典型的用户访问配置文件中。访问请求和访问权限的审查在这些角色级别比在特定权限级别更容易管理。

应考虑在人事合同和服务合同中加入条款，明确规定如果员工尝试未经授权的访问将收到的处罚（见5.20、6.2、6.4、6.6）。

在管理层发起终止的情况下，心怀不满的员工或外部用户可能会故意破坏信息或信息处理设施。如果有人辞职或被解雇，他们可能会试图收集信息以备将来使用。

克隆是组织为用户分配访问权限的一种有效方法。但是，应该根据组织确定的不同角色谨慎执行，而不是仅仅克隆具有所有相关访问权限的身份。克隆具有导致对信息和其他相关资产的过度访问权限的固有风险。

5.19　供应商关系中的信息安全

控制

应定义和实施过程和程序，以管理与使用供应商产品或服务相关的信息安全风险。

目的

在供应商关系中保持商定的信息安全水平。

指南

组织应建立并与所有相关方沟通关于供应商关系的特定主题政策。

组织应识别和实施过程和程序，以解决与使用供应商提供的产品和服务相关的安全风险。这也应适用于组织对云服务提供商资源的使用。这些过程和程序应包括由组织实施的过程和程序，以及组织要求供应商为开始使用供应商的产品或服务或终止使用供应商的产品和服务而实施的过程和程序，例如：

a）识别和记录可能影响组织信息的机密性、完整性和可用性的供应商类型（例如ICT服务、物流、公用事业、金融服务、ICT基础设施组件）；

b）确定如何根据信息、产品和服务的敏感性，评估和选择供应商（例如市场分析、客户参考、文件审查、现场评估、认证）；

c）评估和选择具有足够信息安全控制措施的供应商产品或服务并对其进行审查；特别是供应商实施的控制措施的准确性和完整性，以确保供应商信息和信息处理的完整性，从而确保组织的信息安全；

d）定义供应商可以访问、监控、控制或使用的组织的信息、ICT服务和物理基础设施；

e）定义供应商提供的可能影响组织信息的机密性、完整性和可用性的ICT基础设施组件和服务的类型；

f）评估和管理与以下事项相关的信息安全风险：

1）供应商对组织信息和其他相关资产的使用，包括来自潜在恶意供应商人员的风险；

2）供应商提供的产品（包括这些产品中使用的软件组件和子组件）或服务的故障或漏洞；

g）监控对每种类型的供应商和访问类型的既定信息安全要求的符合性，包括第三方审查和产品验证；

h）减少供应商的不符合项，无论是通过监控还是通过其他方式检测到的；

i）处理与供应商产品和服务相关的突发事件和意外事故，包括组织和供应商的责任；

j）恢复力以及必要时的恢复和应急措施，以确保供应商信息和信息处理的可用性，从而确保组织信息的可用性；

k）根据供应商的类型和供应商对组织系统和信息的访问级别，就适当的参与规则、特定主题的政策、过程和程序以及行为对与供应商人员互动的组织员工进行的意识教育和培训；

l）管理信息、其他相关资产，还有其他任何需要改变的东西的必要的转移，并确保在整个转移期间保持信息安全；

m）确保供应商关系的安全终止的要求，包括：

1）取消访问权限；

2）信息处理；

3）确定参与期间开发的知识产权的所有权；

4）供应商或采购变更时的信息可移植性；

5）档案管理；

6）资产返还；

7）信息和其他相关资产的安全处置；

8）持续的保密要求；

n）来自供应商人员和设施的预期的人员安全水平和物理安全水平。

在供应商无法提供其产品或服务时（例如由于事件，因为供应商不再营业，或由于技术进步而不再提供某些部件），应考虑继续处理信息的程序，以避免延迟安排替代产品或服务（例如提前确定替代供应商或始终使用替代供应商）。

其他信息

在组织无法对供应商提出要求的情况下，组织应：

a）在决定选择供应商及其产品或服务时，考虑本控制中给出的指导；

b）根据风险评估实施必要的补偿控制。

信息安全管理不力的供应商可能会使信息面临风险。应确定并应用控制措施来管理供应商对信息和其他相关资产的访问。例如，如果对信息的机密性有特殊需要，可以使用保密协议或密码技术。另一个例子是供应商协议涉及跨境传输或访问信息时的个人数据保护风险。组织需要意识到保护信息的法律或合同责任仍由组织承担。对供应商提供的 ICT 基础设施组件或服务的控制不足也可能导致风险。故障或易受攻击的组件或服务可能导致组织或其他实体的信息安全漏洞（例如，它们可能导致恶意软件感染、攻击或对组织以外的实体造成其他损害）。

有关详细信息，请参阅 ISO/IEC 27036—2。

5.20　解决 ICT 供应链中的信息安全问题

控制

应根据供应商关系的类型与每个供应商建立并商定相关的信息安全要求。

目的

在供应商关系中保持商定的信息安全水平。

指南

应建立并记录供应商协议，以确保组织和供应商之间清楚地了解双方履行相关信息安全要求的义务。

为了满足确定的信息安全要求，可以考虑将以下条款包含在协议中：

a）对要提供或访问的信息以及提供或访问信息的方法的描述；

b）根据组织的分类方案对信息进行分类（见 5.10、5.12、5.13）；

c）组织自己的分类方案与供应商的分类方案之间的映射；

d）法律、法规、监管和合同要求，包括数据保护、个人身份信息（PII）的处理、知识产权和版权以及如何确保满足这些要求的描述；

e）每一合同方实施一套商定的控制措施的义务，包括访问控制、绩效评审、监视、报告和审计，以及供应商符合组织信息安全要求的义务；

f）信息和其他相关资产的可接受使用规则，包括必要时不可接受的使用；

g）批准和取消供应商人员使用组织信息和其他相关资产的授权的程序或条件（例如，通过明确的授权使用组织信息和其他相关资产的供应商人员名单）；

h）关于供应商 ICT 基础设施的信息安全要求；特别是，每种信息类型和访问类型的最低信息安全要求，可作为基于组织的业务需求和风险标准的单个供应商协议的基础；

i）供应商未能满足要求的赔偿和补救措施；

j）事故管理要求和程序（尤其是事故补救期间的通知和协作）；

k）针对特定程序和信息安全要求（例如事件响应、授权程序）的培训和意识要求；

l）分包的相关规定，包括需要实施的控制，如关于使用分包商的协议（例如要求他们承担与供应商相同的义务，要求提供分包商的清单并在任何变更前发出通知）；

m）相关联系人，包括涉及信息安全问题的联系人；

n）在法律允许的情况下，对供应商人员的任何筛选要求，包括在筛选尚未完成或结果引起怀疑或担忧时执行筛选和通知程序的责任；

o）与供应商流程相关的相关信息安全要求的第三方认证的证据和保证机制，以及关于控制有效性的独立报告；

p）审核与协议相关的供应商流程和控制的权利；

q）供应商定期提交关于控制有效性的报告的义务，以及同意及时纠正报告中提出的相关问题的协议；

r）缺陷解决和冲突解决流程；

s）提供符合组织需求的备份（根据频率、类型和存储位置）；

t）确保备用设施（即灾难恢复站点）的可用性不会受到与主要设施相同的威胁，并在主要控制失败时考虑回退控制（备用控制）；

u）具有变更管理流程，确保提前通知组织和组织不接受变更的可能性；

v）与信息分类相称的物理安全控制；

w）信息传输控制，以在物理传输或逻辑传输期间保护信息；

x）协议签订后的终止条款，包括记录管理、资产返还、信息和其他相关资产的安全处置，以及任何持续的保密义务；

y）提供一种在不再需要时立即安全地销毁供应商存储的组织信息的方法；

z）确保在合同结束时将支持移交给另一个供应商或组织本身。

组织应建立并维护与外部各方的协议登记册（例如合同、谅解备忘录、信息共享协议），以跟踪其信息的去向。组织还应定期审查、验证和更新其与外部各方的协议，以确保它们仍然需要，并符合相关信息安全条款。

其他信息

对于不同的组织和不同类型的供应商，协议可能会有很大差异。因此，应注意包括解决信息安全风险的所有相关要求。

有关供应商协议的详细信息，请参阅 ISO/IEC 27036 系列。有关云服务协议，请参阅 ISO/IEC 19086 系列。

5.21 管理 ICT 供应链中的信息安全

控制

应定义和实施过程和程序，以管理与 ICT 产品和服务供应链相关的信息安全风险。

目的

在供应商关系中保持商定的信息安全水平。

指南

除了供应商关系的一般信息安全要求外，还应考虑以下主题来解决 ICT 供应链安全中的信息安全问题：

a）定义适用于 ICT 产品或服务获取的信息安全要求；

b）如果 ICT 服务供应商分包提供给组织的部分 ICT 服务，则要求 ICT 服务供应商在整个供应链中传播组织的安全要求；

c）如果 ICT 产品供应商提供的产品包括从其他供应商或其他实体（例如分包软

件开发商和硬件组件供应商）购买或获取的组件，则要求ICT产品供应商在整个供应链中传播适当的安全措施；

d）要求ICT产品供应商提供描述产品中使用的软件组件的信息；

e）要求ICT产品供应商提供描述其产品实施的安全功能及其安全运行所需配置的信息；

f）实施监控过程和可接受的方法来验证已交付的ICT产品和服务是否符合规定的安全要求。此类供应商审查方法的示例可以包括渗透测试以及对供应商信息安全操作的第三方认证的证明或验证；

g）实施识别和记录对维护功能至关重要的产品或服务组件的流程，为此，当供应商建立在组织之外时，特别是当供应商将产品或服务组件的某些方面外包给其他供应商时，需要进行更多的关注、审查和进一步的后续跟进；

h）确保关键部件及其来源可以通过整个供应链进行追踪；

i）确保交付的ICT产品按预期运行，没有任何意外或不需要的功能；

j）实施流程，以确保来自供应商的组件是真实的，并且没有改变其规格。示例措施包括防篡改标签、加密哈希验证或数字签名。对超标性能的监控可以作为篡改或伪造的指示器。对篡改的预防和检测应贯穿于系统开发生命周期的多个阶段，包括设计、开发、集成、运行和维护；

k）获得ICT产品达到所需的安全水平的保证，例如，通过正式认证或评估方案，如共同准则互认协定；

l）定义关于供应链信息共享以及组织和供应商之间任何潜在问题和损害的规则

m）实施管理ICT组件生命周期、可用性和相关安全风险的特定流程。这包括管理由于供应商不再运营或供应商由于技术进步而不再提供这些组件而导致组件不再可用的风险。应考虑确定一个替代供应商，以及将软件和能力转移给替代供应商的过程。

其他信息

特定的ICT供应链风险管理实践建立在一般信息安全、质量、项目管理和系统工程实践之上，但不能取代它们。

建议组织与供应商合作，以了解ICT供应链以及对所提供的产品和服务有重要影响的任何事项。组织可以通过在与供应商的协议中明确ICT供应链中其他供应商应解决的问题来影响ICT供应链信息安全实践。

应从信誉良好的来源获取ICT。软件和硬件的可靠性是一个质量控制的问题。虽然组织通常不可能检查其供应商的质量控制系统，但它可以根据供应商的声誉做出可靠的判断。

此处提及的ICT供应链包括云服务。

ICT供应链的例子有：

a）云服务供应，云服务提供商依赖软件开发商、电信服务提供商、硬件提供商；

b）物联网，服务涉及设备制造商、云服务提供商（例如物联网平台运营商）、移动和网络应用程序开发商、软件库供应商；

c）托管服务，提供商依赖外部服务台，包括第一、第二和第三级支持。

有关包括风险评估指南在内的更多详细信息，请参见 ISO/IEC 27036—3。

软件识别（SWID）标签还可以通过提供有关软件出处的信息，帮助在供应链中实现更好的信息安全。有关详细信息，请参阅 ISO/IEC 19770—2。

5.22 供应商服务的监控、审查和变更管理

控制

组织应定期监控、评审、评估和管理供应商信息安全实践和服务交付的变化。

目的

根据供应商协议保持商定的信息安全和服务交付水平。

指南

对供应商服务的监控、审查和变更管理应确保遵守协议的信息安全条款和条件，妥善管理信息安全事件和问题，供应商服务或业务状态的变化不影响服务交付。

这里应涉及一个管理组织与供应商之间关系的过程，用以：

a）监控服务性能水平，以验证对协议的遵守情况；

b）监控供应商所做的更改，包括：

1）对现有服务的改进；

2）开发任何新的应用程序和系统；

3）供应商政策和程序的修改或更新；

4）用于解决信息安全事件和改进信息安全的新的或变更的控制措施；

c）监控供应商服务的变化，包括：

1）网络的变化和增强；

2）新技术的使用；

3）新产品或更新的版本或发布的采用；

4）新的开发工具和环境；

5）服务设施物理位置的变化；

6）下级供应商的变更；

7）分包给其他供应商；

d）审核供应商出具的服务报告，并按协议要求定期安排进度会议；

e）对供应商和次级供应商进行审核，同时审查独立审核员的报告（如果有的话）并跟进已识别的问题；

f）提供有关信息安全事件的信息，并按照协议和任何支持指南和程序的要求审查这些信息；

g）审查供应商的审计跟踪记录，包括信息安全事件、操作问题、故障以及与所提供服务相关的故障和中断的跟踪的记录；

h）响应和管理任何已识别的信息安全事件或事故；

i）识别信息安全漏洞并加以管理；

j）审查供应商与其自身供应商关系的信息安全方面；

k）确保供应商保持足够的服务能力以及旨在确保在重大服务故障或灾难后保持商定的服务连续性水平的可行计划（见 5.29、5.30、5.35、5.36、8.14）；

l）确保供应商分配了审查合规性和执行协议要求的责任；

m）定期评估供应商是否保持足够的信息安全水平。

管理供应商关系的责任应分配给指定的个人或团队。应提供足够的技术技能和资源，以监控协议的要求，特别是信息安全要求是否已得到满足。当发现在服务提供方面存在缺陷时，应采取适当的行动。

其他信息

有关详细信息请参阅 ISO/IEC 27036—3

5.23　使用云服务的信息安全

控制

应根据组织的信息安全要求建立获取、使用、管理和退出云服务的流程。

目的

为使用云服务指定和管理信息安全。

指南

组织应建立使用云服务的特定主题政策，并与所有相关方进行沟通。

组织应定义并传达其打算如何管理与使用云服务相关的信息安全风险。它可以是组织如何管理外部方提供的服务的现有方法的扩展或一部分（见 5.21 和 5.22）。

云服务的使用可能涉及信息安全的共同责任以及云服务提供商和充当云服务客户的组织之间的协作工作。云服务提供商和作为云服务客户的组织的职责必须得到适当的定义和实施，这一点至关重要。

组织应定义：

a）所有与云服务的使用相关的信息安全要求；

b）云服务选择标准和云服务使用范围；

c）与云服务的使用和管理相关的角色和职责；

d）哪些信息安全控制由云服务提供商进行管理，哪些由作为云服务客户的组织进行管理；

e）如何获取和利用云服务提供商提供的信息安全能力；

f）如何获得云服务提供商实施的信息安全控制的保证；

g）当一个组织使用多个云服务，尤其是来自不同云服务提供商的云服务时，如何管理服务中的控制、接口和变更；

h）处理与云服务的使用相关的信息安全事件的程序；

i）监控、审查和评估持续使用云服务来管理信息安全风险的方法；

j）如何更改或停止云服务的使用，包括云服务的退出策略。

云服务协议通常是预先定义的，不接受谈判。对于所有云服务，组织应审查与云服务提供商的云服务协议。云服务协议应解决组织的机密性、完整性、可用性和信息处理的要求，并具有适当的云服务水平目标和云服务质量目标。组织还应进行相关风险评估，以识别与使用云服务相关的风险。与使用云服务相关的任何剩余风险都应被明确识别，并被组织的适当管理层接受。

云服务提供商与作为云服务客户的组织之间的协议应包括以下条款，以保护组织的数据和服务的可用性：

a）提供基于行业公认的架构和基础设施标准的解决方案；

b）管理对云服务的访问控制，以满足组织的要求；

c）实施恶意软件监控和保护解决方案；

d）在批准的地点（例如特定国家或地区）或在特定管辖范围内或受其管辖的地点处理和存储组织的敏感信息；

e）在云服务环境中发生信息安全事件时提供专门的支持；

f）确保在云服务被进一步分包给外部供应商（或禁止云服务被分包）的情况下满足组织的信息安全要求；

g）支持组织收集数字证据，同时考虑不同司法管辖区的数字证据法律法规；

h）当组织想要退出云服务时，在适当的时间范围内提供适当的支持和服务可用性；

i）基于作为云服务客户的组织所使用的云服务提供商的能力，提供必需的数据和配置信息的备份，并安全地管理备份；

j）在服务提供期间或服务终止提出要求时，提供和返回诸如配置文件、源代码和数据等属于作为云服务客户的组织所有的信息。

作为云服务客户的组织应考虑协议是否应要求云服务提供商在对服务交付方式进行任何影响客户的实质性变更之前提供提前通知，包括：

a）对影响或改变云服务的提供的技术基础设施的变更（例如搬迁、重新配置或硬件或软件变更）；

b）在新的地理或法律管辖区处理或存储信息；

c）使用对等云服务提供商或其他分包商（包括更改现有的或使用新的各方）。

使用云服务的组织应与其云服务提供商保持密切联系。

这些联系人能够互相交换有关使用云服务的信息安全的信息，包括云服务提供商和作为云服务客户的组织监控每个服务特征并根据协议中包含的承诺报告故障的机制。

其他信息

该控件从云服务客户的角度来考虑云安全。

与云服务相关的其他信息可以在 ISO/IEC 17788、ISO/IEC 17789 和 ISO/IEC 22123—1 中找到。有关支持退出策略的云可移植性的细节可以在 ISO/IEC 19941 中找到。与信息安全和公共云服务相关的细节见 ISO/IEC 27017。ISO/IEC 27018 描述了作为 PII 处理器的公共云中 PII 保护的细节。云服务的供应商关系由 ISO/IEC 27036—4 涵盖，云服务协议及其内容在 ISO/IEC 19086 系列中处理，安全和隐私由 ISO/IEC 19086—4 专门涵盖。

5.24　信息安全事件管理计划与准备

控制

组织应通过定义、建立和沟通信息安全事件管理流程、角色和职责来计划和准备，以管理信息安全事件。

目的

确保快速、有效、一致和有序地响应信息安全事件，包括信息安全事件的沟通。

指南

角色和职责

组织应建立适当的信息安全事件管理流程。

应确定执行事件管理程序的角色和职责，并与相关的内部和外部相关方进行有效沟通。

应考虑以下事项：

a）建立一个报告信息安全事件的通用方法，包括联系点（见6.8）；

b）建立事件管理流程，为组织提供管理信息安全事件的能力，包括管理、记录、检测、分类、优先级、分析、沟通和协调相关方；

c）建立事件响应流程，为组织提供评估、响应和从信息安全事件中学习的能力；

d）只允许有胜任的人员处理组织内与信息安全事件有关的问题。应向此类人员提供程序文件和定期培训；

e）建立一个过程，以确定事件响应人员所需的培训、认证和持续的专业发展。

事件管理程序

信息安全事件管理的目标应与管理层达成一致，并应确保负责信息安全事件管理的人员了解组织处理信息安全事件的优先级，包括基于潜在后果和严重性的解决时间框架。应实施事故管理程序以满足这些目标和优先事项。

管理层应确保制定信息安全事件管理计划，并考虑为以下活动制定和实施不同的情景和程序：

a）根据构成信息安全事件的标准评估信息安全事件；

b）监视（见8.15和8.16）、检测（见8.16）、分类（见5.25）、分析和报告（见6.8）信息安全事件和事故（通过人为或自动方式）；

c）管理信息安全事件直至结束，包括响应和升级（见5.26）、根据事件的类型和类别可能启动危机管理和连续性计划、从事故中控制恢复以及与内部和外部利益相关方的沟通；

d）与内部和外部利益相关方的协调，包括主管部门、外部利益团体和论坛、供应商和客户（见5.5和5.6）；

e）记录事件管理活动；

f）证据的处理（见5.28）；

g）根源分析或事后调查程序；

h）识别经验教训和对事件管理程序或必要的信息安全控制的任何改进。

报告程序

报告程序应包括：

a）发生信息安全事件时应采取的行动（例如，立即注意所有相关细节，如发生的故障和屏幕上的消息，立即向联络点报告且仅采取协调行动)；

b）事件表格的使用，以支持人员在报告信息安全事件时执行所有必要的行动；

c）适当的反馈流程，以确保在问题得到解决和结束后，尽可能将结果通知到报告信息安全事件的人员；

d）事件报告的创建。

在实施事件管理程序时，应考虑在规定的时间范围内向相关利益方报告事件的任何外部要求（例如对监管机构的违规通知要求）。

其他信息

信息安全事件可能超越组织和国家的界限。为了应对此类事件，协调响应并酌情与外部组织共享有关这些事件的信息是有益的。

ISO/IEC 27035 系列中提供了有关信息安全事件管理的详细指南。

5.25 信息安全事件评估与决策

控制

组织应评估信息安全事件并决定是否将其归类为信息安全事件。

目的

确保对信息安全事件进行有效分类和优先排序。

指南

应商定事件的分类和优先级方案，以确定事件的影响和优先级。该方案应包括将事件分类为信息安全事件的标准。联络点应使用商定的方案评估每个信息安全事件。

负责协调和响应信息安全事件的人员应对信息安全事件进行评估并做出决策。

评估和决定的结果应详细记录，以备日后参考和验证。

其他信息

ISO/IEC 27035（所有部分）提供了事件管理的进一步指导。

5.26 信息安全事件的响应

控制

信息安全事件应按照文件化程序进行响应。

目的

确保高效、有效地应对信息安全事件。

指南

组织应建立信息安全事件响应程序并将其传达给所有相关方。

信息安全事件应由具有所需能力的指定团队响应（见 5.24）。

响应包括以下内容：

a）如果事件的后果可能蔓延，则控制受事件影响的系统；

b）在事件发生后尽快收集证据（见 5.28）；

c）根据需要进行升级，包括危机管理活动和可能调用业务连续性计划（见 5.29 和 5.30）；

d）确保所有相关的响应活动都被正确地记录下来，以便后期进行分析；

e）遵循需要知道的原则，将信息安全事件的存在或其任何相关细节传达给所有相关的内部和外部利益相关方；

f）与主管部门、外部利益团体和论坛、供应商和客户等内部和外部各方进行协调，以提高响应效率并帮助最大程度地减少对其他组织的影响；

g）一旦事件得到成功解决，正式结束并记录它；

h）根据需要进行信息安全取证分析（见5.28）；

i）执行事后分析以确定根本原因。确保按照规定的程序进行记录和沟通（见5.27）；

j）识别和管理信息安全漏洞和弱点，包括与导致、促成或未能预防事件的控制相关的漏洞和弱点。

其他信息

ISO/IEC 27035系列提供了有关事件管理的进一步指导。

5.27 从信息安全事件中学习

控制

从信息安全事件中获得的知识应被用于加强和改进信息安全控制。

目的

减少未来事件的可能性或后果。

指南

组织应建立程序来量化和监控信息安全事件的类型、数量和成本。

从信息安全事件评估中获得的信息应被用于：

a）加强事件管理计划，包括事件场景和程序（见5.24）；

b）识别反复发生的或严重的事件及其原因，以更新组织的信息安全风险评估，并确定和实施必要的附加控制，以减少未来类似事件的可能性或后果。实现这一目标的机制包括收集、量化和监控有关事件类型、数量和成本的信息；

c）通过提供可能发生的情况、如何应对此类事件以及如何在未来避免此类事件的示例来增强用户意识和培训（见6.3）。

其他信息

ISO/IEC 27035系列提供了进一步的指导。

5.28 证据的收集

控制

组织应建立和实施程序，用于信息安全事件相关证据的识别、收集、获取和保存。

目的

确保对与信息安全事件相关的证据进行一致和有效的管理，以便采取纪律处分和法律行动。

指南

在处理与信息安全事件相关的证据时，应制定并遵循内部程序，以采取纪律处分和法律行动。应考虑不同司法管辖区的要求，以最大化跨相关司法管辖区的许可机会。

一般来说，这些证据管理程序应根据不同类型的存储介质、设备和设备状态(即电源的开启或关闭)，对证据的识别、收集、获取和保存提供说明。证据通常需要以适当的国内法院或其他纪律论坛可接受的方式收集。应该可以证明：

a）记录是完整的，且未被以任何方式篡改；

b）电子证据的副本可能与原件完全相同；

c）任何已经收集到证据的信息系统在记录证据时都是正常运行的。

在可能的情况下，应寻求人员和工具的认证或其他相关资格手段，以增强保存下来的证据的价值。

数字证据可以超越组织或管辖范围。在这种情况下，应确保组织有权收集所需信息作为数字证据。

其他信息

当首次检测到信息安全事件时，该事件是否会导致法院诉讼并不总是显而易见的。因此，在未意识到事件严重性之前，就存在有意或无意破坏必要证据的危险。建议在任何预期的法律行动中，尽早加入法律咨询或执法工作，并就所需的证据征求意见。

ISO/IEC 27037 为数字证据的识别、收集、获取和保存提供了定义和指南。

ISO/IEC 27050 系列涉及电子发现，其中涉及将电子存储信息作为证据进行处理。

5.29 中断期间的信息安全

控制

组织应计划如何在中断期间将信息安全维持在适当的水平。

目的

在中断期间保护信息和其他相关资产。

指南

组织应确定其在中断期间调整信息安全控制的要求。信息安全要求应包含在业务连续性管理过程中。

应制定、实施、测试、审查和评估计划，以在中断或故障后维护或恢复关键业务流程的信息安全。信息的安全性应在要求的水平和要求的时间范围内恢复。

组织应实施和维护：

a）业务连续性和 ICT 连续性计划中的信息安全控制、支持系统和工具；

b）在中断期间维护现有信息安全控制的过程；

c）在中断期间无法维护的信息安全控制的补偿控制。

其他信息

在业务连续性和 ICT 连续性规划的背景下，与正常运行条件相比，可能有必要根据中断类型调整信息安全要求。作为在业务连续性管理中执行的业务影响分析和风险评估的一部分，除了需要保持可用性之外，还应考虑失去机密性和信息完整性的后果并确定其优先级。

有关业务连续性管理系统的信息，请参见 ISO 22301 和 ISO 22313。

有关业务影响分析（BIA）的进一步指导，请参见 ISO/TS 22317。

5.30　ICT 业务连续性准备

控制

应根据业务连续性目标和 ICT 连续性要求来规划、实施、维护和测试 ICT 准备情况。

目的

确保在中断期间组织的信息和其他相关资产的可用性。

指南

ICT 为业务连续性做好准备是业务连续性管理和信息安全管理的重要组成部分，以确保在中断期间可以继续实现组织的目标。

ICT 连续性要求是业务影响分析（BIA）的结果。BIA 流程应使用影响类型和标准来评估一段时间内因交付产品和服务的业务活动中断而产生的影响。应使用由此产生的影响的幅度和持续时间来确定应分配恢复时间目标（RTO）的优先活动。然后，BIA 应确定需要哪些资源来支持优先活动。还应为这些资源指定 RTO。这些资源的一部分应包括 ICT 服务。

可以扩展涉及 ICT 服务的 BIA，以定义 ICT 系统的性能和容量要求以及在中断期间支持活动所需的信息的恢复点目标（RPO）。

根据 BIA 的输出和涉及 ICT 服务的风险评估，组织应识别和选择 ICT 连续性策略，考虑中断之前、期间和之后的选项。

业务连续性策略可以包括一个或多个解决方案。根据这些策略，应制定、实施和测试一个计划，以在关键流程中断或失败后的所需时间范围内满足所需的 ICT 服务可用性水平。

组织应确保：

a）有适当的组织结构来准备、减轻和应对由具有必要责任、权限和能力的人员支持的中断；

b）ICT 连续性计划，包括详细说明组织计划如何管理 ICT 服务中断的响应和恢复程序，包括：

1）通过演习和试验定期评估；

2）经管理层批准；

c）ICT 连续性计划包括以下 ICT 连续性信息：

1）满足 BIA 中规定的业务连续性要求和目标的性能和容量规范；

2）每个优先级 ICT 服务的 RTO 和恢复这些组件的程序；

3）定义为信息的优先级 ICT 资源的 RPO 和恢复信息的程序。

其他信息

管理 ICT 连续性是有关可用性的业务连续性要求的关键部分，以便能够：

a）应对 ICT 服务中断并从中断中恢复，无论原因如何；

b）确保优先活动的连续性得到所需 ICT 服务的支持；

c）在 ICT 服务中断发生之前以及在检测到至少一个可能导致 ICT 服务中断的事

件时做出响应。

有关 ICT 为业务连续性做好准备的进一步指导，请参见 ISO/IEC 27031。

有关业务连续性管理系统的进一步指南，请参见 ISO 22301 和 ISO 22313。

关于 BIA 的进一步指导可以在 ISO/TS 22317 中找到。

5.31 法律、法规、监管和合同要求

控制

应识别、记录与信息安全相关的法律、法规、监管和合同要求以及组织满足这些要求的方法，并保持更新。

目的

确保遵守与信息安全相关的法律、法规、监管和合同要求。

指南

一般原则

在以下情况下，应考虑外部要求，包括法律、法规、监管或合同要求：

a）制定信息安全政策和程序；

b）设计、实施或更改信息安全控制；

c）对信息和其他相关资产进行分类，作为为内部需求或供应商协议设置信息安全要求的过程的一部分；

d）执行信息安全风险评估和决定信息安全风险处置活动；

e）确定与信息安全相关的流程以及相关角色和职责；

f）确定与组织相关的供应商合同要求以及产品和服务的供应范围。

法律法规

组织应：

a）识别与组织的信息安全相关的所有法律法规，以了解其对业务类型的要求；

b）考虑到所有相关国家的合规性，如果组织：

—在其他国家开展业务；

—使用其法律法规可能会影响到组织的其他国家的产品和服务；

—在法律法规可能会影响到组织的管辖范围内传输信息；

c）定期审查已有的法律法规，以跟上变化并确定新的立法；

d）定义并记录满足这些要求的具体流程和个人职责。

密码学

密码学是一个通常有特定法律要求的领域。应考虑遵守与以下项目有关的相关协议、法律和法规：

a）对执行密码功能的计算机硬件和软件的进出口的限制；

b）对添加密码功能的计算机硬件和软件的进出口的限制；

c）对密码学使用的限制；

d）国家权力部门强制或酌情访问加密信息的方法；

e）数字签名、印章和证书的有效性。

建议在确保符合相关法律和法规时，特别是当加密信息或加密工具跨越管辖范围

时，寻求法律建议。

合同

与信息安全相关的合同要求应包括以下内容：

a）与客户的合同；

b）与供应商的合同（见5.20）；

c）保险合同。

5.32　知识产权

控制

组织应实施适当的程序来保护知识产权。

目的

确保遵守与知识产权和专有产品使用相关的法律、法规、监管和合同要求。

指南

应考虑以下准则来保护可被视为知识产权的任何材料：

a）定义和传达关于知识产权保护的特定主题政策；

b）发布定义软件和信息产品的合规使用的知识产权合规性程序；

c）仅通过已知和有信誉的来源获取软件，以确保版权不受侵犯；

d）维护适当的资产登记并识别所有需要保护知识产权的资产；

e）保存许可证、手册等所有权的证明和证据；

f）确保不超过许可证内允许的任何最大用户数量或资源（例如CPU）数量；

g）进行审查，以确保仅安装经授权的软件和经许可的产品；

h）提供维持适当的许可条件的程序；

i）提供将软件处置或转让给他人的程序；

j）符合从公共网络和外部来源获得软件和信息的条款和条件；

k）除非版权法或适用的许可证允许，不得复制、转换为其他格式或从商业记录（视频、音频）中提取；

l）除非版权法或适用的许可证允许，不得全部或部分复制标准（例如ISO/IEC国际标准）、书籍、文章、报告或其他文件。

其他信息

知识产权包括软件或文档版权、设计权、商标、专利和源代码许可。

专有软件产品通常根据规定了许可条款和条件的许可协议提供，例如，将产品的使用限制在指定的机器上，或将复制仅限于创建备份副本。有关IT资产管理的详细信息，请参阅ISO/IEC 19770系列。

数据可以从外部来源获取。通常情况下，此类数据是根据数据共享协议或类似法律文书的条款获得的。此类数据共享协议应明确允许对所获取的数据进行何种处理。最明智的做法是明确说明数据的来源。有关数据共享协议的详细信息，请参见ISO/IEC 23751：—4)。

法律、法规、监管和合同要求可能会对专有材料的复制施加限制。特别是，他们可以要求只能使用由组织开发或由开发人员许可或提供给组织的材料。侵犯版权可能导致法律诉讼，其中可能涉及罚款和刑事诉讼。

组织除了需要遵守其对第三方知识产权的义务外，还应管理员工和第三方未能维护组织自身知识产权的风险。

5.33 记录保护

控制

应保护记录免遭丢失、破坏、伪造、未经授权的访问和未经授权的发布。

目的

确保遵守法律、法规、监管和合同要求，同时符合与记录的保护和可用性相关的社区或社会期望。

指南

组织应采取以下步骤来保护记录的真实性、可靠性、完整性和可用性，因为它们的业务环境和管理需求会随着时间的推移而发生变化：

a）发布有关记录的存储、保管链和处置的指南，包括防止篡改记录。这些指南应与组织关于记录管理的特定主题政策和其他记录要求保持一致；

b）制定保留计划，定义记录及其应保留的时间段。

存储和处理系统应确保在考虑国家或地区立法或法规以及社区或社会期望（如适用）的情况下确定记录及其保留期限。如果组织不需要，该系统应允许在适当期限后销毁记录。

在决定特定组织记录的保护时，应考虑基于组织分类方案的相应信息安全分类。

记录应分为不同类型（例如会计记录、业务交易记录、人事记录、法律记录），每种记录都有详细的保存期限和允许的物理或电子存储介质类型。

应选择数据存储系统，以便可以根据要满足的要求以可接受的时间范围和格式检索所需的记录。

在选择电子存储介质的情况下，应建立程序以确保在整个保留期内访问记录（存储介质和格式可读性）的能力，以防止因未来技术变化而造成的损失。任何与加密档案或数字签名相关的加密密钥和程序也应保留，以便在记录保留期间能够解密记录（见8.24）。

应按照存储介质制造商提供的建议执行存储和处理程序。应考虑用于存储记录的介质损坏的可能性。

其他信息

记录记载单个事件或交易，或可以形成被设计用来记录工作流程、活动或功能的聚合。它们都是商业活动和信息资产的证据。任何一组信息，无论其结构或形式如何，都可以作为记录进行管理。这包括在业务过程中创建、捕获和管理的文件、数据集合或其他数字或模拟信息类型的信息。

在记录管理中，元数据是描述记录的上下文、内容和结构以及随着时间的推移对其进行管理的数据。元数据是任何记录的重要组成部分。

可能有必要安全地保留一些记录以满足法律、法规、监管或合同要求，以及支持基本的业务活动。国家法律或法规可以设置信息保留的时间期限和数据内容。有关记录管理的更多信息，请参见ISO 15489。

5.34　PII隐私和保护

控制

组织应根据适用的法律法规和合同要求，识别并满足有关隐私保护和PII保护的要求。

目的

确保遵守与PII保护的信息安全方面相关的法律、法规、监管和合同要求。

指南

组织应建立和传达关于PII隐私和保护的特定主题政策给所有利益相关方。

组织应制定和实施隐私保护和PII保护的程序。这些程序应传达给参与处理个人身份信息的所有利益相关方。

遵守这些程序以及有关隐私保护和PII保护的所有相关法律和法规，需要适当的角色、责任和控制。

通常，最好通过任命负责人（例如隐私官）来实现这一点，该负责人应就其个人职责和应遵循的具体程序向员工、服务提供商和其他相关方提供指导。

分配处理PII的责任应考虑到相关的法律法规。

应实施适当的技术和组织措施来保护PII。

其他信息

一些国家已经出台了对PII的收集、处理、传输和删除进行控制的立法。根据各自的国家立法，此类控制可以对收集、处理和传播PII的人施加责任，也可以限制将PII转移到其他国家的权力。

ISO/IEC 29100为保护ICT系统中的PII提供了一个高级框架。有关隐私信息管理系统的更多信息，请参见ISO/IEC 27701。有关充当PII处理者的公共云的隐私信息管理的具体信息，请参见ISO/IEC 27018。

ISO/IEC 29134提供了隐私影响评估（PIA）的指南，并给出了PIA报告的结构和内容示例。与ISO/IEC 27005相比，它侧重于PII处理，并且与那些处理PII的组织相关。这可以帮助识别隐私风险和可能的缓解措施，以将这些风险降低到可接受的水平。

5.35　信息安全独立审查

控制

组织管理信息安全的方法及其实施，包括人员、过程和技术，应按计划的时间间隔或发生重大变化时进行独立审查。

目的

确保组织管理信息安全的方法的持续适用性、充分性和有效性。

指南

组织应具有进行独立审查的过程。

管理层应计划并启动定期独立审查。审查应包括评估改进机会和信息安全方法变更的必要性，包括信息安全政策、特定主题的政策和其他控制措施。

此类审查应由独立于被审查领域的个人（例如内部审计职能部门、独立经理或专门从事此类审查的外部组织）进行。执行这些审查的个人应具备适当的能力。进行审查的人不应处于权力范围内，以确保他们能做出具有独立性的评估。

独立审查的结果应报告给发起审查的管理层，并在适当时候向最高管理层报告。应保留这些记录。

如果独立审查确定组织管理信息安全的方法和实施不充分［例如文件化的目标和要求未达到或不符合信息安全政策和特定主题的政策（见5.1）中规定的信息安全方向］，管理层应启动改进措施。

除定期独立审查外，组织应考虑在出现以下情况时进行独立审查：

a）影响组织的法律法规发生变更；

b）重大事件发生；

c）组织开始新业务或改变现有业务；

d）组织开始使用新产品或服务，或改变当前产品或服务的使用；

e）组织显著地改变信息安全控制和程序。

其他信息

ISO/IEC 27007 和 ISO/IEC TS27008 为进行独立审查提供了指导。

5.36 遵守信息安全政策和标准

控制

应定期审查对组织信息安全政策、特定主题政策、规则和标准的遵守情况。

目的

确保按照组织的信息安全政策、特定主题的政策、规则和标准实施和运营信息安全。

指南

管理、服务、产品或信息所有者应确定如何审查信息安全政策、特定主题政策、规则、标准和其他适用法规中定义的信息安全要求是否得到满足。应考虑使用自动测量和报告工具进行有效的定期审查。

如果审查结果发现任何不合规，管理人员应：

a）识别不合规的原因；

b）评估为实现合规而采取改进措施的必要性；

c）实施适当的改进措施；

d）审查为验证其有效性和识别任何缺陷或弱点而采取的改进措施。

应记录审查结果和由管理、服务、产品或信息所有者实施的改进措施，并保存这些记录。当在其职责范围内进行独立审查时，管理者应将结果报告给进行独立审查的人员（见5.35）。

应根据风险及时完成改进措施。如果在下一次预定的审查时还没有完成，至少应该在该审查中说明进展情况。

其他信息

8.15、8.16、8.17 涵盖了系统使用的运行监控。

5.37　文件化操作程序

控制

信息处理设施的操作程序应形成文件并提供给需要它们的人员。

目的

确保信息处理设施的正确和安全的运行。

指南

应为组织与信息安全相关的业务活动准备文件化程序，例如：

a）当活动需要多人以相同的方式进行时；

b）当活动很少进行时，下次进行时，程序很可能已被遗忘；

c）当活动是新的，如果执行不正确会带来风险时；

d）在将活动移交给新人员之前。

操作程序应明确规定：

a）责任人；

b）系统的安全安装和配置；

c）自动和手动的信息处理和处置；

d）备份（见8.13）和恢复力；

e）调度要求，包括与其他系统的相互依赖关系；

f）处理错误或其他可能在作业执行期间出现的异常情况［例如对实用程序的使用限制（见8.18）］的说明；

g）支持和升级联系，包括在出现意外操作或技术困难时的外部支持联系；

h）存储介质处理说明（见7.10和7.14）；

i）系统故障时使用的系统重启和恢复程序；

j）审计跟踪和系统日志信息（见8.15和8.17）和视频监控系统（见7.4）的管理；

k）诸如容量、性能和安全性的监控程序（见8.6和8.16）；

l）维护说明。

应在需要时审查和更新文件化的操作程序。应授权对文件化操作程序的更改。在技术上可行的情况下，应使用相同的程序、工具和实用程序对信息系统进行一致的管理。

9.3.6　人员控制

6.1　筛选

控制

所有候选人成为员工的背景验证检查应在加入组织之前进行，并持续考虑适用的法律、法规和道德规范，并与业务要求、要访问的信息的分类和感知的风险相一致。

目的

确保所有人员都有资格和适合他们被考虑的角色，并在他们工作期间保持资格和适合角色。

指南

应对所有人员进行筛选，包括全职、兼职和临时人员。如果这些人员是通过服务供应商签约的，则筛选要求应包含在组织与供应商之间的合同协议中。

应收集和处理所有被考虑担任组织内职位的候选人的信息，并考虑到相关司法管辖区现有的任何适当立法。

在某些司法管辖区，法律可能要求组织事先通知候选人有关筛选活动的信息。

验证应考虑所有相关的隐私、PII保护和基于就业的立法，并应在允许的情况下包括以下内容：

a）令人满意的个人资料的可用性（例如商业和个人参考资料）；

b）申请人履历的核查（针对完整性和准确性）；

c）所声称的学术和专业资格的证实；

d）独立的身份验证（例如护照或有关当局签发的其他可接受的文件）；

e）更详细的验证，例如信用审查，如果候选人担任了关键角色，则应审查犯罪记录。

当一个人被聘为特定的信息安全角色时，组织应确保候选人：

a）具有履行安全职责所需的能力；

b）可以被信任担任该角色，特别是当角色对组织至关重要时。

如果一项工作，无论是初次任命还是晋升，都能涉及有权访问信息处理设施的人员，特别是如果涉及处理机密信息（例如财务信息、个人信息或医疗保健信息），组织还应考虑进一步的更详细的核查。

程序应定义验证审查的标准和限制（例如谁有资格筛选人员以及如何、何时以及为什么进行验证审查）。

在无法及时完成核查的情况下，应实施缓解控制直至审查完成，例如：

a）延迟入职；

b）延迟部署公司资产；

c）登录时减少访问权限；

d）终止雇佣关系。

应定期重复验证检查，根据人员角色的关键程度，确认人员的持续适用性。

6.2 雇佣条款和条件

控制

雇佣合同协议应说明人员和组织对信息安全的责任。

目的

确保人员了解他们对所考虑角色的信息安全责任。

指南

人员的合同义务应考虑组织的信息安全政策和相关的特定主题政策。此外，还可以澄清和说明以下几点：

a）获得机密信息访问权限的人员应在获得信息和其他相关资产访问权限之前签署机密性或保密协议（见6.6）；

b）法律责任和权利［例如：关于版权法或数据保护立法（见5.32和5.34）］；

c）信息分类和组织的信息和其他相关资产的管理、信息处理设施和由人员处理的信息服务的职责（见5.9至5.13）；

d）处理从相关各方收到的信息的责任；

e）如果人员无视组织的安全要求，应采取的措施（见6.4）。

信息安全角色和职责应在聘用前的过程中传达给候选人。

组织应确保人员同意有关信息安全的条款和条件。这些条款和条件应适合他们必须访问与信息系统和服务相关的组织资产的性质和范围。当法律、法规、信息安全政策或特定主题的政策发生变化时，应审查有关信息安全的条款和条件。

在适当的情况下，雇佣条款和条件中包含的责任应在雇佣结束后的一段规定时间内继续存在（见6.5）。

其他信息

行为准则可用于说明人员的信息安全责任，包括保密、PII保护、道德、组织信息和其他相关资产的适当使用，以及组织预期的信誉良好的实践。

可能要求与供应商人员相关的外部方代表签约个人签订合同协议。

如果组织不是法人实体并且没有员工，则可以根据本控制的指导考虑等效的合同协议和条款和条件。

6.3 信息安全意识、教育和培训

控制

组织的人员和有关利益相关方应接受适当的信息安全意识、教育和培训，并定期更新与其工作职能相关的组织的信息安全政策、特定主题政策和程序。

目的

确保人员和利益相关方了解并履行其信息安全责任。

指南

一般原则

应根据组织的信息安全政策、特定主题政策和信息安全相关程序建立信息安全意识、教育和培训计划，同时考虑组织要保护的信息和已实施的信息安全控制措施来保护信息。

信息安全意识、教育和培训应定期进行。初始意识、教育和培训可以适用于新员工以及那些转移到具有截然不同的信息安全要求的新职位或角色的人员。

应在意识、教育或培训活动结束时评估人员的理解，以测试知识转移和意识、教育和培训计划的有效性。

意识

信息安全意识计划应旨在使人员了解他们对信息安全的责任以及履行这些责任的方式。

意识计划的策划应考虑组织中人员的角色，包括内部和外部人员（例如外部顾问、供应商员工）。

意识计划中的活动应按时间安排，最好是定期安排，以便重复活动并覆盖新人员。它还应该建立在从信息安全事件中吸取的经验教训之上。

提高认识计划应包括通过适当的物理或虚拟渠道（例如活动、小册子、海报、通讯、网站、信息会议、简报、电子学习模块和电子邮件）开展的一些提高认识活动。

信息安全意识应涵盖一般方面，例如：

a）管理层对整个组织的信息安全的承诺；

b）对适用的信息安全规则和义务的熟悉程度和符合性需求，并考虑到信息安全政策和特定主题的政策、标准、法律、法规、法规、合同和协议；

c）对自己的作为和不作为的个人责任，以及对保护属于组织和相关方的信息的一般责任；

d）基本信息安全程序（例如信息安全事件报告）和基线控制（例如密码安全、恶意软件控制和清理桌面）；

e）联系点和资源，以获取有关信息安全事项的更多信息和建议，包括进一步的信息安全意识材料。

<u>教育和培训</u>

组织应为需要特定技能和专业知识的技术团队确定、准备和实施适当的培训计划。技术团队应具备配置和维护设备、系统、应用程序和服务所需安全级别的技能。如果缺少技能，组织应该采取行动并获得它们。

教育和培训计划应考虑不同的形式［例如讲座或自学、由专业人员或顾问指导（在职培训）、轮换工作人员参加不同的活动、招聘熟练人员和聘请顾问］。它可以使用不同的学习方式，包括基于课堂、远程学习、基于网络、自学等。技术人员应通过订阅时事通讯和杂志或参加旨在提高技术和专业水平的会议和活动来保持其最新的知识。

其他信息

在制定意识计划时，重要的是不仅要关注“什么”和“如何”，还要尽可能关注“为什么”。重要的是，工作人员要了解信息安全的目标以及他们自己的行为对组织的潜在影响，无论是正面的还是负面的。

信息安全意识、教育和培训可以是其他活动的一部分，也可以与之合作进行，例如一般信息管理、ICT、安全、隐私或安全培训。

6.4 惩戒程序

控制

应正式制定并传达惩戒程序，以对违反信息安全政策的人员和其他利益相关方采取行动。

目的

确保人员和其他利益相关方了解违反信息安全政策的后果，制止并妥善处理违反信息安全政策的人员。

指南

如果未事先验证确已发生信息安全政策违规（见5.28），则不应启动惩戒程序。

正式的惩戒程序应提供分级响应，并考虑以下因素：

a）事件的事实（谁、什么、何时、如何）和破坏的严重性及其后果；

b）违规是故意（恶意）还是无意（意外）；

c）是第一次违规还是重复违规；

d）违规者是否经过适当的培训。

响应应考虑相关的法律、法规、监管合同和业务要求以及其他必要因素。惩戒程序也可用作一种威慑，以防止人员违反信息安全政策、特定主题的信息安全政策和程序。故意违反信息安全政策可能需要立即采取行动。

其他信息

在可能的情况下，应根据适用的要求，保护受到惩戒的个人的身份。

当个人在信息安全方面表现出良好的行为时，他们可以获得奖励以促进信息安全并鼓励良好的行为。

6.5 雇佣终止或变更后的责任

控制

在终止或变更雇佣关系后仍然有效的信息安全责任和职责应被定义、执行并告知相关人员和其他相关方。

目的

在变更或终止雇佣或合同的过程中保护组织的利益。

指南

管理终止或变更雇佣的过程应确定哪些信息安全责任和职责在终止或变更后仍然有效。这可能包括信息、知识产权和其他所获得的知识的机密性，以及任何其他保密协议中包含的责任（见6.6）。雇佣或合同终止后仍然有效的责任和义务应包含在员工的雇佣条款和条件（见6.2）、合同或协议中。在个人雇佣结束后仍持续一段时间的其他合同或协议也可能包含信息安全责任。

责任或雇佣的变更应作为当前责任或雇佣的终止与新责任或雇佣的开始一起进行管理。

任何离职或更换工作角色的个人所承担的信息安全角色和职责应被识别并转移给另一个员工。

应建立一个流程，用于与员工、其他相关方和相关联系人（例如客户和供应商）沟通变更和操作程序。

当员工、合同或与组织相关的工作发生终止时，或者当组织内的工作发生变化时，也应将终止或变更雇佣的过程应用于外部员工（即供应商）。

其他信息

在许多组织中，人力资源部门通常负责整个终止流程，并与过渡人员的主管经理一起管理相关程序的信息安全方面。如果是通过外部方（例如通过供应商）提供的人员，该终止过程由外部方根据组织与外部方之间的合同进行。

6.6 保密或保密协议

控制

反映组织对信息保护需求的保密或保密协议应由人员和其他相关方识别、记录、定期审查和签署。

目的

维护人员或外部各方可访问信息的机密性。

指南

保密或保密协议应满足使用法律强制执行的条款保护机密信息的要求。保密或保密协议适用于相关方和组织的员工。根据组织的信息安全要求，协议中的条款应通过考虑将要处理的信息的类型、分类级别、使用和对方允许的访问来确定。为了确定保密或保密协议的要求，应考虑以下要素：

a）受保护信息的定义（例如机密信息）；

b）协议的预期期限，包括可能需要无限期维持机密性或直到信息公开可用的情况；

c）协议终止时需要采取的行动；

d）签署方避免未经授权的信息泄露的责任和行为；

e）信息、商业秘密和知识产权的所有权，以及其与机密信息保护的关系；

f）机密信息的允许使用和签署方使用信息的权利；

g）在高度敏感的情况下审计和监控涉及机密信息的活动的权利；

h）未经授权的披露或机密信息泄露的通知和报告流程；

i）协议终止时退还或销毁信息的条款；

j）在不符合协议的情况下将采取的预期行动。

组织应考虑其适用的司法管辖区的保密和保密协议的一致性（见 5.31、5.32、5.33、5.34）。

应定期审查保密和保密协议的要求，并在发生影响这些要求的变化时进行审查。

其他信息

保密和保密协议保护组织的信息，并告知签署方他们有责任以负责任和授权的方式保护、使用和披露信息。

6.7 远程工作

控制

当员工远程工作以保护在组织场所外访问、处理或存储的信息时，应实施安全措施。

目的

确保人员远程工作时的信息安全。

指南

当组织的员工在组织场所以外的地方工作，通过 ICT 设备访问硬拷贝或电子信息时，就会发生远程工作。远程工作环境包括那些被称为“远程办公”“远程通勤”

"灵活工作场所""虚拟工作环境"和"远程维护"的环境。

允许远程工作活动的组织应发布针对远程工作的特定主题政策，定义相关条件和限制。如果认为适用，应考虑以下事项（注意：由于不同司法管辖区的当地法律和法规，可能无法应用本控制中的所有建议）：

a）远程工作地点的现有或建议的物理安全，应考虑到包括员工所在的不同司法管辖区的地理位置和当地环境的物理安全；

b）远程物理环境的规则和安全机制，例如可上锁的文件柜、不同地点之间的安全传输和远程访问规则、清理桌面、信息和其他相关资产的打印和处理，以及信息安全事件报告（见6.8）；

c）预期的物理远程工作环境；

d）通信安全要求，考虑到对组织系统的远程访问需要、通过通信线路访问和传递的信息的敏感性以及系统和应用程序的敏感性；

e）使用远程访问，例如虚拟桌面访问，建立对私人拥有的设备的信息的适当处理和存储；

f）来自远程工作现场的其他人（例如家人和朋友）的未经授权访问信息或资源的威胁；

g）来自在公共场所的其他人的未经授权访问信息或资源的威胁；

h）家庭网络和公共网络的使用，以及对无线网络服务配置的要求或限制；

i）使用安全措施，例如防火墙和防范恶意软件；

j）针对远程部署和初始化系统的安全机制；

k）可进行身份验证和启用访问权限的安全机制，考虑到允许远程访问组织网络的单因素认证机制的脆弱性。

需要考虑的指导方针和措施应包括：

a）为远程工作活动提供合适的设备和存储柜，其中不允许使用不受组织控制的私有设备；

b）允许的工作的定义、可以保存的信息的分类，以及远程工作人员被授权访问的内部系统和服务；

c）为远程工作人员和提供支持的人员提供培训。这应该包括如何在远程工作时以安全的方式开展业务；

d）提供合适的通信设备，包括保护远程访问安全的方法，例如对设备屏幕锁和不活动计时器的要求，设备位置跟踪的启用，远程擦除功能的安装；

e）物理安全；

f）关于家人和访客访问设备和信息的规则和指南；

g）提供硬件和软件的支持和维护；

h）保险的提供；

i）针对备份和业务连续性的程序；

j）审计和安全监控；

k）当远程工作活动终止时，撤销授权和访问权并归还设备。

6.8 远程工作信息安全事件报告

控制

组织应提供一种机制，使员工能通过适当的渠道及时报告观察到的或怀疑的信息安全事件。

目的

支持及时、一致和有效地报告员工可以识别的信息安全事件。

指南

所有员工和用户都应意识到他们有责任尽快报告信息安全事件，以避免或尽量减少信息安全事件的影响。

他们还应了解报告信息安全事件的程序以及应向其报告事件的联系点。报告机制应尽可能简单、容易访问和可用。信息安全事件包括事件、违规和漏洞。

他们还应了解报告信息安全事件的程序和应报告这些事件的联系点。报告机制应尽可能简单、获得和可用。信息安全事件包括攻击、破坏和漏洞。

信息安全事件报告要考虑的情况包括：

a）无效的信息安全控制；

b）违反信息机密性、完整性或可用性预期；

c）人为错误；

d）不符合信息安全政策、特定主题政策或适用标准；

e）违反物理安全措施；

f）未经过变更管理流程的系统变更；

g）软件或硬件的故障或其他异常系统行为；

h）访问违规；

i）漏洞；

j）疑似恶意软件感染。

应建议员工和用户不要试图证明可疑的信息安全漏洞。测试漏洞可以解释为对系统的潜在滥用，也可能对信息系统或服务造成损害，并且可能破坏或模糊数字证据。最终，这可能导致执行测试的个人承担法律责任。

其他信息

有关更多信息，请参阅 ISO/IEC 27035 系列。

9.3.7 物理控制

7.1 物理安全边界

控制

应定义安全边界并将其用于保护包含信息和其他相关资产的区域。

目的

防止对组织信息和其他相关资产的未授权的物理访问、损坏和干扰。

指南

对于物理安全边界，应酌情考虑并实施以下准则：

a）根据与边界内资产相关的信息安全要求，确定安全边界以及每个边界的位置和强度；

b）包含信息处理设施的建筑物或场地拥有物理上健全的边界（即在周边或容易发生闯入的区域不应有空隙）。现场的外部屋顶、墙壁、天花板和地板应为坚固的结构，所有外部门都应通过控制机制（例如栏杆、警报器、锁）进行适当的保护，以防止未经授权的访问。无人值守时应锁上门窗，并考虑对窗户进行外部保护，特别是在地面处，还要考虑通风点；

c）警示、监控和测试安全边界与墙壁相连的所有防火门，以根据适当的标准确定所需的阻力水平。它们应该以故障保护方式运行。

其他信息

物理保护可以通过在组织的办公场所和信息处理设施周围创建一个或多个物理屏障来实现。

一个安全区域可以是一个可上锁的办公室，也可以是被一个连续的内部物理安全屏障包围的多个房间。在安全边界内具有不同安全要求的区域之间可能需要额外的屏障和边界来控制物理访问。组织应考虑在日益增加的威胁情况下采取可以加强的物理安全措施。

7.2　物理入口控制

控制

安全区域应由适当的入口控制和访问点进行保护。

目的

确保仅对组织的信息和其他相关资产进行授权的物理访问。

指南

一般原则

应控制访问点，例如交付和装载区域以及未经授权的人员可以进入场所的其他点，并在可能的情况下与信息处理设施隔离，以避免未经授权的访问。

应考虑以下准则：

a）仅限授权人员进入现场和建筑物。物理区域访问权的管理过程应包括授权的提供、定期审查、更新和撤销（见5.18）；

b）安全地维护和监控所有访问的物理日志或电子审计跟踪，并保护所有日志（见5.33）和敏感的认证信息；

c）建立和实施流程和技术机制，以管理对信息处理或存储区域的访问。身份验证机制包括使用门禁卡、生物识别技术或双因素身份验证，例如门禁卡和秘密PIN。进入敏感区域时应考虑双安全门；

d）设置一个由工作人员监控的接待区，或用其他手段控制对现场或建筑物的物理访问；

e）进出时检查人员及相关方的个人物品；

注意：可能存在关于检查个人物品的当地法律和法规。

f）要求所有人员和相关方佩戴某种形式的可见身份标识，并在遇到无人护送的访客和任何未佩戴可见身份标识的人时，应立即通知安保人员。应考虑使用易于区分的徽章，以更好地识别永久员工、供应商和访客；

g）仅在需要时才允许供应商员工受限制地访问安全区域或信息处理设施。这种访问应该得到授权和监控；

h）特别注意为多个组织持有资产的建筑物的物理访问安全；

i）设计物理安全措施，以便在发生物理事件的可能性增加时加强这些措施；

j）保护其他入口点，例如紧急出口，防止未经授权的进入；

k）建立密钥管理流程，以确保对物理密钥或身份验证信息（例如锁码，办公室、房间和诸如钥匙柜等设施的密码锁）的管理，并确保日志或年度密钥审计和对物理密钥或认证信息的访问受到控制（有关认证信息的进一步指南，请参见 5.17）。

<u>访客</u>

应考虑以下准则：

a）通过适当的方式验证访客的身份；

b）记录访客进出的日期和时间；

c）仅授予访客特定授权目的的访问权限，并提供关于该区域的安全要求和应急程序的说明；

d）监督所有访问者，除非授予明确的例外。

<u>交货和装载区域及来料</u>

应考虑以下准则：

a）限制经识别和授权的人员从建筑物外部进入交付和装载区域；

b）设计交货和装载区域，以便货物可以完成装卸，而无需送货人员以未经授权的方式进入建筑物的其他部分；

c）当进入限制区域的门被打开时，固定交货和装载区域的外部门；

d）在爆炸物、化学品或其他危险物品从交货和装载区域被移动之前，应仔细检查和检验收到的货物；

e）在进入现场时，按照资产管理程序（见 5.9 和 7.10）登记收到的货物；

f）在可能的情况下，对进、出货物进行物理隔离；

g）检查收到的货物是否有在途中被篡改的证据。如果发现篡改，应立即报告给安全人员。

7.3 确保办公室，房间和设施的安全

控制

应设计和实施针对办公室、房间和设施的物理安全措施。

目的

防止对组织的信息和办公室、房间和设施中的其他相关资产的未经授权的物理访问、损坏和干扰。

指南

为确保办公室、房间和设施的安全，应考虑以下准则：

a）设置关键设施以避免公众进入；

b）在适用的情况下，确保建筑物不显眼，并对其用途进行最低限度的标示，在建筑物外部或内部没有明显的标志，以识别信息处理活动的存在；

c）配置设施以防止机密信息或活动从外部可见和可听。还应酌情考虑电磁屏蔽；

d）不制作任何未经授权的人都可以轻而易举获得的用以识别机密信息处理设施位置的目录、内部电话簿和在线可访问地图。

7.4 物理安全监控

控制

应持续监控场所是否存在未经授权的物理访问。

目的

检测和阻止未经授权的物理访问。

指南

物理场所应由监控系统进行监控，该系统可包括警卫、入侵者警报、闭路电视等视频监控系统以及由内部管理或由监控服务提供商管理的物理安全信息管理软件。

应持续监控对装有关键系统的建筑物的访问，可通过以下方式检测未经授权的访问或可疑行为：

a）安装视频监控系统，例如闭路电视，以查看和记录对组织场所内外敏感区域的访问；

b）根据相关适用标准，安装并定期测试接触、声音或运动探测器以触发入侵者警报，例如：

1）在任何可以产生或断开接触的地方（如门窗和物体下方）安装接触探测器，当接触发生或中断时触发警报，用作紧急警报；

2）基于红外技术的运动探测器，当物体通过其视野时触发警报；

3）安装对玻璃破碎声敏感的传感器，可用于触发警报以提醒安全人员；

c）使用这些警报覆盖所有外门和可访问的窗户。无人区应随时报警；还应为其他区域（例如计算机或通讯室）提供掩护。

使用这些警报器来覆盖所有外部的门和可接近的窗户。未占用区域应随时报警；其他区域（如计算机或通讯室）也应提供覆盖

监控系统的设计应该保密，因为披露可能会促进未被发现的入侵。

应保护监控系统免受未经授权的访问，以防止监控信息，如视频资料，被未经授权的人或远程禁用系统访问。

警报系统控制面板应设置在警报区域内，并且为了安全报警，还应放置在允许设置警报的人员轻松退出的地方。控制面板和探测器应具有防篡改机制。系统应定期测试，以确保其按预期工作，特别是如果其组件是有电池供电的。

任何监控和记录机制的使用都应考虑到当地法律法规，包括数据保护和 PII 保护

立法，特别是关于人员监控以及录制的视频的保留期限。

7.5 防范物理和环境威胁

控制

应设计和实施对物理和环境威胁的保护，例如自然灾害和其他对基础设施的有意或无意的物理威胁。

目的

防止或减少源自物理和环境威胁的事件的后果。

指南

应在物理站点开始关键操作之前定期进行风险评估，以确定物理和环境威胁的潜在后果。

应实施必要的保障措施，并监测威胁的变化。应就如何管理因火灾、洪水、地震、爆炸、内乱、有毒废物、环境排放和其他形式的自然灾害或人为灾害等物理和环境威胁引起的风险寻求专家建议。

物理场所的位置和建设应考虑：

a）当地地形，例如适当的海拔、水体和构造断层线；

b）城市威胁，例如容易引起政治动荡、犯罪活动或恐怖袭击的地点。

根据风险评估结果，应识别相关的物理和环境威胁，并在以下情况下考虑适当的控制，例如：

a）火灾：安装和配置能够在早期检测到火灾以发送警报或触发灭火系统的系统，以防止火灾对存储介质和相关信息处理系统造成损害。应使用对周围环境最合适的物质进行灭火（例如密闭空间中的气体）；

b）洪水：在包含存储介质或信息处理系统的区域的地板下安装能够早期检测洪水的系统。在发生洪水时，应随时提供水泵或等效手段；

c）电涌：采用能够保护服务器和客户端信息系统免受电涌或类似事件影响的系统，以尽量减少此类事件的后果；

d）爆炸物和武器：对进入敏感信息处理设施的人员、车辆或货物是否存在爆炸物或武器进行随机检查。

其他信息

保险箱或其他形式的安全存储设施可以保护存储在其中的信息免受火灾、地震、洪水或爆炸等灾害的影响。

在设计控制措施以保护其环境并减少城市威胁时，组织可以考虑通过环境设计预防犯罪的想法。例如，代替使用护柱，雕像或水景既可以充当一个形象特征，也可以成为一个物理屏障。

7.6 在安全区域工作

控制

应设计和实施在安全区域工作的安全措施。

目的

保护安全区域中的信息和其他相关资产免受在这些区域工作的人员的损坏和未经

授权的干扰。

指南

在安全区域工作的安全措施应适用于所有人员，并涵盖在安全区域内进行的所有活动。应考虑以下准则：

a）使员工仅在必需知道的情况下，才知道一个安全区域的存在或在其内部进行的活动；

b）既出于安全考虑，也为了减少恶意活动的机会，应避免在安全区域进行无监督的工作；

c）物理锁定并定期检查空置的安全区域；

d）除非授权，否则不允许使用摄影、录像、音频或其他记录设备，例如用户终端设备中的摄像头；

e）适当控制安全区域内用户终端设备的携带和使用；

f）以容易看到或方便接近的方式张贴应急程序。

7.7　清理桌面和屏幕

控制

应定义并适当执行文件和可移动存储介质的清理桌面规则，以及信息处理设施的清理屏幕规则。

目的

减少在正常工作时间内外，办公桌、屏幕和其他可访问地点的信息的未授权访问、丢失和损坏的风险。

指南

组织应建立并与所有相关方沟通关于清理桌面和清理屏幕的特定主题政策。

应考虑以下准则：

a）在不需要时，尤其是办公室空置时，锁定敏感或关键业务信息（例如在纸上或电子存储介质里）（理想情况是在保险箱、柜子或其他形式的安全家具中）；

b）在不使用或无人看管时，使用钥匙锁或其他安全手段保护用户终端设备；

c）当无人值守时，让用户终端设备注销或使用由用户认证机制控制的屏幕和键盘锁定机制进行保护。所有计算机和系统都应配置超时或自动注销功能；

d）让发起者立即收集打印机或多功能设备的输出。使用具有身份验证功能的打印机，这样只有当发起者站在打印机旁边时才能获得打印输出；

e）安全地存储包含敏感信息的文件和可移动存储介质，当不再需要它们时，使用安全的处置机制将其丢弃；

f）建立和传达针对屏幕上弹出窗口的配置的规则和指南（例如，如果可能，在演示文稿、屏幕共享或公共区域中关闭新的电子邮件和消息弹出窗口）；

g）当不再需要时，清除白板和其他类型的显示器上的敏感或关键信息。

组织在搬出设施时应制定适当的程序，包括在离开前进行最后一次清理，以确保组织的资产不被遗留（例如文件落在抽屉或家具后面）。

7.8 设备选址和保护

控制

设备应安全放置并受到保护。

目的

减少来自物理和环境威胁以及未经授权的访问和损坏的风险。

指南

应考虑以下准则来保护设备：

a）选址设备，尽量减少不必要的进入工作区域，并避免未经授权的访问；

b）仔细定位处理敏感数据的信息处理设施，以减少未经授权的人员在使用过程中查看信息的风险；

c）采取控制措施将潜在的物理和环境威胁的风险降至最低［例如盗窃、火灾、爆炸物、烟雾、水（或供水故障）、灰尘、振动、化学影响、供电干扰、通信干扰、电磁辐射和故意破坏］；

d）制定信息处理设施附近的饮食、饮酒和吸烟指南；

e）监测可能对信息处理设施的运行产生不利影响的环境条件，例如温度和湿度；

f）对所有建筑物实施防雷保护，并为所有的进电和通信线路安装防雷过滤器；

g）考虑到对工业环境中的设备使用特殊的保护方法，如键盘膜；

h）保护处理机密信息的设备，以尽量减少因电磁辐射而导致信息泄露的风险；

i）在物理上将组织管理的信息处理设施与非组织管理的信息处理设施分开。

7.9 场外资产的安全

控制

应保护场外资产。

目的

防止场外资产的丢失、损坏、盗窃或损害以及组织业务的中断。

指南

任何在组织场所外使用的存储或处理信息的设备（例如移动设备），包括组织拥有的设备和私人拥有并代表组织使用的设备（BYOD）都需要保护。这些设备的使用应得到管理层的授权。

为了保护在组织场所外存储或处理信息的设备，应考虑以下指南：

a）不得将设备和存储介质留在无人看管的公共场所和不安全场所；

b）始终遵守制造商关于保护设备的说明（例如，防止暴露于强电磁场、水、热、湿气、灰尘）；

c）当场外设备在不同的个人或相关方之间转移时，维护一份定义设备监管链的日志，至少包括设备负责人的姓名和组织。不需要与资产一起转移的信息应在转移前安全删除；

d）在必要和可行的情况下，要求授权才能从组织场所移除设备和介质，并保留此类移除的记录，以保持审计跟踪（见5.14）；

e）防止在公共交通工具上查看设备（例如手机或笔记本电脑）上的信息，以及与肩窥相关的风险；

f）实现位置跟踪和远程擦除设备的能力。

在组织场所外永久安装设备［例如天线和自动柜员机（ATM）］可能会面临更高的损坏、盗窃或窃听风险。

这些风险可能因地点不同而差别很大，这一点在确定最合适的措施时应予以考虑。将这些设备放置在组织场所之外时，应考虑以下指南：

a）物理安全监控（见7.4）；

b）防止物理和环境威胁（见7.5）；

c）物理访问和防篡改控制；

d）逻辑访问控制。

其他信息

有关保护信息存储和处理设备以及用户终端设备的其他方面的更多信息，请参见8.1和6.7。

7.10 存储介质

控制

存储介质应按照组织的分类方案和处理要求进行管理，贯穿其获取、使用、传输和处置的整个生命周期。

目的

确保存储介质上的信息仅被授权披露、修改、删除或销毁。

指南

<u>可移动存储介质</u>

应考虑以下管理可移动存储介质的指南：

a）制定关于可移动存储介质管理的特定主题政策，并将此类特定主题政策传达给使用或处理可移动存储介质的任何人；

b）在必要和可行的情况下，要求授权才能从组织中移除存储介质，并保存此类移除的记录，以保持审计跟踪；

c）根据制造商的规范，根据其信息分类将所有存储介质存储在安全可靠的环境中，并保护它们免受环境威胁（如热、湿气、潮湿、电场或老化）；

d）如果信息机密性或完整性是重要考虑因素，则使用密码技术来保护可移动存储介质上的信息；

e）在存储的信息仍然需要时，应降低存储介质退化的风险，在信息变得不可读之前，应将信息转移到新的存储介质上；

f）在单独的存储介质上存储多个有价值信息的副本，以进一步减少偶然的信息损坏或丢失的风险；

g）考虑注册可移动存储介质，以限制信息丢失的机会；

h）仅在有组织原因的情况下才启用可移动存储介质端口（例如SD卡插槽和USB端口）；

i）在需要使用可移动存储介质的情况下，监控向此类存储介质的信息传输；

j）信息在物理运输过程中可能容易受到未经授权的访问、误用或损坏，例如通过邮政服务或快递发送存储介质时。

在此控制中，介质包括纸质文档。传输物理存储介质时，应采用 5.14 中的安全措施。

安全重用或处置

应建立安全重用或处置存储介质的程序，以尽量减少机密信息泄露给未经授权的人员的风险。包含机密信息的存储介质的安全重用或处置程序应与该信息的敏感性成比例。应考虑以下事项：

a）如果包含机密信息的存储介质需要在组织内重复使用，在重复使用前应安全地删除数据或格式化存储介质（见 8.10）；

b）在不再需要时，安全地处置包含机密信息的存储介质（例如通过销毁、粉碎或安全删除内容）；

c）已制定程序来识别可能需要安全处置的物品；

d）许多组织提供存储介质的收集和处置服务。应谨慎选择具有足够控制和经验的合适外部供应商；

e）记录敏感项目的处置，以保持审计跟踪；

f）当积累存储介质进行处置时，考虑到聚合效应，可能导致大量非敏感信息变为敏感信息。

应对包含敏感数据的损坏设备进行风险评估，以确定是否应物理销毁这些物品，而不是送去修理或丢弃（见 7.14）。

其他信息

当存储介质上的机密信息未加密时，应考虑对存储介质进行额外的物理保护。

7.11 配套设施

控制

应保护信息处理设施免受因配套公用设施故障而引起的停电和其他中断。

目的

防止信息和其他相关资产的丢失、损坏或泄露，或由于配套公用设施的故障和中断而中断组织的运作。

指南

组织依靠公用事业（例如电力、电信、供水、燃气、污水、通风和空调）来支持其信息处理设施。因此，组织应：

a）确保配套公用设施的设备按照相关制造商的规范进行配置、操作和维护；

b）确保定期评估公用设施是否具有满足业务增长和与其他公用设施配合的能力；

c）确保定期检查和测试支持公用事业的设备，以确保其正常运行；

d）如有必要，发出警报以检测公用设施故障；

e）如有必要，确保公用设施通过不同的物理路由提供多个反馈；

f）如果连接到一个网络，则确保支持公用事业的设备与信息处理设施在一个单独的网络上；

g）确保支持公用事业的设备仅在需要时才以安全的方式连接到互联网。

应提供应急照明和通信。用于切断电源、水、气或其他公用设施的紧急开关和阀门应位于紧急出口或设备室附近。

应记录紧急联系方式，并在发生停机时提供给工作人员。

其他信息

网络连接的额外冗余可以通过来自多个公用事业提供商的多条路由来获得。

7.12　布线安全

控制

承载电力、数据或支持信息服务的电缆应受到保护，以免被截获、干扰或损坏。

目的

防止信息和其他相关资产的丢失、损坏、盗窃或泄露以及与电力和通信布线相关的组织运行中断。

指南

应考虑以下布线安全指南：

a）电力和电信线路尽可能进入地下的信息处理设施，或受到足够的替代保护，例如地板电缆保护器和多用电杆；如果电缆在地下，则应保护它们免受意外切割（例如使用装甲导管或存在标志）；

b）将电力电缆与通信电缆隔离，以防止干扰；

c）对于敏感或关键系统，要考虑的进一步控制，包括：

1）装甲导管的安装、上锁的房间或盒子以及在检查点和终端点的报警器；

2）用于保护电缆的电磁屏蔽的使用；

3）定期技术扫描和物理检查，来检测正在连接到电缆上的未经授权的设备；

4）对接线板和电缆室的受控访问（例如使用机械钥匙或 PIN）；

5）光缆的使用；

d）给电缆的两端都贴上标签，提供足够的来源和目的地的详细信息，以便对电缆进行物理识别和检查。

应就如何管理由电缆事故或故障引起的风险寻求专家建议。

其他信息

有时，电力和电信布线是多个组织共同使用的共享资源。

7.13　设备维护

控制

应正确维护设备以确保信息的可用性、完整性和机密性。

目的

防止信息和其他相关资产的丢失、损坏、盗窃或泄露，以及因缺乏维护而导致组织运行中断。

指南

应考虑以下设备维护指南：

a）按照供应商推荐的工作频率和规范维护设备；

b）实施和监督组织的维护方案；

c）只有授权的维修人员才能对设备进行维修和保养；

d）保存所有可疑故障或实际故障以及所有预防性和纠正性维护的记录；

e）在设备计划维护时实施适当控制，考虑到该维护是由现场人员还是组织外部人员执行；应让维护人员签订适当的保密协议；

f）在现场进行维修时，监督维修人员；

g）授权和控制对远程维护的访问；

h）如果包含信息的设备被带出场所进行维护，则对场所外的资产采取安全措施（见7.9）；

i）遵守保险规定的所有维护要求；

j）在设备维修后重新投入使用前进行检查，确保设备未被篡改且功能正常；

k）如果确定设备将被处置，则采取安全处置或重用设备的措施（见7.14）。

其他信息

设备包括信息处理设施、UPS和电池、发电机、交流发电机和转换器、物理入侵检测系统和警报器、烟雾探测器、灭火器、空调和电梯的技术组件。

7.14 设备的安全处置或重复使用

控制

应验证包含存储介质的设备项目，以确保在处置或重新使用之前已删除或安全覆盖任何敏感数据和许可软件。

目的

防止信息从待处理或重新使用的设备中泄露。

指南

应验证设备，以确保在处置或重新使用之前是否包含存储介质。

包含机密或版权信息的存储介质应物理销毁，或者采用使原始信息不可检索的技术销毁、删除或覆盖这些信息，而不是使用标准删除功能。有关安全处置存储介质的详细指南，请参见7.10，有关信息删除的指南，请参见8.10。

用于识别组织或标识分类、所有者、系统或网络的标签和标记，应在处置前去除，包括转售或捐赠给慈善机构。

组织应考虑在租赁结束或搬出场所时取消安全控制，例如访问控制或监视设备。这取决于以下因素：

a）其将设施恢复到原始状态的租赁协议；

b）最大限度地降低将敏感信息留给下一个租户的系统的风险（例如，用户访问列表、视频或图像文件）；

c）在下一个设施重用控制的能力。

其他信息

包含存储介质的损坏设备可能需要进行风险评估，以确定这些物品是否应该被物理销毁，而不是送去维修或丢弃。不小心处置或重复使用设备可能会损害信息。

除了安全的磁盘删除之外，全盘加密还可以降低设备被处置或重新部署时泄露机密信息的风险，前提是：

a）加密过程足够强大并覆盖整个磁盘（包括空闲空间、交换文件）；

b）密钥足够长以抵抗暴力攻击；

c）加密密钥本身是保密的（例如，从不存储在同一个磁盘上）。

有关密码学的进一步建议，请参见 8.24。

用于安全覆盖存储介质的技术根据存储介质技术和存储介质上信息的分类级别而不同。应审查覆盖工具以确保它们适用于存储介质的技术。

有关清理存储介质的方法的详细信息，请参阅 ISO/IEC 27040。

9.3.8　技术控制

8.1　用户终端设备

控制

应保护在用户终端设备上存储、处理或访问的信息。

目的

保护信息免受使用用户终端设备带来的风险。

指南

一般原则性

组织应针对用户终端设备的安全配置和处理建立特定主题政策。应将特定主题政策传达给所有相关人员，并考虑以下事项：

a）用户终端设备可以处理、加工、存储或支持的信息类型和分类级别；

b）用户终端设备的注册；

c）物理保护要求；

d）软件安装的限制（例如由系统管理员远程控制）；

e）对用户终端设备软件（包括软件版本）和应用更新（例如主动自动更新）的要求；

f）有关连接到信息服务、公共网络或任何其他场外网络的规则（例如，要求使用个人防火墙）；

g）访问控制；

h）存储设备加密；

i）防范恶意软件；

j）远程禁用、删除或锁定；

k）备份；

l）web 服务和 web 应用程序的使用；

m）最终用户行为分析（见 8.16）；

n）可移动设备的使用，包括可移动存储设备，以及禁用物理端口（例如 USB 端口）的可能性；

o）分区功能的使用，如果用户终端设备支持，它可以安全地将组织的信息和其他关联资产（例如软件）与设备上的其他信息和其他关联资产分开。

应考虑到某些信息是如此敏感，以致于它只能通过用户终端设备访问，而不能存储在这些设备上。在这种情况下，设备可能需要额外的技术保护措施。例如，确保禁用了进行脱机工作的下载文件，并禁用了 SD 卡等本地存储。

关于此控制的建议应该尽可能通过配置管理（见 8.9）或自动化工具来实施。

<u>用户责任</u>

所有用户都应了解保护用户终端设备的安全要求和程序，以及他们实施此类安全措施的责任。应建议用户：

a）当不再需要时，注销活动会话并终止服务；

b）在不使用时，通过物理控制（例如钥匙锁或特殊锁）和逻辑控制（例如密码访问）保护用户终端设备免受未经授权的使用；不要让携带重要、敏感或关键业务信息的设备无人看管；

c）在公共场所、开放式办公室、会议场所和其他不受保护的区域使用设备时要特别小心（例如，如果人们可以从后面阅读，那就使用隐私屏幕过滤器，以避免阅读机密信息）；

d）物理保护用户终端设备免遭盗窃（例如在汽车和其他交通工具、酒店房间、会议中心和会议场所）。

对于用户终端设备被盗或丢失的情况，应建立考虑到组织的法律、法规、监管、合同（包括保险）和其他安全要求的特定程序。

<u>个人设备的使用</u>

如果组织允许使用个人设备（有时称为 BYOD），除了本控制中给出的指导外，还应考虑以下内容：

a）设备的个人使用和业务使用的分离，包括使用软件来支持这种分离和保护私人设备上的业务数据；

b）仅在用户确认其职责（物理保护、软件更新等）后才提供对业务信息的访问权，放弃业务数据的所有权，允许组织在设备被盗或丢失或不再被授权使用该服务时，远程擦除数据。在这种情况下，应考虑 PII 保护立法；

c）防止在私人设备上开发的知识产权纠纷的特定主题政策和程序；

d）可以通过立法来阻止对私人设备的使用（以验证机器的安全性或在调查期间）；

e）软件许可协议，使得组织可以对个人或外部用户私人拥有的用户终端设备上的客户端软件的许可负责。

<u>无线连接</u>

组织应建立以下程序：

a）设备上的无线连接配置（例如禁用易受攻击的协议）；

b）根据相关特定主题政策（例如，因为需要备份或软件更新），使用具有适当带宽的无线或有线连接。

其他信息

保护用户终端设备上的信息的控制取决于用户终端设备是仅在组织的安全场所和网络连接中使用，还是暴露于组织外部不断增加的物理和网络相关的威胁中。

用户终端设备的无线连接类似于其他类型的网络连接，但在识别控制时还是要考虑到有重要的差异。特别是，存储在用户终端设备上的信息备份有时会失败，因为网络带宽有限，或者因为用户终端设备在计划备份时没有连接。

对于某些 USB 端口，例如 USB-C，禁用 USB 端口是不可能的，因为它用于其他目的（例如供电和显示输出）。

8.2　特权访问权限

控制

应限制和管理特权访问权限的分配和使用。

目的

确保仅授权用户、软件组件和服务具有特权访问权限。

指南

特权访问权限的分配应根据关于访问控制的特定主题政策（见 5.15）通过授权流程来控制。应考虑以下几点：

a）确定对每个系统或进程（例如操作系统、数据库管理系统和应用程序）需要特权访问权限的用户；

b）根据需要，并根据关于访问控制的特定主题政策（见 5.15），逐个事件地为用户分配特权访问权限（即仅分配给具有必要能力去开展需要特权的活动的个人访问权限，并基于其职能角色的最低要求）；

c）维护授权过程（即确定谁可以批准特权访问权限，或在授权过程完成之前不授予特权访问权限）和所有分配特权的记录；

d）定义和实施特权访问权限到期的要求；

e）采取措施确保用户了解他们的特权访问权限，以及他们何时处于特权访问模式。可能的措施包括使用特定的用户身份、用户界面设置甚至特定的设备；

f）对特权访问权限的认证要求可以高于对正常访问权限的要求。在使用特权访问权限进行工作之前，可能需要重新认证或认证升级；

g）定期地或在任何组织变更后，审查使用特权访问权限的用户，以验证他们的职责、角色、责任和能力是否仍然有资格使用特权访问权限（见 5.18）；

h）建立特定规则，以避免使用通用管理用户 ID（例如“root”），这取决于系统的配置能力。管理和保护此类身份的认证信息（见 5.17）；

i）仅在为实施已批准的更改或活动（例如，维护活动或某些关键更改）所需的时间窗口内授予临时特权访问权限，而不是永久授予特权访问权限。这通常被称为打破玻璃程序，通常通过特权访问管理技术实现自动化；

j）记录对系统的所有特权访问，以用于审计目的；

k）不与多人共享或链接具有特权访问权限的身份，为每个人分配一个单独的身份，从而允许分配特定的特权访问权限。可以对身份进行分组（例如，通过定义管理员组）以简化特权访问权限的管理；

l）仅使用具有特权访问权限的身份来执行管理任务，而不是用于日常的一般任务［即检查电子邮件、访问 web（用户应该为这些活动拥有一个独立的正常网络身份）］。

其他信息

特权访问权限是提供给身份、角色或进程的访问权限，允许执行典型用户或进程无法执行的活动。系统管理员角色通常需要特权访问权限。

不恰当地使用系统管理员权限（使用户能够覆盖系统或应用程序控制的信息系统的任何功能或设施）是导致系统故障或破坏的主要原因。

有关访问管理和对信息以及信息和通信技术资源的访问安全管理的更多信息，请参见 ISO/IEC 29146。

8.3 信息访问限制

控制

应根据既定的关于访问控制的特定主题政策，限制对信息和其他相关资产的访问。

目的

确保仅授权访问并防止未经授权访问信息和其他相关资产。

指南

应根据既定的特定主题政策限制对信息和其他相关资产的访问。为了支持访问限制要求，应考虑以下内容：

a）不允许通过未知的用户身份或匿名的方式访问敏感信息。公共的或匿名的访问权限只能被授予不包含任何敏感信息的存储位置；

b）提供配置机制，以控制对系统、应用程序和服务中信息的访问；

c）控制特定用户可以访问哪些数据；

d）控制哪些身份或身份组具有哪些访问权限，例如读、写、删除和执行；

e）为敏感应用程序、应用程序数据或系统的隔离提供物理或逻辑访问控制。

此外，应考虑保护对组织具有高价值的敏感信息的动态访问管理技术和流程，当组织：

a）需要精细控制谁可以在什么时期以什么方式访问这些信息；

b）希望与组织外部的人员共享此类信息，并控制谁可以访问它；

c）希望实时动态管理此类信息的使用和分发；

d）希望保护此类信息免受未经授权的更改、复制和分发（包括打印）；

e）希望监控信息的使用；

f）希望记录对此类信息的任何更改，以备将来需要进行调查时使用。

动态访问管理技术应在信息的整个生命周期（即创建、处理、存储、传输和处置）中保护信息，包括：

a）根据具体使用情况建立动态访问管理规则，考虑：

1）基于身份、设备、位置或应用授予访问权限；

2）利用分类方案来确定需要使用动态访问管理技术保护哪些信息；

b）建立操作、监控和报告流程，并支持技术基础设施。

动态访问管理系统应通过以下方式保护信息：

a）需要认证、适当的证书或凭证才能访问信息；

b）限制访问，例如在指定的时间范围内（例如在给定日期之后或直到一个特定日期）；

c）使用加密技术保护信息；

d）定义对信息的打印权限；

e）记录访问信息的人员以及信息的使用方式；

f）如果检测到滥用信息的企图，则发出警报。

其他信息

动态访问管理技术和其他动态信息保护技术可以支持信息保护，即使数据在原始组织之外共享以致传统的访问控制无法实施。它可以应用于文档、电子邮件或其他包含信息的文件，以限制谁可以访问内容以及以何种方式访问内容。它可以是细粒度的，并且可以在信息的整个生命周期中进行调整。

动态访问管理技术不会取代传统的访问管理［例如使用访问控制列表（ACL）］，但可以为条件性、实时评估、实时数据减少和其他对最敏感信息有用的增强功能添加更多因素。它提供了一种控制组织环境外部访问的方法。动态访问管理技术可以支持事件响应，因为可以随时修改或撤销权限。

ISO/IEC 29146 中提供了有关访问管理框架的更多信息。

8.4　访问源代码

控制

应适当管理对源代码、开发工具和软件库的读写访问。

目的

为防止引入未经授权的功能，避免无意或恶意的更改，并维护有价值的知识产权的机密性。

指南

应严格控制对源代码和相关项目（例如设计、规范、验证计划和校验计划）和开发工具（例如编译器、构建器、集成工具、测试平台和环境）的访问。

对于源代码，这可以通过控制此类代码的中央存储来实现，最好是在源代码管理系统中。

对源代码的读取权限和写入权限可能因人员的角色而异。例如，可以在组织内部广泛提供对源代码的读取权限，但对源代码的写入权限只提供给特权人员或指定的所有者。如果组织内的多个开发人员使用代码组件，则应实现对集中式代码存储库的读取访问。此外，如果在组织内部使用开源代码或第三方代码组件，则可以广泛提供对此类外部代码存储库的读取访问权限。但是，写访问仍应受到限制。

应考虑以下准则来控制对程序源库的访问，以减少计算机程序损坏的可能性：

a）按照既定程序，管理对程序源代码和程序源库的访问；

b）根据业务需求授予对源代码的读写访问权限，并根据既定程序设法解决更改或误用的风险；

c）根据变更控制程序（见8.32），更新源代码和相关项目，并授予对源代码的访问权限，并且只有在收到适当的授权后才执行；

d）不授予开发人员直接访问源代码存储库的权限，而是通过开发人员工具来控制对源代码的活动和授权；

e）在安全的环境中保存程序列表，应适当管理和分配读写访问权限；

f）维护所有访问和对源代码的所有更改的审核日志。

如果打算发布程序源代码，则应考虑额外的控制以保证其完整性（例如数字签名）。

其他信息

如果对源代码的访问没有得到适当控制，源代码可能会被修改，或者开发环境中的某些数据（例如生产数据的副本、配置详细信息）可能会被未经授权的人员获取。

8.5 安全认证

控制

应根据信息访问限制和关于访问控制的特定主题政策实施安全认证技术和程序。

目的

当授予对系统、应用程序和服务的访问权限时，确保对用户或实体进行安全身份验证。

指南

应选择合适的身份验证技术来证实用户、软件、消息和其他实体所声称的的身份。

身份验证的强度应适合于要访问的信息的分类。在需要强认证和身份验证的情况下，应使用身份验证方法替代密码，例如数字证书、智能卡、令牌或生物识别技术。

身份验证信息应伴随有访问关键信息系统的附加的身份验证因素（也称为多因素身份验证）。使用多种身份验证因素的组合，例如你知道什么、你拥有什么以及你是什么，可以减少未经授权的访问的可能性。多因素身份验证可以与其他技术相结合，根据预定义的规则和模式（例如从不寻常的位置、不寻常的设备或在不寻常的时间访问）在特定情况下要求额外的因素。

生物特征认证信息一旦被泄露，就应该失效。根据使用条件（例如潮湿或老化），生物特征验证可能不可用。为应对这些问题，生物特征认证应伴随至少一种替代认证技术。

登录系统或应用程序应设计为将未经授权访问程序的风险降至最低。应考虑以下因素来实施登录程序和技术：

a）在成功完成登录过程之前不显示敏感的系统或应用程序信息，以避免为未经授权的用户提供任何不必要的帮助；

b）显示一个一般通知警告，即系统或应用程序或服务只能由授权用户访问；

c）在登录过程中不提供帮助未经授权的用户的帮助消息（例如，如果出现错误情况，系统不应指示数据的哪个部分是正确的或不正确的）；

d）仅在完成所有输入数据后验证登录信息；

e）防止对用户名和密码的暴力登录尝试（例如，使用CAPTCHA、在预定义的失败尝试次数后要求密码重置或在最大错误次数后阻止用户）；

f）记录不成功和成功的尝试；

g）如果检测到潜在的尝试或成功违反登录控制，则触发安全事件（例如，当密码尝试达到一定次数时，向用户和组织的系统管理员发送警报）；

h）完成成功登录后，在单独的通道上显示或发送以下信息：

1）上次成功登录的日期和时间；

2）自上次成功登录以来的任何不成功登录尝试的详细信息；

i）输入密码时不以明文形式显示密码；在某些情况下，可能需要停用此功能以方便用户登录（例如，出于可访问性原因或避免因重复错误而阻止用户）；

j）不通过网络以明文形式传输密码以避免被网络“嗅探器”程序捕获；

k）在一段确定的不活动期后终止非活动会话，特别是在高风险位置，如组织安全管理之外的公共或外部区域，或在用户终端设备上；

l）限制连接持续时间，为高风险应用程序提供额外的安全性，并减少未经授权访问的机会窗口。

其他信息

有关实体认证保证的其他信息，请参见ISO/IEC 29115。

8.6　容量管理

控制

应根据当前和预期的容量要求监测和调整资源的使用。

目的

确保信息处理设施、人力资源、办公室和其他设施所需的能力。

指南

应确定信息处理设施、人力资源、办公室和其他设施的容量要求，同时考虑到相关系统和流程的业务关键性。

应用系统调整和监控，以确保并在必要时提高系统的可用性和效率。

组织应对系统和服务进行压力测试，以确认有足够的系统容量来满足峰值性能要求。

应采取检测控制措施，以便及时发现问题。

对未来容量要求的预测，应考虑新的业务和系统要求，以及组织信息处理能力的当前和预测趋势。

应特别注意具有较长的采购周期或成本高的任何资源。

因此，管理者、服务人员或产品所有者应监控关键系统资源的使用情况。

管理人员应使用能力信息来识别和避免可能对系统安全或服务构成威胁的潜在资源限制和对关键人员的依赖，并计划采取适当的行动。

提供足够的容量可以通过增加容量或减少需求来实现。应考虑以下因素来增加容量：

a）雇用新员工；

b）获得新的设施或空间；

c）获得更强大的处理系统、内存和存储；

d）利用云计算，它具有直接解决容量问题的固有特征。云计算具有恢复力和可扩展性，可以按需快速扩展和减少特定应用程序和服务可用的资源。

应考虑以下事项以减少对组织资源的需求：

a）删除过时数据（磁盘空间）；

b）处理已达到保留期限的硬拷贝记录（释放搁置空间）；

c）应用程序、系统、数据库或环境的退役；

d）优化批处理过程和进度；

e）优化应用程序代码或数据库查询；

f）如果资源消耗服务不重要（例如视频流），则拒绝或限制这些服务的带宽。

应考虑为关键任务系统制定文件化的容量管理计划。

其他信息

有关云计算的恢复力和可扩展性的更多详细信息，请参阅 ISO/IEC TS 23167。

8.7 防范恶意软件

控制

应通过适当的用户意识来实施和支持对恶意软件的防范。

目的

确保信息和其他相关资产免受恶意软件的侵害。

指南

防范恶意软件应基于恶意软件检测和修复软件、信息安全意识、适当的系统访问和变更管理控制。仅使用恶意软件检测和修复软件通常是不够的。应考虑以下指导：

a）实施防止或检测使用未经授权软件的规则和控制［例如，应用程序许可清单（即使用提供了允许应用程序的列表）］（见 8.19 和 8.32）

b）实施防止或检测使用已知或可疑恶意网站的控制（如封锁清单）；

c）减少可被恶意软件利用的漏洞［例如：通过技术漏洞管理（见 8.8 和 8.19）］；

d）对系统的软件和数据内容进行定期自动验证，特别是对于支持关键业务流程的系统；调查是否存在任何未经批准的文件或未经授权的修改；

e）针对从或通过外部网络或在任何其他介质上获取文件和软件的相关风险制定保护措施；

f）安装并定期更新恶意软件检测和修复软件，以扫描计算机和电子存储介质。进行定期扫描，包括：

1）在使用前扫描通过网络或任何形式的电子存储介质接收到的任何数据，以查找恶意软件；

2）在使用前扫描电子邮件和即时消息附件以及下载的文件，以查找恶意软件。在不同的地方（例如在电子邮件服务器、台式计算机）和进入组织网络时执行此扫描；

3）访问网页时扫描恶意软件；

g）根据风险评估结果确定恶意软件检测和修复工具的位置和配置，并考虑：

1）最有效的纵深防御原则。例如，这可能导致在网络网关（在各种应用程序协议中，如电子邮件、文件传输和 Web）以及用户终端设备和服务器中进行恶意软件检测；

2）攻击者的规避技术（例如使用加密文件）传递恶意软件或使用加密协议传递恶意软件；

h）在维护和紧急程序中注意防止恶意软件的引入，这可能绕过针对恶意软件的正常控制；

i）实施流程以授权暂时或永久禁用针对恶意软件的部分或全部措施，包括例外批准机构、书面证明和审查日期。当针对恶意软件的保护导致正常操作中断时，这可能是必要的；

j）为从恶意软件攻击中恢复准备适当的业务连续性计划，包括所有必要的数据和软件备份（包括在线和离线备份）和恢复措施（见 8.13）；

k）隔离可能发生灾难性后果的环境；

l）定义程序和职责以处理系统上的恶意软件防护，包括关于使用、报告和从恶意软件攻击中恢复的培训；

m）向所有用户提供意识或培训（见 6.3），了解如何识别和潜在地减轻恶意软件感染的电子邮件、文件或程序的接收、发送或安装［n）和 o）中收集的信息可用于确保意识和培训保持最新］；

n）实施程序以定期收集有关新的恶意软件的信息，例如订阅邮件列表或查看相关网站；

o）验证与恶意软件有关的信息（例如警告公告）是否来自合格且信誉良好的来源（例如可靠的互联网站点或恶意软件检测软件的供应商），并且准确且信息丰富。

其他信息

并非总是可以在某些系统（例如某些工业控制系统）上安装防止恶意软件的软件。某些形式的恶意软件会感染计算机操作系统和计算机固件，因此常见的恶意软件控制无法清理系统，并且需要对操作系统软件进行完全重新映像，有时还需要对计算机固件进行重新映像，以恢复到安全状态。

8.8　技术漏洞管理

控制

应获取有关信息系统在使用中的技术漏洞的信息，应评估组织对此类漏洞的暴露程度，并应采取适当的措施。

目的

防止利用技术漏洞。

指南

识别技术漏洞

组织应拥有准确的资产清单（见5.9至5.14），作为有效技术漏洞管理的先决条件；清单应包括软件供应商、软件名称、版本号、当前部署状态（例如，哪些软件安装在哪些系统上）以及组织内负责该软件的人员。

为识别技术漏洞，组织应考虑：

a）定义和建立与技术漏洞管理相关的角色和职责，包括漏洞监控、漏洞风险评估、更新、资产跟踪和任何所需的协调职责；

b）对于软件和其他技术（基于资产清单，见5.9），识别将用于识别相关技术漏洞并保持对它们的认识的信息资源。根据清单的变化或发现其他新的或有用的资源时更新信息资源列表；

c）要求信息系统（包括其组件）的供应商确保漏洞报告、处理和披露，包括适用合同中的要求（见5.20）；

d）使用适合所使用技术的漏洞扫描工具来识别漏洞并验证漏洞修补是否成功；

e）由有能力和授权的人员进行有计划的、可记录的和可重复的渗透测试或漏洞评估，以支持漏洞的识别。谨慎行事，因为此类活动可能会危及系统的安全性；

f）跟踪第三方库和源代码的使用情况以识别漏洞。这应该包含在安全编码中（见8.28）。

组织应建立程序和能力，以：

a）检测其产品和服务中是否存在漏洞，包括其中使用的任何外部组件；

b）从内部或外部来源接收漏洞报告。

作为关于漏洞披露的特定主题政策的一部分，组织应提供一个公共联络点，以便研究人员和其他人能够报告问题。组织应建立漏洞报告程序、在线报告表格并利用适当的威胁情报或信息共享论坛。组织还应该考虑漏洞奖励计划，即提供奖励，以帮助组织识别漏洞，以便适当地修复它们。该组织还应与主管行业机构或其他相关方共享信息。

评估技术漏洞

为了评估已识别的技术漏洞，应考虑以下指南：

a）分析和验证报告以确定需要哪些响应和补救活动；

b）一旦识别出潜在的技术漏洞，识别相关风险和要采取的措施。此类操作可能涉及更新易受攻击的系统或应用其他控制。

采取适当措施解决技术漏洞

应实施软件更新管理流程，以确保为所有授权软件安装最新的批准补丁和应用程序更新。如果需要更改，应保留原始软件并将更改应用于指定副本。所有更改都应经过全面测试和记录，以便在必要时可以将它们重新应用到未来的软件升级中。如果需要，修改应由独立的评估机构进行测试和验证。

应考虑以下指南来解决技术漏洞：

a）对识别出的潜在技术漏洞采取适当和及时的行动；定义一个时间表，以对潜在相关技术漏洞的通知做出反应；

b）根据需要解决技术漏洞的紧迫程度，根据与变更管理相关的控制（见8.32）或遵循信息安全事件响应程序（见5.26）执行措施；

c）仅使用来自合法来源（可以是组织内部或外部）的更新；

d）在安装更新之前对其进行测试和评估，以确保它们是有效的并且不会导致无法容忍的副作用［即，如果有可用更新，则评估与安装更新相关的风险（应将漏洞带来的风险与安装更新的风险进行比较）］；

e）首先处理高风险系统；

f）制定补救措施（通常是软件更新或补丁）；

g）进行测试以确认补救或缓解是否有效；

h）提供验证真实性的机制；

i）如果没有可用更新或无法安装更新，请考虑其他控制措施，例如：

1）应用软件供应商或其他相关来源建议的任何解决方法；

2）关闭与漏洞相关的服务或能力；

3）在网络边界处调整或增加访问控制（例如防火墙）（见8.20至8.22）；

4）通过部署合适的流量过滤器（有时称为虚拟补丁）来保护易受攻击的系统、设备或应用程序免受攻击；

5）增加监控以检测实际攻击；

6）提高对漏洞的认识。

对于采购的软件，如果供应商定期发布有关其软件安全更新的信息，并提供自动安装此类更新的设施，则组织应决定是否使用自动更新。

其他注意事项

应为技术漏洞管理中采取的所有步骤保留审计日志。

应定期监测和评估技术漏洞管理过程，以确保其有效性和效率。

有效的技术漏洞管理流程应与事件管理活动保持一致，将有关漏洞的数据传达给事件响应功能，并提供在事件发生时要执行的技术程序。

当组织使用第三方云服务提供商提供的云服务时，云服务提供商资源的技术漏洞管理应由云服务提供商确保。云服务提供商的技术漏洞管理责任应成为云服务协议的一部分，这应包括报告云服务提供商与技术漏洞相关的行动的流程（见5.23）。对于某些云服务，云服务提供商和云服务客户有各自的责任。例如，云服务客户负责对其用于云服务的自有资产进行漏洞管理。

其他信息

技术漏洞管理可以被视为变更管理的子功能，因此可以利用变更管理过程和程序（见8.32）。

更新可能无法充分解决问题并产生负面影响。此外，在某些情况下，一旦应用更新，就无法轻松卸载更新。

如果无法对更新进行充分测试（例如，由于成本或资源不足），则可以考虑延迟更新以根据其他用户报告的经验评估相关风险。使用 ISO/IEC 27031 可能是有益的。

在产生软件补丁或更新的情况下，组织可以考虑提供自动更新过程，将这些更新安装在受影响的系统或产品上，而无需客户或用户的干预。如果提供自动更新过程，它可以允许客户或用户选择关闭自动更新或控制更新安装时间的选项。

如果供应商提供自动更新过程并且可以在受影响的系统或产品上安装更新而无需干预，则组织确定是否应用自动化过程。不选择自动更新的原因之一是保留对何时执行更新的控制。例如，用于业务操作的软件在操作完成之前无法更新。

漏洞扫描的一个弱点是它可能无法完全考虑深度防御：

总是按顺序调用的两种对策可能具有被另一个优势所掩盖的漏洞。复合对策不易受攻击，而漏洞扫描程序可以报告两个组件都易受攻击。因此，组织在审查和处理漏洞报告时应小心谨慎。

许多组织不仅在组织内部提供软件、系统、产品和服务，而且还向客户、合作伙伴或其他用户等相关方提供软件、系统、产品和服务。这些软件、系统、产品和服务可能存在影响用户安全的信息安全漏洞。

组织可以发布补救措施并向用户披露有关漏洞的信息（通常通过公共咨询），并为软件漏洞数据库服务提供适当的信息。

有关使用云计算时管理技术漏洞的更多信息，请参阅 ISO/IEC 19086 系列和 ISO/IEC 27017。

ISO/IEC 29147 提供了有关接收漏洞报告和发布漏洞公告的详细信息。

ISO/IEC 30111 提供了有关处理和解决报告的漏洞的详细信息。

8.9　配置管理

控制

应建立、记录、实施、监控和审查硬件、软件、服务和网络的配置，包括安全配置。

目的

确保硬件、软件、服务和网络在所需的安全设置下正常运行，并且配置不会因未经授权或不正确的更改而改变。

指南

一般原则

组织应定义和实施流程和工具，以在其生命周期内为硬件、软件、服务（例如云服务）和网络、新安装的系统以及操作系统实施定义的配置（包括安全配置）。

角色、职责和程序应到位，以确保对所有配置更改进行令人满意的控制。

标准模板

应定义硬件、软件、服务和网络安全配置的标准模板：

a）使用公开可用的指南（例如，来自供应商和独立安全组织的预定义模板）；

b）考虑确定足够安全级别所需的保护级别；

c）支持组织的信息安全政策、特定主题政策、标准和其他安全要求；

d）考虑组织环境中安全配置的可行性和适用性。

当需要解决新的威胁或漏洞，或者引入新的软件或硬件版本时，应定期审查和更新模板。

为硬件、软件、服务和网络的安全配置建立标准模板时，应考虑以下因素：

a）尽量减少具有特权或管理员级别访问权限的身份数量；

b）禁用不必要的、未使用的或不安全的身份；

c）禁用或限制不必要的功能和服务；

d）限制对强大实用程序和主机参数设置的访问；

e）时钟同步；

f）安装后立即更改供应商默认身份验证信息，例如默认密码，并查看其他重要的默认安全相关参数；

g）调用超时工具，在预定的不活动时间后自动注销计算设备；

h）验证是否满足许可证要求（见 5.32）。

管理配置

应记录硬件、软件、服务和网络的已建立配置，并应维护所有配置更改的日志。这些记录应妥善保存。这可以通过多种方式实现，例如配置数据库或配置模板。

配置变更应遵循变更管理流程（见 8.32）。

配置记录可以包含相关的：

a）资产的最新所有者或联系人信息；

b）最后一次更改配置的日期；

c）配置模板的版本；

d）与其他资产配置的关系。

监控配置

配置应使用一整套系统管理工具（例如维护实用程序、远程支持、企业管理工具、备份和恢复软件）进行监控，并应定期审查以验证配置设置、评估口令强度和评估执行的活动。可以将实际配置与定义的目标模板进行比较。任何偏差都应通过自动执行已定义的目标配置或通过手动分析偏差并随后采取纠正措施来解决。

其他信息

系统文档通常记录有关硬件和软件配置的详细信息。

系统加固是配置管理的一个典型部分。

配置管理可以与资产管理流程和相关工具集成。

自动化通常更有效地管理安全配置（例如，使用基础设施即代码）。

配置模板和目标可能是机密信息，因此应防止未经授权的访问。

8.10　信息删除

控制

当不再需要时，应删除存储在信息系统、设备或任何其他存储介质中的信息。

目的

防止不必要的敏感信息暴露，并遵守有关信息删除的法律、法规、监管和合同要求。

指南

一般原则

敏感信息的保存时间不应超过减少不良披露风险所需的时间。

在删除有关系统、应用程序和服务的信息时，应考虑以下几点：

a）根据业务需求并考虑相关法律法规，选择删除方式（如电子覆盖或加密擦除）；

b）记录删除结果作为证据；

c）在使用信息删除服务商时，向其获取信息删除证据。

如果第三方代表其存储了组织的信息，则组织应考虑将有关信息删除的要求纳入第三方协议，以便在终止此类服务期间和终止此类服务时强制执行该要求。

删除方法

根据组织关于数据保留的特定主题政策并考虑到相关法律法规，当不再需要敏感信息时，应通过以下方式删除：

a）将系统配置为在不再需要时安全地销毁信息（例如，在符合有关数据保留的特定主题政策或根据主题访问请求的一个明确期限之后）；

b）删除过时的版本、副本和临时文件，无论它们位于何处；

c）使用经批准的安全删除软件永久删除信息，以帮助确保无法使用专业恢复或取证工具恢复信息；

d）使用经批准、认证的安全处置服务提供商；

e）使用适合被处置的存储介质类型的处置机制（例如消磁硬盘驱动器和其他磁性存储介质）。

在使用云服务的情况下，组织应验证云服务提供商提供的删除方法是否可接受，如果是，则组织应使用或要求云服务提供商删除信息。如果可用且适用，这些删除过程应根据特定主题政策自动化。根据删除信息的敏感性，日志可以跟踪或验证这些删除过程是否已发生。

为避免在设备被送回供应商时无意暴露敏感信息，应在设备离开组织场所之前移除辅助存储（例如硬盘驱动器）和内存来保护敏感信息。

考虑到某些设备（如智能手机）的安全删除只能通过销毁或使用这些设备中嵌入的功能（如“恢复出厂设置”）来实现，组织应根据此类设备处理的信息分类选择适当的方法。

应采用 7.14 中描述的控制措施来物理销毁存储设备并同时删除其中包含的信息。

在分析可能的信息泄露事件的原因时，信息删除的正式记录很有用。

其他信息

有关云服务中用户数据删除的信息，请参见 ISO/IEC 27017。

有关删除 PII 的信息可在 ISO/IEC 27555 中找到。

8.11 数据屏蔽

控制

应根据组织关于访问控制的特定主题政策和其他相关的特定主题政策和业务要求

使用数据屏蔽，同时考虑适用的立法。

目的

限制敏感数据（包括PII）的暴露，并遵守法律、法规、监管和合同要求。

指南

如果需要考虑保护敏感数据（例如PII），组织应考虑使用数据屏蔽、假名化或匿名化等技术隐藏此类数据。

假名化或匿名化技术可以隐藏PII，伪装PII主体或其他敏感信息的真实身份，断开PII与PII主体身份或其他敏感信息之间的联系。

使用假名或匿名技术时，应验证数据已被充分假名或匿名化。数据匿名化应考虑敏感信息的所有元素是有效的。例如，如果考虑不当，即使可以直接识别该人的数据是匿名的，也可以通过存在允许间接识别该人的进一步数据来识别该人。

数据屏蔽的其他技术包括：

a）加密（要求授权用户拥有密钥）；

b）清空或删除字符（防止未经授权的用户看到完整的消息）；

c）不同的数字和日期；

d）替换（将一个值更改为另一个值以隐藏敏感数据）；

e）用它们的散列替换值。

实施数据屏蔽技术时应考虑以下事项：

a）不授予所有用户访问所有数据的权限，因此设计查询和掩码以便仅向用户显示所需的最少数据；

b）在某些情况下，对于一组数据中的某些记录，某些数据不应该对用户可见；在这种情况下，设计和实施一种数据混淆机制（例如，如果患者不希望医院工作人员能够看到他们的所有记录，即使是在紧急情况下，医院工作人员只会看到部分混淆的数据，并且如果数据包含了可以进行适当治疗的有用信息，则只能由具有特定角色的工作人员访问）；

c）当数据被混淆时，使PII负责人有可能要求用户不能看到数据是否被混淆（模糊化的混淆；这用于医疗机构，例如，如果患者不希望工作人员看到怀孕或血液检查结果等敏感信息信息已被混淆）；

d）任何法律或法规要求（例如，要求在处理或存储期间隐藏支付卡信息）。

使用数据屏蔽、假名化或匿名化时应考虑以下事项：

a）根据处理数据的使用情况，数据屏蔽、假名化或匿名化的强度级别；

b）对已处理的数据的访问控制；

c）使用已处理的数据的协议或限制；

d）禁止将处理过的数据与其他信息进行整理，以识别PII主体；

e）跟踪提供和接收处理过的数据。

其他信息

匿名化不可逆转地改变了PII，使得PII主体不再能够直接或间接地被识别。

假名化用别名替换识别信息。用于执行假名化的算法（有时称为“附加信息”）

的知识允许至少以某种形式识别 PII 主体。因此，此类“附加信息”应单独保存并受到保护。

因此，虽然假名化比匿名化弱，但假名化数据集在统计研究中可能更有用。

数据屏蔽是一组隐藏、替换或混淆敏感数据项的技术。数据屏蔽可以是静态的（当数据项在原始数据库中被屏蔽时）、动态的（使用自动化和规则来实时保护数据）或运行中（在应用程序的内存中屏蔽数据）。

可以使用散列函数来匿名化 PII。为了防止枚举攻击，它们应该始终与 Salt 函数结合使用。

资源标识符及其属性中的 PII［例如文件名、统一资源定位器（URL）］应避免或适当匿名。

ISO/IEC 27018 中提供了有关保护公共云中 PII 的其他控制措施。

ISO/IEC 20889 中提供了有关去标识化技术的更多信息。

8.12 数据防泄露

控制

将数据防泄露措施应用于处理、存储或传输敏感信息的系统、网络和任何其他设备。

目的

检测和防止个人或系统未经授权披露和提取信息。

指南

组织应考虑以下事项以降低数据泄露的风险：

a）识别和分类信息以防止泄露（例如个人信息、定价模型和产品设计）；

b）监控数据泄露渠道（例如电子邮件、文件传输、移动设备和便携式存储设备）；

c）采取措施防止信息泄露（例如，隔离包含敏感信息的电子邮件）。

数据泄露预防工具应用于：

a）识别和监控存在未经授权披露风险的敏感信息（例如用户系统上的非结构化数据）；

b）检测敏感信息的泄露（例如，当信息上传到不受信任的第三方云服务或通过电子邮件发送时）；

c）阻止暴露敏感信息的用户操作或网络传输（例如，阻止将数据库条目复制到电子表格中）。

组织应确定是否有必要限制用户将数据复制和粘贴或上传到组织外部的服务、设备和存储介质的能力。如果是这种情况，组织应实施数据防泄露工具或现有工具配置等技术，允许用户查看和操作远程保存的数据，但防止复制和粘贴超出组织的控制范围。

如果需要导出数据，应允许数据所有者批准导出并让用户对其行为负责。

应通过使用条款和条件、培训和审核来处理屏幕截图或照片。

在备份数据的地方，应注意使用加密、访问控制和保存备份的存储介质的物理保护等措施来保护敏感信息。

还应考虑防止数据泄漏，以防止对手的情报行动获取机密或秘密信息（地缘政治、人力、金融、商业、科学或任何其他），这些信息可能对间谍活动感兴趣或对社区至关重要。数据防泄露行动应以混淆对手的决策为导向，例如将真实信息替换为虚假信息，作为独立行动或作为对对手情报行动的回应。此类行为的示例是逆向社会工程或使用蜜罐来吸引攻击者。

其他信息

数据防泄露工具旨在识别数据、监控数据的使用和移动，并采取措施防止数据泄露（例如，提醒用户注意他们的危险行为并阻止将数据传输到便携式存储设备）。

数据防泄露本质上涉及监视人员的通信和在线活动，以及扩展外部方消息，这引发了在部署数据防泄露工具之前应考虑的法律问题。有多种与隐私、数据保护、雇佣、数据拦截和电信相关的立法适用于数据防泄露背景下的监控和数据处理。

标准安全控制可以支持数据防泄露，例如访问控制和安全文档管理的主题特定政策（参见5.12和5.15）。

8.13　信息备份

控制

信息、软件和系统的备份副本应按照商定的关于备份的特定主题政策进行维护和定期测试。

目的

使从数据或系统的丢失中恢复成为可能。

指南

应制定关于备份的特定主题政策，以解决组织的数据保留和信息安全要求。

应提供足够的备份设施，以确保在发生事故或故障或存储介质丢失后可以恢复所有重要信息和软件。应制定和实施组织如何备份信息、软件和系统的计划，以解决关于备份的特定主题政策。

在设计备份计划时，应考虑以下事项：

a）制作准确和完整的备份副本记录和文件化的恢复程序；

b）反映组织的业务需求（如恢复点目标，见5.30）、所涉及信息的安全要求以及信息在一定程度（如全备份或差异备份）上对组织继续运作的重要性和备份频率；

c）将备份存储在安全可靠的远程位置，距离足以避免主站点灾难造成的任何损害；

d）为备份信息提供适当的物理和环境保护水平（见第7条和第8.1条），与主站点应用的标准相一致；

e）定期测试备份介质，以确保在必要时可以依赖它们以备不时之需。测试将备份数据恢复到测试系统的能力，而不是覆盖原始存储介质，以防备份或恢复过程失败并导致无法修复的数据损坏或丢失；

f）根据已识别的风险（例如在保密性很重要的情况下）通过加密保护备份；

g）注意确保在进行备份之前检测到无意的数据丢失。

操作程序应监控备份的执行并解决计划备份的故障，以根据关于备份的特定主题政策确保备份的完整性。

应定期测试各个系统和服务的备份措施，以确保它们满足事件响应和业务连续性计划的目标（见5.30）。这应该与恢复程序的测试相结合，并根据业务连续性计划所需的恢复时间进行检查。对于关键系统和服务，备份措施应涵盖在发生灾难时恢复整个系统所需的所有系统信息、应用程序和数据。

当组织使用云服务时，应备份组织在云服务环境中的信息、应用程序和系统的副本。当使用作为云服务的一部分提供的信息备份服务时，组织应确定是否以及如何满足备份要求。

应确定基本业务信息的保留期限，同时考虑保留存档副本的任何要求。一旦信息的保留期到期，组织应考虑删除用于备份的存储介质中的信息（见8.10），并应考虑法律法规。

其他信息

有关存储安全性（包括保留注意事项）的更多信息，请参阅ISO/IEC 27040。

8.14 信息处理设施的冗余

控制

信息处理设施应具有足够满足可用性要求的冗余。

目的

确保信息处理设施的持续运行。

指南

组织应识别业务服务和信息系统可用性的要求。组织应设计和实施具有适当冗余的系统架构以满足这些要求。

可以通过部分或全部复制信息处理设施（即备用组件或拥有两个）来引入冗余。组织应计划和实施激活冗余组件和处理设施的程序。

该程序应确定是否总是激活冗余组件和处理活动，或者在紧急情况下自动或手动激活冗余组件。

信息处理设施应确保与主要设施相同的安全级别。

应建立机制以提醒组织信息处理设施的任何故障，能够执行计划的程序，并在信息处理设施被修复或更换时允许持续可用性。

组织在实施冗余系统时应考虑以下事项：

a）与两个或多个网络和关键信息处理设施供应商（如互联网服务提供商）签订合同；

b）使用冗余网络；

c）使用具有镜像系统的两个地理上独立的数据中心；

d）使用物理上冗余的电力或电源；

e）使用软件组件的多个并行实例，它们之间具有自动负载平衡（在同一数据中心或不同数据中心的实例之间）；

f）在系统（例如CPU、硬盘、存储器）或网络（例如防火墙、路由器、交换机）中具有重复的组件。

在适用的情况下，最好在生产模式下，冗余信息系统应进行测试，以确保从一个组件到另一个组件的故障转移按预期工作。

其他信息

冗余与 ICT 为业务连续性做好准备（见 5. 30）之间存在密切关系，尤其是在需要较短恢复时间的情况下。许多冗余措施可以成为 ICT 连续性战略和解决方案的一部分。

冗余的实施可能会给信息和信息系统的完整性（例如，将数据复制到重复组件的过程可能引入错误）或机密性（例如，对重复组件的弱安全控制可能导致危害）引入风险，这些风险需要在执行设计信息系统时加以考虑。

信息处理设施中的冗余通常不能解决由于应用程序中的故障而导致的应用程序不可用。

通过使用公共云计算，可以拥有多个实时版本的信息处理设施，存在于多个独立的物理位置，并在它们之间实现自动故障转移和负载平衡。ISO/IEC TS23167 中讨论了在云服务环境中提供冗余和自动故障转移的一些技术和技巧。

8. 15　日志

控制

应生成、存储、保护和分析记录活动、异常、故障和其他相关事件的日志。

目的

记录事件、生成证据、确保日志信息的完整性、防止未经授权的访问、识别可能导致信息安全事件的信息安全事件并支持调查。

指南

<u>一般原则</u>

组织应确定创建日志的目的、收集和记录的数据以及保护和处理日志数据的任何日志特定要求。这应该记录在关于日志的特定主题政策中。

如适用，对每个事件，事件日志应包括：

a）用户 ID；

b）系统活动；

c）相关事件的日期、时间和详细信息（例如登录和注销）；

d）设备身份、系统标识符和位置；

e）网络地址和协议。

发生以下事件时，应考虑记录日志：

a）成功和拒绝的系统访问尝试；

b）成功和拒绝的数据和其他资源访问尝试；

c）系统配置的改变；

d）特权的使用；

e）实用程序和应用程序的使用；

f）访问的文件和访问类型，包括重要数据文件的删除；

g）门禁系统发出的警报；

h）安全系统的启动和关闭，例如防病毒系统和入侵检测系统；

i）创建、修改或删除身份；

j）用户在应用程序中执行的交易。在某些情况下，应用程序是由第三方提供或运行的服务或产品。

对所有系统来说，拥有同步的时间源（见8.17）很重要，因为这允许系统之间的日志相关联，以便对事件进行分析、警报和调查。

保护日志

用户，包括具有特权访问权限的用户，不应有权删除或停用他们自己的活动日志。他们可能会在其直接控制下操纵信息处理设施上的日志。因此，有必要保护和审查日志以维护特权用户的责任。

控制措施应旨在防止未经授权的日志信息更改和日志记录设施的操作问题，包括：

a）对记录的消息类型的更改；

b）正在编辑或删除的日志文件；

c）如果超过保存日志文件的存储介质，则无法记录事件或覆盖过去记录的事件。

为了保护日志，应考虑使用以下技术：加密散列、记录在仅附加和只读文件中、记录在公开透明文件中。

由于数据保留或收集和保留证据的要求（见5.28），可能要求归档一些审计日志。

如果组织需要将系统或应用程序日志发送给供应商以帮助调试或排除错误，则在发送给供应商之前，应尽可能使用数据屏蔽技术（见8.11）对日志信息进行去标识化处理，如用户名、互联网协议（IP）地址、主机名或组织名称。

事件日志可能包含敏感数据和个人身份信息。应采取适当的隐私保护措施（见5.34）。

日志分析

日志分析应涵盖信息安全事件的分析和解释，以帮助识别异常活动或异常行为，这些活动或行为可能代表危害指标。

事件分析应考虑到：

a）执行分析的专家的必要技能；

b）确定日志分析程序；

c）每个安全相关事件所需的属性；

d）通过使用预定的规则识别的异常［例如安全信息和事件管理（SIEM）或防火墙规则，以及入侵检测系统（IDS）或恶意软件签名］；

e）与异常活动和行为相比的已知行为模式和标准网络流量［用户和实体行为分析（UEBA）］；

f）趋势或模式分析的结果（例如，使用数据分析、大数据技术和专业分析工具的结果)；

g) 可用的威胁情报。

日志分析应得到特定监控活动的支持，以帮助识别和分析异常行为，其中包括：

a) 审查访问受保护资源的成功和不成功尝试［例如域名系统（DNS）服务器、门户网站和文件共享］；

b) 检查 DNS 日志以识别到恶意服务器的出站网络连接，例如与僵尸网络命令和控制服务器相关的那些；

c) 检查来自服务提供商的使用报告（例如票据或服务报告）是否存在系统和网络内的异常活动（例如通过审查活动模式）；

d) 包括入口和出口等物理监控的事件日志，以确保更准确的检测和事件分析；

e) 关联日志以实现高效和高度准确的分析。

f) 应识别疑似和实际的信息安全事件（例如恶意软件感染或防火墙探测）并接受进一步调查（例如作为信息安全事件管理过程的一部分，见 5.25）。

其他信息

系统日志通常包含大量信息，其中大部分与信息安全监控无关。为了帮助识别用于信息安全监控目的的重要事件，可以考虑使用合适的实用程序或审计工具来执行文件询问。

事件记录为能够生成关于系统安全的综合报告和警报的自动监控系统（见 8.16）奠定了基础。

SIEM 工具或等效服务可用于存储、关联、规范化和分析日志信息，并生成警报。SIEM 往往需要仔细配置以优化其优势。

要考虑的配置包括识别和选择适当的日志源、调整和测试规则以及开发用例。

应使用用来记录日志的公共透明文件，例如，在证书透明系统中。这样的文件可以提供一个额外的检测机制，以防止日志篡改。

在云环境中，日志管理职责可以在云服务客户和云服务提供商之间共享。责任因所使用的云服务类型而异。进一步的指导可以在 ISO/IEC 27017 中找到。

8.16 监控活动

控制

应监控网络、系统和应用程序的异常行为，并采取适当措施评估潜在的信息安全事件。

目的

检测异常行为和潜在的信息安全事件。

指南

监控范围和级别应根据业务和信息安全要求并结合相关法律法规确定。监测记录应在规定的保留期限内保存。

应考虑将以下内容纳入监测系统：

a) 出站和入站网络、系统和应用流量；

b) 访问系统、服务器、网络设备、监控系统、关键应用等；

c）关键或管理级别的系统和网络配置文件；

d）来自安全工具的日志［例如：防病毒、IDS、入侵防御系统（IPS）、Web过滤器、防火墙、数据泄露防护］；

e）与系统和网络活动相关的事件日志；

f）检查正在执行的代码是否被授权在系统中运行并且它没有被篡改（例如，通过重新编译以添加额外的不需要的代码）；

g）资源的使用（例如CPU、硬盘、内存、带宽）及其性能。

组织应建立正常行为的基线，并根据该基线监控异常情况。在建立基线时，应考虑以下几点：

a）审查系统在正常和高峰期的使用情况；

b）每个用户或用户组的通常访问时间、访问位置、访问频率。

监控系统应根据已建立的基线进行配置，以识别异常行为，例如：

a）过程或应用程序的计划外终止；

b）通常与来自已知恶意IP地址或网络域的恶意软件或流量相关的活动（例如与僵尸网络命令和控制服务器相关的活动）；

c）已知的攻击特征（例如拒绝服务和缓冲区溢出）；

d）异常系统行为（例如击键记录、进程注入和标准协议使用偏差）；

e）瓶颈和过载（例如网络排队、延迟水平和网络抖动）；

f）对系统或信息的未经授权的访问（实际的或企图的）；

g）未经授权扫描业务应用程序、系统和网络；

h）成功和不成功的访问受保护资源（例如DNS服务器、门户网站和文件系统）的尝试；

i）与预期行为相关的异常用户和系统行为。

应使用通过监测工具进行的持续监测。应根据组织的需要和能力，实时或定期进行监测。监控工具应包括处理大量数据、适应不断变化的威胁环境并允许实时通知的能力。这些工具还应该能够识别特定的签名和数据或网络或应用行为模式。

自动监控软件应配置为根据预定义的阈值生成警报（例如通过管理控制台、电子邮件或即时消息系统）。警报系统应根据组织的基线进行调整和培训，以尽量减少误报。工作人员应专门响应警报，并应接受适当培训，以准确解释潜在事件。应该有冗余系统和流程来接收和响应警报通知。

应将异常事件传达给相关方，以改进以下活动：审计、安全评估、漏洞扫描和监控（见5.25）。应制定程序以及时响应来自监控系统的积极指标，以尽量减少不良事件（见5.26）对信息安全的影响。还应建立程序来识别和解决误报，包括调整监控软件以减少未来误报的数量。

其他信息

可以通过以下方式增强安全监控：

a）利用威胁情报系统（见5.7）；

b）利用机器学习和人工智能能力；

c）使用黑名单或白名单；

d）进行一系列技术安全评估（例如漏洞评估、渗透测试、网络攻击模拟和网络响应演习），并使用这些评估的结果来帮助确定基线或可接受的行为；

e）使用性能监控系统来帮助建立和检测异常行为；

f）结合监控系统利用日志。

监控活动通常使用专业软件进行，例如入侵检测系统。这些可以配置为正常、可接受和预期的系统和网络活动的基线。

监控异常通信有助于识别僵尸网络（即在僵尸网络所有者恶意控制下的一组设备，通常用于在其他组织的其他计算机上安装分布式拒绝服务攻击）。如果计算机由外部设备控制，则受感染设备和控制器之间存在通信。因此，组织应采用技术来监控异常通信并在必要时采取此类行动。

8.17　时钟同步

控制

组织使用的信息处理系统的时钟应与批准的时间源同步。

目的

实现安全相关事件和其他记录数据的关联和分析，并支持对信息安全事件的调查。

指南

应记录和实施对时间表示、可靠同步和准确性的外部和内部要求。此类要求可能来自法律、法规、监管、合同、标准和内部监控需求。应为所有系统定义和考虑在组织内使用的标准参考时间，包括架构管理系统、进出系统和其他可用于帮助调查的系统。

与来自国家原子钟或全球定位系统（GPS）的无线电时间广播相连的时钟应用作为日志记录系统的参考时钟；一个一致的、可信的日期和时间源，以确保准确的时间戳。应使用网络时间协议（NTP）或精确时间协议（PTP）等协议来保持所有联网系统与参考时钟同步。

组织可以同时使用两个外部时间源，以提高外部时钟的可靠性，并适当管理任何差异。

使用多个云服务或同时使用云服务和本地服务时，时钟同步可能很困难。在这种情况下，应监控每项服务的时钟并记录差异，以减轻差异带来的风险。

其他信息

计算机时钟的正确设置对于确保事件日志的准确性很重要，这可能是调查或法律和纪律案件中的证据所必需的。不准确的审计日志可能会阻碍此类调查并损害此类证据的可信度。

8.18　特权实用程序的使用

控制

应限制和严格控制能够覆盖系统和应用程序控制的实用程序的使用。

目的

确保实用程序的使用不会损害信息安全的系统和应用程序控制。

指南

应考虑使用以下能够覆盖系统和应用程序控制的实用程序的准则：

a）将实用程序的使用限制在受信任的授权用户的最小实际数量（见8.2）；

b）使用实用程序的识别、认证和授权程序，包括使用实用程序的人的唯一标识；

c）定义和记录实用程序的授权级别；

d）对实用程序的临时使用授权；

e）不向有权访问需要职责分离的系统上的应用程序的用户提供实用程序；

f）删除或禁用所有不必要的实用程序；

g）实用程序与应用软件至少实施逻辑隔离。在可行的情况下，将此类程序的网络通信与应用程序流量隔离开来；

h）实用程序可用性的限制（例如，在授权更改期间）；

i）记录所有实用程序的使用。

其他信息

大多数信息系统有一个或多个能够覆盖系统和应用程序控制的实用程序，例如诊断、修补、防病毒、磁盘碎片整理程序、调试器、备份和网络工具。

8.19 在操作系统上安装软件

控制

应实施程序和措施以安全地管理操作系统上的软件安装。

目的

确保操作系统的完整性并防止利用技术漏洞。

指南

应考虑以下准则以安全地管理操作系统上软件的更改和安装：

a）仅由经过培训的管理员在适当的管理授权下执行操作软件的更新（见8.5）；

b）确保在操作系统上只安装经过批准的可执行代码，不安装开发代码或编译器；

c）只有在广泛和成功的测试后才安装和更新软件（见8.29和8.31）；

d）更新所有相应的程序源库；

e）使用配置控制系统来保持对所有操作软件和系统文档的控制；

f）在变更实施之前定义回滚策略；

g）维护对操作软件的所有更新的审核日志；

h）归档旧版本的软件，连同所有必需的信息和参数、程序、配置细节和支持软件，作为应急措施，只允许软件读取或处理需要归档的数据。

任何升级到新版本的决定都应考虑更改的业务需求和版本的安全性（例如，引入新的信息安全功能或影响当前版本的信息安全漏洞的数量和严重程度）。当软件补丁可以帮助消除或减少信息安全漏洞时，应该应用它们（见8.8和8.19）。

计算机软件可以依赖于外部提供的软件和软件包（例如使用托管在外部站点上的模块的软件程序），应该对其进行监视和控制以避免未经授权的更改，因为它们可能会引入信息安全漏洞。

供应商提供的用于操作系统的软件应保持在供应商支持的水平。随着时间的推移，软件供应商将不再支持旧版本的软件。组织应考虑依赖不受支持的软件的风险。操作系统中使用的开源软件应保持到该软件的最新适当版本。随着时间的推移，开源代码可能会停止维护，但仍可在开源软件存储库中使用。组织还应考虑在操作系统中使用时依赖未维护的开源软件的风险。

当供应商参与安装或更新软件时，只有在必要时并获得适当授权时才应给予物理或逻辑访问权。应监控供应商的活动（见5.22）。

组织应该定义和执行关于用户可以安装哪些类型的软件的严格规则。

最小权限原则应适用于操作系统上的软件安装。

组织应确定允许安装哪些类型的软件（例如现有软件的更新和安全补丁）以及禁止安装哪些类型的软件（例如仅供个人使用的软件以及那些潜在恶意的血统是未知的或可疑的软件）。应根据相关用户的角色授予这些权限。

8.20　网络控制

控制

网络和网络设备应受到保护、管理和控制，以保护系统和应用程序中的信息。

目的

保护网络中的信息及其支持的信息处理设施免遭网络入侵。

指南

应实施控制，以确保网络中信息的安全并保护连接的服务免受未经授权的访问。尤其应考虑以下项目：

a）网络可以支持的信息类型和分类级别；

b）建立管理网络设备和设施的职责和程序；

c）维护最新的文档，包括网络拓扑图和设备（例如路由器、交换机）的配置文件；

d）酌情将网络操作责任与ICT系统操作分开（见5.3）；

e）建立控制以保护通过公共网络、第三方网络或无线网络传输的数据的机密性和完整性，并保护连接的系统和应用（见5.22、8.24、5.14和6.6）。还可能需要额外的控制来维持网络服务和连接到网络的计算机的可用性；

f）适当地记录和监控，以便能够记录和检测可能影响或与信息安全相关的行为（见8.16和8.15）；

g）密切协调网络管理活动，以优化对组织的服务并确保控制在整个信息处理基础设施中得到一致应用；

h）网络上的认证系统；

i）限制和过滤系统连接到网络（例如使用防火墙）；

j）检测、限制和认证设备和装置与网络的连接；

k）网络设备的加固；

l）将网络管理通道与其他网络流量隔离开来；

m）如果网络受到攻击，则临时隔离关键子网（例如使用 drawbridges）；

n）禁用易受攻击的网络协议。

组织应确保对虚拟化网络的使用应用适当的安全控制。虚拟化网络还涵盖软件定义网络（SDN、SD-WAN）。从安全的角度来看，虚拟化网络可能是可取的，因为它们可以允许在物理网络上进行通信的逻辑分离，特别是对于使用分布式计算实现的系统和应用程序。

其他信息

有关网络安全的更多信息，请参见 ISO/IEC 27033 系列。

有关虚拟化网络的更多信息，请参见 ISO/IEC TS23167。

8.21 网络服务的安全

控制

应确定、实施和监控网络服务的安全机制、服务级别和服务要求。

目的

确保使用网络服务的安全。

指南

应（由内部或外部网络服务提供商）确定和实施特定服务所需的安全措施，例如安全特性、服务级别和服务要求。组织应确保网络服务提供商实施这些措施。

应确定并定期监控网络服务提供商以安全方式管理约定服务的能力。审核权应在组织和提供者之间达成一致。组织还应考虑服务提供商提供的第三方证明，以证明他们保持适当的安全措施。

应制定并实施关于网络和网络服务的使用规则，包括：

a）允许访问的网络和网络服务；

b）访问各种网络服务的认证要求；

c）确定允许谁访问哪些网络和联网的授权程序；

d）网络管理、技术控制和程序，以保护对网络连接和网络服务的访问；

e）用于访问网络和网络服务的手段［例如使用虚拟专用网络（VPN）或无线网络］；

f）用户在访问时的时间、地点和其他属性；

g）网络服务的使用监控。

应考虑网络服务的以下安全特性：

a）应用于网络服务安全的技术，例如认证、加密和网络连接控制；

b）按照安全和网络连接规则与网络服务进行安全连接所需的技术参数；

c）缓存（例如在内容交付网络中）及其参数，允许用户根据性能、可用性和机密性要求选择缓存的使用；

d）必要时限制对网络服务或应用程序访问的网络服务使用程序。

其他信息

网络服务包括提供连接、专用网络服务和托管网络安全解决方案，例如防火墙和入侵检测系统。这些服务的范围从简单的非托管带宽到复杂的增值产品。

ISO/IEC 29146 中提供了有关访问管理框架的更多指南。

8.22　网络隔离

控制

信息服务组、用户组和信息系统组应在组织的网络中隔离。

目的

在安全边界上分割网络，并根据业务需求控制它们之间的流量。

指南

组织应考虑通过将大型网络划分为单独的网络域并将它们与公共网络（即互联网）分开来管理大型网络的安全性。可以根据信任级别、关键性和敏感性（例如公共访问域、桌面域、服务器域、低风险和高风险系统）以及组织单位（例如人力资源、财务、营销）或某种组合来选择域（例如连接到多个组织单位的服务器域）。可以使用物理上不同的网络或使用不同的逻辑网络来完成隔离。

每个域的边界应该明确定义。如果允许网络域之间的访问，则应使用网关（例如防火墙、过滤路由器）在外围对其进行控制。将网络划分为域的标准，以及通过网关允许的访问，应基于对每个域的安全要求的评估。评估应符合关于访问控制的特定主题政策（见5.15）、访问要求、处理信息的价值和分类，并考虑结合适当网关技术的相对成本和性能影响。

由于网络边界不明确，无线网络需要特殊处理。无线网络的隔离应考虑无线电覆盖调整。对于敏感环境，应考虑将所有无线访问视为外部连接，并将此访问与内部网络隔离，直到访问根据网络控制（见8.20）通过网关，然后才授予对内部系统的访问权限。如果员工仅使用符合组织特定主题政策的受控用户终端设备，则应将访客无线接入网络与员工无线接入网络隔离开。访客WiFi应至少具有与员工WiFi相同的限制，以阻止员工使用访客WiFi。

其他信息

网络通常延伸到组织边界之外，因为形成了需要互连或共享信息处理和网络设施的业务伙伴关系。此类扩展可能会增加未经授权访问使用网络的组织信息系统的风险，其中一些由于其敏感性或重要性而需要其来自他网络用户的保护。

8.23　网页过滤

控制

应管理对外部网站的访问，以减少面临恶意内容的可能。

目的

保护系统免受恶意软件的破坏并防止访问未经授权的Web资源。

指南

组织应降低员工访问包含非法信息或已知包含病毒或网络钓鱼诱饵的网站的风险。有一种通过屏蔽相关网站的IP地址或域的技术可以实现这一目的。一些浏览器和反恶意软件技术会自动执行此操作或可以配置为执行此操作。

组织应确定人员应该或不应该访问的网站类型。组织应考虑阻止访问以下类型的网站：

a）具有信息上传功能的网站，除非出于正当的商业原因允许；

b）已知或可疑的恶意网站（例如分发恶意软件或网络钓鱼内容的网站）；

c）命令和控制服务器；

d）从威胁情报中获取的恶意网站（见5.7）；

e）分享非法内容的网站。

在部署此控制之前，组织应建立安全和适当使用在线资源的规则，包括对不受欢迎或不适当的网站和基于Web的应用程序的任何限制。规则应保持最新。

应就安全和适当地使用在线资源（包括访问网络）对员工进行培训。培训应包括组织的规则、提出安全问题的联络点以及出于合法业务原因需要访问受限Web资源时的例外流程。还应对人员进行培训，以确保他们不会否决任何报告网站不安全但允许用户继续进行的浏览器建议。

其他信息

Web过滤可以包括一系列技术，包括签名、启发式、可接受的网站或域列表、禁止的网站或域列表以及定制配置，以帮助防止恶意软件和其他恶意活动攻击组织的网络和系统。

8.24 密码学的使用

控制

应定义和实施有效使用密码学的规则，包括密码密钥管理。

目的

根据业务和信息安全要求，并考虑与密码学相关的法律、法规、监管和合同要求，确保正确有效地使用密码学来保护信息的机密性、真实性或完整性。

指南

一般原则

使用密码学时，应考虑以下几点：

a）组织定义的关于密码学的特定主题政策，包括信息保护的一般原则。有必要制定关于使用密码技术的特定主题政策，以最大限度地提高使用密码技术的好处和最小化风险，并避免不适当或不正确的使用；

b）确定所需的保护级别和信息分类，从而确定所需密码算法的类型、强度和质量；

c）使用加密技术保护移动用户终端设备或存储介质上保存并通过网络传输到此类设备或存储介质的信息；

d）密钥管理方法，包括处理密码密钥的生成和保护以及在密钥丢失、泄露或修改的情况下恢复加密信息的方法；

e）角色和职责：

1）密码学有效使用规则的实施；

2）密钥管理，包括密钥生成（见8.24）；

f）所要采用的标准，以及在组织中被批准或需要使用的密码算法、密码强度、加密解决方案和使用实践；

g）使用加密信息对依赖于内容检查的控制（例如恶意软件检测或内容过滤）的影响。

在实施组织有效使用密码学的规则时，应考虑到适用于世界不同地区使用密码技术的法规和国家限制以及加密信息的跨境流动问题（见5.31）。

与加密服务的外部供应商（例如与认证机构）签订的服务水平协议或合同的内容应涵盖责任、服务的可靠性和提供服务的响应时间等问题（见5.22）。

密钥管理

适当的密钥管理需要用于生成、存储、归档、检索、分发、报废和销毁加密密钥的安全流程。

密钥管理系统应基于一套商定的标准、程序和安全方法，用于：

a）为不同的密码系统和不同的应用生成密钥；

b）颁发和获取公钥证书；

c）向目标实体分发密钥，包括在收到密钥时如何激活密钥；

d）存储密钥，包括授权用户如何访问密钥；

e）更改或更新密钥，包括关于何时更改密钥以及如何更改密钥的规则；

f）处理泄露的密钥；

g）撤销密钥，包括如何撤销或停用密钥［例如当密钥被泄露或用户离开组织时（在这种情况下，密钥也应该被归档）］；

h）恢复丢失或损坏的密钥；

i）备份或归档密钥；

j）销毁密钥；

k）密钥管理相关活动的记录和审计；

l）设置密钥的激活和停用日期，使密钥只能在符合组织密钥管理规则的一段时间内使用；

m）处理访问加密密钥的法律请求（例如，可以要求以未加密形式提供加密信息作为法庭案件的证据）。应保护所有加密密钥不被修改和丢失。此外，密钥和私钥需要防止未经授权的使用和泄露。

用于生成、存储和归档密钥的设备应受到物理保护。

除了完整性之外，对于许多用例，还应考虑公钥的真实性。

其他信息

公钥的真实性通常通过使用证书颁发机构和公钥证书的公钥管理过程来解决，但也可以通过使用诸如对少量密钥应用手动过程等技术来解决它。

密码学可用于实现不同的信息安全目标，例如：

a）机密性：使用信息加密来保护存储或传输的敏感或关键信息；

b）完整性或真实性：使用数字签名或消息验证码来验证存储或传输的敏感或关键信息的真实性或完整性。使用算法进行文件完整性检查；

c）不可否认性：使用密码技术提供事件或行为发生或不发生的证据；

d）身份验证：使用密码技术对请求访问系统用户、实体和资源或与系统用户、实体和资源进行交易的用户和其他系统实体进行身份验证。

ISO/IEC 11770 系列提供了有关密钥管理的更多信息。

8.25 安全开发生命周期

控制

应该建立和应用软件和系统的安全开发规则。

目的

确保在软件和系统的安全开发生命周期内设计和实施信息安全。

指南

安全开发是构建安全服务、架构、软件和系统的必要条件。为此，应考虑以下几个方面：

a）开发、测试和生产环境的分离（见 8.31）；

b）软件开发生命周期中的安全指南：

1）软件开发方法的安全性（见 8.28 和 8.27）；

2）使用的每种编程语言的安全编码指南（见 8.28）；

c）规范和设计阶段的安全要求（见 5.8）；

d）项目中的安全检查点（见 5.8）；

e）系统和安全测试，例如回归测试、代码扫描和渗透测试（见 8.29）；

f）源代码和配置的安全存储库（见 8.4 和 8.9）；

g）版本控制中的安全性（见 8.32）；

h）所需的应用安全知识和培训（见 8.28）；

i）开发人员预防、发现和修复漏洞的能力（见 8.28）；

j）许可要求和替代方案，以确保具有成本效益的解决方案，同时避免未来的许可问题（见 5.32）。

如果开发是外包的，组织应确保供应商遵守组织的安全开发规则（见 8.30）。

其他信息

开发也可以在应用程序内部进行，例如办公应用程序、脚本、浏览器和数据库。

8.26 应用程序安全要求

控制

在开发或获取应用程序时，应识别、指定和批准信息安全要求。

目的

确保在开发或获取应用程序时识别和解决所有信息安全需求。

指南

<u>一般原则</u>

应识别和指定应用程序安全要求。这些要求通常是通过风险评估来确定的。这些要求应在信息安全专家的支持下制定。

应用程序安全要求可以涵盖广泛的主题，这取决于应用程序的目的。

如适用，应用程序安全要求应包括：

a）对实体身份的信任程度［例如通过认证（见 5.17、8.2 和 8.5）］；

b）识别应用程序要处理的信息类型和分类级别；

c）应用程序中对数据和功能的访问和访问级别的分离需求；

d）抵御恶意攻击或无意中断的能力［例如防止缓冲区溢出或结构化查询语言（SQL）注入］；

e）交易产生、处理、完成或存储所在司法管辖区的法律、法规和监管要求；

f）与所有相关方相关的隐私需要；

g）任何机密信息的保护要求；

h）在处理、传输和静止时保护数据；

i）需要对所有相关方之间的通信进行安全加密；

j）输入控制，包括完整性检查和输入验证；

k）自动化控制（例如批准限制或双重批准）；

l）输出控制，同时考虑谁可以访问输出及其授权；

m）对"自由文本"字段内容的限制，因为这些可能导致机密数据（例如个人数据）的不受控制的存储；

n）源自业务流程的要求，例如事务记录和监控、不可否认性要求；

o）其他安全控制规定的要求（例如，记录和监控或数据泄漏检测系统的接口）；

p）错误信息处理。

事务服务

此外，对于在组织和合作伙伴之间提供事务服务的应用程序，在确定信息安全要求时，应考虑以下因素：

a）每一方对彼此声称的身份所要求的信任程度；

b）交换或处理的信息的完整性所需的信任级别以及识别缺乏完整性的机制（例如循环冗余校验、散列、数字签名）；

c）与谁可以批准、发布或签署关键事务文件的内容相关的授权过程；

d）机密性、完整性、关键文件的发送和接收证明以及不可否认性（例如与招标和合同流程相关的合同）；

e）任何交易的机密性和完整性（例如订单、送货地址详细信息和收据确认）；

f）对交易保密多长时间的要求；

g）保险和其他合同要求。

电子订购和支付申请

此外，对于涉及电子订购和支付的申请，应考虑以下事项：

a）保持订单信息的机密性和完整性的要求；

b）适合验证客户提供的支付信息的验证程度；

c）避免交易信息丢失或重复；

d）将交易细节存储在任何可公开访问的环境之外（例如，在组织内联网上存在的存储平台上，而不是在可直接从互联网访问的电子存储介质上保留和公开）；

e）在使用受信任的机构（例如，为了发布和维护数字签名或数字证书）的情况下，安全性被集成并嵌入到整个端到端证书或签名管理过程中。

考虑到法律要求（见5.31至5.36，尤其是密码立法见5.31），可以通过应用密码学（见8.24）来解决上述几个考虑。

其他信息

通过网络访问的应用程序会受到一系列与网络相关的威胁，例如欺诈活动、合同纠纷或向公众披露信息；不完整的传输、错误的路由、未经授权的消息更改、复制或重放。因此，详细的风险评估和仔细确定控制措施是必不可少的。所需的控制通常包括用于身份验证和保护数据传输的加密方法。

有关应用程序安全的更多信息，请参见ISO/IEC 27034系列。

8.27 安全的系统架构和工程原则

控制

应建立、记录、维护工程安全系统的原则并将其应用于任何信息系统开发活动。

目的

确保在开发生命周期内安全地设计、实施和运行信息系统。

指南

应建立、记录安全工程原则并将其应用于信息系统工程活动。安全性应设计到所有架构层（业务、数据、应用程序和技术）中。应分析新技术的安全风险，并根据已知的攻击模式审查设计。

安全工程原则为用户身份验证技术、安全会话控制以及数据验证和清理提供指导。

安全系统工程原则应包括以下方面的分析：

a）保护信息和系统免受已识别威胁所需的全方位安全控制；

b）安全控制预防、检测或响应安全事件的能力；

c）特定业务流程所需的特定安全控制（例如敏感信息的加密、完整性检查和数字签名信息）；

d）在何处以及如何应用安全控制（例如，通过与安全架构和技术基础设施集成）；

e）单个安全控制（手动和自动）如何协同工作以产生一组集成的控制。

安全工程原则应考虑：

a）需要与安全架构进行集成；

b）技术安全基础设施［例如公钥基础设施（PKI）、身份和访问管理（IAM）、数据泄露预防和动态访问管理］；

c）组织开发和支持所选技术的能力；

d）满足安全要求的成本、时间和复杂性；

e）当前的良好做法。

安全的系统工程应涉及：

a）使用安全架构原则，例如“设计安全”“深度防御”“默认安全”“默认拒绝”“安全失败”“不信任来自外部应用程序的输入”“安全部署”“假设违规”“最小特权”“可用性和可管理性”和“最小功能”；

b）面向安全的设计评审，以帮助识别信息安全漏洞，确保指定安全控制并满足安全要求；

c）不完全满足要求的安全控制的文件和正式确认（例如，由于压倒一切的安全要求）；

d）系统加固。

组织应考虑“零信任”原则，例如：

a）假设组织的信息系统已经被破坏，因此不仅仅需要依赖网络边界安全；

b）对信息系统的访问采用“从不信任并始终验证”的方法；

c）确保对信息系统的请求是端到端加密的；

d）验证对信息系统的每个请求，就好像它来自一个开放的外部网络一样，即使这些请求来自组织内部（即不会自动信任其周边内部或外部的任何东西）；

e）使用“最小特权”和动态访问控制技术（见5.15、5.18和8.2）。这包括基于上下文信息（如认证信息（见5.17）、用户身份（见5.16）、关于用户终端设备的数据和数据分类（见5.12））的信息请求或系统请求进行认证和授权；

f）始终根据包括认证信息（见5.17）和用户身份（5.16）、关于用户终端设备的数据和数据分类（见5.12）等信息对请求者进行身份验证，并始终在验证对信息系统的授权请求，例如，强制执行强认证（例如，多因素认证，请参见8.5）。

在适用的情况下，应通过组织与组织的外包供应商之间的合同和其他具有约束力的协议，将既定的安全工程原则应用于信息系统的外包开发。组织应确保供应商的安全工程实践符合组织的需求。

应定期审查安全工程原则和已建立的工程程序，以确保它们有效地有助于提高工程过程中的安全标准。还应定期审查它们，以确保它们在对抗任何新的潜在威胁和保持适用于所应用的技术和解决方案的进步方面保持最新。

其他信息

安全工程原则可应用于一系列技术的设计或配置，例如：

—容错和其他恢复技术；

—隔离（例如通过虚拟化或容器化）；

—防篡改。

安全虚拟化技术可用于防止在同一物理设备上运行的应用程序之间的干扰。如果应用程序的虚拟实例被攻击者破坏，则只有该实例受到影响。攻击对任何其他应用程序或数据没有影响。

防篡改技术可用于检测信息容器的篡改，无论是物理的（例如防盗警报）还是逻辑的（例如数据文件）。这种技术的一个特点是有试图篡改容器的记录。此外，控制可以通过破坏数据来阻止数据的成功提取（例如可以删除设备内存）。

8.28 安全编码

控制

将安全编码原则应用于软件开发。

目的

确保软件编写安全，从而减少软件中潜在的信息安全漏洞的数量。

指南

一般原则

组织应建立组织范围的流程，为安全编码提供良好的治理。应建立和应用最低安全基线。此外，此类流程和治理应扩展到涵盖来自第三方的软件组件和开源软件。

组织应监控现实世界的威胁以及有关软件漏洞的最新建议和信息，以通过持续改进和学习来指导组织的安全编码原则。这有助于确保实施有效的安全编码实践，以应对快速变化的威胁形势。

规划和编码前

安全编码原则应用于新开发和重用场景。这些原则应适用于组织内的开发活动以及组织向他人提供的产品和服务。编码前的规划和先决条件应包括：

a）用于内部和外包代码开发的安全编码的组织特定期望和批准的原则；

b）导致信息安全漏洞的常见和历史编码实践和缺陷；

c）配置开发工具，例如集成开发环境（IDE），以帮助强制创建安全代码；

d）遵循开发工具和执行环境提供商发布的适用指南；

e）维护和使用更新的开发工具（例如编译器）；

f）开发人员编写安全代码的资格；

g）安全设计和架构，包括威胁建模；

h）安全编码标准以及相关的强制使用；

i）使用受控环境进行开发。

编码期间

编码期间的注意事项应包括：

a）针对所使用的编程语言和技术的安全编码实践；

b）使用安全编程技术，例如结对编程、重构、同行评审、安全迭代和测试驱动开发；

c）使用结构化编程技术；

d）记录代码并消除可能允许利用信息安全漏洞的编程缺陷；

e）禁止使用不安全的设计技术（例如使用硬编码密码、未经批准的代码示例和未经身份验证的Web服务）。

测试应在开发期间和之后进行（见8.29）。静态应用程序安全测试（SAST）过程可以识别软件中的安全漏洞。

在软件开始运行之前，应评估以下内容：

a）攻击面和最小特权原则；

b）对最常见的编程错误进行分析，并记录这些错误已得到缓解。

评审和维护

代码运行后：

a）更新应该被安全地打包和部署；

b）应处理报告的信息安全漏洞（见8.8）；

c）应记录错误和可疑的攻击，并定期审查日志以根据需要对代码进行调整；

d）应保护源代码免受未经授权的访问和篡改（例如，通过使用配置管理工具，这些工具通常提供访问控制和版本控制等功能）。

如果使用外部工具和库，组织应考虑：

a）确保管理外部库（例如，通过维护使用的库及其版本的清单）并随着发布周期定期更新；

b）选择、授权和重用经过严格审查的组件，特别是认证和密码组件；

c）外部组件的许可、安全和历史；

d）确保软件是可维护的、可跟踪的并且源自经过验证的、有信誉的来源；

e）开发资源和人工制品的足够长期可用性。

如果需要修改软件包，应考虑以下几点：

a）内置控制和完整性过程受到损害的风险；

b）是否征得卖方同意；

c）作为标准程序更新从供应商处获得所需更改的可能性；

d）组织因变更而对软件的未来维护负责时的影响；

e）与正在使用的其他软件的兼容性。

其他信息

一个指导原则是确保在必要时调用与安全相关的代码并且是防篡改的。从编译的二进制代码安装的程序也具有这些属性，但仅适用于应用程序中保存的数据。对于解释型语言，该概念仅在代码在使用它的用户和进程无法访问的服务器上执行并且其数据保存在类似保护的数据库中时才有效。例如，解释的代码可以在云服务上运行，其中访问代码本身需要管理员权限。此类管理员访问应受到安全机制的保护，例如即时管理原则和强身份验证。如果应用程序所有者可以通过直接远程访问服务器来访问脚本，那么攻击者原则上也可以。在这种情况下，应配置 Web 服务器以防止目录浏览。

应用程序代码的最佳设计是假设它总是受到攻击，通过错误或恶意行为。此外，关键应用程序可以设计为能够容忍内部故障。例如，在数据用于安全或金融关键应用等应用程序之前，可以检查复杂算法的输出以确保其位于安全范围内。执行边界检查的代码很简单，因此更容易证明正确性。

一些 Web 应用程序容易受到由糟糕的设计和编码引入的各种漏洞的影响，例如数据库注入和跨站点脚本攻击。在这些攻击中，可以操纵请求以滥用网络服务器功能。

有关 ICT 安全评估的更多信息，请参阅 ISO/IEC 15408 系列。

8.29　开发和验收中的安全测试

控制

应在开发生命周期中定义和实施安全测试过程。

目的

验证将应用程序或代码部署到生产环境时是否满足信息安全要求。

指南

新信息系统、升级和新版本应在开发过程中进行彻底的测试和验证。安全测试应该是系统或组件测试的一个组成部分。

安全测试应针对一组需求进行，这些需求可以表示为功能性或非功能性。安全测试应包括测试：

a）安全功能，［例如用户认证（见 8.5）、访问限制（见 8.3）和密码术的使用（见 8.24）］；

b）安全编码（见 8.28）；

c）安全配置（见 8.9、8.20 和 8.22），包括操作系统、防火墙和其他安全组件的配置。

应使用一组标准来确定测试计划。测试的范围应与系统的重要性、性质和引入的变更的潜在影响成比例。测试计划应包括：

a）活动和测试的详细时间表；

b）一系列条件下的输入和预期输出；

c）评价结果的准则；

d）必要时采取进一步行动的决定。

组织可以利用自动化工具，例如代码分析工具或漏洞扫描器，并应验证安全相关缺陷的补救措施。

对于内部开发，此类测试最初应由开发团队执行。

然后应进行独立的验收测试，以确保系统按预期工作并且仅按预期工作（见 5.8）。应考虑以下几点：

a）执行代码审查活动作为测试安全缺陷的相关元素，包括未预期的输入和条件；

b）执行漏洞扫描以识别不安全的配置和系统漏洞；

c）执行渗透测试以识别不安全的代码和设计。

对于外包开发和采购组件，应遵循采购流程。

与供应商的合同应解决已识别的安全要求（见 5.20）。在购买产品和服务之前，应根据这些标准进行评估。

测试应在与目标生产环境尽可能匹配的测试环境中进行，以确保系统不会向组织环境引入漏洞并且测试是可靠的（见 8.31）。

其他信息

可以建立多个测试环境，用于不同类型的测试（例如功能和性能测试）。这些不同的环境可以是虚拟的，通过单独的配置来模拟各种操作环境。

还需要考虑对测试环境、工具和技术的测试和监控，以确保有效的测试。同样的考虑也适用于部署在开发、测试和生产环境中的监控系统的监控。需要根据系统和数据的敏感性进行判断，以确定有多少层元测试是有用的。

8.30 外包开发

控制

组织应指导、监控和评审与外包系统开发相关的活动。

目的

确保在外包系统开发中实施组织要求的信息安全措施。

指南

在系统开发外包的情况下，组织应就要求和期望进行沟通并达成一致，并持续监控和评审外包工作的交付是否满足这些期望。在组织的整个外部供应链中应考虑以下几点：

a）与外包内容相关的许可协议、代码所有权和知识产权（见5.32）；

b）安全设计、编码和测试实践的合同要求（见8.25至8.29）；

c）提供威胁模型供外部开发人员考虑；

d）可交付成果的质量和准确性的验收测试（见8.29）；

e）提供证据表明已建立最低可接受的安全和隐私能力水平（例如保证报告）；

f）提供证据证明已应用足够的测试来防止在交付时出现恶意内容（有意和无意）；

g）提供证据证明已经进行了充分的测试以防止出现已知漏洞；

h）软件源代码的托管协议（例如，如果供应商停业）；

i）审核开发过程和控制的合同权利；

j）开发环境的安全要求（见8.31）；

k）考虑适用的法律（例如关于保护个人数据）。

其他信息

有关供应商关系的更多信息，请参见ISO/IEC 27036系列。

8.31　开发、测试和生产环境的分离

控制

开发、测试和生产环境应该分离并受到保护。

目的

保护生产环境和数据免受开发和测试活动的损害。

指南

应该识别和实施防止生产问题所必需的生产、测试和开发环境之间的分离级别。

应考虑以下项目：

a）充分分离开发和生产系统并在不同的域中运行它们，例如在单独的虚拟或物理环境中；

b）定义和记录软件从开发到生产状态部署的规则和授权；

c）应用于生产系统之前，在测试或暂存环境中测试对生产系统和应用程序的变更（见8.29）；

d）除特殊情况外，不在生产环境中进行测试；

e）编译器、编辑器和其他开发工具或实用程序在不需要时无法从生产系统访问；

f）在菜单中显示适当的环境识别标签，以减少出错的风险；

g）除非为开发和测试系统提供等效控制，否则不要将敏感信息复制到开发和测试系统环境中。

在所有情况下，开发和测试环境都应该受到保护，应考虑：

a）修补和更新所有开发、集成和测试工具（包括构建器、集成器、编译器、配置系统和库）；

b）系统和软件的安全配置；

c）进入环境的控制；

d）监测环境变化和存储在其中的代码；

e）安全监控环境；

f）备份环境。

未经事先审查和批准，员工不应该有能力对开发和生产进行更改。例如，这可以通过访问权限的分离或通过监控的规则来实现。在特殊情况下，应实施详细记录和实时监控等额外措施，以检测未经授权的更改并采取行动。

其他信息

如果没有适当的措施和程序，有权访问生产系统的开发人员和测试人员可能会引入重大风险（例如，文件或系统环境的意外修改、系统故障、在生产系统中运行未经授权和未经测试的代码、机密数据泄露、数据完整性和可用性问题）。需要维护一个已知且稳定的环境，在该环境中执行有意义的测试并防止开发人员不适当地访问生产环境。

措施和程序包括精心设计的角色，结合实施职责分离要求和适当的监控流程。

开发和测试人员也对生产信息的机密性构成威胁。如果开发和测试活动共享相同的计算环境，它们可能会导致软件或信息的意外更改。因此，需要将开发、测试和生产环境分离，以减少意外更改或未经授权访问生产软件和业务数据的风险（参见8.33保护测试信息）。

在某些情况下，可以故意模糊开发、测试和生产环境之间的区别，并且可以在开发环境中进行测试，或者通过控制向实时用户或服务器（例如少量试点用户）的推出来进行测试。在某些情况下，产品测试可以通过在组织内部实时使用产品来进行。此外，为了减少实时部署的停机时间，可以支持两个相同的生产环境，其中任何时候只有一个处于活动状态。

在开发和测试环境（8.33）中使用生产数据的支持过程是必要的。

在进行最终用户培训时，组织还可以考虑本节中提供的培训环境指南。

8.32 变更管理

控制

信息处理设施和信息系统的变更应遵循变更管理程序。

目的

在执行变更时保护信息安全。

指南

新系统的引入和对现有系统的重大变更应遵循商定的规则和文档、规范、测试、质量控制和管理实施的正式流程。应制定管理职责和程序，以确保对所有变更进行令人满意的控制。

变更控制程序应形成文件并加以执行，以确保信息处理设施和信息系统中信息的机密性、完整性和可用性，且适用于从早期设计阶段到所有后续维护工作的整个系统开发生命周期。

在可行的情况下，应整合ICT基础设施和软件的变更控制程序。

变更控制程序应包括：

a）考虑所有相关性，规划和评估变更的潜在影响；

b）与相关方沟通变更；

c）测试的证据和变更测试的接受（见8.29）；

d）变更授权；

e）实施变更，包括部署计划；

f）紧急和应急考虑，包括备用程序；

g）维护包括上述所有内容的变更记录；

h）确保必要时更改操作文件（见5.37）和用户程序以保持适当；

i）确保必要时更改ICT连续性计划以及响应和恢复程序（见5.30）以保持适当。

其他信息

对信息处理设施和信息系统的变更控制不足是系统或安全故障的常见原因。生产环境的变化，尤其是在将软件从开发阶段转移到运营阶段时，可能会影响应用程序的完整性和可用性。

变更软件会影响生产环境，反之亦然。

良好做法包括在与生产和开发环境隔离的环境中测试ICT组件（见8.31）。这提供了一种控制新软件并允许对用于测试目的的操作信息进行额外保护的方法。这应该包括补丁、服务包和其他更新。

生产环境包括操作系统、数据库和中间件平台。控制应适用于应用程序和基础设施的变化。

8.33 测试信息

控制

应适当选择、保护和管理测试信息。

目的

确保测试的相关性和保护用于测试的操作信息。

指南

测试信息的选择应保证测试结果的可靠性和相关操作信息的保密性。不应将敏感信息（包括个人身份信息）复制到开发和测试环境中（见8.31）。

当用于测试目的时，应采用以下指南来保护操作信息的副本：

a）应用适用于运行应用系统的访问控制程序，也适用于测试应用系统；

b）每次将操作信息复制到测试环境时都有单独的授权；

c）记录操作信息的复制和使用以提供审计跟踪；

d）如果敏感信息需要用于测试目的，通过删除或修改来保护它（见8.11）；

e）测试完成后立即从测试环境中正确删除（见8.10）操作信息，以防止未经授权使用测试信息。

测试信息应安全存储（防止篡改，否则可能导致无效结果）并且仅用于测试目的。

如果测试环境建立在云服务上，测试完成后应该删除。

其他信息

系统和验收测试可能需要大量尽可能接近操作信息的测试信息。

8.34 在审核和测试期间保护信息系统

控制

测试人员和适当的管理人员应计划并同意审核测试和其他涉及对操作系统进行评估的保证活动。

目的

尽量减少审核和其他保证活动对运营系统和业务流程的影响。

指南

应遵循以下准则：

a）与适当的管理人员就访问系统和数据的审核请求达成一致；

b）同意并控制技术审核测试的范围；

c）将审核测试限制为对软件和数据的只读访问。如果没有只读访问权限来获取必要的信息，请由经验丰富的管理员代表审核员执行测试，该管理员具有必要的访问权限；

d）如果授予访问权限，则在允许访问之前，建立并验证用于访问系统的设备（例如笔记本电脑或平板电脑）的安全要求（例如防病毒和补丁程序）；

e）仅允许以只读方式访问隔离的系统文件副本，该文件应在审核完成时删除，或者在有义务将此类文件保留在审核文档要求下的情况下给予适当的保护；

f）确定并同意特殊或额外处理的要求，例如运行审核工具；

g）运行可能会在工作时间以外影响系统可用性的审核测试；

h）监视和记录所有访问，以进行审核和测试。

其他信息

在考虑测试和审核活动的影响时，还需要考虑对其他非运营活动的影响。

9.3.9 附录 A （信息性）使用属性

A.1 概述

本附件提供了一个表格来演示如何使用属性创建不同视图的控制。这些属性的使用示例如下：

a）控制类型（#Preventive 预防、#Detective 检测、#Corrective 纠正）

该属性可用作组织检查已确定控制的平衡的一种手段；例如，可以有足够的控制来检测信息安全事件，但没有足够的控制来防止信息安全事件。

b）信息安全属性（#Confidentiality 机密型、#Integrity 完整性、#Availability 可用性）

当组织想要了解每个控制的属性时，可以使用此属性，例如，控制是否有助于保护信息的所有机密性、完整性和可用性，或者仅有助于这些属性中的一个或两个。

c）网络安全概念（#Identify 识别、#Protect 保护、#Detect 检测、#Respond 响应、#Recover 恢复）

当组织在组织内同时建立信息安全管理系统（ISMS）和网络安全框架，并希望了解本文档中描述的 ISMS 控制与 ISO 中描述的网络安全框架的五个概念之间的相关性时，可以使用此属性/IEC TS 27110。

d）操作能力（#Governance 治理、#Asset management 资产管理、#Information protection 信息保护、#Human resource security 人力资源安全、#Physical security 物理安全、System and network security 系统和网络安全、#Application security 应用安全、#Secure configuration 安全配置、#Identity and access management 身份和访问管理、#Threat and vulnerability management 威胁和漏洞管理、#Continuity 连续性、#Supplier relationships security 供应商关系安全、#Legal and compliance 法律和合规、#Information security event management 信息安全事件事件、#Information security assurance 信息安全保障）

当组织想要从从业者的角度对控制进行分类时，可以使用此属性；例如，当组织想要根据这些属性值分配组织内的负责部门时。

e）安全域（#Governance and Ecosystem 治理与生态系统、#Protection 保护、#Defence 防御、#Resilience 恢复力）

当组织想要从信息安全领域、专业知识、服务和产品的角度对控制进行分类时，可以使用此属性。

表 A.1 包含本文档中所有控件及其给定属性值的矩阵。

矩阵的过滤或排序可以通过使用简单的电子表格或数据库等工具来实现，其中可以包含更多信息，如控制文本、指南、组织特定的指南或属性（见 A.2）。

表 A.1 **控制矩阵和属性值**

控制标识符	控制名称	控制类型	信息安全属性	网络安全概念	操作能力	安全域
5.1	信息安全策略	#预防	#机密性#完整性#可用性	#识别	#治理	#治理和生态系统#恢复力
5.2	信息安全角色和职责	#预防	#机密性#完整性#可用性	#鉴别	#治理	#治理和生态系统#保护#恢复力
5.3	职责分离	#预防	#机密性#完整性#可用性	#保护	#治理#身份和访问管理	#治理和生态系统

续表

控制标识符	控制名称	控制类型	信息安全属性	网络安全概念	操作能力	安全域
5.4	管理职责	#预防	#机密性#完整性#可用性	#识别	#治理	#治理和生态系统
5.5	与政府部门的联系	#预防#纠正	#机密性#完整性#可用性	#识别#保护#响应#恢复	#治理	#防御#恢复力
5.6	与特殊利益团体的联系	#预防#纠正	#机密性#完整性#可用性	#保护#响应#恢复	#治理	#防御
5.7	威胁情报	#预防#检测#纠正	#机密性#完整性#可用性	#识别#检测#响应	#威胁和漏洞管理	#防御#恢复力
5.8	项目管理中的信息安全	#预防	#机密性#完整性#可用性	#识别#保护	#治理	#治理和生态系统#保护
5.9	信息和其他相关资产清单	#预防	#机密性#完整性#可用性	#识别	#资产管理	#治理和生态系统#保护
5.10	信息和其他相关资产的可接受使用	#预防	#机密性#完整性#可用性	#保护	#资产管理#信息保护	#治理和生态系统#保护
5.11	资产归还	#预防	#机密性#完整性#可用性	#保护	#资产管理	#保护
5.12	信息分类	#预防	#机密性#完整性#可用性	#识别	#信息保护	#保护#防御
5.13	信息标签	#预防	#机密性#完整性#可用性	#保护	#信息保护	#防御#保护
5.14	信息传输	#预防	#机密性#完整性#可用性	#保护	#资产管理#信息保护	#保护
5.15	访问控制	#预防	#机密性#完整性#可用性	#保护	#身份和访问管理	#保护
5.16	身份管理	#预防	#机密性#完整性#可用性	#保护	#身份和访问管理	#保护
5.17	认证信息	#预防	#机密性#完整性#可用性	#保护	#身份和访问管理	#保护
5.18	访问权限	#预防	#机密性#完整性#可用性	#保护	#身份和访问管理	#保护

续表

控制标识符	控制名称	控制类型	信息安全属性	网络安全概念	操作能力	安全域
5.19	供应商关系中的信息安全	#预防	#机密性#完整性#可用性	#识别	#供应商关系安全	#治理和生态系统#保护
5.20	解决ICT供应链中的信息安全问题	#预防	#机密性#完整性#可用性	#识别	#供应商关系安全	#治理和生态系统#保护
5.21	管理ICT供应链中的信息安全	#预防	#机密性#完整性#可用性	#识别	#供应商关系安全	#治理和生态系统#保护
5.22	供应商服务的监控、审查和变更管理	#预防	#机密性#完整性#可用性	#识别	#供应商关系安全	#治理和生态系统#保护#防御#信息安全保障
5.23	使用云服务的信息安全	#预防	#机密性#完整性#可用性	#保护	#供应商关系安全	#治理和生态系统#保护
5.24	信息安全事件管理计划与准备	#纠正	#机密性#完整性#可用性	#响应#恢复	#治理#信息安全事件管理	#防御
5.25	信息安全事件评估与决策	#检测	#机密性#完整性#可用性	#检测#响应	#信息安全事件管理	#防御
5.26	信息安全事件的响应	#纠正	#机密性#完整性#可用性	#响应#恢复	#信息安全事件管理	#防御
5.27	从信息安全事件中学习	#预防	#机密性#完整性#可用性	#识别#保护	#信息安全事件管理	#防御
5.28	证据的收集	#纠正	#机密性#完整性#可用性	#检测#响应	#信息安全事件管理	#防御
5.29	中断期间的信息安全	#预防#纠正	#机密性#完整性#可用性	#保护#响应	#连续性	#保护#恢复力
5.30	ICT业务连续性准备	#纠正	#完整性	#响应	#连续性	#恢复力
5.31	法律、法规、监管和合同要求	#预防	#机密性#完整性#可用性	#识别	#法律和合规	#治理和生态系统#保护

续表

控制标识符	控制名称	控制类型	信息安全属性	网络安全概念	操作能力	安全域
5.32	知识产权	#预防	#机密性#完整性#可用性	#识别	#法律和合规	#治理和生态系统
5.33	记录保护	#保护	#机密性#完整性#可用性	#识别#保护	#法律和合规#资产管理#信息保护	#防御
5.34	PII 隐私和保护	#预防	#机密性#完整性#可用性	#识别#保护	#信息保护#法律和合规	#保护
5.35	信息安全独立审查	#预防#纠正	#机密性#完整性#可用性	#识别#保护	#信息安全评估	#治理和生态系统
5.36	遵守信息安全政策和标准	#预防	#机密性#完整性#可用性	#识别#保护	#法律和合规#信息安全评估	#治理和生态系统
5.37	文件化操作程序	#预防#纠正	#机密性#完整性#可用性	#保护#恢复	#资产管理#物理安全#系统和网络安全#应用安全#安全配置#身份和访问管理#威胁和脆弱性管理#连续性#信息安全事件管理	#治理和生态系统#保护#防御
6.1	筛选	#预防	#机密性#完整性#可用性	#保护	#人力资源安全	#治理和生态系统
6.2	雇佣条款和条件	#预防	#机密性#完整性#可用性	#保护	#人力资源安全	#治理和生态系统
6.3	信息安全意识、教育和培训	#预防	#机密性#完整性#可用性	#保护	#人力资源安全	#治理和生态系统
6.4	惩戒程序	#预防#纠正	#机密性#完整性#可用性	#保护#响应	#人力资源安全	#治理和生态系统
6.5	雇佣终止或变更后的责任	#预防	#机密性#完整性#可用性	#保护	#人力资源安全#资产管理	#治理和生态系统

续表

控制标识符	控制名称	控制类型	信息安全属性	网络安全概念	操作能力	安全域
6.6	保密或保密协议	#预防	#机密性#完整性#可用性	#保护	#人力资源安全#信息保护#供应商关系	#治理和生态系统
6.7	远程工作	#预防	#机密性#完整性#可用性	#保护	#资产管理#信息保护#物理安全#系统和网络安全	#保护
6.8	远程工作信息安全事件报告	#检测	#机密性#完整性#可用性	#检测	#信息安全事件管理	#防御
7.1	物理安全边界	#预防	#机密性#完整性#可用性	#保护	#物理安全	#保护
7.2	物理入口控制	#预防	#机密性#完整性#可用性	#保护	#物理安全#身份和访问管理	#保护
7.3	确保办公室，房间和设施的安全	#预防	#机密性#完整性#可用性	#保护	#物理安全#资产管理	#保护
7.4	物理安全监控	#预防#检测	#机密性#完整性#可用性	#保护#检测	#物理安全	#保护#防御
7.5	防范物理和环境威胁	#预防	#机密性#完整性#可用性	#保护	#物理安全	#保护
7.6	在安全区域工作	#预防	#机密性#完整性#可用性	#保护	#物理安全	#保护
7.7	清理桌面和屏幕	#预防	#机密性	#保护	#物理安全	#保护
7.8	设备选址和保护	#预防	#机密性#完整性#可用性	#保护	#物理安全#资产管理	#保护
7.9	场外资产的安全	#预防	#机密性#完整性#可用性	#保护	#物理安全#资产管理	#保护
7.10	存储介质	#预防	#机密性#完整性#可用性	#保护	#物理安全#资产管理	#保护
7.11	配套设施	#预防#检测	#完整性#可用性	#保护#检测	#物理安全	#保护

续表

控制标识符	控制名称	控制类型	信息安全属性	网络安全概念	操作能力	安全域
7.12	布线安全	#预防	#机密性#可用性	#保护	#物理安全	#保护
7.13	设备维护	#预防	#机密性#完整性#可用性	#保护	#物理安全#资产管理	#保护#恢复力
7.14	设备的安全处置或重复使用	#预防	#机密性	#保护	#物理安全#资产管理	#保护
8.1	用户终端设备	#预防	#机密性#完整性#可用性	#保护	#资产管理#信息保护	#保护
8.2	特权访问权限	#预防	#机密性#完整性#可用性	#保护	#身份和访问管理	#保护
8.3	信息访问限制	#预防	#机密性#完整性#可用性	#保护	#身份和访问管理	#保护
8.4	访问源代码	#预防	#机密性#完整性#可用性	#保护	#身份和访问管理#应用安全#安全配置	#保护
8.5	安全认证	#预防	#机密性#完整性#可用性	#保护	#身份和访问管理	#保护
8.6	容量管理	#预防#检测	#完整性#可用性	#识别#保护#检测	#连续性	#治理和生态系统#保护
8.7	防范恶意软件	#预防#检测#纠正	#机密性#完整性#可用性	#保护#检测	#系统和网络安全#信息保护	#保护#防御
8.8	技术漏洞管理	#预防	#机密性#完整性#可用性	#识别#保护	#威胁和漏洞管理	#治理和生态系统#保护#防御
8.9	配置管理	#预防	#机密性#完整性#可用性	#保护	#安全配置	#保护
8.10	信息删除	#预防	#机密性	#保护	#信息保护#法律和合规	#保护
8.11	数据屏蔽	#预防	#机密性	#保护	#信息保护	#保护
8.12	数据防泄露	#预防#检测	#机密性	#保护#检测	#信息保护	#保护#防御

续表

控制标识符	控制名称	控制类型	信息安全属性	网络安全概念	操作能力	安全域
8. 13	信息备份	#纠正	#完整性#可用性	#恢复	#连续性	#保护
8. 14	信息处理设施的冗余	#预防	#可用性	#保护	#连续性#资产管理	#保护#恢复力
8. 15	日志	#检测	#机密性#完整性#可用性	#检测	#信息安全事件管理	#保护#防御
8. 16	监控活动	#检测#纠正	#机密性#完整性#可用性	#检测#响应	#信息安全事件管理	#防御
8. 17	时钟同步	#检测	#可用性	#保护#检测	#信息安全事件管理	#保护#防御
8. 18	特权实用程序的使用	#预防	#机密性#完整性#可用性	#保护	#系统和网络安全#安全配置#应用安全	#保护
8. 19	在操作系统上安装软件	#预防	#机密性#完整性#可用性	#保护	#安全配置#应用安全	#保护
8. 20	网络控制	#预防#检测	#机密性#完整性#可用性	#保护#检测	#系统和网络安全	#保护
8. 21	网络服务的安全	#预防	#机密性#完整性#可用性	#保护	#系统和网络安全	#保护
8. 22	网络隔离	#预防	#机密性#完整性#可用性	#保护	#系统和网络安全	#保护
8. 23	网页过滤	#预防	#机密性#完整性#可用性	#保护	#系统和网络安全	#保护
8. 24	密码学的使用	#预防	#机密性#完整性#可用性	#保护	#安全配置	#保护
8. 25	安全开发生命周期	#预防	#机密性#完整性#可用性	#保护	#系统和网络安全#应用安全	#保护
8. 26	应用程序安全要求	#预防	#机密性#完整性#可用性	#保护	#应用安全#系统和网络安全	#保护#防御
8. 27	安全的系统架构和工程原则	#预防	#机密性#完整性#可用性	#保护	#应用安全#系统和网络安全	#保护

续表

控制标识符	控制名称	控制类型	信息安全属性	网络安全概念	操作能力	安全域
8.28	安全编码	#预防	#机密性#完整性#可用性	#保护	#应用安全#系统和网络安全	#保护
8.29	开发和验收中的安全测试	#预防	#机密性#完整性#可用性	#识别	#应用安全#信息安全保障#系统和网络安全	#保护
8.30	外包开发	#预防#检测	#机密性#完整性#可用性	#识别#保护#检测	#系统和网络安全#应用安全#供应商关系安全	#治理和生态系统#保护
8.31	开发、测试和生产环境的分离	#预防	#机密性#完整性#可用性	#保护	#应用安全#系统和网络安全	#保护
8.32	变更管理	#预防	#机密性#完整性#可用性	#保护	#应用安全#系统和网络安全	#保护
8.33	测试信息	#预防	#机密性#完整性#可用性	#保护	#信息保护	#保护
8.34	在审核和测试期间保护信息系统	#预防	#完整性#可用性	#保护	#系统和网络安全#信息保护	#治理和生态系统#保护

表A.2显示了如何通过按特定属性值（在本例中为#Corrective纠正）过滤来创建视图的示例。

表A.2 **#纠正控制视图**

控制标识符	控制名称	控制类型	信息安全属性	网络安全概念	操作能力	安全域
5.5	与政府部门的联系	#预防#纠正	#机密性#完整性#可用性	#识别#保护#响应#恢复	#治理	#防御#恢复力
5.6	与特殊利益团体的联系	#预防#纠正	#机密性#完整性#可用性	#保护#响应#恢复	#治理	#防御

续表

控制标识符	控制名称	控制类型	信息安全属性	网络安全概念	操作能力	安全域
5.7	威胁情报	#预防#检测#纠正	#机密性#完整性#可用性	#识别#检测#响应	#威胁和漏洞管理	#防御#恢复力
5.24	信息安全事件管理计划与准备	#纠正	#机密性#完整性#可用性	#响应#恢复	#治理#信息安全事件管理	#防御
5.26	信息安全事件的响应	#纠正	#机密性#完整性#可用性	#响应#恢复	#信息安全事件管理	#防御
5.28	证据的收集	#纠正	#机密性#完整性#可用性	#检测#响应	#信息安全事件管理	#防御
5.29	中断期间的信息安全	#预防#纠正	#机密性#完整性#可用性	#保护#响应	#连续性	#保护#恢复力
5.30	ICT 业务连续性准备	#纠正	#完整性	#响应	#连续性	#恢复力
5.35	信息安全独立审查	#预防#纠正	#机密性#完整性#可用性	#识别#保护	#信息安全评估	#治理和生态系统
5.37	文件化操作程序	#预防#纠正	#机密性#完整性#可用性	#保护#恢复	#资产管理#物理安全#系统和网络安全#应用安全#安全配置#身份和访问管理#威胁和脆弱性管理#连续性#信息安全事件管理	#治理和生态系统#保护#防御
6.4	惩戒程序	#预防#纠正	#机密性#完整性#可用性	#保护#响应	#人力资源安全	#治理和生态系统
8.7	防范恶意软件	#预防#检测#纠正	#机密性#完整性#可用性	#保护#检测	#系统和网络安全#信息保护	#保护#防御
8.13	信息备份	#纠正	#完整性#可用性	#恢复	#连续性	#保护

续表

控制标识符	控制名称	控制类型	信息安全属性	网络安全概念	操作能力	安全域
8.16	监控活动	#检测#纠正	#机密性#完整性#可用性	#检测#响应	#信息安全事件管理	#防御

A.2　组织视角

第一步是了解为什么需要组织特定的属性。例如，如果一个组织已经根据事件构建了其风险处理计划［参见 ISO/IEC 27001：2013，6.1.3e）］，它可能希望将风险情景属性与本文档中的每个控制相关联。

这种属性的好处是加快实现与风险处理相关的 ISO/IEC 27001 要求的过程，即将通过风险处理过程确定的控制（称为“必要”控制）以确保没有忽略与那些在 ISO/IEC 27001：2013 的附录 A（在本文件中发布）中任何必要的控制。

一旦知道了目的和好处，下一步就是确定属性值。例如，组织可能会识别 9 个事件：

1）移动设备丢失或被盗；

2）组织场所丢失或被盗；

3）不可抗力、故意破坏和恐怖主义；

4）软件、硬件、电源、互联网和通讯故障；

5）欺诈；

6）黑客攻击；

7）披露；

8）违法；

9）社会工程学。

因此，第二步可以通过为每个事件（例如 E1、E2、…、E9）分配标识符来完成。

第三步是将该文档中的控制标识符和控制名称复制到电子表格或数据库中，并将属性值与每个控制相关联，记住每个控制可以有多个属性值。

最后一步是对电子表格进行排序或查询数据库以提取所需的信息。

组织属性（和可能的值）的其他示例包括：

a）成熟度（来自 ISO/IEC 33000 系列或其他成熟度模型的值）；

b）实施状态（待办、进行中、部分实施、完全实施）；

c）优先级（1、2、3 等）；

d）涉及的组织领域（安全、ICT、人力资源、最高管理层等）；

e）事件；

f）涉及的资产；

e）构建和运行，以区分服务生命周期的不同步骤中使用的控件；

g）组织使用或可以从其过渡的其他框架。

9.3.10　附录 B　（信息性）符合 ISO/IEC 27002：2013

本附件的目的是为当前使用 ISO/IEC 27002：2013 标准并希望过渡到该版本的组织提供向后兼容性。

表 B.1 提供了条款 5 至 8 中规定的控制与 ISO/IEC 27002：2013 中的控制的对应关系。

表 B.1　**本文件中的控制与 ISO/IEC 27002：2013 中的控制之间的对应关系**

ISO/IEC 27002：2022 控制标识符	ISO/IEC 27002：2013 控制标识符	控制名称
5.1	5.1.1、5.1.2	信息安全策略
5.2	6.1.1	信息安全角色和职责
5.3	6.1.2	职责分离
5.4	7.2.1	管理职责
5.5	6.1.3	与政府部门的联系
5.6	6.1.4	与特殊利益团体的联系
5.7	新	威胁情报
5.8	6.1.5、14.1.1	项目管理中的信息安全
5.9	8.1.1、8.1.2	信息和其他相关资产清单
5.10	8.1.3、8.2.3	信息和其他相关资产的可接受使用
5.11	8.1.4	资产归还
5.12	8.2.1	信息分类
5.13	8.2.2	信息标签
5.14	13.2.1、13.2.2、13.2.3	信息传输
5.15	9.1.1、9.1.2	访问控制
5.16	9.2.1	身份管理
5.17	9.2.4、9.3.1、9.4.3	认证信息
5.18	9.2.2、9.2.5、9.2.6	访问权限
5.19	15.1.1	供应商关系中的信息安全
5.20	15.1.2	解决 ICT 供应链中的信息安全问题
5.21	15.1.3	管理 ICT 供应链中的信息安全
5.22	15.2.1、15.2.2	供应商服务的监控，审查和变更管理

续表

ISO/IEC 27002：2022 控制标识符	ISO/IEC 27002：2013 控制标识符	控 制 名 称
5.23	新	使用云服务的信息安全
5.24	16.1.1	信息安全事件管理计划与准备
5.25	16.1.4	信息安全事件评估与决策
5.26	16.1.5	信息安全事件的响应
5.27	16.1.6	从信息安全事件中学习
5.28	16.1.7	证据的收集
5.29	17.1.1、17.1.2、17.1.3	中断期间的信息安全
5.30	新	ICT 业务连续性准备
5.31	18.1.1、18.1.5	法律、法规、监管和合同要求
5.32	18.1.2	知识产权
5.33	18.1.3	记录保护
5.34	18.1.4	PII 隐私和保护
5.35	18.2.1	信息安全独立审查
5.36	18.2.2、18.2.3	遵守信息安全政策和标准
5.37	12.1.1	文件化操作程序
6.1	7.1.1	筛选
6.2	7.1.2	雇佣条款和条件
6.3	7.2.2	信息安全意识、教育和培训
6.4	7.2.3	惩戒程序
6.5	7.3.1	雇佣终止或变更后的责任
6.6	13.2.4	保密或保密协议
6.7	6.2.2	远程工作
6.8	16.1.2、16.1.3	远程工作信息安全事件报告
7.1	11.1.1	物理安全边界
7.2	11.1.2、11.1.6	物理入口控制
7.3	11.1.3	确保办公室，房间和设施的安全
7.4	新	物理安全监控
7.5	11.1.4	防范物理和环境威胁
7.6	11.1.5	在安全区域工作
7.7	11.2.9	清理桌面和屏幕

续表

ISO/IEC 27002：2022 控制标识符	ISO/IEC 27002：2013 控制标识符	控 制 名 称
7. 8	11. 2. 1	设备选址和保护
7. 9	11. 2. 6	场外资产的安全
7. 10	8. 3. 1、8. 3. 2、8. 3. 3、11. 2. 5	存储介质
7. 11	11. 2. 2	配套设施
7. 12	11. 2. 3	布线安全
7. 13	11. 2. 4	设备维护
7. 14	11. 2. 7	设备的安全处置或重复使用
8. 1	6. 2. 1、11. 2. 8	用户终端设备
8. 2	9. 2. 3	特权访问权限
8. 3	9. 4. 1	信息访问限制
8. 4	9. 4. 5	访问源代码
8. 5	9. 4. 2	安全认证
8. 6	12. 1. 3	容量管理
8. 7	12. 2. 1	防范恶意软件
8. 8	12. 6. 1、18. 2. 3	技术漏洞管理
8. 9	新	配置管理
8. 10	新	信息删除
8. 11	新	数据屏蔽
8. 12	新	数据防泄露
8. 13	12. 3. 1	信息备份
8. 14	17. 2. 1	信息处理设施的冗余
8. 15	12. 4. 1、12. 4. 2、12. 4. 3	日志
8. 16	新	监控活动
8. 17	12. 4. 4	时钟同步
8. 18	9. 4. 4	特权实用程序的使用
8. 19	12. 5. 1、12. 6. 2	在操作系统上安装软件
8. 20	13. 1. 1	网络控制
8. 21	13. 1. 2	网络服务的安全性
8. 22	13.1. 3	网络隔离
8. 23	新	网页过滤

续表

ISO/IEC 27002：2022 控制标识符	ISO/IEC 27002：2013 控制标识符	控 制 名 称
8.24	10.1.1、10.1.2	密码学的使用
8.25	14.2.1	安全开发生命周期
8.26	14.1.2、14.1.3	应用程序安全要求
8.27	14.2.5	安全的系统架构和工程原则
8.28	新	安全编码
8.29	14.2.8、14.2.9	开发和验收中的安全测试
8.30	14.2.7	外包开发
8.31	12.1.4、14.2.6	开发、测试和生产环境的分离
8.32	12.1.2、14.2.2、14.2.3、14.2.4	变更管理
8.33	14.3.1	测试信息
8.34	12.7.1	在审核和测试期间保护信息系统

表B.2提供了ISO/IEC 27002：2013中规定的控制与本文件中规定的对应关系。

表B.2 **ISO/IEC 27002：2013中的控制与本文件中的控制之间的对应关系**

ISO/IEC 27002：2013 控制标识符	ISO/IEC 27002：2022 控制标识符	符合ISO/IEC 27002：2013的控制名称
5		信息安全政策
5.1		信息安全管理方向
5.1.1	5.1	信息安全政策
5.1.2	5.1	审查信息安全政策
6		信息安全组织
6.1		内部组织
6.1.1	5.2	信息安全角色和职责
6.1.2	5.3	职责分离
6.1.3	5.5	与政府部门的联系
6.1.4	5.6	与特殊利益集团的联系
6.1.5	5.8	项目管理中的信息安全
6.2		移动设备和远程办公
6.2.1	8.1	移动设备策略

续表

ISO/IEC 27002：2013 控制标识符	ISO/IEC 27002：2022 控制标识符	符合 ISO/IEC 27002：2013 的控制名称
6. 2. 2	6. 7	远程办公
7		人力资源安全
7. 1		雇佣前
7. 1. 1	6. 1	筛选
7. 1. 2	6. 2	雇佣条款和条件
7. 2		雇佣中
7. 2. 1	5. 4	管理职责
7. 2. 2	6. 3	信息安全意识教育培训
7. 2. 3	6. 4	纪律处分程序
7. 3		雇佣终止和变更
7. 3. 1	6. 5	雇佣责任的终止或变更
8		资产管理
8. 1		资产责任
8. 1. 1	5. 9	资产清单
8. 1. 2	5. 9	资产所有权
8. 1. 3	5. 10	可接受的资产使用
8. 1. 4	5. 11	资产归还
8. 2		信息分类
8. 2. 1	5. 12	信息分类
8. 2. 2	5. 13	信息标签
8. 2. 3	5. 10	资产处理
8. 3		介质处理
8. 3. 1	7. 10	可移动介质管理
8. 3. 2	7. 10	介质处置
8. 3. 3	7. 10	物理介质传输
9		访问控制
9. 1		门禁业务需求
9. 1. 1	5. 15	访问控制策略
9. 1. 2	5. 15	访问网络和网络服务
9. 2		用户权限管理

续表

ISO/IEC 27002：2013 控制标识符	ISO/IEC 27002：2022 控制标识符	符合 ISO/IEC 27002：2013 的控制名称
9.2.1	5.16	用户注册和注销
9.2.2	5.18	用户访问配置
9.2.3	8.2	特权访问权限的管理
9.2.4	5.17	用户秘密认证信息管理
9.2.5	5.18	审查用户访问权限
9.2.6	5.18	访问权限的删除或调整
9.3		用户责任
9.3.1	5.17	秘密认证信息的使用
9.4		系统和应用访问控制
9.4.1	8.3	信息访问限制
9.4.2	8.5	安全登录程序
9.4.3	5.17	密码管理系统
9.4.4	8.18	特权实用程序的使用
9.4.5	8.4	对程序源代码的访问控制
10		密码学
10.1		密码控制
10.1.1	8.24	密码控制使用政策
10.1.2	8.24	密钥管理
11		物理和环境安全
11.1		安全区域
11.1.1	7.1	物理安全边界
11.1.2	7.2	物理进入控制
11.1.3	7.3	确保办公室、房间和设施的安全
11.1.4	7.5	防范外部和环境威胁
11.1.5	7.6	在安全区域工作
11.1.6	7.2	交货和装载区
11.2		设备
11.2.1	7.8	设备选址和保护
11.2.2	7.11	支持实用程序
11.2.3	7.12	布线安全

续表

ISO/IEC 27002：2013 控制标识符	ISO/IEC 27002：2022 控制标识符	符合 ISO/IEC 27002：2013 的控制名称
11. 2. 4	7. 13	设备维护
11. 2. 5	7. 10	资产搬迁
11. 2. 6	7. 9	场外设备和资产的安全
11. 2. 7	7. 14	设备的安全处置或再利用
11. 2. 8	8. 1	无人值守用户设备
11. 2. 9	7. 7	清理桌面和屏幕政策
12		运营安全
12. 1		操作程序和职责
12. 1. 1	5. 37	文件化操作程序
12. 1. 2	8. 32	变更管理
12. 1. 3	8. 6	容量管理
12. 1. 4	8. 31	开发、测试和操作环境的分离
12. 2		恶意软件防护
12. 2. 1	8. 7	对恶意软件的控制
12. 3		备份
12. 3. 1	8. 13	信息备份
12. 4		记录和监控
12. 4. 1	8. 15	事件记录
12. 4. 2	8. 15	日志信息的保护
12. 4. 3	8. 15	管理员和操作员日志
12. 4. 4	8. 17	时钟同步
12. 5		操作软件的控制
12. 5. 1	8. 19	在操作系统上安装软件
12. 6		技术漏洞管理
12. 6. 1	8. 8	技术漏洞管理
12. 6. 2	8. 19	软件安装限制
12. 7		信息系统审计注意事项
12. 7. 1	8. 34	信息系统审计控制
13		通信安全
13. 1		网络安全管理设施
13. 1. 1	8. 20	网络控制
13. 1. 2	8. 21	网络服务的安全

续表

ISO/IEC 27002：2013 控制标识符	ISO/IEC 27002：2022 控制标识符	符合 ISO/IEC 27002：2013 的控制名称
13.1.3	8.22	网络隔离
13.2		信息传输
13.2.1	5.14	信息传输政策和程序
13.2.2	5.14	信息传输协议
13.2.3	5.14	电子信息
13.2.4	6.6	保密或保密协议
14		系统获取、开发和维护
14.1		信息系统的安全要求
14.1.1	5.8	信息安全需求分析与规范
14.1.2	8.26	保护公共网络上的应用服务
14.1.3	8.26	保护应用服务事务
14.2		开发和支持过程中的安全性
14.2.1	8.25	安全开发策略
14.2.2	8.32	系统变更控制程序
14.2.3	8.32	操作平台变更后的应用技术审查
14.2.4	8.32	对软件包更改的限制
14.2.5	8.27	系统安全工程原理
14.2.6	8.31	安全开发环境
14.2.7	8.30	外包开发
14.2.8	8.29	系统安全测试
14.2.9	8.29	系统验收测试
14.3		测试数据
14.3.1	8.33	测试数据的保护
15		供应商关系
15.1		供应商关系中的信息安全
15.1.1	5.19	供应商关系信息安全政策
15.1.2	5.20	解决供应商协议中的安全问题
15.1.3	5.21	信息通信技术供应链
15.2		供应商服务交付管理
15.2.1	5.22	监控和审查供应商服务
15.2.2	5.22	管理供应商服务的变更
16		信息安全事件管理

续表

ISO/IEC 27002：2013 控制标识符	ISO/IEC 27002：2022 控制标识符	符合 ISO/IEC 27002：2013 的控制名称
16. 1		信息安全事件的管理与改进
16. 1. 1	5. 24	职责和程序
16. 1. 2	6. 8	报告信息安全事件
16. 1. 3	6. 8	报告信息安全漏洞
16. 1. 4	5. 25	信息安全事件的评估和决策
16. 1. 5	5. 26	信息安全事件响应
16. 1. 6	5. 27	从信息安全事件中学习
16. 1. 7	5. 28	证据收集
17		业务连续性管理的信息安全方面
17. 1		信息安全连续性
17. 1. 1	5. 29	规划信息安全连续性
17. 1. 2	5. 29	实施信息安全连续性
17. 1. 3	5. 29	验证、审查和评估信息安全连续性
17. 2		冗余
17. 2. 1	8. 14	信息处理设施的可用性
18		合规
18. 1		遵守法律和合同要求
18. 1. 1	5. 31	适用法律和合同要求的识别
18. 1. 2	5. 32	知识产权
18. 1. 3	5. 33	记录保护
18. 1. 4	5. 34	个人身份信息的隐私和保护
18. 1. 5	5. 31	密码控制的规定
18. 2		信息安全审查
18. 2. 1	5. 35	信息安全的独立审查
18. 2. 2	5. 36	遵守安全政策和标准
18. 2. 3	5. 36、8. 8	技术合规审查

9. 4 ISO/IEC 27001：2022

2022 年 10 月 ISO/IEC 27001：2013《信息技术—安全技术—信息安全管理体系—要求》正式升级为 ISO/IEC 27001：2022《信息安全、网络安全和隐私保护—信息安全管理体系—要求》，该标准规定了在组织范围内建立、实施、维护和持续改进信息安全管理体系的要求。作为一套管理标准，ISO/IEC 27001：2022 指导相关人员怎样去应用 ISO/IEC 27002：2022，其最终目的，在于建立适合组织需要的信息安全管理体系。表 9-2 以标准原文目录格式，列举说明了 ISO/IEC 27001：2022 的主要内容。

表 9-2　　**ISO/IEC 27001：2022 的主要内容**

一级目录	二级目录	内 容 简 介
前言		发布相关情况，其他说明
0　介绍	0.1　概述	本标准对组织的价值所在
	0.2　与其他管理体系标准的兼容性	兼容性说明
1　范围		本标准的适用范围
2　规范性引用文件		对引用的说明
3　术语和定义		ISO/IEC 27000 中的术语和定义适用于本标准
4　组织背景	4.1　了解组织及其背景	组织应确定与其目的相关且影响其实现信息安全管理体系预期结果的能力的外部和内部问题 注：确定这些问题是指建立在 ISO 31000：2018 第 5.4.1 条所述组织的外部和内部环境
	4.2　了解相关方的需求和期望	组织应确定： a）与信息安全管理体系相关的相关方； b）相关方的相关要求； c）其中哪些要求将通过信息安全管理体系解决 注：相关方的要求可以包括法律法规要求和合同义务
	4.3　确定信息安全管理体系的范围	组织应确定信息安全管理体系的边界和适用性，以确定其范围。 在确定该范围时，组织应考虑： a）4.1 中提到的外部和内部问题； b）4.2 中提到的要求； c）组织所执行的活动与其他组织所执行活动之间的接口和依赖关系 范围应作为文件信息提供
	4.4　信息安全管理体系	组织应根据本文件的要求，建立、实施、维护和持续改进信息安全管理体系，包括所需的过程及其相互作用

续表

一级目录	二级目录	内 容 简 介
5　领导	5.1　领导和承诺	最高管理层应通过以下方式展示对信息安全管理体系的领导和承诺： a）确保制定信息安全政策和信息安全目标，并与组织的战略方向相一致； b）确保信息安全管理体系要求与组织流程的整合； c）确保信息安全管理体系所需的资源可用； d）传达有效信息安全管理和符合信息安全管理体系要求的重要性； e）确保信息安全管理体系达到预期结果； f）指导和支持人员对信息安全管理体系的有效性作出贡献； g）促进持续改进； h）支持其他相关管理角色在其职责范围内发挥领导作用 注：本文件中提及的“业务”可以广义地解释为是指那些对组织存在目的至关重要的活动
	5.2　政策	最高管理层应制定信息安全政策，以： a）适合组织的目的； b）包括信息安全目标（见 6.2）或提供信息安全目标设置框架； c）包括满足信息安全相关适用要求的承诺； d）包括持续改进信息安全管理系统的承诺。 信息安全政策应： e）作为文件化信息提供； f）在组织内部进行沟通； g）酌情提供给相关方
	5.3　组织角色、职责和权限	最高管理层应确保在组织内分配和传达与信息安全相关的职责和权限 最高管理者应分配以下职责和权限： a）确保信息安全管理体系符合本文件的要求； b）向最高管理层报告信息安全管理体系的性能 注：最高管理层还可以为报告组织内信息安全管理系统的绩效分配职责和权限
6　规划	6.1　应对风险和机遇的措施	6.1.1　一般原则 在规划信息安全管理体系时，组织应考虑 4.1 中提到的问题和 4.2 中提到的要求，并确定需要解决的风险和机遇： a）确保信息安全管理体系能够实现预期结果； b）防止或减少不良影响； c）实现持续改进 组织应计划： d）应对这些风险和机遇的措施； e）如何： 1）将行动整合并实施到其信息安全管理体系流程中； 2）评估这些行动的有效性

续表

一级目录	二级目录	内 容 简 介
6　规划	6.1　应对风险和机遇的措施	6.1.2　信息安全风险评估 组织应定义并应用信息安全风险评估流程，该流程应： a）建立并维护信息安全风险标准，包括： 1）风险接受标准； 2）进行信息安全风险评估的标准； b）确保重复的信息安全风险评估产生一致、有效和可比的结果； c）识别信息安全风险： 1）应用信息安全风险评估流程，识别与信息安全管理体系范围内造成信息的保密性、完整性和可用性损害的相关风险； 2）确定风险所有者； d）分析信息安全风险： 1）评估如果 6.1.2 c）1）中确定的风险成为现实将产生的潜在后果； 2）评估 6.1.2 c）1）中确定的风险发生的现实可能性； 3）确定风险等级； e）评估信息安全风险： 1）将风险分析结果与 6.1.2 a）中规定的风险标准进行比较； 2）优先考虑风险处理的分析风险 组织应保留有关信息安全风险评估过程的文件化信息 6.1.3　信息安全风险处理 组织应定义并应用信息安全风险处理流程，以： a）考虑到风险评估结果，选择适当的信息安全风险处理方案； b）确定实施所选信息安全风险处理选项所需的所有控制措施 注 1：组织可根据需要设计控制措施，或从任何来源识别控制措施 c）将上述 6.1.3 b）中确定的控制与附录 A 中的控制进行比较，并验证没有遗漏任何必要的控制； 注 2：附件 A 包含可能的信息安全控制列表。本文件的用户应参阅附件 A，以确保不忽略任何必要的信息安全控制 注 3：附件 A 中列出的信息安全控制并非详尽无遗，如有必要，可包括其他信息安全控制 d）编制适用性声明，其中包含： - 必要的控制（见 6.1.3 b）和 c））； - 纳入的理由； - 是否实施了必要的控制； - 排除任何附件 A 控制的理由 e）制定信息安全风险处理计划； f）获得风险所有者对信息安全风险处理计划的批准以及对剩余信息安全风险的接受 组织应保留有关信息安全风险处理过程的文件化信息 注 4：本文件中的信息安全风险评估和处理过程符合 ISO 31000 中提供的原则和通用指南

续表

一级目录	二级目录	内 容 简 介
6 规划	6.2 信息安全目标及实现规划	组织应在相关职能和级别制定信息安全目标 信息安全目标应： a）符合信息安全政策； b）可测量（如果可行）； c）考虑适用的信息安全要求，以及风险评估和风险处理的结果； d）监测； e）沟通； f）视实际情况实施更新； g）作为文件信息提供 组织应保留有关信息安全目标的文件化信息 在规划如何实现其信息安全目标时，组织应确定： h）将要做什么； i）需要什么资源； j）谁将负责； k）何时完成； l）如何评估结果
	6.3 变更计划	当组织确定需要对信息安全管理体系进行变更时，应按计划进行变更
7 支持	7.1 资源	组织应确定并提供建立、实施、维护和持续改进信息安全管理体系所需的资源
	7.2 能力	组织应： a）确定在其控制下从事影响其信息安全绩效工作的人员的必要能力； b）确保这些人员具备适当的教育、培训或经验； c）在适用的情况下，采取措施获得必要的能力，并评估所采取措施的有效性； d）保留适当的记录信息作为能力的证据 注：适用的行动可以包括，例如：为现有员工提供培训、指导或重新分配；或雇用或签约合格人员
	7.3 意识	在组织控制下开展工作的人员应意识到： a）信息安全政策； b）它们对信息安全管理体系有效的贡献，包括提高信息安全性能的好处； c）不符合信息安全管理体系要求的影响
	7.4 沟通	组织应确定与信息安全管理体系相关的内部和外部沟通的需求，包括： a）沟通内容； b）何时沟通； c）与谁沟通； d）如何沟通

续表

一级目录	二级目录	内容简介
7 支持	7.5 文件化的信息	7.5.1 一般原则 组织的信息安全管理体系应包括： a）本文件要求的文件化信息； b）组织确定为信息安全管理体系有效性所必需的文件化信息 注：由于以下原因，信息安全管理系统的文件化信息的范围因组织而异： 1）组织的规模及其活动、过程、产品和服务的类型； 2）过程及其相互作用的复杂性； 3）人的能力 7.5.2 创建和更新 在创建和更新文件化信息时，组织应确保适当： a）标识和描述（如标题、日期、作者或参考号）； b）格式（如语言、软件版本、图形）和介质（如纸质、电子）； c）审查和批准适用性和充分性 7.5.3 文件化信息的控制 应控制信息安全管理体系和本文件要求的文件化信息，以确保： a）它是可用的，适合在需要的地方和时间使用； b）它得到了充分的保护（例如，免受保密性损失、不当使用或完整性破坏） 对于文件化信息的控制，组织应解决以下活动（如适用）： c）分发、访问、检索和使用； d）存储和保存，包括保存易读性； e）变更控制（如版本控制）； f）保留和处置 组织确定为信息安全管理体系的规划和运行所必需的外部来源的文件化信息，应视情况予以识别和控制 注：访问可能意味着决定只允许查看记录的信息，或允许和授权查看和变更记录的信息等
8 操作	8.1 运营规划和控制	组织应通过以下方式计划、实施和控制满足要求所需的过程，并实施第6条中确定的措施： - 制定流程标准； - 根据标准实施过程控制 应在必要的范围内提供文件化信息，以确保过程已按计划进行 组织应控制计划的变更，并审查意外变更的后果，必要时采取措施减轻任何不利影响 组织应确保外部提供的与信息安全管理体系相关的过程、产品或服务得到控制

续表

一级目录	二级目录	内容简介
8 操作	8.2 信息安全风险评估	组织应根据6.1.2 a）中规定的标准，在计划的时间间隔内或在提议或发生重大变更时进行信息安全风险评估 组织应保留信息安全风险评估结果的书面信息
	8.3 信息安全风险处置	组织应实施信息安全风险处置计划 组织应保留信息安全风险处置结果的书面信息
9 绩效评估	9.1 监视、测量、分析和评价	组织应确定： a）需要监控和测量的内容，包括信息安全流程和控制； b）监控、测量、分析和评估的方法（如适用），以确保有效的结果。所选择的方法应产生可比且可重复的结果，以视为有效； c）何时进行监视和测量； d）由谁进行监测和测量； e）何时分析和评估监测和测量结果； f）谁将分析和评估这些结果 应提供记录信息作为结果的证据 组织应评估信息安全绩效和信息安全管理体系的有效性
	9.2 内部审计	9.2.1 一般原则 组织应按计划的时间间隔进行内部审计，以提供信息，说明信息安全管理体系是否： a）符合 1）组织自身对其信息安全管理体系的要求； 2）本文件的要求； b）有效实施和维护 9.2.2 内部审计计划 组织应规划、建立、实施和维护审计计划，包括频率、方法、责任、规划要求和报告 在制定内部审核计划时，组织应考虑相关过程的重要性和以往审核的结果 组织应： a）确定每次审计的审计标准和范围； b）选择审计师并进行审计，以确保审计过程的客观性和公正性； c）确保向相关管理层报告审计结果 文件化信息应作为审计计划和审计结果实施的证据

续表

一级目录	二级目录	内容简介
9 绩效评估	9.3 管理评审	9.3.1 一般原则 最高管理者应按计划的时间间隔审查组织的信息安全管理体系，以确保其持续适用性、充分性和有效性。 9.3.2 管理评审输入 管理评审应考虑： a）先前管理评审的行动状态； b）与信息安全管理体系相关的外部和内部问题的变化； c）与信息安全管理体系相关的相关方需求和期望的变化； d）信息安全绩效反馈，包括以下方面的趋势： 1）不符合项和纠正措施； 2）监视和测量结果； 3）审计结果； 4）实现信息安全目标； e）相关方的反馈； f）风险评估结果和风险处理计划状态； g）持续改进的机会 9.3.3 管理评审结果 管理评审的结果应包括与持续改进机会相关的决策以及信息安全管理体系变更的任何需求。 文件化信息应作为管理评审结果的证据
10 改进	10.1 持续改进	组织应持续改进信息安全管理体系的适宜性、充分性和有效性
	10.2 不符合和纠正措施	当发生不符合时，组织应： a）对不符合项作出响应，如适用： 1）采取措施控制和纠正； 2）处理后果 b）评估采取行动消除不符合原因的必要性，以便不符合不再发生或不在其他地方发生，方法是： 1）评审不符合项； 2）确定不符合的原因； 3）确定是否存在或可能发生类似的不符合 c）实施所需的任何行动； d）审查采取的任何纠正措施的有效性； e）如有必要，对信息安全管理体系进行变更； f）纠正措施应与所遇到的不符合的影响相适应； g）文件化信息应作为以下证据： h）不符合项的性质以及随后采取的任何措施； i）任何纠正措施的结果

续表

一级目录	二级目录	内 容 简 介
附录 A		以表格方式列出的信息安全控制，直接源自并与 ISO/IEC 27002：2022 第 5 到 8 章一致
参考文献		

9.5　习题

1. 简述 BS 7799 与 ISO/IEC 27002 以及 ISO/IEC 27001 的关系。
2. 简述 ISO/IEC 27002：2022 与 ISO/IEC 27002：2013 的主要区别。
3. 简述 ISO/IEC 27002：2022 主体部分的基本结构。
4. 简述组织控制主题包含哪些控制措施（控件）。
5. 简述控件“信息安全策略”包含哪些指南。
6. 简述控件“资产归还”包含哪些指南。
7. 简述控件“认证信息”中关于强口令的特征有哪些。
8. 简述人员控制主题包含哪些控制措施（控件）。
9. 简述控件“筛选”的指南中应验证候选人的哪些内容。
10. 简述物理控制主题包含哪些控制措施（控件）。
11. 简述控件“清理桌面和屏幕”包含哪些指南。
12. 简述控件“存储介质”中关于“可移动存储介质”包含哪些指南。
13. 简述技术控制主题包含哪些控制措施（控件）。
14. 简述控件“特权访问权限”包含哪些指南。
15. 简述控件“日志”的指南中提出，哪些事件发生时应考虑记录日志。

参考文献

[1] 陈忠文．信息安全标准与法律法规（第三版）[M]．武汉：武汉大学出版社，2017.

[2] 马燕曹，周湛．信息安全法规与标准 [M]．北京：机械工业出版社，2005.

[3] 麦永浩，袁翔珠，封化民等．信息安全法教程 [M]．武汉：武汉大学出版社，2008.

[4] GB17859—1999，计算机信息系统安全保护等级划分准则 [S].

[5] GB/T20271—2006，信息系统通用安全技术要求 [S].

[6] GB/T20269—2006，信息系统安全管理要求 [S].

[7] GB/T22240—2008，信息系统安全保护等级定级指南 [S].

[8] GB/T9361—2011，计算机场地安全要求 [S].

[9] BS 7799，信息安全管理标准 [S].

[10] ISO/IEC 27001：2013，信息技术—安全技术—信息安全管理体系-要求 [S].

[11] ISO/IEC 27002：2013，信息技术—安全技术—信息安全控制实用规则 [S].

[12] ISO/IEC 27002：2022，信息安全、网络安全和隐私保护—信息安全控制 [S].

[13] ISO/IEC 27001：2022，信息安全、网络安全和隐私保护—信息安全管理体系—要求 [S].